基于ROS的智能汽车
设计与实训教程

隋金雪 张锐 邢建平◎主编

清華大學出版社
北京

内 容 简 介

本书从全国大学生智能汽车竞赛室外光电组、中国机器人及人工智能大赛无人驾驶竞速组、中国智能机器人大赛ROS无人驾驶竞速车组三个比赛的赛项出发，介绍了历届大赛的规则与演变，分析并讲解了智能车整体的设计与仿真。本书从Linux操作系统基本介绍及其基本操作、基础编程知识以及在Linux环境下ROS的使用方法等讲起，延伸到系统整体的硬件电路设计和软件程序设计、ROS及其安装、使用方法、常用软件和ROS内部通信架构，最后讲解了实现系统所需要的算法及智能车的仿真。

本书内容通俗易懂，适合对ROS感兴趣或想要参加全国大学生智能汽车竞赛的读者使用。

本书封面贴有清华大学出版社防伪标签，无标签者不得销售。
版权所有，侵权必究。举报：010-62782989，beiqinquan@tup.tsinghua.edu.cn。

图书在版编目(CIP)数据

基于ROS的智能汽车设计与实训教程/隋金雪，张锐，邢建平主编. —北京：清华大学出版社，2022.1

ISBN 978-7-302-59743-8

Ⅰ. ①基… Ⅱ. ①隋… ②张… ③邢… Ⅲ. ①智能控制－汽车－设计－教材 Ⅳ. ①U46

中国版本图书馆CIP数据核字(2021)第267464号

责任编辑：王剑乔
封面设计：刘 键
责任校对：刘 静
责任印制：杨 艳

出版发行：清华大学出版社
网　　址：http://www.tup.com.cn，http://www.wqbook.com
地　　址：北京清华大学学研大厦A座　　**邮　　编：**100084
社 总 机：010-62770175　　**邮　　购：**010-62786544
投稿与读者服务：010-62776969，c-service@tup.tsinghua.edu.cn
质量反馈：010-62772015，zhiliang@tup.tsinghua.edu.cn
印 装 者：三河市君旺印务有限公司
经　　销：全国新华书店
开　　本：185mm×260mm　　**印　　张：**17.25　　**字　　数：**395千字
版　　次：2022年1月第1版　　**印　　次：**2022年1月第1次印刷
定　　价：59.00元

产品编号：091174-01

前言 Preface

本书从全国大学生智能车竞赛室外光电组、中国机器人及人工智能大赛无人驾驶竞速组、中国智能机器人大赛ROS无人驾驶竞速车组三个比赛的赛项出发,介绍了历届大赛规则与演变,进而分析并讲解了智能车整体的设计实现与仿真实现。本书得到全国大学生智能车竞赛室外光电组赞助商北京钢铁侠科技有限公司的支持,希望本书能够帮助广大同学勇于投入比赛并取得更好的成绩。

不同于传统讲述ROS的书籍,本书中的案例均与全国大学生智能车竞赛室外光电组对接,仿真部分也适用于另外两大竞赛,实际设计结合理论,使读者知其然,又能知其所以然,从而帮助读者在实际应用中理解并掌握ROS,以便更好地完成智能车设计。

本书旨在帮助广大读者独立完成相对完整的ROS设计及相应专业知识拓展。书中内容均为编者亲身设计经验分析与分享,同时借鉴了其他ROS类教材、ROS社区官网。相较于其他ROS教材,本书内容有更详细的基础知识介绍及分析,适合更广大的读者阅读和学习。

书中未撰写的基础知识还包括最基础的C语言程序设计和对应的数字电路、模拟电路知识,需要读者自行学习掌握,读者应当在实践过程中结合书中提及方法和示例进行ROS的学习。

本书第1章介绍了全国大学生智能车竞赛演变及室外光电组竞赛规则、中国机器人及人工智能大赛和中国智能机器人大赛ROS仿真组的规则;第2、第3章介绍了ROS的使用环境和语言工具;第4、第5章介绍了系统的软、硬件实现;第6～第9章介绍了ROS的基本框架、文件系统、通信架构和常用工具,包含仿真实现的工具;第10～第12章介绍了设计实现过程中所涉及的算法及ROS软件包。

读者应当结合自身实践,在实践过程中参阅本书,结合书中给出的案例完成实践,在学习后应当可以独立完成智能车的设计制作,并对ROS内容有一定程度的了解与熟悉,后续应当能从事各类机器人开发,尤其是车型机器人。

本书参加编写的人员还有山东工商学院智能控制创新实验室(深蓝工作室)的研究生季永辉、郁添林、沈姒清、相光超和马帅挺等。

本书得到教育部产学合作协同育人合作项目“基于ROS的‘恩智浦杯’无人驾驶智能车竞赛实训课程建设”(项目编号:201902016024)的项目支持,合作单位为北京钢铁侠科技有限公司,再次对合作单位的支持表示感谢!

鉴于编者水平有限,书中难免存在疏漏之处,恳望读者提出宝贵建议和意见,最后感谢读者阅读本书!

编　者

2021年8月

目 录
Contents

第1章 竞赛规则介绍

1.1 竞赛与规则

1.1.1 竞赛发展历史

全国大学生智能汽车竞赛起源于韩国汉阳大学汽车控制实验室在飞思卡尔半导体公司资助下举办的以 HCS12 单片机为核心的大学生课外科技竞赛。组委会提供一个标准的汽车模型、直流电机和可充电式电池，参赛队伍要制作一个能够自主识别路径的智能车，在专门设计的跑道上自动识别道路行驶，最快跑完全程且没有冲出跑道、技术报告评分较高的队伍为获胜者。其设计内容涵盖了控制、模式识别、传感技术、汽车电子、电气、计算机、机械、能源等多个学科的知识，对学生的知识融合和实践动手能力的培养，具有良好的推动作用。2006 年，我国举办了第一届全国大学生"飞思卡尔杯"智能车竞赛。2015 年 3 月，荷兰恩智浦半导体公司(NXP Semiconductors)宣布以约 118 亿美元现金加股票方式收购飞思卡尔。2016 年，全国大学生"飞思卡尔杯"智能车竞赛正式更名为全国大学生"恩智浦杯"智能汽车竞赛，竞赛要求在规定的模型汽车平台上，使用飞思卡尔半导体公司的微控制器作为核心控制模块，通过增加道路传感器、电机驱动电路以及编写相应软件，制作一个能够自主识别道路的模型汽车，按照规定路线行进，以完成时间最短者为优胜。

1.1.2 竞赛规则

全国大学生智能汽车竞赛参赛选手须使用竞赛秘书处统一指定的竞赛车模，采用官方规定的微控制器作为核心控制单元，自主构思控制方案及系统设计，包括传感器信号采集处理、控制算法及执行、动力电机驱动、转向舵机控制等，完成智能车制作及调试，于指定日期与地点参加各分赛区的场地比赛，在获得决赛资格后，参加全国决赛区的场地比赛。参赛队的名次(成绩)由赛车现场成功完成赛道比赛时间(为主)和技术方案及制作工程质量评分(为辅)来决定。竞赛秘书处制定的比赛规则适用于各分赛区预赛以及最终决赛。在实际可操作性基础上力求公正与公平参与。秘书处邀请独立公证人监督现场赛事及评判过程。在分赛区和决赛区进行现场比赛的规则相同，都分为初赛与决赛两个阶段。在计算比赛成绩时，分赛区只是通过比赛单圈最短时间进行评比。决赛区比赛时，还需结合技术报告分数综合评定。

ROS 机器人操作系统是目前世界上较流行的智能机器人及无人驾驶的核心技术，当前国内高校开展的机器人学院及人工智能学院都将这一技术纳入了课程规范，但目前缺少完整的教学与试验体系，高校系列竞赛中也缺少这一技术的体现，推广无人驾驶创意赛不仅填补了ROS技能应用于大赛的空缺，也为高校开展相应课程提供了应用方向与实践方向。本赛项包含对机器人的智能控制技术、机器视觉技术、电子电路技术、机器人操作系统ROS应用、激光雷达及深度摄像机等新型传感器应用、SLAM、路径规划、自主导航等多项先进技术，提前让学生熟悉企业所用的技术，从而提升学生就业能力；并且比赛考核内容与相关课程的教学内容紧密结合，可提高学生对移动机器人的设计、控制及应用能力。

室外光电组比赛主要学习和考核以ROS为主的机器人相关知识，非常符合目前机器人产业界的人才需求，同时因其更高的技术门槛及更激烈的对抗性，自从第十四届智能车竞赛新增该赛项以来，深受同学们欢迎。

第十五届竞赛考虑到疫情的原因，室外光电组比赛不再设置区域性线下选拔比赛，而是采用线上仿真比赛和提交技术报告的方式综合选拔出40支队伍，最终参加在西北工业大学举办的线下全国总决赛。

全国大学生智能汽车竞赛首次引入室外光电组并取得全国广大师生的积极参与和广泛认可后，中国机器人及人工智能大赛与中国智能机器人大赛借鉴其宝贵的成功经验，也开设了相关组别供广大师生参加。竞赛规则与智能车竞赛在赛道上有差别，其他软、硬件规则均与智能车竞赛相似，同样也因为疫情，近几年较多为线上仿真赛。

1. 室外光电组参赛要求

（1）室外光电组比赛作为智能车竞赛的创意比赛，面向全国全日制在校研究生、本科生和专科生。

（2）每支队伍最多参与学生5人，指导教师1～2名。

（3）每所学校只能允许一支队伍参加线上比赛，代表学校参与评比。

2. 室外光电组比赛器材

图1.1　车模外观

1）车模

全国大学生智能汽车竞赛——无人驾驶挑战赛采用指定G车模，车模供应厂商为北京钢铁侠科技有限公司。车模外观如图1.1所示。

车模配置如表1.1所示。

表1.1　车模配置

类　型	产品名称	参　数
底盘	ART-RC-01A车模底盘	户外越野底盘，前、后轮有差速器 尺寸：560mm×360mm×230mm
电机	ART-M1-K2150有感无刷电机	KV值：2150 功率：2400W 最高转速：45000r/min 最高电压：19V

续表

类　型	产品名称	参　数
电调	HW-10BL120 有感无刷电调	额定电流：120A 最大电流：760A 电池节数：2～3S Lipo
舵机	ART-SG995 金属齿轮舵机	工作频率：1520μs/330Hz 工作电压：直流 4.8～6.0V
电池	锂电 3S,5200mAH	电压：11.1V,给 I3 处理器及路由器供电 容量：5200mAH 持续放电倍率：45C
	锂电 2S,5200mAH	电压：7.4V，给电机供电 容量：5200mAH 持续放电倍率：45C
充电器	锂电池 B3 平衡充电器	输入：交流 100～240V 输出电压：给 2S 或 3S 充电 输出电流：1600mAH
处理器	ART-i3U7 处理器	主控：i3-7100U 内存：4GB 硬盘：64GB 显示：HDMI 供电电压：12V 系统：Ubuntu16.04＋ROS Kinetic
激光雷达	镭神 LS01G 激光雷达	角度：360° 测量范围：8m 测量精度：1m 以内毫米级,1m 以上实际距离的 1% 测量频率：3600～4000Hz 扫描频率：3～11Hz 通信端口：UART 角度分辨率：1°
IMU	ART-IMU-02A 姿态传感器	姿态角：测量范围(pitch/roll)±90°/±180°； 动态精度 0.5°；分辨率 0.1° 航向角：测量范围(yaw)±180°； 动态精度 2(RMS)；分辨率 0.1° 陀螺仪：测量范围(pitch/roll/yaw)±1000°/s 零偏稳定性 50°/h；非线性度 0.2%FS 加速度计：三轴测量范围±2g； 零偏稳定性 5mg；非线性度 0.5%FS 磁力计：三轴测量范围±12Guass； 分辨率 0.003Guass；分线性度 0.1%FS 气压计：高度分辨率 1cm；测量范围 10～1200mbar 供电电压：4～10V 功率：≤400W 输出速率：10～100Hz

2）制作内容

比赛所用的单片机控制系统、电源管理模块以及相关软件需要自行设计搭建。单片机控制系统需采用NXP芯片。因为室外无人驾驶挑战赛技术难度大，对硬件电路的设计要求门槛较高，大赛秘书处统一提供驱动电路的技术原理图供参赛队员参考学习。竞赛过程中车模需要自主运行，禁止用人工遥控的方式进行比赛。

3）赛道

赛道总长度为50～100m，赛道宽度w为2～3m，赛道是由横幅或其他材质围挡起来，围挡的赛道高度为30～50cm。赛道有多处折弯，其中赛道α角的范围为120°～160°，β角的范围在90°～130°，如图1.2所示。

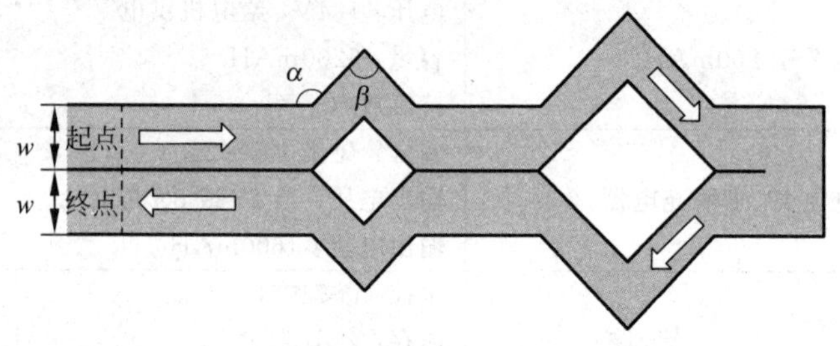

图1.2　参考赛道

4）障碍物

障碍物为锥桶，规格为680mm×310mm×310mm，材质为塑料，数量在10～20个。

在比赛前，大赛工作人员会随机在比赛赛道中放入10～20个锥桶，车模需要自主避障绕过锥桶前行。

3. 室外光电组比赛任务

预赛时，车模根据构建好的地图自主导航，避开锥桶障碍物，从赛道起点跑到终点，记录比赛完成时间，根据完成时间进行比赛成绩排名。根据比赛成绩，从预赛的队伍中筛选出前32名，作为32强进入决赛。进入决赛的32支队伍进行淘汰赛，根据抽签结果分组，每组有两支队伍，共16个小组。小组内的两支参赛队需同时进行比赛，即两辆车在同一赛道同时比赛，根据构建好的地图自主避障导航，首先到达终点者获胜，胜者晋级16强，然后晋级8强、4强，最后进入冠亚军决赛。

1）预赛规则

（1）车模碰触到锥桶，比赛时间加1s。

（2）车模碰触到赛道围栏，比赛时间加2s。

（3）车模碰触到锥桶或赛道围栏后停止运行，计比赛失败。

（4）车模在赛道中停止运行，计比赛失败。

2）决赛规则

（1）决赛时，两辆车模同时比赛，首先抵达终点者获胜。

（2）如果两车都未抵达终点，行驶距离较远者获胜。

4. 第十五届室外光电组线上赛简介

为保证线上比赛的公平性，智能车室外光电组线上仿真比赛平台统一用Gazebo。

赛道模型和无人车三维模型由组委会于赛前统一提供。线上比赛需要先把赛道模型导入Gazebo，采用ROS中建地图的方式构建赛道地图，通过自主导航算法实现无人车完成从起点到终点的运动。仿真平台的传感器可以使用IMU、激光雷达或摄像头，仿真平台自主导航算法不限。

1）仿真赛道

比赛正式开始前大赛组委会提供统一的赛道文件，供参赛选手使用，赛道模型不允许修改。

2）仿真车模

统一使用组委会提供的仿真车模型。仿真车模型的示意图如图1.3所示。

图1.3 仿真车模

仿真车模型自带传感器为IMU、激光雷达、深度摄像头。

仿真车模型以下方面禁止修改：尺寸大小、自带传感器参数、无人车质量、无人车中各部位的转动惯量矩阵、碰撞系数。

3）违规说明

（1）车模碰触到锥桶，加罚5s。

（2）车模碰触到赛道围栏，加罚5s。

（3）车模碰触到锥桶或赛道围栏后停止运行，计比赛失败。

（4）车模在赛道中停止运行，计比赛失败。

（5）为了考查参赛队员在传感器数据融合方面的能力，在Gazebo仿真比赛中，禁止使用Gazebo直接发布无人车的精准位置消息(odometry)。

5. 中国机器人及人工智能大赛与中国智能机器人大赛规则简介

中国机器人及人工智能大赛与中国智能机器人大赛加入ROS组别的时间较晚，新冠疫情爆发后，初赛多采用线上软件仿真，决赛视疫情情况决定是否开设线下竞赛。初赛规则与全国大学生智能汽车竞赛线上仿真规则近似，在赛道规格上会有改动，主要目的是让学生熟悉并运用ROS进行操作；决赛中推荐使用的软、硬件设备也与智能汽车竞赛相同，在包含智能汽车竞赛室外光电组的全部元素前提下会对赛道做一定修改。

1.2 赛事变化

全国大学生智能汽车竞赛第一届竞赛在2006年由清华大学承办。该届比赛没有区分组别，由清华大学夺得冠军。

第二届全国大学生智能汽车竞赛由上海交通大学承办。由上海交通大学夺得冠军。

第三届全国大学生智能汽车竞赛由东北大学承办。这届比赛划分了摄像头组和光电组。

第四届全国大学生智能汽车竞赛由北京科技大学承办。

第五届全国大学生智能汽车竞赛由杭州电子科技大学承办。这届比赛在摄像头组和光电组的基础上增加了电磁组。第五届到第十届竞赛分组基本不变。

第十一届全国大学生智能汽车竞赛由中南大学承办，这一届增加了电轨组、双车追逐组和信标越野组。

第十二届全国大学生智能汽车竞赛由常熟理工学院承办。本届赛事分组有普通电磁组、电磁节能组、电磁追逐组、光电四轮组、光电直立组、光电追逐组、创意组四旋翼导航组、创意组双车对抗组。

第十三届全国大学生智能汽车竞赛由厦门大学嘉庚学院承办。本届分组为光电四轮组、电磁三轮组、直立两轮组、双车会车组、无线节能组、信标对抗组。

第十四届全国大学生智能汽车竞赛由山东大学威海校区承办，本届分组为四轮组、三轮组、双车组、节能组、信标组、室内对弈组、室外电磁组、室外光电组。

第十五届全国大学生智能汽车竞赛由于新冠疫情原因采取线上比赛形式，室外光电组也改为线上赛形式。

第2章 Linux 基础介绍

2.1 Linux 简介

2.1.1 操作系统概述

操作系统(operating system,OS)是计算机系统中必不可少的基础系统软件,它是应用程序运行以及用户操作必备的基础环境支撑,是计算机系统的核心。

操作系统的作用是管理和控制计算机系统中的硬件和软件资源。例如,它负责直接管理计算机系统的各种硬件资源,如对 CPU、内存、磁盘等的管理,同时对系统资源所需的优先次序进行管理。操作系统还可以控制设备的输入、输出以及操作网络与文件管理系统等事务。同时,它也负责对计算机系统中各类软件资源的管理,如各类应用软件的安装、设置运行环境等。操作系统与计算机硬件、软件关系如图 2.1 所示。

操作系统是处于用户与计算机系统硬件之间用于传递信息的系统程序软件。例如,操作系统会在接收到用户输入的信息后,将其传给计算机系统硬件核心进行处理,然后再把计算机系统硬件的处理结果返回给使用者。操作系统作用示意图如图 2.2 所示。

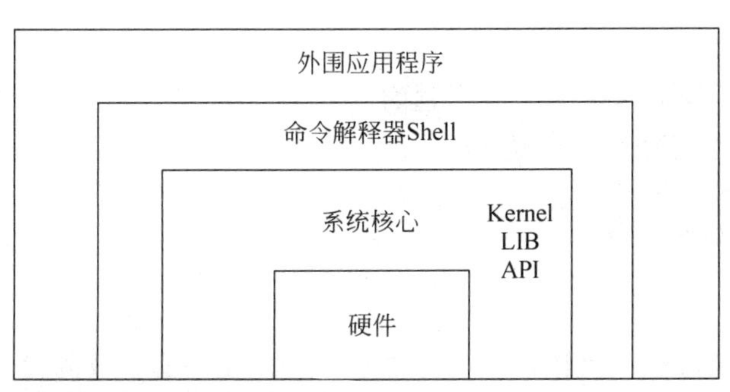

图 2.1 操作系统与计算机硬件、软件的关系

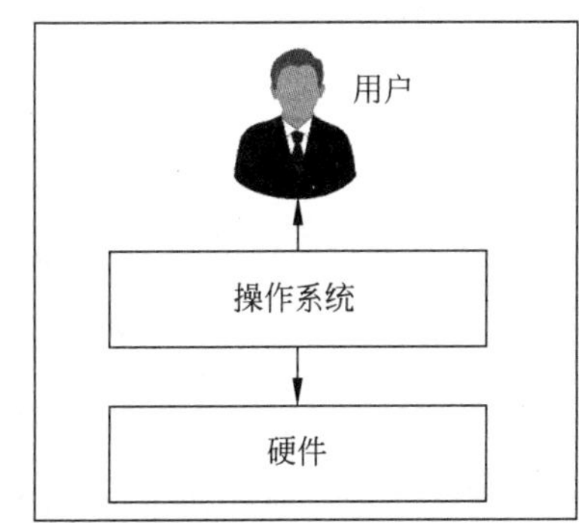

图 2.2 操作系统作用示意图

目前 PC 上比较常见的操作系统有 Windows、Linux、DOS 和 Unix。

2.1.2 Linux 的由来

Linux 内核最初是由芬兰人林纳斯·托瓦兹(Linus Torvalds)在赫尔辛基大学上学

时出于个人爱好而编写的。在大学期间，他接触到了学校的 Unix 系统，当时的 Unix 系统仅为一台主机，且对应多个终端，使用时存在操作等待时间长等问题，无法满足年轻的 Linus Torvalds 的使用需求。因此，他萌生了自己开发一个 Unix 的想法，于是，他找到谭邦宁教授开发的用于教学的 Minix 操作系统，把 Minix 安装到 i386 PC 上。此后，Linus Torvalds 开始陆续阅读了 Minix 系统的源代码，从 Minix 系统中学到了很多重要的系统核心程序设计理念和设计思想，从而逐步开始了 Linux 系统雏形的设计和开发。

Linux 是一套免费使用和自由传播的类 Unix 操作系统，是一款基于 POSIX 和 Unix 的多用户、多任务、支持多线程和多 CPU 的操作系统。Linux 能运行主要的 Unix 工具软件、应用程序和网络协议。它支持 32 位和 64 位硬件。Linux 继承了 Unix 以网络为核心的设计思想，是一个性能稳定的多用户网络操作系统，如图 2.3 所示。

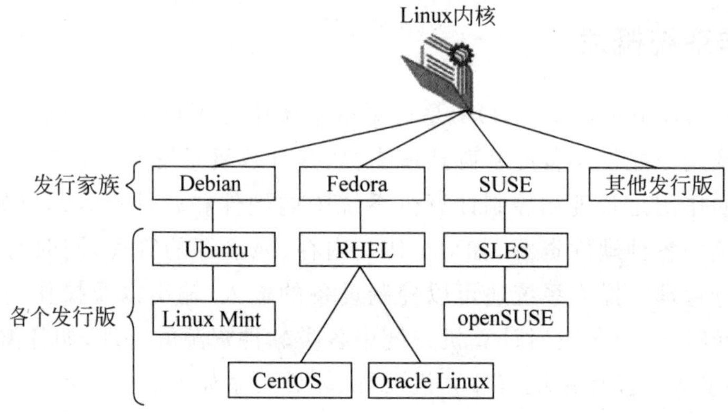

图 2.3　Linux 内核示意图

目前市面上较知名的发行版有 Ubuntu、RedHat、CentOS、Debian、Fedora、SUSE、openSUSE、ArchLinux 和 SolusOS 等，如图 2.4 所示。

图 2.4　常见 Linux 系统发行版图标

Linux 是一款操作系统软件，和 Windows 操作系统不同的是，Linux 是一套开放源代码程序的且可以自由传播的 Unix 操作系统软件（Unix 系统是 Linux 系统的前身，具备很多优异特性）。其在设计之初，就是基于 Intel x86 系列 CPU 架构的计算机的。

Linux 是由世界各地成千上万的程序员设计和开发实现的。当初开发 Linux 操作系统的目的是建立不受任何商业化软件版权制约的、全世界都能自由使用的类 Unix 操作系统兼容产品。在过去的 20 年里，Linux 系统主要应用于服务器端、嵌入式开发和 PC 桌面三大领域，其中服务器端领域是重中之重。

大型、超大型互联网企业（百度、Sina、淘宝等）都在使用 Linux 系统作为其服务器端的程序运行平台，全球及国内排名前十的网站使用的主流系统几乎都是 Linux 系统。

Linux 操作系统之所以如此流行，是因为它具有以下特点。

(1) 开发源代码的程序，可自由修改。

(2) Unix 系统兼容，具备 Unix 几乎所有优秀特性。

(3) 可自由传播，无任何商业化版权制约。

(4) 适合 Intel 等 x86 CPU 系列架构的计算机。

2.1.3 Linux 的发展历程

1984 年，Andrew S. Tanenbaum 开发了用于教学的 Unix 系统，命名为 MINIX。

1989 年，Andrew S. Tanenbaum 将 Minix 系统运行于 x86 的计算机平台。

1990 年，芬兰赫尔辛基大学学生 Linus Torvalds 首次接触 Minix 系统。

1991 年，Linus Torvalds 开始在 Minix 上编写各种驱动程序等操作系统内核组件。

1991 年底，Linus Torvalds 公开了 Linux 内核源代码 0.02 版(http://www.kernel.org)。

1993 年，Linux 1.0 版发行，Linux 转向 GPL 版权协议。

1994 年，Linux 的第一个商业发行版 Slackware 问世。

1996 年，美国国家标准技术局的计算机系统实验室确认 Linux 版本 1.2.13(由 Open Linux 公司打包)符合 POSIX 标准。

1999 年，Linux 的简体中文发行版问世。

2000 年后，Linux 系统日趋成熟，涌现大量基于 Linux 服务器平台的应用，并广泛应用于基于 ARM 技术的嵌入式系统中。

注意：Linux Torvalds 公开的 Linux 内核源代码并不是现在使用的 Linux 系统的全部，而仅仅是 Linux 内核 Kernel 部分的代码。

2.1.4 Linux 核心概念

1. 自由软件与 FSF

简单地理解，自由软件的核心就是没有商业化软件版权制约，源代码开放，可无约束自由传播。

FSF(free software foundation)的中文意思是自由软件基金会，是 Richard Stallman 于 1984 年发起并创办的。FSF 的主要项目是 GNU 项目，它的目标是建立自由发布和可移植的类 Unix 操作系统产品。GNU 项目本身产生的主要软件包括 Emacs 编辑软件、gcc 编译软件、bash 命令解释程序和编程语言以及 Gawk(GNU's awk)等。

2. GNU 介绍

GNU(GNU's not Unix)的意思是“GNU 不是 Unix”，GNU 计划是由 Richard Stallman 在 1984 年公开发起的，是 FSF 的主要项目。这个项目的目标是建立一套完全自由的和可移植的类 Unix 操作系统。

GNU 类 Unix 操作系统是由一系列应用程序、系统库和开发工具构成的软件集合，如 Emacs 编辑软件、gcc 编译软件、bash 命令解释程序和编程语言以及 Gawk(GNU's awk)等，并加上了用于资源分配和硬件管理的内核。

但是 GNU 自己的内核 Hurd 仍在开发中，离实用还有一定的距离。因此，GNU 系统并没有流行起来。现在的 GNU 系统通常是使用 Linux 系统的内核，加上 GNU 项目贡献的一些组件以及其他相关程序组成的，这样的组合称为 GNU/Linux 操作系统。

到 1991 年 Linux 内核发布时，GNU 项目已经完成了除系统内核之外的各种必备软件的开发。在 Linux Torvalds 和其他开发人员的共同努力下，GNU 项目的部分组件又运行到 Linux 内核上，如 GNU 项目里的 Emacs、Gcc、Bash、Gawk 等，至今都是 Linux 系统中很重要的基础软件。

3. GPL 介绍

通用公共许可(general public license，GPL)是一个最著名的开源许可协议，开源社区最著名的 Linux 内核就是在 GPL 许可下发布的。GPL 许可是 FSF 创建的。

1984 年，Richard Stallman 发起开发自由软件的运动后不久，在其他人的协作下，他创立了通用公共许可证(GPL)，这对推动自由软件的发展起着至关重要的作用。

简单的理解，GPL 许可的核心是保证任何人有共享和修改自由软件的自由，任何人有权取得、修改和重新发布自由软件源代码的权利，但都必须同时给出具体更改的源代码。

虽然这个 Linux 内核是基于 GNU 的，但是 Linux 内核并不是 GNU 计划的一部分。

2.1.5 Linux 系统组成

Linux 操作系统的核心为 Linus Torvalds 开发的 Kernel，Linux 内核之上的组件分为几部分：一部分是 GNU 的组件，如 Emacs、Gcc、Bash、Gawk 等；另一些重要组成部分则来自加利福尼亚大学伯克利分校的 BSD Unix 项目和麻省理工学院的 X Windows 系统项目，以及在这之后成千上万程序员开发的应用程序等。正是 Linux 内核与 GNU 项目、BSD Unix 以及 MIT 的 X11(X Windows)的结合，才使得整个 Linux 操作系统得以很快形成，并得到发展，进而形成了今天优秀的 Linux 系统。

2.1.6 Linux 的应用领域

Linux 的应用领域有嵌入式 Linux 系统应用领域、个人桌面 Linux 系统应用领域、IT 服务器 Linux 系统应用领域等。

2.1.7 Linux 版本的选择

对于桌面系统，如果考虑成本和版本的情况，可以选择 Ubuntu 桌面系统；如果需要一个比较稳定的服务器 Linux 系统，建议选择 CentOS 或者 RedHat，在这两者中首选 CentOS，因为它是国内互联网公司使用的首选；如果公司不考虑软件成本，则可以选择

RHEL,RHEL 有版权和售后,CentOS 则无版权、无售后；如果对系统稳定性、安全性有更高的要求或者是有特殊使用偏好的用户,可以考虑 Debian 或 FreeBSD；如果痴迷于新技术体验和追求最新的软件版本,可以选择 Fedora,但要容忍 Fedora 潜在的新技术软件的漏洞和系统稳定性问题；如果喜欢更好的中文环境支持,可以选择麒麟 Linux。

2.2　目录结构

对于每位 Linux 学习者来说,了解 Linux 文件系统的目录结构,是学好 Linux 至关重要的一步,深入了解 Linux 文件目录结构的标准和每个目录的详细功能,对于用好 Linux 系统至关重要,下面就开始了解一下 Linux 目录结构的相关知识。

当使用 Linux 时,通过指令"ls -l/"就会发现,在根目录下包含很多目录,如 etc、usr、var、bin 等,而在这些目录中也有很多子目录或文件。文件系统在 Linux 下看上去就像树状,所以可以把文件系统的结构形象地称为树状结构。

文件系统是用来组织和排列文件存取的,所以它是可见的,在 Linux 中,可以通过工具查看其结构。比如,操作系统安装在一个文件系统中,它表现为由根目录起始的树状结构。Linux 文件系统的最顶端是根目录,称根目录为 Linux 的 root,也就是 Linux 操作系统文件系统。Linux 文件系统的入口就是根目录,所有的目录、文件、设备都在根目录之下,根目录就是 Linux 文件系统的组织者,也是最上级的领导者。

由于 Linux 是开放源代码,各大公司和团体根据 Linux 的核心代码做各自的操作、编程。这样就造成在根下的目录不同,从而造成个人不能使用他人 Linux 系统的 PC。因为新用户根本不知道一些基本配置、文件的位置,这就造成了混乱,也是 FHS(filesystem hierarchy standard)机构诞生的原因。该机构是 Linux 爱好者自发组织的一个团体,主要是对 Linux 做一些基本的要求,不至于使操作者换一台主机就成了 Linux 的"文盲"。

根据 FHS(http://www.pathname.com/fhs/)的官方文件指出,他们的主要目的是让使用者可以了解到已安装软件通常放置于哪个目录下,所以他们希望独立的软件开发商、操作系统制作者以及想要维护系统的用户都能够遵循 FHS 的标准。也就是说,FHS 的重点在于规范每个特定的目录下应该放置什么数据。这样做的好处非常多,因为 Linux 操作系统就能够在既有的面貌下(目录架构不变)发展出开发者想要的独特风格。

事实上,FHS 是根据过去的经验在一直持续改版的,FHS 根据文件系统使用的频繁与否以及是否允许使用者随意改动,而将目录定义成为 4 种交互作用的形态,Linux 中的文件和目录结构如表 2.1 所示。

表 2.1　Linux 中的文件和目录结构

变量性质	可分享的(shareable)	不可分享的(unshareable)
不变的 (static)	/usr (软件放置处)	/etc (配置文件)
	/opt (第三方协力软件)	/boot (开机与核心文件)
可变动的 (variable)	/var/mail (使用者邮件信箱)	/var/run (程序相关)
	/var/spool/news (新闻组)	/var/lock (程序相关)

下面对4种变量性质进行介绍。

(1) 可分享的。

可以分享给其他系统挂载使用的目录,包括可执行文件与用户邮件等数据,是能够分享给网络上其他主机挂载用的目录。

(2) 不可分享的。

自己机器上面运作的装置文件或者与程序有关的socket文件等,由于仅与自身机器有关,所以不适合分享给其他主机。

(3) 不变的。

有些数据是不会经常变动的,只会跟随distribution而变动,如函数库、文件说明文件、系统管理员所管理的主机服务配置文件等。

(4) 可变动的。

经常改变的数据,如登录文件、一般用户可自行收受的新闻组等。

事实上,FHS针对目录树架构仅定义出3层目录底下应该放置什么数据而已,分别是以下3个目录的定义。

(1) /(root,根目录):与开机系统有关。

(2) /usr(unix software resource):与软件安装/执行有关。

(3) /var(variable):与系统运作过程有关。

根目录(/)的意义与内容如下。

根目录是整个系统最重要的一个目录,因为不但所有的目录都是由根目录衍生出来的,同时根目录也与开机、还原、系统修复等动作有关。由于系统开机时需要特定的开机软件、核心文件、开机所需程序、函数库等文件数据,若系统出现错误,根目录也必须包含有能够修复文件系统的程序才行。因为根目录很重要,所以FHS希望根目录不要放在非常大的分区,因为越大的分区内,用户会放入的数据越多,如此一来,根目录所在分区发生错误的机会就多。

根据以上原因,FHS认为根目录(/)下应该包含表2.2所示子目录。

表2.2 子目录介绍

目 录	应放置文件内容
/bin	系统有很多放置可执行文件的目录,但/bin比较特殊。因为/bin放置的是在单人维护模式下还能够被操作的指令。在/bin下的指令可以被root与一般账号所使用,主要有cat、chmod(修改权限)、chown、date、mv、mkdir、cp、bash等常用的指令
/boot	主要放置开机会用到的文件,包括Linux核心文件以及开机选单与开机所需设定文件等。Linux kernel常用的文件名为vmlinuz,如果使用的是grub这个开机管理程式,则还会存在/boot/grub/这个目录
/dev	在Linux系统上,任何装置与周边设备都是以文件的形态存在于这个目录当中。只要通过存取这个目录下的某个文件,就等于存取某个装置。比较重要的文件有/dev/null、/dev/zero、/dev/tty、/dev/lp*、/dev/hd*、/dev/sd*等

续表

目 录	应放置文件内容
/etc	系统主要的设定文件几乎都放置在这个目录内，如人员的账号密码文件、各种服务的启动文件等。一般来说，这个目录下的各文件属性是可以让一般使用者查阅的，但是只有 root 才有权力修改。FHS 建议不要放置可执行文件(binary)在这个目录中。比较重要的文件有/etc/inittab、/etc/init. d/、/etc/modprobe. conf、/etc/X11/、/etc/fstab、/etc/sysconfig/等。另外，其下重要的目录有/etc/init. d/，所有服务的预设启动脚本都是放在这里的，如要启动或者关闭 iptables：/etc/init. d/iptables start、/etc/init. d/ iptables stop；/etc/xinetd. d/：这就是所谓的 super daemon 管理的各项服务的设定文件目录；/etc/X11/：与 X Windows 有关的设定文件都在这里，尤其是 xorg. conf 或 XF86Config 这两个 X Server 的设定文件
/home	这是系统预设的使用者 HOME 目录(home directory)。在新增一个一般使用者账号时，预设的使用者 home 目录都会规范到这里来。比较重要的是 HOME 目录有两种代号：～代表当前使用者的 home 目录；～guest 则代表用户名为 guest 的 HOME 目录
/lib	系统的函数库非常多，而/lib 放置的则是在开机时会用到的函数库，以及在/bin 或/sbin 下的指令会呼叫的函数库。函数库是可以将它想成外挂，某些指令必须要有这些外挂才能顺利完成程序的执行之意。尤其重要的是/lib/modules/目录，因为该目录会放置核心相关的模组(驱动程序)
/media	media 是媒体的英文，顾名思义，/media 下放置的就是可移除的装置，包括软碟、光碟、DVD 等装置都暂时挂载于此。常见的文件名有/media/floppy、/media/cdrom 等
/mnt	如果想要暂时挂载某些额外的装置，一般建议可以放置到这个目录中。在早期，这个目录的用途与/media 相同。有了/media 后，这个目录就用来暂时挂载
/opt	这是给第三方协议软件放置的目录。什么是第三方协议软件？例如，KDE 桌面管理系统是一个独立的计划，不过它可以安装到 Linux 系统中，因此 KDE 的软件就建议放置到此目录下。另外，如果想要自行安装额外的软件(非原本的 distribution 提供的)，那么也能够将需要安装的软件安装到这里来。不过，以前的 Linux 系统中，用户还是习惯放置在/usr/local 目录下
/root	系统管理员(root)的 HOME 目录之所以放在这里，是因为如果进入单人维护模式而仅挂载根目录时，该目录就能够拥有 root 的 HOME 目录，所以希望 root 的 HOME 目录与根目录放置在同一个分区中
/sbin	Linux 有非常多指令是用来设定系统环境的，这些指令只有 root 才能够利用来设定系统，其他使用者最多只能用来查询。放在/sbin 下的为开机过程中所需要的，里面包括了开机、修复、还原系统所需要的指令。至于某些伺服器软件程序，一般则放置到/usr/sbin/中。至于本机自行安装的软件所产生的系统执行文件(system binary)，则放置到/usr/local/sbin/中。常见的指令包括 fdisk、fsck、ifconfig、init、mkfs 等
/srv	srv 可以视为 service 的缩写，是一些网络服务启动之后，这些服务所需要取用的资料目录。常见的服务如 WWW、FTP 等，如 WWW 伺服器需要的网页资料就可以放置在/srv/www/中
/tmp	这是让一般使用者或者是正在执行的程序暂时放置文件的地方。这个目录是任何人都能够存取的，所以需要定期清理。同时，重要资料不可放置在此目录。因为 FHS 甚至建议在开机时应该将/tmp 下的资料都删除

事实上，FHS 针对根目录所定义的标准仅限于表 2.2，不过有些补充目录需要使用者了解一下，如表 2.3 所示。

表 2.3　补充目录

目　录	应放置文件内容
/lost+found	这个目录是使用标准的 ext2/ext3 文件系统格式才会产生的一个目录，目的是当文件系统发生错误时，将一些遗失的片段放置到这个目录下。这个目录通常会在分割槽的最顶层存在。例如，你加装一个硬盘于/disk 中，则在这个系统下就会自动产生目录/disk/lost+found
/proc	这个目录本身是一个虚拟文件系统(virtual filesystem)。它放置的资料都是在内存中，如系统核心、行程资讯(process)、周边装置的状态及网络状态等。因为这个目录下的资料都是在内存中，所以其本身不占任何硬盘空间。比较重要的文件(目录)如/proc/cpuinfo、/proc/dma、/proc/interrupts、/proc/ioports、/proc/net/ * 等
/sys	这个目录与/proc 非常类似，也是一个虚拟的文件系统，主要也是记录与核心相关的资讯，包括目前已载入的核心模组与核心侦测到的硬体装置资讯等。这个目录同样不占硬盘容量

除了这些目录的内容外，需要注意的是，因为根目录与开机有关，开机过程中仅有根目录会被挂载，其他分区则是在开机完成之后才会持续地进行挂载行为。正因为如此，根目录下与开机过程有关的目录，就不能放到不同的分区去。以下目录均不可放置到除根目录外其他目录内。

(1) /etc：配置文件。

(2) /bin：重要执行文件。

(3) /dev：所需要的设备文件。

(4) /lib：执行文件所需的函数库与核心所需的模块。

(5) /sbin：重要的系统执行文件。

这 5 个目录不可与根目录分开在不同的分区。

依据 FHS 的基本定义，/usr 里面放置的数据属于可分享的(shareable)与不可变动的(static)，如果用户知道如何透过网络进行分区的挂载，那么/usr 确实可以分享给局域网络内的其他主机来使用。

usr 不是 user 的缩写，而是 Unix Software Resource 的缩写，即/usr 是 Unix 操作系统软件资源所放置的目录，而不是用户的数据，这点要注意。FHS 建议所有软件开发者应该将他们的数据合理地分别放置到这个目录下的子目录，而不要自行建立该软件自己独立的目录。

因为所有系统默认的软件(distribution 发布者提供的软件)都会放置到/usr 下，因此这个目录有点类似 Windows 系统的 C:\Windows\+C:\Program files\这两个目录的综合体，系统刚安装完毕时，这个目录会占用最多的硬盘容量。一般来说，/usr 的子目录建议如表 2.4 所示。

表 2.4 子目录建议

目　　录	应放置文件内容
/usr/X11R6/	X Windows System 重要数据所放置的目录，之所以取名为 X11R6，是因为最后的 X 版本为第 11 版且是该版的第 6 次编辑
/usr/bin/	绝大部分用户所使用指令都放在这里。应注意到它与/bin 的不同之处（是否与开机过程有关）
/usr/include/	C/C++等程序语言的文件头（header）与包含文件（include）放置处，当以 tarball 方式（*.tar.gz 的方式安装软件）安装某些数据时，会用到许多包含文件
/usr/lib/	包含各应用软件的函数库、目标文件（object file）以及不被一般使用者惯用的执行文件或脚本（script）。某些软件会提供一些特殊的指令来进行服务器的设定，这些指令也不会经常被系统管理员操作，就会被摆放到这个目录下。要注意的是，如果使用的是 X86_64 的 Linux 系统，可能会有/usr/lib64/目录产生
/usr/local/	系统管理员在本机自行安装自己下载的软件（非 distribution 默认提供者），建议安装到此目录，这样会比较便于管理。例如，distribution 提供的软件较旧，用户想安装较新的软件但又不想移除旧版，此时可以将新版软件安装于/usr/local/目录下，可与原先的旧版软件区别开
/usr/sbin/	非系统正常运作所需要的系统指令。最常见的就是某些网络服务器软件的服务指令（daemon）
/usr/share/	放置共享文件的地方，在这个目录下放置的数据几乎是不分硬件架构均可读取的数据，因为几乎都是文本文件。在此目录下常见的还有以下子目录。 /usr/share/man：联机帮助文件 /usr/share/doc：软件杂项的文件说明 /usr/share/zoneinfo：与时区有关的时区文件
/usr/src/	一般源代码建议放置到这里，src 有 source 的意思。至于内核源代码则建议放置到/usr/src/linux/目录下

如果/usr 是安装时会占用较大硬盘容量的目录，那么/var 就是在系统运作后才会渐渐占用硬盘容量的目录。因为/var 目录主要针对经常性变动的文件，包括缓存（cache）、登录文件（log file）以及某些软件运作所产生的文件，包括程序文件（lock file、run file）或者如 MySQL 数据库的文件等。常见的子目录如表 2.5 所示。

表 2.5 常见子目录

目　　录	应放置文件内容
/var/cache/	应用程序本身运作过程中会产生的一些暂存文件
/var/lib/	程序本身执行的过程中，需要用到的数据文件放置的目录。在此目录下各自的软件应该要有各自的目录。例如，MySQL 的数据库放置到/var/lib/mysql/而 rpm 的数据库放到/var/lib/rpm 中
/var/lock/	某些装置或者是文件资源一次只能被一个应用程序所使用，如果同时有两个程序使用该装置时，就可能产生一些错误的状况，因此就要将该装置上锁（lock），以确保该装置只会给单一软件所使用。例如，刻录机正在刻录一块光盘，如果两个人同时刻录，那光盘写入的是谁的数据？所以当第一个人在刻录时该刻录机就会被上锁，第二个人就要等该装置被解除锁定（就是前一个人用完了）才能继续使用

续表

目　录	应放置文件内容
/var/log/	非常重要。这是记录文件放置的目录。里面比较重要的文件如/var/log/messages、/var/log/wtmp(记录登入者的信息)等
/var/mail/	放置个人电子邮件信箱的目录,不过这个目录也被放置到/var/spool/mail/目录中,通常这两个目录是相互链接的
/var/run/	某些程序或者是服务启动后,会将它们的 PID 放置在这个目录下
/var/spool/	这个目录通常放置一些队列数据,"队列"就是排队等待其他程序使用的数据。这些数据被使用后通常会被删除。例如,系统收到信件会放置到/var/spool/mail/中,但使用者收下该信件后该封信原则上就会被删除。信件如果暂时寄不出去会被放到/var/spool/mqueue/中,等到被送出后就被删除。如果是工作排程数据(crontab),就会被放置到/var/spool/cron/目录中

由于 FHS 仅定义出最上层(/)及次层(/usr、/var)目录内容应该放置的文件或目录数据,因此,在其他子目录层级内,就可以随开发者自行配置。

在 Linux 下,所有的文件与目录都是由根目录开始的。那是所有目录与文件的源头,然后再一个一个地分支下来,因此,也称这种目录配置方式为目录树(directory tree),这个目录树的主要特性如下。

(1) 目录树的起始点为根目录(/root)。

(2) 每个目录不仅能使用本地端的 partition 文件系统,还可以使用网络上的 filesystem。例如,可以利用 Network File System(NFS)服务器挂载某特定目录等。

(3) 每个文件在此目录树中的文件名(包含完整路径)都是独一无二的。

如果将整个目录树以图的方法来显示,并且将较为重要的文件数据列出来,那么目录树架构如图 2.5 所示。

除了需要特别注意的 FHS 目录配置外,在文件名部分也要特别注意。因为根据文件名写法的不同,也可将路径(path)定义为绝对路径(absolute)与相对路径(relative)。这两种文件名/路径的写法依据如下。

绝对路径:由根目录(/)开始写起的文件名或目录名称,如/home/dmtsai/.bashrc。

相对路径:相对于目前路径的文件名写法,如./home/dmtsai 等。开头不是/就属于相对路径的写法。

用户必须要了解,相对路径是以当前所在路径的相对位置来表示的。例如,用户当前在/home 目录下,如果想要进入/var/log 目录时,可以使用以下指令:

```
cd /var/log(absolute)
cd ../var/log(relative)
```

因为在/home 目录下,所以要回到上一层(../)之后,才能继续往/var 来移动,特别注意以下两个特殊的目录:

.:代表当前的目录,也可以使用./来表示;

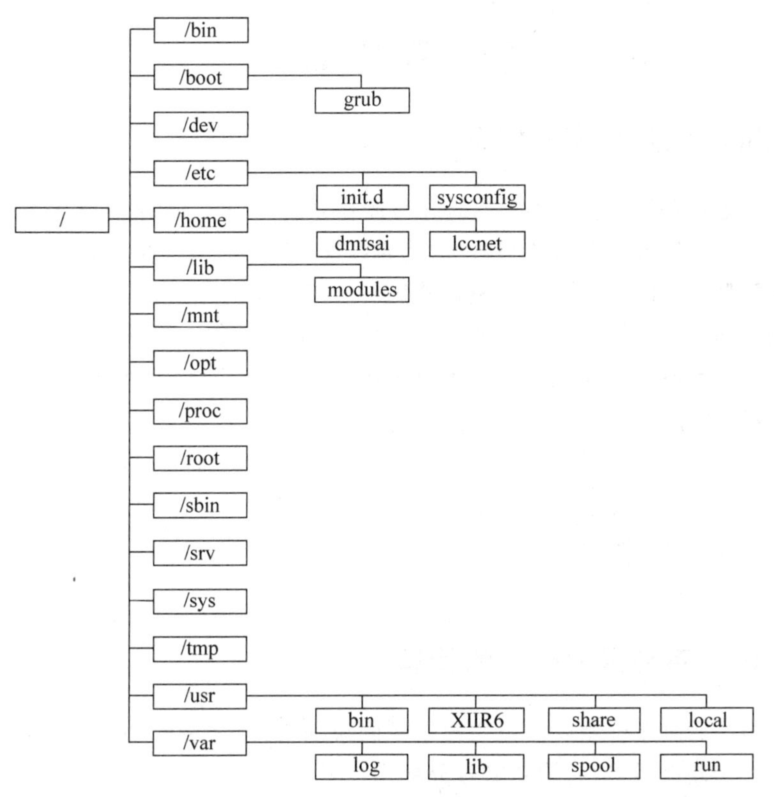

图 2.5 目录树架构

..：代表上一层目录，也可以../来代表。

这个.与..目录概念是很重要的，在文献中可能常常会看到 cd..或./command 之类的指令表达方式，就是代表上一层与目前所在目录的工作状态。

例如，如何先进入/var/spool/mail/目录，再进入/var/spool/cron/目录内？

命令如下：

```
cd /var/spool/mail
cd ../cron
```

说明：

由于/var/spool/mail 与/var/spool/cron 是同样在/var/spool/目录中。如此就不需要再由根目录开始写起了。这个相对路径是非常有帮助的，尤其对于某些软件开发商来说。一般来说，软件开发商会将数据放置到/usr/local/里面的各相对目录。但如果用户想要安装到不同目录，就要使用相对路径。

例如，网络文件常常提到类似./run.sh 之类的数据，这个指令的意义为何？

由于指令的执行需要变量的支持，若执行文件放置在本目录，并且本目录并非正规的执行文件目录(/bin、/usr/bin 等为正规)，此时要执行指令就要严格指定该执行文件。./代表本目录的意思，所以./run.sh 代表执行本目录下名为 run.sh 的文件。

2.3 用户管理

2.3.1 Linux 用户和用户组管理

Linux 系统是一个多用户多任务的分时操作系统，任何一个要使用系统资源的用户都必须首先向系统管理员申请一个账号，然后以这个账号的身份进入系统。

用户的账号一方面可以帮助系统管理员对使用系统的用户进行跟踪，并控制他们对系统资源的访问；另一方面也可以帮助用户组织文件，并为用户提供安全性保护。

每个用户账号都拥有一个唯一的用户名和各自的口令。用户在登录时输入正确的用户名和口令后，就能够进入系统和自己的主目录。

实现用户账号的管理，要完成的工作主要有以下几个方面。

(1) 用户账号的添加、删除与修改。

(2) 用户口令的管理。

(3) 用户组的管理。

2.3.2 Linux 系统用户账号的管理

用户账号的管理工作主要涉及用户账号的添加、修改和删除。添加用户账号就是在系统中创建一个新账号，然后为新账号分配用户号、用户组、主目录和登录 Shell 等资源。刚添加的账号是被锁定的，无法使用。

1. 添加新的用户账号

添加新的用户账号使用 useradd 命令，其语法格式为

```
useradd 选项 用户名
```

参数说明如下。

(1) 选项。

- -c comment：指定一段注释性描述。
- -d 目录：指定用户主目录，如果此目录不存在，则同时使用-m 选项，可以创建主目录。
- -g 用户组：指定用户所属的用户组。
- -G 用户组，用户组：指定用户所属的附加组。
- -s Shell 文件：指定用户的登录 Shell。
- -u 用户号：指定用户的用户号，如果同时有-o 选项，可以重复使用其他用户的标识号。

(2) 用户名。

指定新账号的登录名。

例如：

```
# useradd -d/home/sam -m sam
```

此命令用于创建一个用户 sam，其中-d 和-m 选项用来为登录名 sam 产生一个主目录/home/sam(/home 为默认的用户主目录所在的父目录)。

例如：

```
# useradd -s /bin/sh -g group -G adm,root gem
```

此命令新建了一个用户 gem，该用户的登录 Shell 是/bin/sh，它属于 group 用户组，同时又属于 adm 和 root 用户组，其中 group 用户组是其主组。

这里可能新建组：# groupadd group 及 groupadd adm。

增加用户账号就是在/etc/passwd 文件中为新用户增加一条记录，同时更新其他系统文件如/etc/shadow、/etc/group 等。

Linux 提供了集成的系统管理工具 userconf，它可以用来对用户账号进行统一管理。

2. 删除账号

如果一个用户的账号不再使用，可以从系统中删除。删除用户账号就是要将/etc/passwd 等系统文件中的该用户记录删除，必要时还删除用户的主目录。

删除一个已有的用户账号使用 userdel 命令，其语法格式为

```
userdel 选项用户名
```

常用的选项是-r，它的作用是把用户的主目录一起删除。

例如：

```
# userdel -r sam
```

此命令删除用户 sam 在系统文件中(主要是/etc/passwd、/etc/shadow、/etc/group 等)的记录，同时删除用户的主目录。

3. 修改账号

修改用户账号就是根据实际情况更改用户的有关属性，如用户号、主目录、用户组、登录 Shell 等。

修改已有用户的信息使用 usermod 命令，其语法格式为

```
usermod 选项 用户名
```

常用的选项包括-c、-d、-m、-g、-G、-s、-u 及-o 等，这些选项的意义与 useradd 命令中的选项一样，可以为用户指定新的资源值。另外，有些系统可以使用选项：-l 新用户名。

这个选项指定一个新的账号，即将原来的用户名改为新的用户名。

例如：

```
# usermod -s /bin/ksh -d /home/z -g developer sam
```

此命令将用户 sam 的登录 Shell 修改为 ksh，主目录改为/home/z，用户组改为 developer。

4. 用户口令的管理

用户管理的一项重要内容是用户口令的管理。用户账号刚创建时没有口令,但是被系统锁定,无法使用,必须为其指定口令后才可以使用,即使是指定空口令。

指定和修改用户口令的Shell命令是passwd。超级用户可以为自己和其他用户指定口令,普通用户只能用它修改自己的口令。命令的格式为

```
passwd 选项 用户名
```

可使用的选项:

- -l 锁定口令,即禁用账号。
- -u 口令解锁。
- -d 使账号无口令。
- -f 强迫用户下次登录时修改口令。

如果默认用户名,则修改当前用户的口令。

例如,假设当前用户是sam,则下面的命令修改该用户自己的口令:

```
$ passwd
Old password: ******
New password: *******
Re - enter new password: *******
```

如果是超级用户,可以用下列形式指定任何用户的口令:

```
# passwd sam
New password: *******
Re - enter new password: *******
```

普通用户修改自己的口令时,passwd命令会先询问原口令,验证后再要求用户输入两遍新口令,如果两次输入的口令一致,则将这个口令指定给用户;而超级用户为用户指定口令时,不需要知道原口令。

为了系统安全起见,用户应该选择比较复杂的口令,如最好使用8位长的口令,口令中包含有大写字母、小写字母和数字,并且不应使用姓名、生日等。

为用户指定空口令时,执行下列形式的命令:

```
#passwd - d sam
```

此命令将用户sam的口令删除,这样用户sam下一次登录时,系统就不再允许该用户登录了。

passwd命令还可以用-l(lock)选项锁定某一用户,使其不能登录,例如:

```
#passwd - l sam
```

2.3.3 Linux系统用户组的管理

每个用户都有一个用户组,系统可以对一个用户组中的所有用户进行集中管理。不

同的 Linux 系统对用户组的规定有所不同，如 Linux 下的用户属于与它同名的用户组，这个用户组在创建用户时同时创建。

用户组的管理涉及用户组的添加、删除和修改。组的增加、删除和修改实际上就是对/etc/group 文件的更新。

(1) 增加一个新的用户组使用 groupadd 命令。其语法格式为

```
groupadd 选项 用户组
```

常用的选项如下：

- -g GID 指定新用户组的组标识号(GID)。
- -o 一般与-g 选项同时使用，表示新用户组的 GID 可以与系统已有用户组的 GID 相同。

例如：

```
# groupadd group1
```

此命令向系统中增加了一个新组 group1，新组的组标识号是在当前已有的最大组标识号的基础上加 1。

例如：

```
# groupadd -g 101 group2
```

此命令向系统中增加了一个新组 group2，同时指定新组的组标识号是 101。

(2) 如果要删除一个已有的用户组，使用 groupdel 命令，其语法格式为

```
groupdel 用户组
```

例如：

```
# groupdel group1
```

此命令从系统中删除组 group1。

(3) 修改用户组的属性使用 groupmod 命令。其格式为

```
groupmod 选项 用户组
```

常用的选项有以下几个：

- -g GID 为用户组指定新的组标识号。
- -o 与-g 选项同时使用，用户组的新 GID 可以与系统已有用户组的 GID 相同。
- -n 新用户组 将用户组的名字改为新名字。

例如：

```
# groupmod -g 102 group2
```

此命令将组 group2 的组标识号修改为 102。

例如：

```
# groupmod -g 10000 -n group3 group2
```

此命令将组 group2 的标识号改为 10000,组名修改为 group3。

(4) 如果一个用户同时属于多个用户组,那么用户可以在用户组之间切换,以便具有其他用户组的权限。

用户可以在登录后,使用命令 newgrp 切换到其他用户组,这个命令的参数就是目的用户组。例如:

```
$ newgrp root
```

这条命令将当前用户切换到 root 用户组,前提条件是 root 用户组确实是该用户的主组或附加组。类似于用户账号的管理,用户组的管理也可以通过集成的系统管理工具来完成。

2.3.4 与用户账号有关的系统文件

完成用户管理的工作有多种方法,但是每一种方法实际上都是对有关的系统文件进行修改。

与用户和用户组相关的信息都存放在一些系统文件中,这些文件包括/etc/passwd、/etc/shadow、/etc/group 等。

/etc/passwd 文件是用户管理工作涉及的最重要的一个文件。

Linux 系统中的每个用户都在/etc/passwd 文件中有一个对应的记录行,它记录了这个用户的一些基本属性。

这个文件对所有用户都是可读的,它的内容类似下面的例子。

```
# cat /etc/passwd
root:x:0:0:Superuser:/:
daemon:x:1:1:System daemons:/etc:
bin:x:2:2:Owner of system commands:/bin:
sys:x:3:3:Owner of system files:/usr/sys:
adm:x:4:4:System accounting:/usr/adm:
uucp:x:5:5:UUCP administrator:/usr/lib/uucp:
auth:x:7:21:Authentication administrator:/tcb/files/auth:
cron:x:9:16:Cron daemon:/usr/spool/cron:
listen:x:37:4:Network daemon:/usr/net/nls:
lp:x:71:18:Printer administrator:/usr/spool/lp:
sam:x:200:50:Sam san:/home/sam:/bin/sh
```

从上面的例子可以看到,/etc/passwd 中一行记录对应着一个用户,每行记录又被冒号(:)分隔为 7 个字段,其格式和具体含义如下:

```
用户名:口令:用户标识号:组标识号:注释性描述:主目录:登录 Shell
```

(1) "用户名"是代表用户账号的字符串。

通常长度不超过 8 个字符,并且由大小写字母和/或数字组成。登录名中不能有冒号(:),因为冒号在这里是分隔符。

为了兼容起见,登录名中最好不要包含点字符(.),并且不使用连字符(—)和加号(+)打头。

(2)"口令"一些系统中,存放着加密后的用户口令字。

虽然这个字段存放的只是用户口令的加密串,不是明文,但是由于/etc/passwd 文件对所有用户都可读,所以这仍是一个安全隐患。因此,现在许多 Linux 系统(如 SVR4)都使用了 shadow 技术,把真正加密后的用户口令字存放到/etc/shadow 文件中,而在/etc/passwd 文件的口令字段中只存放一个特殊的字符,如×或者 * 。

(3)"用户标识号"是一个整数,系统内部用它来标识用户。

一般情况下它与用户名是一一对应的。如果几个用户名对应的用户标识号是一样的,系统内部将把它们视为同一个用户,但是它们可以有不同的口令、不同的主目录以及不同的登录 Shell 等。

通常用户标识号的取值范围是 0～65535。0 是超级用户 root 的标识号,1～99 由系统保留,作为管理账号,普通用户的标识号从 100 开始。在 Linux 系统中,这个界限是 500。

(4)"组标识号"字段记录的是用户所属的用户组。

它对应着/etc/group 文件中的一条记录。

(5)"注释性描述"字段记录着用户的一些个人情况。

例如,用户的真实姓名、电话、地址等,这个字段没有实际的用途。在不同的 Linux 系统中,这个字段的格式并没有统一。在许多 Linux 系统中,这个字段存放的是一段任意的注释性描述文字,用作 finger 命令的输出。

(6)"主目录"是用户的起始工作目录。

它是用户在登录到系统之后所处的目录。在大多数系统中,各用户的主目录都被组织在同一个特定的目录下,而用户主目录的名称就是该用户的登录名。各用户对自己的主目录有读、写、执行(搜索)权限,其他用户对此目录的访问权限则根据具体情况设置。

(7) 登录 Shell:用户登录后,要启动一个进程,负责将用户的操作传给内核,这个进程是用户登录到系统后运行的命令解释器或某个特定的程序,即 Shell。

Shell 是用户与 Linux 系统之间的接口。Linux 的 Shell 有多种,每种都有不同的特点。常用的有 sh(Bourne Shell)、csh(C Shell)、ksh(Korn Shell)、tcsh(TENEX/TOPS-20 type C Shell)及 bash(Bourne Again Shell)等。

系统管理员可以根据系统情况和用户习惯为用户指定某个 Shell。如果不指定 Shell,那么系统使用 sh 为默认的登录 Shell,即这个字段的值为/bin/sh。

用户的登录 Shell 也可以指定为某个特定的程序(此程序不是一个命令解释器)。

利用这一特点,可以限制用户只能运行指定的应用程序,在该应用程序运行结束后,用户就自动退出了系统。有些 Linux 系统要求只有那些在系统中登记了的程序才能出现在这个字段中。

系统中有一类用户称为伪用户(pseudo users)。

这些用户在/etc/passwd 文件中也占有一条记录,但是不能登录,因为它们的登录 Shell 为空。它们的存在主要是方便系统管理,满足相应的系统进程对文件属主的要求。

2.3.5 拥有账户文件

除了上面列出的伪用户外,还有许多标准的伪用户,如 audit、cron、mail、usenet 等,它们也都各自为相关的进程和文件所需要。

由于/etc/passwd 文件是所有用户都可读的,如果用户的密码太简单或规律比较明显,一台普通的计算机就能够很容易地将它破解,因此,对安全性要求较高的 Linux 系统都把加密后的口令字分离出来,单独存放在一个文件中,这个文件名为/etc/shadow。只有超级用户才拥有该文件读权限,这就保证了用户密码的安全性。

/etc/shadow 中的记录行与/etc/passwd 中的一一对应,它由 pwconv 命令根据/etc/passwd 中的数据自动产生。

它的文件格式与/etc/passwd 类似,由若干个字段组成,字段之间用":"隔开。这些字段是:

```
登录名:加密口令:最后一次修改时间:最小时间间隔:最大时间间隔:警告时间:不活动时间:失效时间:标志
```

(1)"登录名"是与/etc/passwd 文件中的登录名相一致的用户账号。

(2)"加密口令"字段存放的是加密后的用户口令字,长度为 13 个字符。如果为空,则对应用户没有口令,登录时不需要口令;如果含有不属于集合{./0-9A-Za-z}中的字符,则对应的用户不能登录。

(3)"最后一次修改时间"表示的是从某个时刻起,到用户最后一次修改口令时的天数。时间起点对不同的系统可能不一样。例如,在 SCO Linux 中,这个时间起点是 1970 年 1 月 1 日。

(4)"最小时间间隔"指的是两次修改口令之间所需的最小天数。

(5)"最大时间间隔"指的是口令保持有效的最大天数。

(6)"警告时间"指的是从系统开始警告用户到用户密码正式失效之间的天数。

(7)"不活动时间"指的是用户没有登录活动,但账号仍能保持有效的最大天数。

(8)"失效时间"字段给出的是一个绝对的天数,如果使用了这个字段,就给出相应账号的生存期。期满后,该账号不再是一个合法的账号,也不能再用来登录。

(9)"标志"由系统保留。

下面是/etc/shadow 的一个例子:

```
# cat /etc/shadow
root:Dnakfw28zf38w:8764:0:168:7:::
daemon:*::0:0::::
bin:*::0:0::::
sys:*::0:0::::
adm:*::0:0::::
uucp:*::0:0::::
nuucp:*::0:0::::
auth:*::0:0::::
cron:*::0:0::::
```

```
listen:*::0:0::::
lp:*::0:0::::
sam:EkdiSECLWPdSa:9740:0:0::::
```

用户组的所有信息都存放在/etc/group 文件中。将用户分组是 Linux 系统中对用户进行管理及控制访问权限的一种手段。每个用户都属于某个用户组；一个组中可以有多个用户，一个用户也可以属于不同的组。

当一个用户同时是多个组中的成员时，在/etc/passwd 文件中记录的是用户所属的主组，也就是登录时所属的默认组，而其他组称为附加组。

用户要访问属于附加组的文件时，必须首先使用 newgrp 命令使自己成为所要访问的组中的成员。

用户组的所有信息都存放在/etc/group 文件中。此文件的格式也类似于/etc/passwd 文件，由冒号(:)隔开若干个字段，这些字段有以下几个：

```
组名:口令:组标识号:组内用户列表
```

(1)“组名”是用户组的名称，由字母或数字构成。与/etc/passwd 中的登录名一样，组名不应重复。

(2)“口令”字段存放的是用户组加密后的口令字。一般 Linux 系统的用户组都没有口令，即这个字段一般为空，或者是 *。

(3)“组标识号”与用户标识号类似，也是一个整数，被系统内部用来标识组。

(4)“组内用户列表”是属于这个组的所有用户的列表，不同用户之间用逗号(,)分隔。这个用户组可能是用户的主组，也可能是附加组。

/etc/group 文件的一个例子如下：

```
root::0:root
bin::2:root,bin
sys::3:root,uucp
adm::4:root,adm
daemon::5:root,daemon
lp::7:root,lp
users::20:root,sam
```

2.4 文件管理

2.4.1 Linux 文件与目录管理

Linux 的目录结构为树状结构，顶级的目录为根目录 /。其他目录通过挂载可以将它们添加到树中，通过解除挂载可以移除它们。

2.4.2 处理目录的常用命令

接下来介绍几个常见的处理目录的命令。

(1) ls(英文全拼：list files)：列出目录及文件名。

在 Linux 系统中，ls 命令可能是最常被运行的。

语法格式：

```
[root@www ~]# ls [-aAdfFhilnrRSt] 目录名称
[root@www ~]# ls [--color={never,auto,always}] 目录名称
[root@www ~]# ls [--full-time] 目录名称
```

选项与参数如下。

- -a ：全部的文件，连同隐藏文件(开头为 . 的文件)一起列出来(常用)。
- -d ：仅列出目录本身，而不是列出目录内的文件数据(常用)。
- -l ：长数据串列出，包含文件的属性与权限等数据(常用)。

将 home 目录下的所有文件列出来(含属性与隐藏档)：

```
[root@www ~]# ls -al ~
```

(2) cd(英文全拼：change directory)：切换目录。

cd 是 Change Directory 的缩写，是用来变换工作目录的命令。

语法格式：

```
cd [相对路径或绝对路径]
#使用 mkdir 命令创建 runoob 目录
[root@www ~]# mkdir runoob
#使用绝对路径切换到 runoob 目录
[root@www ~]# cd /root/runoob/
#使用相对路径切换到 runoob 目录
[root@www ~]# cd ./runoob/
# 表示回到自己的 home 目录，即/root 这个目录
[root@www runoob]# cd ~
# 表示去到目前的上一级目录，即/root 的上一级目录
[root@www ~]# cd ..
```

多操作几次应该就可以很好地理解 cd 命令的。

(3) pwd(英文全拼：print work directory)：显示当前的目录。

pwd 是 Print Working Directory 的缩写，也就是显示当前所在目录的命令。

语法格式：

```
[root@www ~]# pwd [-P]
```

选项与参数如下。

-P：显示出确实的路径，而非使用连接(link)路径。

实例：单纯显示出当前的工作目录：

```
[root@www ~]# pwd
/root
```

下面显示出实际的工作目录，而非连接文档本身的目录名：

```
[root@www ~]# cd /var/mail      <== 注意./var/mail 是一个连接文档
[root@www mail]# pwd
/var/mail
[root@www mail]# pwd -P
/var/spool/mail
[root@www mail]# ls -ld /var/mail
lrwxrwxrwx 1 root root 10 Sep 4 17:54 /var/mail -> spool/mail
#因为 /var/mail 是连接文档,连接到 /var/spool/mail
#所以,加上 pwd -P 的选项后,会不以连接文档的数据显示,而是显示正确的完整路径
```

(4) mkdir(英文全拼：make directory)：创建一个新的目录。

如果想要创建新的目录,就使用 mkdir(make directory)。

语法格式：

```
mkdir [-mp] 目录名称
```

选项与参数如下。

- -m：配置文件的权限,直接配置。
- -p：帮助用户直接将所需要的目录(包含上一级目录)创建出来。

例如,请到/tmp 下尝试创建数个新目录：

```
[root@www ~]# cd /tmp
[root@www tmp]# mkdir test      <== 创建一名为 test 的新目录
[root@www tmp]# mkdir test1/test2/test3/test4
mkdir: cannot create directory 'test1/test2/test3/test4':
No such file or directory      <== 没办法直接创建此目录
[root@www tmp]# mkdir -p test1/test2/test3/test4
```

加了-p 选项,可以自行创建多层目录

例如,创建权限为 rwx--x--x 的目录。

```
[root@www tmp]# mkdir -m 711 test2
[root@www tmp]# ls -l
drwxr-xr-x 3 root root 4096 Jul 18 12:50 test
drwxr-xr-x 3 root root 4096 Jul 18 12:53 test1
drwx--x--x 2 root root 4096 Jul 18 12:54 test2
```

上面的权限部分,如果没有加上-m 来强制配置属性,系统会使用默认属性。

如果使用-m,如上例加上-m 711 来给予新的目录 drwx--x--x 的权限。

(5) rmdir(英文全拼：remove directory)：删除一个空的目录。

语法格式：

```
rmdir [-p] 目录名称
```

选项与参数如下。

-p：连同上一级空的目录也一起删除。

删除 runoob 目录

```
[root@www tmp]# rmdir runoob/
```

将 mkdir 实例中创建的目录(/tmp 底下)删除掉。

```
[root@www tmp]# ls -l   <== 列出有多少目录
drwxr-xr-x 3 root root 4096 Jul 18 12:50 test
drwxr-xr-x 3 root root 4096 Jul 18 12:53 test1
drwx--x--x 2 root root 4096 Jul 18 12:54 test2
[root@www tmp]# rmdir test   <== 可直接删除掉
[root@www tmp]# rmdir test1   <== 因为尚有内容,所以无法删除
rmdir: 'test1': Directory not empty
[root@www tmp]# rmdir -p test1/test2/test3/test4
[root@www tmp]# ls -l   <== 底下的输出中 test 与 test1 不见了
drwx--x--x 2 root root 4096 Jul 18 12:54 test2
```

利用-p 选项,可以将 test1/test2/test3/test4 一次性删除。

需要注意的是,rmdir 仅能删除空的目录,可以使用 rm 命令来删除非空目录。

(6) cp(英文全拼: copy file): 复制文件或目录。

语法格式:

```
[root@www ~]# cp [-adfilprsu] 来源档(source) 目标档(destination)
[root@www ~]# cp [options] source1 source2 source3 ... directory
```

选项与参数如下。

- -a: 相当于-pdr。pdr 可参考下列说明(常用)。
- -d: 若来源文档为连接文档的属性(link file),则复制连接文档属性而非文件本身。
- -f: 为强制(force)的意思,若目标文件已经存在且无法开启,则移除后再尝试一次。
- -i: 若目标文档(destination)已经存在时,在覆盖时会先询问动作的进行(常用)。
- -l: 进行硬式连接(hard link)的连接文档创建,而非复制文件本身。
- -p: 连同文件属性一起复制过去,而非使用默认属性(备份常用)。
- -r: 递归持续复制,用于目录的复制行为(常用)。
- -s: 复制成为符号连接文档(symbolic link),即捷径文件。
- -u: 若 destination 比 source 旧才升级 destination。

用 root 身份将 root 目录下的.bashrc 复制到/tmp 下,并命名为 bashrc:

```
[root@www ~]# cp ~/.bashrc /tmp/bashrc
[root@www ~]# cp -i ~/.bashrc /tmp/bashrc
cp: overwrite '/tmp/bashrc'? n   <== n 不覆盖,y 为覆盖
```

(7) rm(英文全拼: remove): 移除文件或目录。

语法格式:

```
rm [-fir] 文件或目录
```

选项与参数如下。

- -f：就是 force 的意思，忽略不存在的文件，不会出现警告信息。
- -i：互动模式，在删除前会询问使用者是否动作。
- -r：递归删除，最常用在目录的删除，这是非常危险的选项。

将刚刚在 cp 的实例中创建的 bashrc 删除。

```
[root@www tmp]# rm -i bashrc
rm: remove regular file 'bashrc'? y
```

如果加上-i 选项就会主动询问，避免用户删错文档。

(8) mv(英文全拼：move file)：移动文件与目录，或修改文件与目录的名称。

语法格式：

```
[root@www ~]# mv [-fiu] source destination
[root@www ~]# mv [options] source1 source2 source3 ... directory
```

选项与参数如下。

- -f：force 为强制的意思，如果目标文件已经存在，不会询问而直接覆盖。
- -i：若目标文件(destination)已经存在，就会询问是否覆盖。
- -u：若目标文件已经存在，且 source 比较新，才会升级(update)。

复制一文件，创建一目录，将文件移动到目录中：

```
[root@www ~]# cd /tmp
[root@www tmp]# cp ~/.bashrc bashrc
[root@www tmp]# mkdir mvtest
[root@www tmp]# mv bashrc mvtest
```

上述操作完成将某个文件移动到某个目录中。

将刚才的目录名称更名为 mvtest2：

```
[root@www tmp]# mv mvtest mvtest2
```

(9) man [命令]查看各个命令的使用文档，如 man cp。

2.4.3 Linux 文件内容查看

Linux 系统中使用以下命令来查看文件的内容。

(1) cat：由第一行开始显示文件内容。

语法格式如下：

```
cat [-AbEnTv]
```

选项与参数如下。

- -A：相当于-vET 的整合选项，可列出一些特殊字符而不是空白。
- -b：列出行号，仅针对非空白行做行号显示，空白行不标行号。
- -E：将结尾的断行字节 $ 显示出来。
- -n：列出行号，连同空白行也会有行号，与-b 的选项不同。

- -T：将 Tab 按键以^I 显示出来。
- -v：列出一些看不出来的特殊字符。

查看/etc/issue 文件的内容：

```
[root@www ~]# cat /etc/issue
CentOS release 6.4(Final)
Kernel \r on an \m
tac
```

(2) tac 与 cat 命令刚好相反，文件内容从最后一行开始显示，例如：

```
[root@www ~]# tac /etc/issue
Kernel \r on an \m
CentOS release 6.4(Final)
```

(3) nl：显示输出行号。

语法格式如下：

```
nl [ - bnw] 文件
```

选项与参数如下。

- -b：指定行号的方式，主要有以下两种。
  - -b a：表示不论是否为空行，也同样列出行号(类似 cat -n)。
  - -b t：如果有空行，空的那一行不要列出行号(默认值)。
- -n：列出行号表示的方法，主要有以下 3 种。
  - -n ln：行号在荧幕的最左方显示。
  - -n rn：行号在自己栏位的最右方显示，且不加 0。
  - -n rz：行号在自己栏位的最右方显示，且加 0。
- -w：行号栏位占用的位数。

例如，用 nl 列出/etc/issue 的内容：

```
[root@www ~]# nl /etc/issue
     1 CentOS release 6.4(Final)
     2 Kernel \r on an \m
```

(4) more：一页一页地显示文件内容。

```
[root@www ~]# more /etc/man_db.config
#
# Generated automatically from man.conf.in by the
# configure script.
#
# man.conf from man - 1.6d
...(中间省略)
-- More -- (28 % )    <== 重点在这一行,光标也会在这里等待用户的下一命令
```

在 more 程序的运行过程中，有以下几个按键可以按的。

① 空白键(space)：代表向下翻一页。

② Enter：代表向下翻一行。

③ /字符串：代表在这个显示的内容中，向下搜寻“字符串”关键字。

④ F：立刻显示出文档名以及目前显示的行数。

⑤ q：代表立刻离开 more，不再显示该文件内容。

⑥ b 或[ctrl]-b：代表往回翻页，不过该动作只对文件有用，对管线无用。

(5) less：与 more 类似，一页一页翻动，但比 more 更好的是可以往前翻页。以下实例输出/etc/man.config 文件的内容：

```
[root@www ～]# less /etc/man.config
#
# Generated automatically from man.conf.in by the
# configure script.
#
# man.conf from man-1.6d
...(中间省略)
```

less 运行时可以输入的命令有以下几个。

① 空格：向下翻动一页。

② [pagedown]：向下翻动一页。

③ [pageup]：向上翻动一页。

④ /字串：向下搜寻“字串”的功能。

⑤ ？字串：向上搜寻“字串”的功能。

⑥ n：重复前一个搜寻(与/或？有关)。

⑦ N：反向重复前一个搜寻(与/或？有关)。

⑧ q：离开 less 程序。

(6) head：取出文件的前面几行。

语法格式如下：

```
head [-n number] 文件
```

选项与参数如下。

-n：后面接数字，代表显示几行的意思：

```
[root@www ～]# head /etc/man.config
```

默认的情况下，显示前面 10 行，若要显示前 20 行，则

```
[root@www ～]# head -n 20 /etc/man.config
```

(7) tail：取出文件的后面几行。

语法格式如下：

```
tail [-n number] 文件
```

选项与参数如下。

- -n：后面接数字，代表显示几行。

- -f：表示持续侦测后面所接的文档名，要等到按 Ctrl+C 组合键时才会结束 tail 的侦测。

```
[root@www ~]# tail /etc/man.config
```

默认的情况下，显示最后的 10 行，若要显示最后的 20 行，则

```
[root@www ~]# tail -n 20 /etc/man.config
```

2.5 文本编辑

2.5.1 Linux vi/vim

所有 Unix Like 系统都会内建 vi 文本编辑器，其他的文本编辑器则不一定会存在。

目前使用比较多的是 vim 编辑器。vim 具有程序编辑能力，可以主动以字体颜色辨别语法的正确性，以方便程序设计。

2.5.2 vim 概念

vim 是从 vi 发展而来的一个文本编辑器。vim 的代码补全、编译及错误跳转等方便编程的功能特别丰富，被广泛使用。简单地说，vi 是老式的文字处理器，不过功能已经很齐全了，但还是有待改进的地方。vim 则可以说是程序开发者的一项很好用的工具。

2.5.3 vi/vim 的使用

基本上 vi/vim 共分为 3 种模式，分别是命令模式（Command mode）、输入模式（Insert mode）和底线命令模式（Last line mode）。这 3 种模式的作用分别如下。

1. 命令模式

用户刚刚启动 vi/vim，便进入了命令模式。

此状态下按键盘动作会被 vim 识别为命令，而非输入字符。例如，此时按 i 键，并不会输入一个字符，i 被当作了一个命令。

以下是常用的几个命令。

(1) i：切换到输入模式，以输入字符。

(2) x：删除当前光标所在处的字符。

(3) :：切换到底线命令模式，以在最底一行输入命令。

若想要编辑文本，启动 vim，进入命令模式，按 i 键，切换到输入模式。命令模式只有一些最基本的命令，因此仍要依靠底线命令模式输入更多命令。

2. 输入模式

在命令模式下按 i 键进入输入模式。在输入模式下，可以使用以下按键。

(1) 字符按键以及 Shift 键组合,输入字符。

(2) Enter：回车键,换行。

(3) Backspace：退格键,删除光标前一个字符。

(4) Del：删除键,删除光标后一个字符。

(5) 方向键：在文本中移动光标。

(6) Home/End：移动光标到行首/行尾。

(7) PageUp/PageDown：上/下翻页。

(8) Insert：切换光标为输入/替换模式,光标将变成竖线/下划线。

(9) Esc：退出输入模式,切换到命令模式。

3. 底线命令模式

在命令模式下按下：(英文冒号)键进入底线命令模式。底线命令模式可以输入单个或多个字符的命令,可用的命令非常多。

在底线命令模式下,基本的命令如下。

(1) q：退出程序。

(2) w：保存文件。

(3) Esc：可随时退出底线命令模式。

简单地说,这 3 个模式如图 2.6 所示。

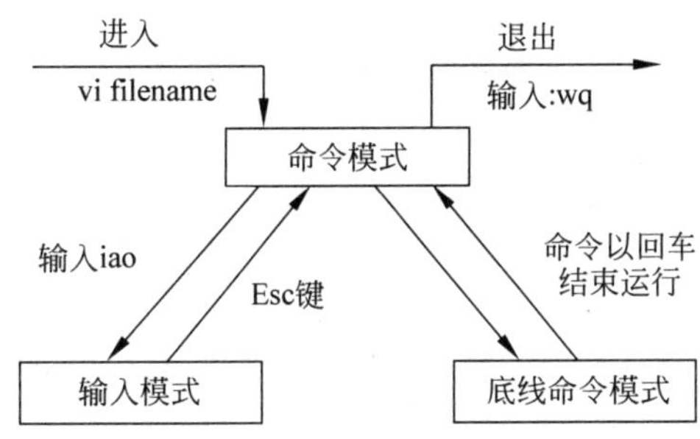

图 2.6　vim/vi 工作模式

2.5.4　vi/vim 使用实例

(1) 使用 vi/vim 进入一般模式。

如果想要使用 vi 来建立一个名为 runoob.txt 的文件时,在终端界面内输入以下命令：

```
$ vim runoob.txt
```

直接输入 vi 文件名就能够进入 vi 的一般模式了。注意,vi 后面一定要加文件名,不管该文件存在与否。vi/vim 一般模式如图 2.7 所示。

(2) 按 i 键进入输入模式(也称为编辑模式),可开始编辑文字。

在一般模式中,只要按 i、o、a 键就可以进入输入模式。

在编辑模式中，可以发现在左下角状态栏中会出现-INSERT-的字样，这是可以输入任意字符的提示（图 2.8）。此时，除了 Esc 键外，其他按键都可以视作一般的输入按钮，所以可以进行任何编辑。

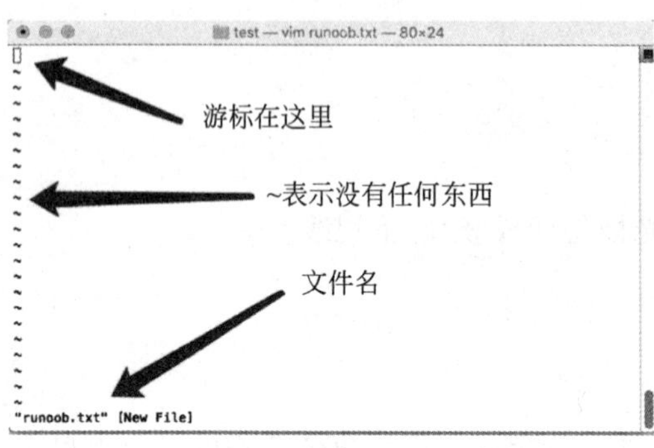

图 2.7　vi/vim 一般模式

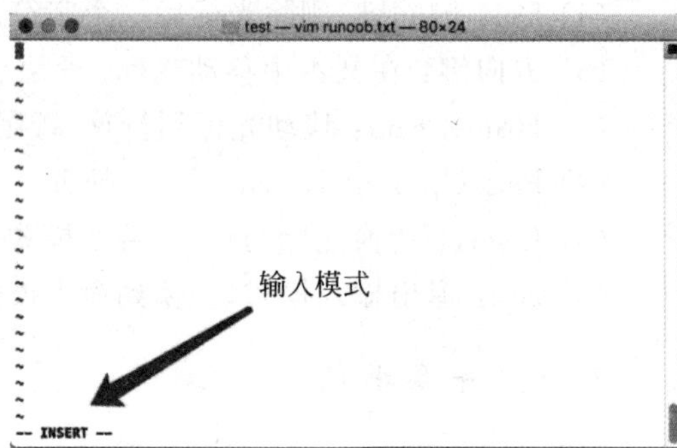

图 2.8　vi/vim 输入模式

（3）按 Esc 键回到一般模式。

假设已经按照上面的样式编辑完毕，按 Esc 键即可退出，会发现画面左下角的-INSERT-字样不见了。

在一般模式中按“：wq”储存后即可退出 vi。

保存并退出的指令很简单，输入“：wq”即可保存退出（图 2.9）。

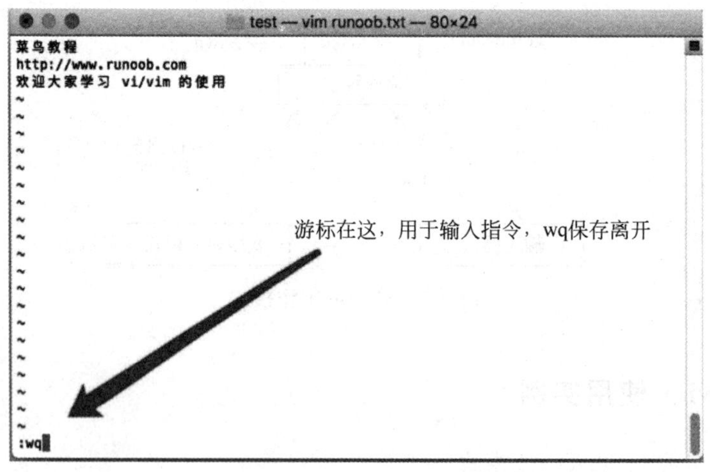

图 2.9　vi/vim 保存并退出

这样就成功创建了一个 runoob. txt 文件。

第3章 编程基础介绍

3.1 语言基础

本节将介绍 C++和 Python 语言的基础知识。

3.1.1 C++语言基础知识

1. C++

1）C++简介

C++编程语言是由 Bjarne Stroustrup 于 1979 年在贝尔实验室开始设计并开发的，它是一种面向对象的程序设计语言，它进一步扩充和完善了 C 语言，最初命名为带类的 C，后来于 1983 年更名为 C++。C++可运行于多种平台上，如 Windows、MAC 操作系统以及 UNIX 的各种版本。

C++是一种静态类型的、编译式的、通用的、大小写敏感的、不规则的编程语言，支持过程化编程、面向对象编程和泛型编程。

C++被认为是一种中级语言，它综合了高级语言和低级语言的特点。C++是 C 的一个超集，事实上，任何合法的 C 程序都是合法的 C++程序。

注意：使用静态类型的编程语言是在编译时执行类型检查，而不是在运行时执行类型检查。

2）面向对象程序设计

C++完全支持面向对象的程序设计，包括面向对象开发的四大特性，即封装、抽象、继承和多态。

3）标准库

标准的 C++由 3 个重要部分组成：核心语言提供了所有构件块，包括变量、数据类型和常量等；C++标准库提供了大量的函数，用于操作文件、字符串等；标准模板库（STL）提供了大量的方法，用于操作数据结构等。

4）ANSI 标准

ANSI 标准是为了确保 C++的便携性——用户所编写的代码在 Mac、UNIX、Windows、Alpha 计算机上都能通过编译。由于 ANSI 标准已稳定使用了很长的时间，所有主要的 C++编译器的制造商都支持 ANSI 标准。

5）学习 C++

学习 C++关键是要理解概念，而不应过于深究语言的技术细节。

学习程序设计语言的目的是成为一个更好的程序员，也就是说，是为了能更有效率地设计和实现新系统，以及维护旧系统。C++支持多种编程风格，用户可以使用 Fortran、C、Smalltalk 等任意一种语言的编程风格来编写代码。每种风格都能有效地保证运行时间效率和空间效率。

6）C++的使用

C++通常用于编写设备驱动程序和其他要求实时性的直接操作硬件的软件，广泛用于教学和研究。基本上每个应用程序领域的程序员都有使用 C++。

7）标准化

C++标准化发展过程如图 3.1 所示。

发布时间	通称	备注
2017	C++17	第五个C++标准
2017	coroutines TS	协程库扩展
2017	ranges TS	提供范围机制
2017	library fundamentals TS	标准库扩展
2016	concurrency TS	用于并发计算的扩展
2015	concepts TS	概念库，用于优化编译期信息
2015	TM TS	事务性内存操作
2015	parallelism TS	用于并行计算的扩展
2015	filesystem TS	文件系统
2014	C++14	第四个C++标准
2011	-	十进制浮点数扩展
2011	C++11	第三个C++标准
2010	-	数学函数扩展
2007	C++TR1	C++技术报告：库扩展
2006	-	C++性能技术报告
2003	C++03	第二个C++标准
1998	C++98	第一个C++标准

图 3.1　C++标准化发展过程

2. C++语言的面向对象的基本特征

1）面向对象语言的基本特征

（1）封装性：将类内部细节隐藏，对外暴露公有或保护类型的函数作为接口。

(2) 继承性：特殊类对一般类的继承，又叫子类对父类的继承，也叫派生类对基类的继承。

(3) 多态性：子类从父类继承来的成员或者函数可以再次编辑更改，使其具有不同的表现行为。

2) 类的声明

以关键字 class 为开头，语法格式为

```
class 类名 {}
```

成员函数的声明和定义位置有以下两种。

(1) 成员函数的声明和定义都放在类中，此时要求函数定义语句一般不超过 3 行。

(2) 成员函数的声明放在类中，其定义放在类外，此时情况为(函数定义语句比较多)或(不想让别人看到函数实现的具体代码)，成员函数在类外定义时要加类作用域，语法格式如下：

```
返回值 所属类::函数名(){}
```

类声明和成员函数的定义分离到不同的文件中，类声明放到.h 文件中，成员函数定义放到.cpp 文件中，且成员函数所在的.cpp 文件中要包含类所在的.h 文件。

3) 类的封装与访问限定符

一般情况下，类的成员变量为私有，成员函数为公有。

3 个访问限定符如下。

(1) public：公有的，可以在任何情况下访问成员变量或函数。

(2) private：私有的，只能在类内部被访问，在外访问不了。

(3) protected：受保护类型，不能被类外访问，只能让其子类(派生类)通过继承来访问。

默认是 private，且 3 个限定符无顺序要求，一个限定符在类中可以出现多次。

4) 构造函数

目的：用来初始化类的成员变量。

要求：构造函数的名字必须与类名相同。

构造函数没有任何返回值，且函数名前不能加 void，因为 void 也是一种有返回值的，只不过为空。

5) 函数重载

(1) 函数名相同。

(2) 函数的参数列表相同，仅返回值不同不叫重载。

6) 析构函数

(1) 定义：与构造函数作用相反的特殊函数，其名字为类名的前面加一个“～”(取反)。

(2) 特点：析构函数只有一个。析构函数没有参数，没有返回值。

(3) 析构函数的调用场合如下。

① 如果在一个函数中定义了一个对象(它是自动局部对象)，当这个函数被调用结束时，对象应该释放，在对象释放前自动执行析构函数。

② static局部对象在函数调用结束时对象并不释放，因此也不调用析构函数，只在main函数结束或调用exit函数结束程序时，才调用static局部对象的析构函数。

③ 如果定义了一个全局对象，则在程序的流程离开其作用域时（如main函数结束或调用exit函数）时，调用该全局对象的析构函数。

④ 如果用new运算符动态地建立了一个对象，当用delete运算符释放该对象时，先调用该对象的析构函数。

7）静态成员

实现数据共享和传递有两种方式：一种是定义全局变量，但全局变量不安全，可任意被修改；另一种是定义静态变量，即在成员变量前加static，使其变为共享的成员变量，访问该静态成员变量的函数称为静态成员函数，而且静态成员函数只能访问静态成员变量。静态成员变量和静态成员函数可以通过。“类::静态成员变量（函数）”来访问，也可通过“对象.静态成员变量（函数）”来访问。

8）this指针

定义：指向本类对象的指针。

9）对象的动态建立和释放

（1）使用new运算符动态创建对象：使用new创建对象返回的是对象指针。

（2）使用delete运算符销毁对象：delete对象。

注意：new和delete是运算符而不是关键字。有new一定要在同一个函数下有delete；否则会造成对象指针不被释放，从而导致内存泄漏。

3. 继承与派生

1）继承概念与声明

类继承格式：

```
class 子类名称：继承方式父类名称
```

2）派生类成员访问

继承的3种方式如下。

（1）公有继承：基类的公有成员在派生类中仍是公有成员，基类的保护成员在派生类中仍是保护成员，基类的私有成员不能被继承，仍为基类私有。

（2）私有继承：基类的公有成员和受保护成员在派生类中都成了私有成员，基类的私有成员仍为基类私有，不能被访问。

（3）受保护的继承：基类的公有成员和受保护成员在派生类中都成了保护成员，基类的私有成员仍为基类私有。受保护成员就是不能被外界引用访问，但可以被派生类的成员访问，即可被继承。

3）派生类构造函数

派生类构造函数的一般形式：

```
派生类构造函数名(总参数列表)：基类构造函数名(参数列表)[调用基类构造函数，直接传参不用
加参数数据类型]{ 派生类中新增数据成员初始化语句；}
```

要注意其中参数列表的对应顺序，总参数列表顺序为先派生类参数再基类参数，传递给基类的参数名与派生类参数名一定要相同。

4. 多态与虚函数

1）多态概念

定义：多态性是指子类从父类继承而来的成员函数在父类及其各个子类具有不同的表现形式。

多态有以下两种实现方式。

（1）编译时多态。通过函数重载实现，函数重载就是在一个类中有多个名字相同但参数列表不同的函数，这些函数共同构成重载关系。注意，仅仅只是返回值不同的两个函数不能同时存在，也不是函数重载。函数重载的好处是大大减少函数名数量，将具有相同功能的函数命名为相同的名字。其中参数列表不同有两种形式，即参数个数不同和参数类型不同。

（2）运行时多态。通过虚函数来实现，且大部分的多态都是通过虚函数的运行时多态来实现的。虚函数：只有函数声明，没有具体函数实现，即在成员函数声明前加一个virtual。虚函数可以在派生类中被重写。

2）虚函数的访问

通过基类指针，执行时会根据指针指向的对象类，决定调用哪个函数。

采用对象调用虚函数，则采用的是静态联编方式，它与基类指针访问是相反的。

3）纯虚函数

在基类中声明但是没有定义的虚函数，而且设置函数值等于零，纯虚函数格式为

```
virtual <函数返回类型> <虚函数名>(<参数列表> ) = 0
```

去掉函数定义大括号直接等于0就行，虚函数存在目的就是在子类中重写它。

3.1.2 Python 语言基础知识

1. Python 基础教程

Python 是一种解释型、面向对象、动态数据类型的高级程序设计语言。Python 由 Guido van Rossum 于1989年底发明，第一个公开发行版发行于1991年。

像 Perl 语言一样，Python 源代码同样遵循 GPL 协议。如果读者学习过 PHP、ASP 等编程语言，将有助于更快地了解 Python 编程。

对于大多数程序语言，第一个入门编程代码是“Hello World!”，图3.2所示代码为使用 Python 输出“Hello World!”。

实例

```
#!/usr/bin/python

print("Hello, World!")
```

图3.2 使用 Python 输出“Hello World!”

关于脚本第一行的#!/usr/bin/python的解释,相信很多不熟悉Linux系统的同学需要普及这个知识,脚本语言的第一行只对Linux/Unix用户适用,用来指定本脚本用什么解释器来执行。

有这句的,加上执行权限后,可以直接用./执行,否则会出错,因为找不到Python解释器。

#!/usr/bin/python是告诉操作系统执行这个脚本时,调用/usr/bin下的Python解释器。

#!/usr/bin/env python是为了防止操作系统用户没有将Python装在默认的/usr/bin路径里。当系统看到这一行时,首先会到env设置里查找Python的安装路径,再调用对应路径下的解释器程序完成操作。

#!/usr/bin/python相当于写死了Python路径。

#!/usr/bin/env python会去环境设置寻找Python目录,可以增强代码的可移植性。推荐这种写法。

分为以下两种情况。

(1)如果调用Python脚本时,使用图3.3所示代码。

```
python script.py
```

图3.3 调用Python脚本

#!/usr/bin/python被忽略,等同于注释

(2)如果调用Python脚本时,使用图3.4所示代码。

```
./script.py
```

图3.4 调用Python脚本

#!/usr/bin/python指定解释器的路径。

2. Python简介

Python是一个高层次的结合了解释性、编译性、互动性和面向对象的脚本语言。其设计具有很强的可读性,相比其他语言经常使用英文关键字,其他语言的一些标点符号,它具有比其他语言更有特色语法结构。

3. Python发展历史

Python是由Guido van Rossum于20世纪80年代末和20世纪90年代初在荷兰国家数学和计算机科学研究所设计出来的。

Python本身也是由诸多其他语言发展而来的,这包括ABC、Modula-3、C、C++、Algol-68、SmallTalk、Unix Shell和其他的脚本语言等。

像Perl语言一样,Python源代码同样遵循GPL协议。

现在Python是由一个核心开发团队在维护,Guido van Rossum仍然起着至关重要

的作用，指导其进展。

4. Python 特点

（1）易于学习。Python 有相对较少的关键字和一个明确定义的语法，结构简单，学习容易。

（2）易于阅读。Python 代码定义得更清晰。

（3）易于维护。Python 的成功在于它的源代码是相当容易维护的。

（4）一个广泛的标准库。Python 的最大的优势之一是丰富的库，跨平台的，在 Unix、Windows 和 Macintosh 下兼容性很好。

（5）互动模式。互动模式的支持，用户可以从终端输入可执行代码并获得结果的语言，可互动地测试和调试代码片段。

（6）可移植。基于其开放源代码的特性，Python 已经被移植（也就是使其工作）到许多平台。

（7）可扩展。如果需要一段运行很快的关键代码，或者是想要编写一些不愿开放的算法，可以使用 C 或 C++完成那部分程序，然后从 Python 程序中调用。

（8）数据库。Python 提供所有主要的商业数据库的接口。

（9）GUI 编程。Python 支持 GUI 可以创建和移植到许多系统调用。

（10）可嵌入。可以将 Python 嵌入到 C/C++程序，让程序的用户获得“脚本化”的能力。

5. Linux 中的 Python

Python 2. x、3. x 通常已经内置在现代 Linux 发行版中，可以立刻使用它。可以在终端模拟器中输入 python 或 python3 命令来进入 Python Shell，并输入 quit()命令退出，如图 3.5 所示。

```
$ which python
$ which python3
$ python -v
$ python3 -v
$ python
>>> quit()
$ python3
>>> quit()
```

图 3.5　在 Linux 中运行 Python 命令

如果希望在输入 python 时使用 Python 3. x 而不是 Python 2. x，可以按图 3.6 所示更改对应的符号链接。

```
$ sudo rm /usr/bin/python
$ cd /usr/bin
$ ln -s python3.2 python # Choose the Python 3.x binary here
```

图 3.6　更改对应的符号链接

需要注意的是，尽管 Python 2. x 仍旧被使用，但它并不会被积极维护。因此，可能要考虑像上面指示的那样来切换到 Python 3. x。Python 2. x 和 Python 3. x 的语法有一些不同，会在这个章节中使用后者。

另一个在 Linux 中使用 Python 的方法是通过 IDLE（the python integrated development environment，Python 集成开发环境），图 3.7 所示为一个为编写 Python 代码而生的图形用户界面。

```
# aptitude search idle     [Debian 及其衍生发行版]
# yum search idle          [CentOS 和 Fedora]
# dnf search idle          [Fedora 23+ 版本]
```

图 3.7　通过 IDLE 使用 Python

然后，可以像图 3.8 那样安装它。

```
$ sudo aptitude install idle-python3.2   # I'm using Linux Mint 13
```

图 3.8　安装 Python

安装成功后，会看到 IDLE 的运行界面。它很像 Python Shell，但是可以用它做更多 Python Shell 做不了的事。

6. Python 中的基本运算

用户能够直接进行算术操作（可以在所有运算中使用足够多的括号），可以轻松地使用 Python 拼接字符串，还可以将运算结果赋给一个变量，然后在屏幕上显示它。Python 有一个称为拼接（concatenation）的实用功能——给 print 函数提供一串用逗号分隔的变量和/或字符串，它会返回一个由刚才提供的变量依序构成的句子，如图 3.9 所示。

```
>>> a = 5
>>> b = 8
>>> x = b / a
>>> x
1.6
>>> print(b, "divided by", a, "equals", x)
```

图 3.9　Python 拼接

注意：可以将不同类型的变量（数字、字符串、布尔符号等）混合在一起。将值赋给变量后，可以随后更改它的类型，不会有任何问题（因此，Python 被称为动态类型语言）。

如果尝试在静态类型语言中（如 Java 或 C＃）做这一操作，它将报错。

7. 面向对象编程的简单介绍

Python 从设计之初就已经是一门面向对象的语言，正因为如此，在 Python 中创建一个类和对象是很容易的。如果以前没有接触过面向对象的编程语言，可能需要先了解一些面向对象语言的一些基本特征，在头脑里形成一个基本的面向对象的概念，这样有助于更容易地学习 Python 的面向对象编程。在面向对象编程(OOP)中,程序中的所有实体都会以对象的形式呈现,并且它们可以与其他对象交互。因此,对象拥有属性,而且大多数对象可以执行动作(这被称为对象的方法)。

下面给出几个重要的概念。

(1) 类(Class):用来描述具有相同属性和方法的对象的集合。它定义了该集合中每个对象所共有的属性和方法。对象是类的实例。

(2) 类变量:类变量在整个实例化的对象中是公用的。类变量定义在类中且在函数体外。类变量通常不作为实例变量使用。

(3) 数据成员:类变量或者实例变量,用于处理类及其实例对象的相关数据。

(4) 方法重写:如果从父类继承的方法不能满足子类的需求,可以对其进行改写,这个过程叫方法的覆盖(Override),也称为方法的重写。

(5) 局部变量:定义在方法中的变量,只作用于当前实例的类。

(6) 实例变量:在类的声明中,属性是用变量来表示的。这种变量就称为实例变量,是在类声明的内部但是在类的其他成员方法之外声明的。

(7) 继承:即一个派生类(derived class)继承基类(base class)的字段和方法。继承也允许把一个派生类的对象作为一个基类对象对待。例如,有这样一个设计:一个 Dog 类型的对象派生自 Animal 类,这是模拟"是一个(is-a)"关系(如 Dog 是一个 Animal)。

(8) 实例化:创建一个类的实例,类的具体对象。

(9) 方法:类中定义的函数。

(10) 对象:通过类定义的数据结构实例。对象包括两个数据成员(类变量和实例变量)和方法。

例如,想象一下,创建一个对象"狗"。它可能拥有的一些属性有颜色、品种、年龄等,而它可以完成的动作有叫()、吃()、睡觉()等。

可以看到,方法名后面会跟着一对括号,括号中可能会包含一个或多个参数(向方法中传递的值),也有可能什么都不包含。

用 Python 的基本对象类型之一——列表来解释这些概念。

解释对象的属性和方法:Python 中的列表。

列表是条目的有序组合,而这些条目所属的数据类型并不需要相同。像下面一样使用一对方括号来创建一个名为 rockBands 的列表,可以向 rockBands 的 append()方法传递条目来将它添加到列表的尾部,如图 3.10 所示。

```
>>> rockBands = []
>>> rockBands.append("The Beatles")
>>> rockBands.append("Pink Floyd")
>>> rockBands.append("The Rolling Stones")
```

图 3.10　传递条目

为了从列表中删除元素,可以向 remove()方法传递特定元素,或向 pop()中传递列表中待删除元素的位置(从 0 开始计数)。换句话说,可以用图 3.11 所示方法从列表中删除 The Beatles。

```
>>> rockBands.remove("The Beatles")
```

图 3.11　从列表中删除元素

或者用图 3.12 所示方法。

```
>>> rockBands.pop(0)
```

图 3.12　从列表中删除元素

如果输入对象的名字时，在后面输入了一个点，可以按 Ctrl＋Space 组合键显示这个对象的可用方法列表。

列表中含有的元素个数是它的一个属性。它通常被称为“长度”，可以通过向内建函数 len 传递一个列表作为它的参数来显示该列表的长度(之前的例子中提到的 print 语句，是 Python 的另一个内建函数)。

如果在 IDLE 中输入 len，然后跟上一个不闭合的括号，会看到这个函数的默认语法。

现在来看一看列表中的特定条目。它们也有属性和方法，比如，可以将一个字符串条目转换为大写形式，并获取这个字符串所包含的字符数量，如图 3.13 所示。

```
>>> rockBands[0].upper()
'THE BEATLES'
>>> len(rockBands[0])
11
```

图 3.13　将条目转换为大写形式

这里简要介绍了 Python、它的命令行 Shell、IDLE，展示了如何执行算术运算、如何在变量中存储数据、如何使用 print 函数在屏幕上重新显示那些数据(无论是它们本身还是它们的一部分)，还通过一个实际的例子解释了对象的属性和方法。

接下来会介绍如何使用条件语句和循环语句来实现流程控制，也会解释如何编写一个脚本来帮助完成系统管理任务。

8. Python 模块

很明显，必须有个办法将一系列的 Python 指令和表达式保存到文件里，然后在需要时取出来。准确来说模块就是这样的。比如，os 模块提供了一个到操作系统底层的接口，可以允许做许多通常在命令行下执行的操作。

os 模块包含许多可以用来调用的方法和属性。不过，需要使用 import 关键词导入(或者叫包含)模块到运行环境里来：

```
>>> import os
```

打印出当前的工作目录：

```
>>> os.getcwd()
```

把这些结合在一起(包括之前小节里讨论的概念),即可编写需要的脚本。脚本通常以一段声明文字开始一个脚本,它可以表明脚本的目的、发布所依据的许可证以及一个列出做出修改的修订历史。

3.2　数据结构

3.2.1　C++数据结构

C/C++数组允许定义可存储相同类型数据项的变量,但结构是 C++中另一种用户自定义的可用的数据类型,它允许用户存储不同类型的数据项。

1. 定义结构

为了定义结构,用户必须使用 struct 语句。struct 语句定义了一个包含多个成员的新的数据类型,struct 语句的格式如图 3.14 所示。

```
struct type_name {
member_type1 member_name1;
member_type2 member_name2;
member_type3 member_name3;
.
.
} object_names;
```

图 3.14　struct 语句的格式

type_name 是结构体类型的名称,member_type1 member_name1 是标准的变量定义,如 int i; 或者 float f; 或者其他有效的变量定义。在结构定义的末尾,最后一个分号之前,用户可以指定一个或多个结构变量,这是可选的。图 3.15 是声明一个结构体类型 Books,变量为 book。

```
struct Books
{
   char  title[50];
   char  author[50];
   char  subject[100];
   int   book_id;
} book;
```

图 3.15　声明一个结构体类型

2. 访问结构成员

为了访问结构的成员,使用成员访问运算符(.)。成员访问运算符是结构变量名称和要访问的结构成员之间的一个句号。图 3.16 演示了结构的用法。

实例中定义了结构体类型 Books 及其两个变量 Book1 和 Book2。当上面的代码被编译和执行时,它会产生图 3.17 所示结果。

实例

```
#include <iostream>
#include <cstring>

using namespace std;

// 声明一个结构体类型 Books
struct Books
{
   char  title[50];
   char  author[50];
   char  subject[100];
   int   book_id;
};

int main( )
{
   Books Book1;        // 定义结构体类型 Books 的变量 Book1
   Books Book2;        // 定义结构体类型 Books 的变量 Book2

   // Book1 详述
   strcpy( Book1.title, "C++ 教程");
   strcpy( Book1.author, "Runoob");
   strcpy( Book1.subject, "编程语言");
   Book1.book_id = 12345;

   // Book2 详述
   strcpy( Book2.title, "CSS 教程");
   strcpy( Book2.author, "Runoob");
   strcpy( Book2.subject, "前端技术");
   Book2.book_id = 12346;

   // 输出 Book1 信息
   cout << "第一本书标题 : " << Book1.title <<endl;
   cout << "第一本书作者 : " << Book1.author <<endl;
   cout << "第一本书类目 : " << Book1.subject <<endl;
   cout << "第一本书 ID : " << Book1.book_id <<endl;

   // 输出 Book2 信息
   cout << "第二本书标题 : " << Book2.title <<endl;
   cout << "第二本书作者 : " << Book2.author <<endl;
   cout << "第二本书类目 : " << Book2.subject <<endl;
   cout << "第二本书 ID : " << Book2.book_id <<endl;

   return 0;
}
```

图 3.16　结构用法

```
第一本书标题 : C++ 教程
第一本书作者 : Runoob
第一本书类目 : 编程语言
第一本书 ID : 12345
第二本书标题 : CSS 教程
第二本书作者 : Runoob
第二本书类目 : 前端技术
第二本书 ID : 12346
```

图 3.17　编译和执行结果

3. 结构作为函数参数

可以把结构作为函数参数，传参方式与其他类型的变量或指针类似。可以使用图 3.18 所示实例中的方式来访问结构变量。

当上面的代码被编译和执行时，会产生图 3.19 所示的结果。

4. 指向结构的指针

可以定义指向结构的指针，方式与定义指向其他类型变量的指针相似，如图 3.20 所示。

实例

```
#include <iostream>
#include <cstring>

using namespace std;
void printBook( struct Books book );

// 声明一个结构体类型 Books
struct Books
{
   char  title[50];
   char  author[50];
   char  subject[100];
   int   book_id;
};

int main( )
{
   Books Book1;        // 定义结构体类型 Books 的变量 Book1
   Books Book2;        // 定义结构体类型 Books 的变量 Book2

    // Book1 详述
   strcpy( Book1.title, "C++ 教程");
   strcpy( Book1.author, "Runoob");
   strcpy( Book1.subject, "编程语言");
   Book1.book_id = 12345;

   // Book2 详述
   strcpy( Book2.title, "CSS 教程");
   strcpy( Book2.author, "Runoob");
   strcpy( Book2.subject, "前端技术");
   Book2.book_id = 12346;

   // 输出 Book1 信息
   printBook( Book1 );

   // 输出 Book2 信息
   printBook( Book2 );

   return 0;
}
void printBook( struct Books book )
{
   cout << "书标题 : " << book.title <<endl;
   cout << "书作者 : " << book.author <<endl;
   cout << "书类目 : " << book.subject <<endl;
   cout << "书 ID : " << book.book_id <<endl;
}
```

图 3.18　访问结构变量

```
书标题 : C++ 教程
书作者 : Runoob
书类目 : 编程语言
书 ID : 12345
书标题 : CSS 教程
书作者 : Runoob
书类目 : 前端技术
书 ID : 12346
```

图 3.19　编译和执行结果

```
struct Books *struct_pointer;
```

图 3.20　指向结构的指针

现在,用户可以在上述定义的指针变量中存储结构变量的地址。为了查找结构变量的地址,需把 & 运算符放在结构名称的前面,如图 3.21 所示。

为了使用指向该结构的指针访问结构成员,用户必须使用-> 运算符,如图 3.22 所示。

```
struct_pointer = &Book1;
```

图 3.21　查找结构变量地址

```
struct_pointer->title;
```

图 3.22　访问结构成员

使用结构指针来重写上面的实例，如图 3.23 所示，这将有助于用户理解结构指针的概念。

实例

```
#include <iostream>
#include <cstring>

using namespace std;
void printBook( struct Books *book );

struct Books
{
   char  title[50];
   char  author[50];
   char  subject[100];
   int   book_id;
};

int main( )
{
   Books Book1;        // 定义结构体类型 Books 的变量 Book1
   Books Book2;        // 定义结构体类型 Books 的变量 Book2

    // Book1 详述
   strcpy( Book1.title, "C++ 教程");
   strcpy( Book1.author, "Runoob");
   strcpy( Book1.subject, "编程语言");
   Book1.book_id = 12345;

   // Book2 详述
   strcpy( Book2.title, "CSS 教程");
   strcpy( Book2.author, "Runoob");
   strcpy( Book2.subject, "前端技术");
   Book2.book_id = 12346;

   // 通过传 Book1 的地址来输出 Book1 信息
   printBook( &Book1 );

   // 通过传 Book2 的地址来输出 Book2 信息
   printBook( &Book2 );

   return 0;
}
// 该函数以结构指针作为参数
void printBook( struct Books *book )
{
   cout << "书标题  : " << book->title <<endl;
   cout << "书作者 : " << book->author <<endl;
   cout << "书类目 : " << book->subject <<endl;
   cout << "书 ID : " << book->book_id <<endl;
}
```

图 3.23　结构指针

当上面的代码被编译和执行时，会产生图 3.24 所示的结果。

5. typedef 关键字

下面是一种更简单的定义结构的方式，用户可以为创建的类型取一个“别名”，如图 3.25 所示。

```
书标题  : C++ 教程
书作者 : Runoob
书类目 : 编程语言
书 ID : 12345
书标题  : CSS 教程
书作者 : Runoob
书类目 : 前端技术
书 ID : 12346
```

图 3.24　执行和编译结果

```
typedef struct Books
{
   char  title[50];
   char  author[50];
   char  subject[100];
   int   book_id;
}Books;
```

图 3.25　定义结构

现在,用户可以直接使用 Books 来定义 Books 类型的变量,而不需要使用 struct 关键字,图 3.26 所示是实例。

```
Books Book1, Book2;
```

图 3.26　定义 Books 类型的变量

用户可以使用 typedef 关键字来定义非结构类型,如图 3.27 所示。

```
typedef long int *pint32;

pint32 x, y, z;
```

图 3.27　定义非结构类型

x、y 和 z 都是指向长整型 long int 的指针。

3.2.2　Python 数据结构

1. 树

树是一种数据结构,它是由 $n(n\geqslant1)$个有限节点组成一个具有层次关系的集合,把它称为“树”是因为它看起来像一棵倒挂的树,根朝上,叶子向下。

1) 树的特点

(1) 每个节点都有零个或多个子节点。

(2) 没有父节点的节点称为根节点。

(3) 每一个非根节点有且仅有一个父节点。

(4) 除了根节点外,每个子节点可以分为多个不相交的子树。

2) 二叉树的特点

二叉树是一种特殊的树,具有以下特点。

(1) 每个节点最多有两棵子树,节点的度最大为 2。

(2) 左子树和右子树是有顺序的,次序不能颠倒。

(3) 即使某节点只有一个子树,也要区分左、右子树。

二叉树是一种比较有用的方案,它添加、删除元素都很快,并且在查找方面也有很多的优化算法,所以,二叉树既有链表的优点,也有数组的优点,是两者的优化方案,在处理大批量动态数据方面非常有用。

2. 队列

队列与栈一样,都是一种线性表,但是它们也有不同之处。队列可以在一端添加元素,另一端取出元素,也就是先进先出。从一端放入元素的操作称为入队,取出元素称为出队。就好像我们排队取票一样。

使用场景:因为队列具有先进先出的特点,在多线程阻塞队列管理中非常适用。

3. 栈

栈是一种特殊的线性表,仅能在线性表的一端操作,栈顶允许操作,栈底不允许操作。

栈的特点:先进后出。从栈顶放入元素的操作叫入栈(压栈),取出元素叫出栈(弹栈)。

栈的结构就像一个集装箱,越先放进去的东西才能越晚拿出来,所以,栈常用于实现递归功能方面的场景,如斐波那契数列。

4. 数组

数组是可以在内存中连续存储多个元素的结构,在内存中的分配也是连续的,数组中的元素通过数组下标进行访问,数组下标从0开始,图3.28所示代码就是将数组的第一个元素赋值为1。

```
data = [10,12,3,41,5,6,64]
data[0] = 1
```

图3.28　赋值数组元素

1) 优点

(1) 按照索引查询元素速度快。

(2) 按照索引遍历数组方便。

2) 缺点

(1) 数组的大小固定后就无法扩容了。

(2) 数组只能存储一种类型的数据。

(3) 添加、删除的操作慢,因为要移动其他的元素。

3) 使用场景

频繁查询,对存储空间的要求不大,很少增、删。

5. 链表

链表是物理存储单元上非连续的、非顺序的存储结构,数据元素的逻辑顺序是通过链表的指针地址实现的，每个元素包含两个节点，一个是存储元素的数据域（内存空间），另一个是指向下一个节点地址的指针域。根据指针的指向，链表能形成不同的结构，如单链表、双向链表和循环链表等。

1）优点

链表是很常用的一种数据结构，不需要初始化容量，可以任意加减元素；添加或者删除时只需要改变前后两个元素节点的指针域指向地址即可，所以添加、删除很快。

2）缺点

因为含有大量的指针域，占用空间较大；查找元素需要遍历链表来查找，非常耗时。

3）使用场景

数据量较小，需要频繁增加、删除操作的场景。

6. 散列表

散列表也叫哈希表，是根据关键码和值直接进行访问的数据结构，通过 key 和 value 来映射到集合中的一个位置，这样就可以很快找到集合中的对应元素。

7. 图

图是由节点的有穷集合 V 和边的集合 E 组成。其中，为了与树状结构加以区别，在图结构中常常将节点称为顶点，边是顶点的有序偶对，若两个顶点之间存在一条边，就表示这两个顶点具有相邻关系。按照顶点指向的方向可分为无向图和有向图。图是一种比较复杂的数据结构，在存储数据上有着比较复杂和高效的算法，分别有邻接矩阵、邻接表、十字链表、邻表多重表和边集数组等存储结构。

8. 堆

堆是一种比较特殊的数据结构，可以被看作一个数组对象，具有以下性质。

(1) 堆中某个节点的值总是不大于或者不小于其父节点的值。

(2) 堆总是一棵完全二叉树。

将根节点最大的堆称为最大堆或大根堆，根节点最小的堆称为最小堆或小根堆。常见的堆有二叉堆、斐波那契堆等。

堆的定义：n 个元素的序列$\{k_1,k_2,\cdots,k_i,\cdots,k_n\}$当且仅当满足下关系时，称为堆。

$(k_i \leqslant k_{2i},k_i \leqslant k_{2i+1})$或者$(k_i \geqslant k_{2i},k_i \geqslant k_{2i+1})(i=1,2,\cdots,n/2)$，满足前者表达式的称为小顶堆，满足后者表达式的称为大顶堆，这两者的结构图可以用完全二叉树排列出来。因为堆有序的特点，一般用来做数组中的排序，称为堆排序。

第4章 驱动板硬件电路设计

4.1 供电模块电路设计

4.1.1 电源电路

图 4.1 所示为电源保护电路，主要用于连接赛车用电池以及驱动板上各供电模块，同时起到稳定电源电压以及防止电源反接的功能。其中主要用到 SMBJ18C 二极管、FUSE (保险丝)及 AO4411 这几个元器件。

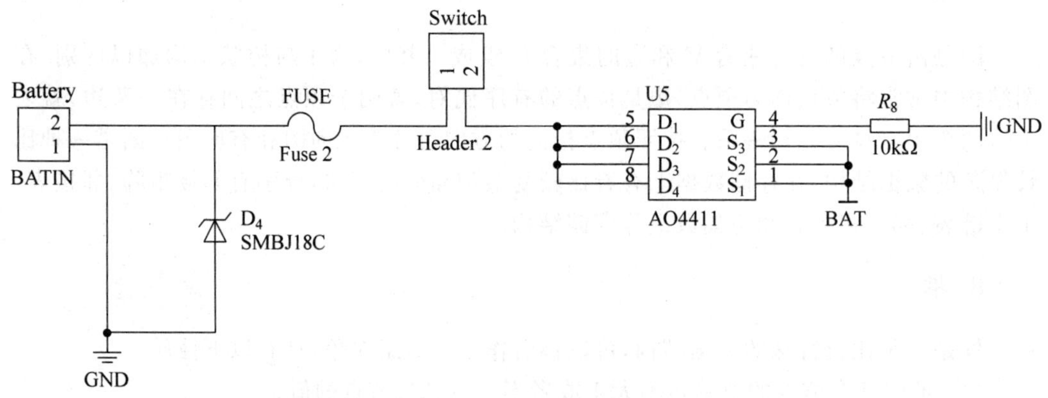

图 4.1　电源保护电路

1. SMBJ18C 二极管

SMBJ18C 是一种瞬态电压抑制器(transient voltage suppressor，TVS)，是二极管形式的高效能保护器件。二极管是用半导体材料(硅、硒、锗等)制成的一种电子器件。它具有单向导电性能，即给二极管阳极和阴极加上正向电压时二极管导通。当给阳极和阴极加上反向电压时二极管截止。因此，二极管的导通和截止相当于开关的接通与断开。SMBJ18C 是典型的稳压二极管，它利用 PN 结在反向击穿状态下，电流在很大范围内变化但是电压基本维持不变的原理，保证电源在供电过程中提供稳定的电压。当 TVS 二极管的两极受到反向瞬态高能量冲击时，它能以 10～12s 量级的速度将其两极间的高阻抗变为低阻抗，吸收高达数千瓦的浪涌功率，将两极间的电压钳位于一个预定值，有效地保护电子线路中的精密元器件，免受各种浪涌脉冲的损坏。由于它具有响应时间快、瞬态功率大、漏电流低、击穿电压偏差小、钳位电压较易控制、无损坏极限、体积小等优点，目前已广泛应用于计算机系统、通信设备、交/直流电源、汽车、电子镇流器、家用电器、仪器仪表（电度表）、RS232/422/423/485、I/O、LAN、ISDN、ADSL、USB、MP3、PDAS、GPS、CDMA、GSM、数字照相机的保护、共模/差模保护、RF 耦合/IC 驱动接收保护、电机电磁波干扰抑制、声频/视频输入、传感器/变速器、工控回路、继电器、接触器噪声的抑制等各个领域。具体有以下特点。

(1) 将 TVS 瞬态抑制二极管加在信号及电源线上，能防止微处理器或单片机因瞬间的脉冲，如静电放电效应、交流电源浪涌及开关电源的噪声所导致的失灵。

(2) 静电放电效应能释放超过 10000V、60A 以上的脉冲，并能持续 10ms；而一般的 TTL 器件，遇到超过 30ms 的 10V 脉冲时，便会导致损坏。利用 TVS 二极管，可有效吸收会造成器件损坏的脉冲，并能消除由总线之间开关所引起的干扰(Crosstalk)。

(3) 将 TVS 二极管放置在信号线及接地间，能避免数据及控制总线受到不必要的噪声影响。

2. 熔断器

熔断器俗称保险丝，也称为电流保险丝，IEC127 标准将它定义为“熔断体(Fuse-link)”。其主要是起过载保护作用。电路中正确安置保险丝，保险丝就会在电流异常升高到一定的高度和热度时，自身熔断而切断电流，从而保护电路安全运行。

3. AO4411

场效应晶体管(field effect transistor，FET)简称场效应管，主要有两种类型，即结型场效应管(junction FET，JFET)和金属氧化物半导体场效应管(metal-oxide semiconductor FET，MOS-FET)。由多数载流子参与导电，也称为单极型晶体管。它属于电压控制型半导体器件。具有输入电阻高($10^7 \sim 10^{15}\Omega$)、噪声小、功耗低、动态范围大、易于集成、没有二次击穿现象、安全工作区域宽等优点，现已成为双极型晶体管和功率晶体管的强大竞争者。AO4411 内部集成了场效应管，当电池正确连接时，G 引脚为低电平，D 端与 S 端导通。当电池反接时，G 引脚为高电平，D 端与 S 端断开。从而有效防止电池反接导致电路烧毁的情况发生。

4.1.2 计算机供电及电量显示电路

图 4.2 所示为计算机供电电路与电量显示接口电路，主要用于连接电源与计算机以及电量显示器，同时起到滤波的作用。

这里采用将两个电容并联的方式为计算机以及电量显示器的电源进行滤波。滤波是电容的作用中很重要的一部分，几乎所有的电源电路中都会用到。从理论上说，电容越大，阻抗越小，通过的频率也越高。但实际上超过 1μF 的电容大多为电解电容，有很大的电感成分，所以频率升高后反而阻抗会增大。

并联的两个电容中，大电容通低频，小电容通高频。电容的作用就是通高频、阻低频，即电容越大低频越不容易通过、电容越大高频越容易通过。具体应用在滤波中，大电容(220μF)滤低频，小电容(10pF)滤高频，从而更好地保证电源的稳定性。

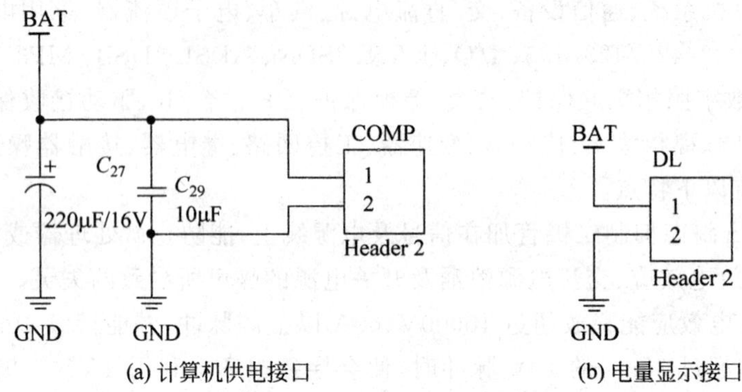

(a) 计算机供电接口　　(b) 电量显示接口

图 4.2　计算机供电电路与电量显示接口电路

4.1.3　路由器供电电路

图 4.3 所示为路由器供电电路，主要用于连接电源及路由器，同时将电源提供的 12V 电压转换为稳定的 5V 电压，其中起主要作用的是 TPS54560 芯片。

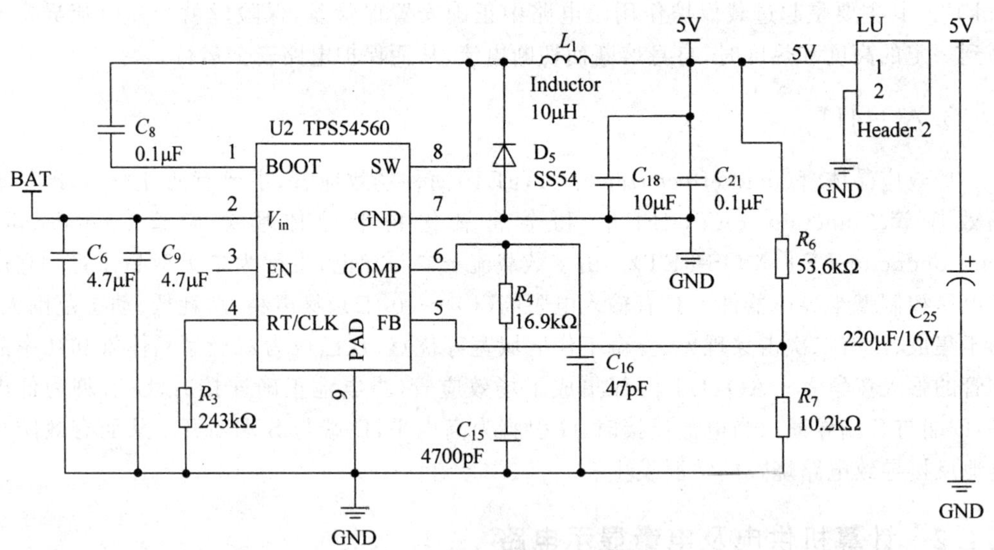

图 4.3　路由器供电电路

TPS54560 是一款配有集成型高侧 MOSFET 的 60V、5A 降压稳压器。按照 ISO 7637 标准，此器件能够耐受的负载脉冲高达 65V。电流模式控制提供了简单的外部补偿和灵活的组件选择。一个低纹波脉冲跳跃模式将无负载时的电源电流减小至 146μA。当启用引脚被拉至低电平时，关断电源电流被减少至 2μA。欠压闭锁在内部设定为 4.3V，但可用使能引脚将之提高。输出电压启动斜升由内部控制以提供一个受控的启动并且消除过冲。宽开关频率范围可实现对效率或者外部组件尺寸的优化。输出电流是受限的逐周期电流。频率折返和热关断在过载条件下保护内部和外部组件。TPS54560 可提供 8 引脚热增强型 HSOP PowerPAD 封装。

4.1.4　雷达供电电路

图 4.4 所示为雷达供电电路，主要用于连接电源及雷达，同时将电源提供的 12V 电压转换为稳定的 5V 电压，其中起主要作用的是 TPS54231D 芯片。这里单独将雷达的供电电路提出来而不是与路由器直接连接，是因为防止用电器工作时导致电流降低而无法满足用电器的额定功率要求。

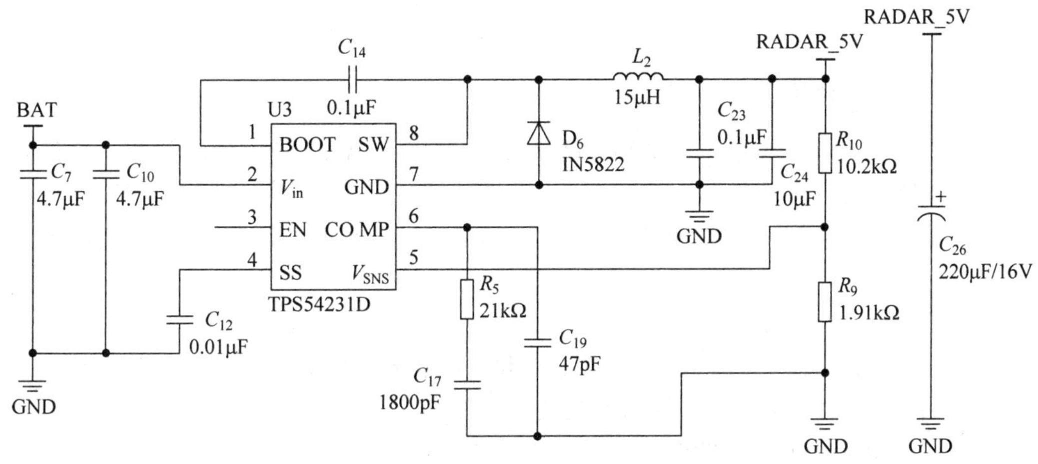

图 4.4　雷达供电电路

TPS54231D 器件是一款 2V、2A 非同步降压转换器，集成了低 $R_{DS(on)}$ 高端 MOSFET。为了提高轻载时的效率，增加了自动激活脉冲跳跃 Eco-mode 功能。此外，电池供电应用中使用了 1μA 关断电源电流允许器件。TPS54231D 具有内部斜率补偿的电流模式控制，简化了外部补偿计算，减少了元件数量，同时允许使用陶瓷输出电容器。此外，电阻分压器可编程输入欠压锁定的迟滞，而过压瞬态保护电路可在启动和瞬态条件下限制电压过冲。输出电流是受限的逐周期电流。频率折返和热关断在过载条件下保护内部和外部组件。TPS54231D 器件采用 8 引脚 SOIC 封装，经过内部优化，可提高散热性能。

4.1.5　单片机供电电路

图 4.5 所示为单片机供电电路，主要用于连接路由器供电电路输出的 5V 电源以及单片机，同时将电源提供的 5V 电压转换为稳定的 3.3V 电压。

LM1117 是一个低压差电压调节器系列。其压差在 1.2V 输出，负载电流为 800mA 时为 1.2V。它与国家半导体的工业标准器件 LM317 有相同的引脚排列。LM1117 有可调电压的版本，通过两个外部电阻可实现 1.25～13.8V 输出电压范围。另外，还有 5 个固定电压输出(1.8V、2.5V、2.85V、3.3V 和 5V)的型号，这里采用的是 3.3 版本的。

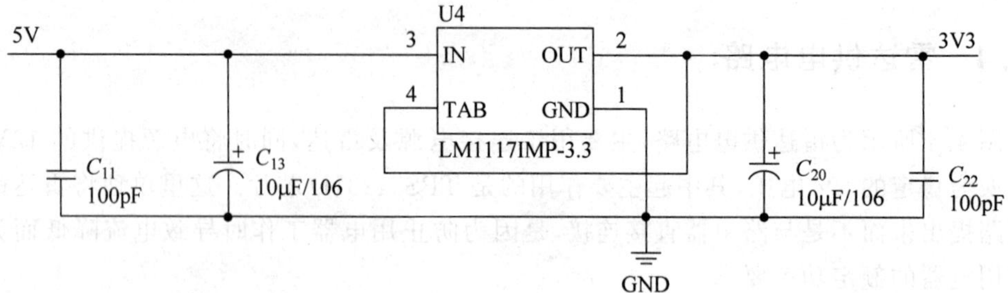

图 4.5　单片机供电电路

1. LM1117 概述

LM1117 提供电流限制和热保护。电路包含一个齐纳调节的带隙参考电压以确保输出电压的精度在±1%以内。LM1117 系列具有 LLP、TO-263、SOT-223、TO-220 和 TO-252 D-PAK 封装。输出端需要一个至少 10μF 的钽电容来改善瞬态响应和稳定性。

2. 特性

(1) 提供 1.8V、2.5V、2.85V、3.3V、5V 和可调电压的型号。

(2) 节省空间的 SOT-223 和 LLP 封装。

(3) 电流限制和热保护功能。

(4) 输出电流可达 800mA。

(5) 线性调整率为 0.2%(Max)。

(6) 负载调整率为 0.4%(Max)。

4.1.6　电源指示灯电路

图 4.6 所示为电源指示灯电路，主要用于连接各供电电路电源及 LED，指示供电电路是否正常工作。

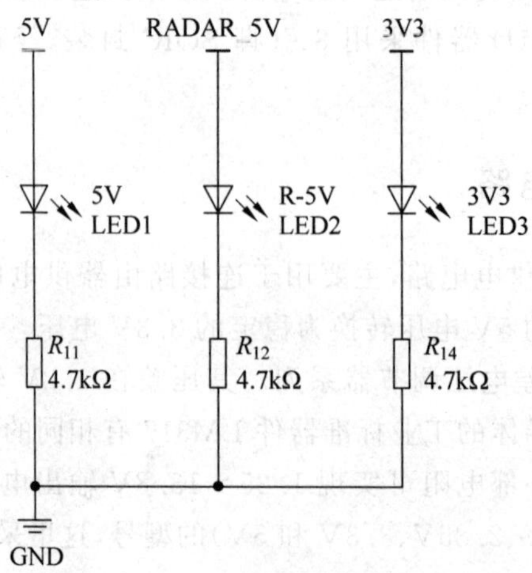

图 4.6　电源指示灯电路

4.2 电机舵机驱动电路设计

图 4.7 所示为电机驱动电路，主要用于连接单片机以及电机与舵机，防止电机与电机发生电流倒灌现象，从而烧毁驱动芯片，同时也将 3.3V 的驱动电压提升至 5V，其中起主要作用的是 SN74HC244DW 芯片。

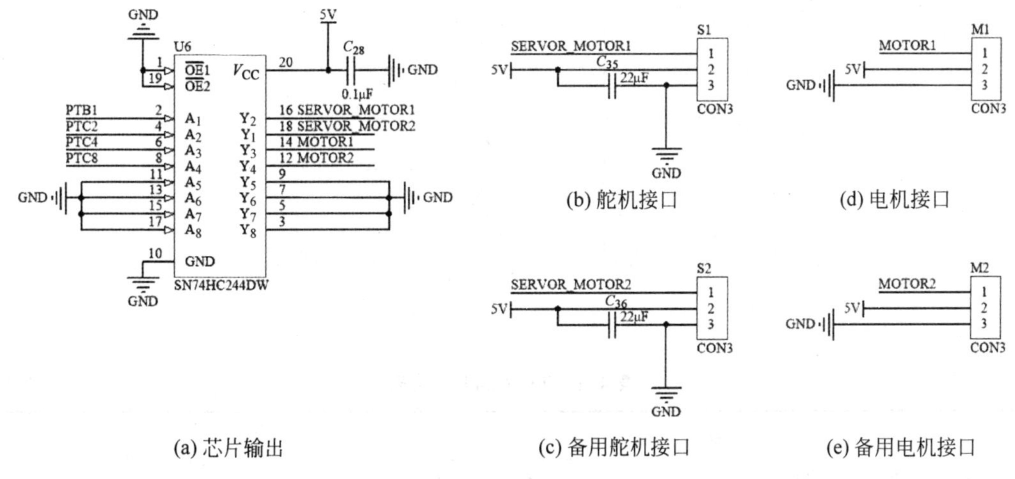

(a) 芯片输出 (b) 舵机接口 (c) 备用舵机接口 (d) 电机接口 (e) 备用电机接口

图 4.7 电机驱动电路

1. 74HC244 工作原理

74HC244 是一款高速 CMOS 器件，74HC244 引脚兼容低功耗肖特基 TTL(LSTTL)系列。74HC244 是 8 路正相缓冲器/线路驱动器，具有三态输出。该三态输出由输出使能端 OE1 和 OE2 控制。任意 OE 上的高电平将使输出端呈现高阻态。74HC244 与 74HC240 逻辑功能相似，只不过 74HC244 带有正相输出。

74HC244 芯片内部共有两个 4 位三态缓冲器，使用时可分别以 OE1 和 OE2 作为它们的选通工作信号。当 OE1 和 OE2 都为低电平时，输出端 Y 和输入端 A 状态相同；当 OE1 和 OE2 都为高电平时，输出呈高阻态。

2. 74HC244 引脚图及功能

如果输入的数据可以保持比较长时间(如键盘)，简单输入接口扩展通常使用的芯片为 74HC244，由该芯片可构成三态数据缓冲器。74HC244 芯片的引脚排列如图 4.8 所示。

3. 74HC244 真值表

74HC244 真值表如表 4.1 所示。

4. 74HC244 基本参数

(1) 缓冲类型：非反相。

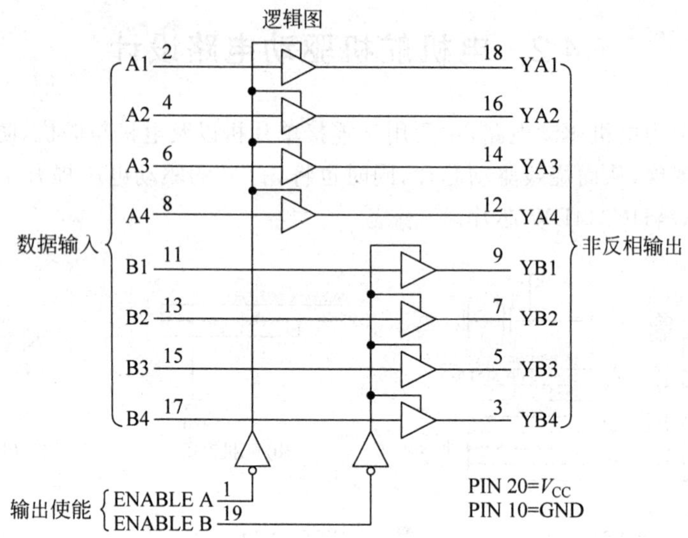

图 4.8　74HC244 引脚排列

表 4.1　74HC244 真值表

输　　入		输　　出
输出控制	数　　据	
G	A	Y
L	L	H
L	H	L
H	X	Z

(2) 电源电压范围：2～6V。

(3) 封装类型：SOIC。

(4) 引脚数：20。

(5) 工作温度范围：－40～125℃。

(6) 封装类型：SOIC。

(7) 器件标号：74。

(8) 工作温度最低：－40℃。

(9) 工作温度最高：125℃。

(10) 电源电压：5V。

(11) 电源电压最大：6V。

(12) 电源电压最小：2V。

(13) 芯片标号：74HC244。

(14) 表面安装器件：表面安装。

(15) 输入数：1。

(16) 逻辑功能号：244。

(17) 逻辑芯片功能：八缓冲/线路驱动器(三态)。

(18) 逻辑芯片基本号：74244。

(19) 逻辑芯片系列：HC。

(20) 门电路数：8。

4.3　通信模块电路设计

4.3.1　驱动板与计算机通信电路

图 4.9 所示为驱动板与计算机通信电路。

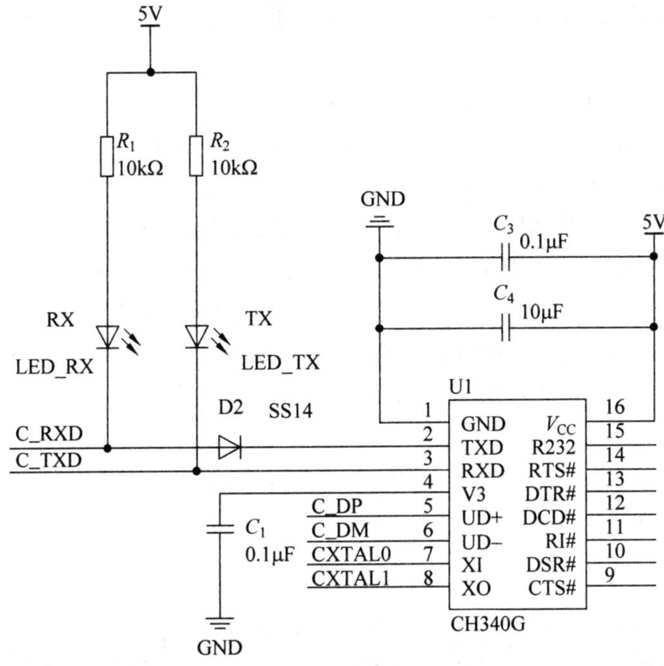

(a) 驱动板与计算机通信电路

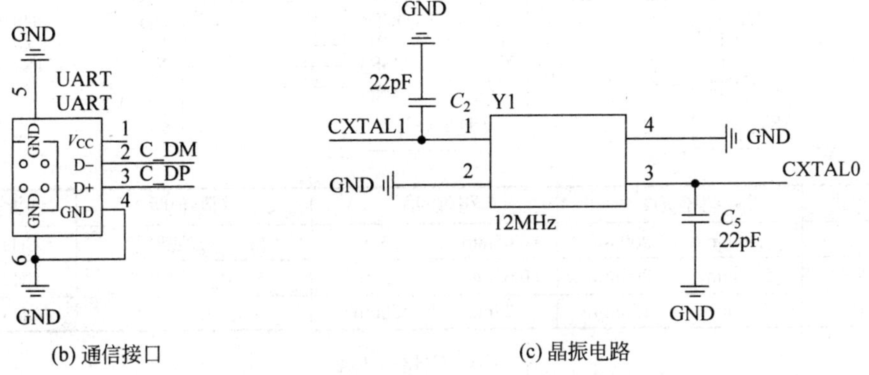

(b) 通信接口　　(c) 晶振电路

图 4.9　驱动板与计算机通信电路

1. CH340 概述

CH340 是一款 USB 总线的转接芯片，实现 USB 转串口、USB 转 IrDA 红外或者 USB 转打印口。

在串口方式下，CH340 提供常用的 MODEM 联络信号，用于为计算机扩展异步串口，或者将普通的串口设备直接升级到 USB 总线。

在红外方式下，CH340 外加红外收发器即可构成 USB 红外线适配器，实现 SIR 红外线通信。

2. CH340 的特点

(1) 全速 USB 设备接口，兼容 USB V2.0，外围元器件只需要晶体和电容。

(2) 仿真标准串口，用于升级原串口外围设备，或者通过 USB 增加额外串口。

(3) 计算机端 Windows 操作系统下的串口应用程序完全兼容，无须修改。

(4) 硬件全双工串口，内置收发缓冲区，支持通信波特率 50bps～2Mbps。

(5) 支持常用的 MODEM 联络信号 RTS、DTR、DCD、RI、DSR、CTS。

(6) 通过外加电平转换器件，提供 RS232、RS485、RS422 等接口。

(7) 支持 IrDA 规范 SIR 红外线通信，支持波特率 2400～115200bps。

(8) 由于是通过 USB 转换的串口，所以只能做到应用层兼容，而无法绝对相同。

(9) 软件兼容 CH341，可以直接使用 CH341 的驱动程序。

(10) 提供 SSOP-20 无铅封装，兼容 RoHS。

3. CH340 封装

CH340 封装如图 4.10 所示。

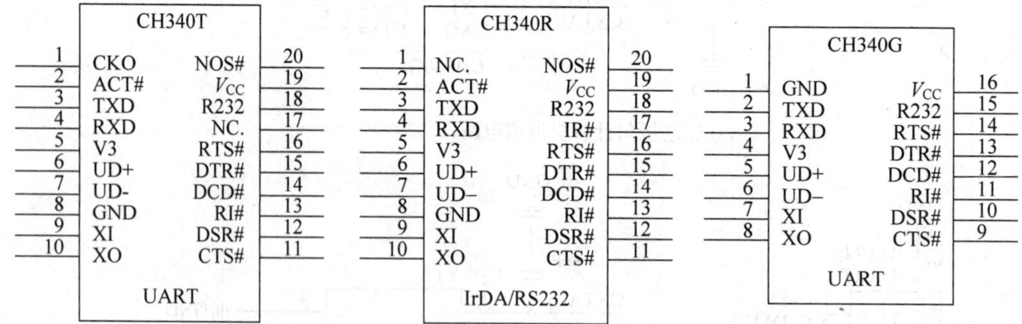

封装形式	塑体宽度		引脚间距		封装说明	订货型号
SSOP-20	5.30mm	209mil	0.65mm	25mil	超小型20脚贴片	CH340T
SSOP-20	5.30mm	209mil	0.65mm	25mil	超小型20脚贴片	CH340R
SOP-16	3.9mm	150mil	1.27mm	50mil	标准的16脚贴片	CH340G

图 4.10 CH340 封装

4. CH340引脚功能

CH340引脚功能如表4.2所示。

表4.2 CH340引脚功能表

SSOP20引脚号	SOP16引脚号	引脚名称	类 型	引脚说明(括号中说明仅针对CH340R型号)
19	16	V_{CC}	电源	正电源输入端,需要外接0.1μF电源退耦电容
8	1	GND	电源	公共接地端,直接连到USB总线的地线
5	4	V3	电源	在3.3V电源电压时连接V_{CC}输入外部电源,在5V电源电压时外接容量为0.01μF退耦电容
9	7	X1	输入	晶体振荡的输入端,需要外接晶体及振荡电容
10	8	X0	输出	晶体振荡的反相输出端,需要外接晶体及振荡电容
6	5	UD+	USB信号	直接连到USB总线的D+数据线
7	6	UD−	USB信号	直接连到USB总线的D−数据线
20	无	NOS#	输入	禁止USB设备挂起,低电平有效,内置上拉电阻
3	2	TXD	输出	串行数据输出(CH340R型号为反相输出)
4	3	RXD	输入	串行数据输入,内置可控的上拉和下拉电阻
11	9	CTS#	输入	MODEM联络输入信号,清除发送,低(高)电平有效
12	10	DSR#	输入	MODEM联络输入信号,数据装置就绪,低(高)电平有效
13	11	RI#	输入	MODEM联络输入信号,振铃指示,低(高)电平有效
14	12	DCD#	输入	MODEM联络输入信号,载波检测,低(高)电平有效
15	13	DTR#	输出	MODEM联络输出信号,数据终端就绪.低(高)电平有效
16	14	RTS#	输出	MODEM联络输出信号,请求发送,低(高)电平有效
2	无	ACT#	输出	USB配置完成状态输出,低电平有效
18	15	RS232	输入	辅助RS232使能,高电平有效,内置下拉电阻
17	无	NC.	空脚	CH340T:空脚,必须悬空
		IR#	输入	CH340R:串口模式设定输入,内置上拉电阻,低电平为SIR红外线串口,高电平为普通串口
1	无	CKO	输出	CH340T:时钟输出
		NC.	空脚	CH340R:空脚,必须悬空

4.3.2 雷达与计算机通信电路

雷达与计算机通信电路如图4.11所示。

1. 激光雷达概述

激光雷达(light detection and ranging,LiDAR)是激光探测及测距系统的简称,也称为Laser Radar或LADAR(laser detection and ranging),是以发射激光束探测目标的位置、速度等特征量的雷达系统。其工作原理是向目标发射探测信号(激光束),然后将接收到的从目标反射回来的信号(目标回波)与发射信号进行比较,作适当处理后,就可获得目标的有关信息,如目标距离、方位、高度、速度、姿态甚至形状等参数,从而对飞机、导弹等

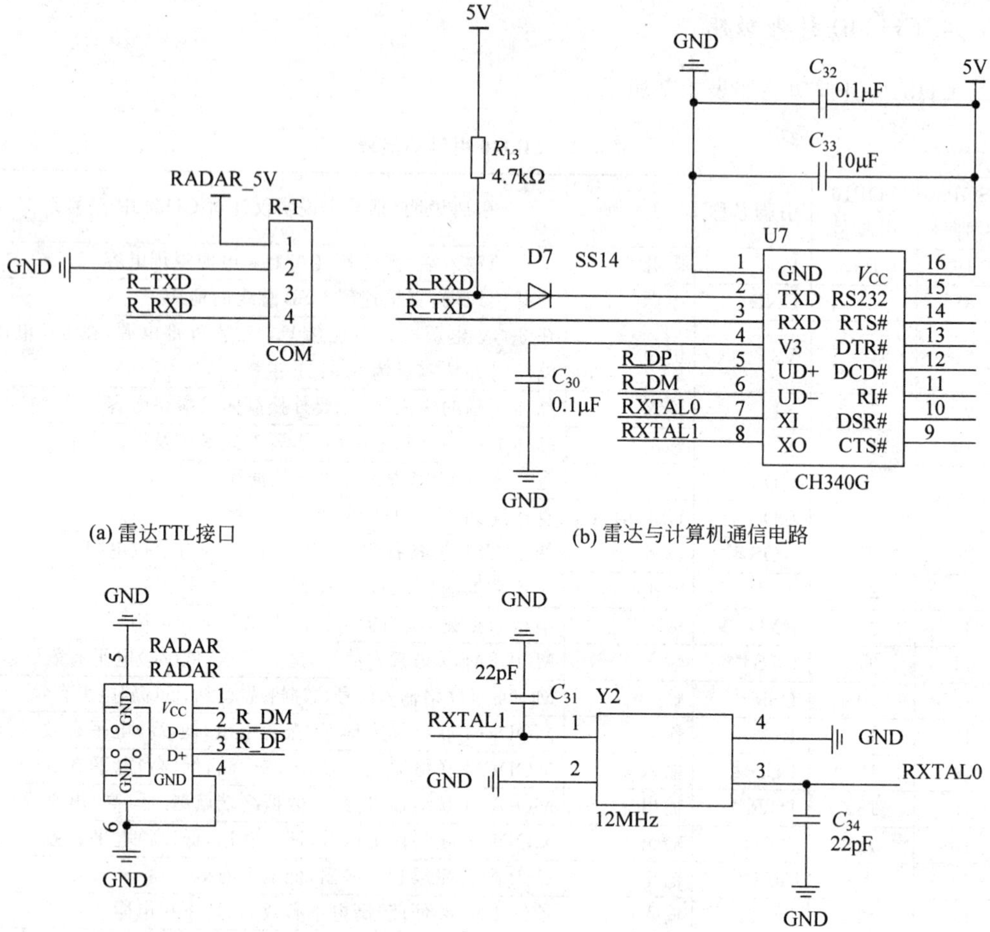

(a) 雷达TTL接口

(b) 雷达与计算机通信电路

(c) 雷达USB接口

(d) 晶振电路

图 4.11　雷达与计算机通信电路

目标进行探测、跟踪和识别。它由激光发射机、光学接收机、转台和信息处理系统等组成，激光器将电脉冲变成光脉冲发射出去，光接收机再把从目标反射回来的光脉冲还原成电脉冲，送到显示器。

用激光器作为发射光源，采用光电探测技术手段的主动遥感设备。激光雷达是激光技术与现代光电探测技术结合的先进探测方式。由发射系统、接收系统、信息处理等部分组成。发射系统是各种形式的激光器，如二氧化碳激光器、掺钕钇铝石榴石激光器、半导体激光器及波长可调谐的固体激光器以及光学扩束单元等组成；接收系统采用望远镜和各种形式的光电探测器，如光电倍增管、半导体光电二极管、雪崩光电二极管、红外和可见光多元探测器件等组合。激光雷达采用脉冲或连续波两种工作方式，探测方法按照探测的原理不同可以分为米散射、瑞利散射、拉曼散射、布里渊散射、荧光、多普勒等激光雷达。图 4.12 所示为小车使用的激光雷达。

图 4.12　小车使用的激光雷达

2. 激光雷达分类

1）激光测距雷达

激光测距雷达是通过对被测物体发射激光光束，并接收该激光光束的反射波，记录该时间差，来确定被测物体与测试点的距离。传统上，激光雷达可用于工业的安全检测领域，如科幻片中看到的激光墙，当有人闯入时，系统会立即做出反应，发出预警。另外，激光测距雷达在空间测绘领域也有广泛应用。但随着人工智能行业的兴起，激光测距雷达已成为机器人体内不可或缺的核心部件，配合 SLAM 技术使用，可帮助机器人进行实时定位导航，实现自主行走。思岚科技研制的 rplidar 系列配合 slamware 模块使用是目前服务机器人自主定位导航的典型代表，其在 25m 测距半径内，可完成每秒上万次的激光测距，并实现毫米级别的解析度。

2）激光测速雷达

激光测速雷达是对物体移动速度的测量，通过对被测物体进行两次有特定时间间隔的激光测距，从而得到该被测物体的移动速度。

激光雷达测速的方法主要有两大类。

一类是基于激光雷达测距原理实现，即以一定时间间隔连续测量目标距离，用两次目标距离的差值除以时间间隔就可得知目标的速度值，速度的方向根据距离差值的正负就可以确定。这种方法系统结构简单，测量精度有限，只能用于反射激光较强的硬目标。

另一类测速方法是利用多普勒频移。多普勒频移是指目标与激光雷达之间存在相对速度时，接收回波信号的频率与发射信号的频率之间会产生一个频率差，这个频率差就是多普勒频移。

3）激光成像雷达

激光成像雷达可用于探测和跟踪目标、获得目标方位及速度信息等。它能够完成普通雷达所不能完成的任务，如探测潜艇、水雷、隐藏的军事目标等。在军事、航空航天、工业和医学领域被广泛应用。

4）大气探测激光雷达

大气探测激光雷达主要是用来探测大气中的分子、烟雾的密度、温度、风速、风向及大气中水蒸气的浓度，以达到对大气环境进行监测及对暴风雨、沙尘暴等灾害性天气进行预报的目的。

5）跟踪雷达

跟踪雷达可以连续跟踪一个目标，并测量该目标的坐标，提供目标的运动轨迹。不仅用于火炮控制、导弹制导、外弹道测量、卫星跟踪、突防技术研究等，而且在气象、交通、科学研究等领域也在日益扩大。

3. 激光雷达组成

（1）激光器。激光器是激光雷达中的激光发射机构。在工作过程中，它会以脉冲的方式点亮。以思岚科技的 RPLIDAR A3 系列雷达来说，每秒会点亮和熄灭 16000 次。

（2）接收器。激光器发射的激光照射到障碍物以后，通过障碍物的反射，反射光线会经由镜头组汇聚到接收器上。

(3) 信号处理单元。信号处理单元负责控制激光器的发射,以及接收器收到的信号处理。根据这些信息计算出目标物体的距离信息。

(4) 旋转机构。以上3个组件构成了测量的核心部件。旋转机构负责将上述核心部件以稳定的转速旋转,从而实现对所在平面的扫描,并产生实时的平面图信息。

RPLIDAR A3内置的测距装置会进行360°的全方位扫描,在运行时,旋转的测距装置需要电能和传输数据信息,但如果采用导线直接连接就会导致导线缠绕,无法正常工作。因此,目前市面上几乎所有的非固态激光雷达厂家都会选择一个电旋转连接器,俗称"滑环"的设备来传输能量和数据信息。

4. 激光雷达工作原理

激光雷达的工作原理与雷达非常相近,以激光作为信号源,由激光器发射出的脉冲激光,射到地面的树木、道路、桥梁和建筑物上,引起散射,一部分光波会反射到激光雷达的接收器上,根据激光测距原理计算,就得到从激光雷达到目标点的距离,脉冲激光不断地扫描目标物,就可以得到目标物上全部目标点的数据,用此数据进行成像处理后,就可得到精确的三维立体图像。

激光雷达最基本的工作原理与无线电雷达没有区别,即由雷达发射系统发送一个信号,经目标反射后被接收系统收集,通过测量反射光的运行时间而确定目标的距离。至于目标的径向速度,可以由反射光的多普勒频移来确定,也可以测量两个或多个距离,并计算其变化率而求得速度,这也是直接探测型雷达的基本工作原理。

5. 激光雷达应用

激光雷达除具有测距功能外,还具有目标指示、目标精确跟踪和测定风的功能。目前有激光测距指示器、激光测距跟踪器两类多功能激光雷达。激光雷达多被用于大气环境监测方面,通过分析激光的回波信号,从而得到大气物理特征。激光波长位于光波段,典型值为1μm左右,这与烟尘等大气气溶胶粒子的尺度相当,加上探测器的探测灵敏度较高,因而激光探测烟、尘等微粒具有很高的探测灵敏度。激光雷达所接收的大气回波信号,包含大气散射光的光强、频率、相位和偏振等多种信息。利用其可探测多种大气物理要素,其优势是其他探测手段所不能比拟的。

4.4 PCB电路板设计

4.4.1 Altium Designer介绍

Altium Designer是原Protel软件开发商Altium公司推出的一体化的电子产品开发系统,主要运行在Windows操作系统。这套软件通过把原理图设计、电路仿真、PCB绘制编辑、拓扑逻辑自动布线、信号完整性分析和设计输出等技术的完美融合,为设计者提供了全新的设计解决方案,使设计者可以轻松进行设计,熟练使用这一软件可使电路设计的质量和效率大大提高。

电路设计自动化(electronic design automation,EDA)是指将电路设计中各种工作交由计算机来协助完成,如电路原理图(Schematic)的绘制、印制电路板(PCB)文件的制作、执行电路仿真(Simulation)等设计工作。随着电子科技的蓬勃发展,新型元器件层出不穷,电子线路变得越来越复杂,电路的设计工作已经无法单纯依靠手工来完成,电子线路计算机辅助设计已经成为必然趋势,越来越多的设计人员使用快捷、高效的 CAD 设计软件来进行辅助电路原理图、印制电路板图的设计,打印各种报表。

Altium Designer 除了全面继承包括 Protel 99SE、Protel DXP 在内的先前一系列版本的功能和优点外,还进行了许多改进和增加很多高端功能。该平台拓宽了板级设计的传统界面,全面集成了 FPGA 设计功能和 SOPC 设计实现功能,从而允许工程设计人员能将系统设计中的 FPGA 与 PCB 设计及嵌入式设计集成在一起。由于 Altium Designer 在继承先前 Protel 软件功能的基础上,综合了 FPGA 设计和嵌入式系统软件设计功能,Altium Designer 对计算机的系统需求比先前的版本要高些。

4.4.2　AD 新建工程

单击菜单栏中的"文件(F)"命令,在子命令中单击新建命令,里面有一个 Project 选项,可以单击它更改工程名以及工程路径。

在新建完的工程中可以添加原理图(Schematic)、PCB、原理图库(Schematic Library)和 PCB 库(PCB Library),分别新建 4 个文件夹,即 SCH、PCB、SCH Library 和 PCB Library。

4.4.3　PCB 设计整体流程

1. PCB 工程设计流程概要

PCB 工程：原理图设计→PCB 设计→电路板的后期制作→元件库的创建以及元件封装→(电路仿真设计→信号完整性分析→可编程逻辑器件设计)。

2. 原理图的设计

原理图设计是电路设计的第一步,是后续制板、仿真等步骤的基础,其正确与否将直接关系到整个设计的成功与失败。同时为了方便自己和他人读图,原理图的美观、清晰和规范也应该是追求的目标。原理图设计的一般流程如下。

(1) 新建原理图。

(2) 图纸设置。根据电路图的内容与标准化设置图纸的大小、方向等信息。

(3) 装载元件库。将需要用的元件库添加到系统中。

(4) 放置元件。从装入的元件库中选择需要的元件放置到原理图中。

(5) 元件位置调整。根据设计的需要,将已经放置的元件调整到合适的位置和方向,以便连线。

(6) 连线。根据所要设计的电气关系,用导线和网络将各个元器件连接起来。

(7) 注解。为了设计的美观、清晰,对原理图进行必要的文字注解和图片修饰。

(8) 检查修改。利用软件提供的各种校检工具,根据各种校检规则进行检查、修改。

(9) 打印输出。根据需要,可选择对原理图进行打印,或者制作各种输出文件。

3. PCB 设计

在进行 PCB 的设计时首先要确定设计方案,在设计好电路原理图后,设计者在这个过程中尽量按照要求进行设计,以避免重复的操作或是不必要的错误。PCB 设计的操作步骤如下。

(1) 规划电路板。全面考虑电路板的功能、部件、元件封装形式、连接器及安装方式等,并设置好各项环境参数。

(2) 载入网络表和元件封装,确保每个元件封装都能在 PCB 库文件中找到,将封装和网络表载入到 PCB 文件中。

(3) 元件自动布局。设定自动布局规则,使用自动布局功能将元件进行初步布置。

(4) 手工调整布局。使其符合 PCB 板的功能需要和元器件电器要求,还要考虑到安装方式、放置安装孔等。

(5) 电路板自动布线。合理设定布线规则,使用自动布线功能。

(6) 手工调整布线。

(7) DRC 校检。布线完毕后需要经过 DRC 校验修改。

(8) 文件保存、打印输出。保存、打印各种报表文件及 PCB 制作文件。

(9) 加工制作。将 PCB 制作文件送交加工单位。

4.4.4 PCB 布局基本原则

(1) 满足结构要求,包括 PCB 的安装、PCB 的尺寸形状要求、PCB 对应的外围接口的位置等。

(2) 禁止在 PCB 的禁布区布局和走线,包括板缘、安装过孔或安装座孔等,通常为小于 1mm,取 0.5mm 为宜。

(3) 满足电源通道的最小要求,不能因过密的布局元器件而影响电源的供电通道,如因滤波电容过密布置而将电源和地网络冲断,造成信号的不连续,造成电源和地平面的不完整。

(4) 满足关键元器件、关键信号、局部过密、整板的布线通道需求,对关键元器件的布局,关键信号的走线规划需要着重考虑。

(5) 满足 PCB 的可制造性要求,元器件布局时彼此之间的间距要合理。为焊接及调试的方便,同一类型的元器件在空间允许的情况下,应尽可能进行同一方向的布局。

(6) 满足 PCB 的可测试性要求,易于检测和返修。

(7) 在满足系统功能和性能的前提下,质量大的元件在 PCB 上布局时,应尽量在 PCB 上做质量的均匀布置。

(8) 明确 PCB 上的风道,根据器件散热量的多少,在上风口和下风口进行合理布局。

4.4.5 布局的基本顺序

(1) 根据结构图,导入 CAD 板框。确定 PCB 外形尺寸、开窗处理等。如有电容因高度原因需要躺着安装，则开窗内也应注明。

(2) 设置叠层参数。

(3) 根据结构图，确定元器件如通信接口、定位孔、安装孔等的位置。

(4) 绘制禁止布线区。

(5) 在已经布局的结构部件的基础上，确认信号的流向，以及关键元器件的大致位置。

(6) 确保关键信号元器件的外围电路采用模块布局的方式，在原理图与 PCB 设计环境中进行交互式摆放，完成各个模块的布局。

(7) 在布局时对各个模块的功能进行相应的划分，优先考虑时钟系统、控制系统、电源系统的布局，同时需对主次电源进行规划，各个功能模块的电源就近布局，并考虑各电源在电源平面的大致分割，为各器件间的互联留有足够的布线通道。

(8) 布局时需考虑有拓扑要求的元器件，并预留足够的空间给有长度要求的信号的等长绕线。

(9) 如在 CPU 和 DDR 部分布局时，要求 DDR 和 CPU 之间不能有其他的元器件布局，中间留有足够的空间，便于进行 CPU 与 DDR 之间对时序有要求的信号的等长绕线。

(10) PCB 如有拼版，应放置相应的标记点。

4.4.6 特殊元器件的布局

(1) 去耦电容的合理放置。在满足工艺性的前提下，尽量靠近要去耦的电源引脚放置。

(2) BGA 类器件的周边布局。为 BGA IC 预留一定的禁止布线区，便于 BGA 类 IC 的维修。

(3) 双面布局要求。当进行双面布局时，BGA 类的反面投影区域内不允许进行其他元器件的布局。

(4) 金属壳体元器件的布局。如散热片、屏蔽罩在布局时不能相碰，并确保有最小 1mm 的安装间距。

(5) 有正负极元器件的布局。满足功能要求的前提下，尽量按照一致的方向布局。

(6) 对热或噪声敏感元器件的布局。布局时尽量远离热源，对噪声敏感的器件，应远离噪声源，并根据实际情况进行屏蔽和隔离。

4.4.7 PCB 常用快捷键

(1) 按住鼠标左键，再按空格键就能翻转。

(2) 按 P+U 组合键放置圆环。

(3) 按 P+F 组合键放置填充物。

(4) 按 P+T 组合键布线(在布线模式下按住 Ctrl 键再按鼠标左键会自动布线)。

(5) 按 P+L 组合键放置走线。

(6) 按 P+P 组合键放置焊盘。

(7) 按 P+V 组合键放置过孔。

(8) 按P+G组合键敷铜。

(9) 按R+L组合键输出PCB中所有网络的布线长度。

(10) 按T+E组合键对电路焊盘接触口滴泪。

(11) 按T+R组合键对已布完的线进行蛇形走线。

(12) 按G键设置栅格大小。

(13) 按Ctrl+G组合键设置栅格步进长度。

(14) 按Ctrl+D组合键视图配置(可以隐藏不想看的部分)。

(15) 按住Ctrl键再按鼠标的左键可高亮显示单击的线。

(16) 按V+B组合键板子反转。

(17) 自定义PCB形状。首先切换到Keep-Out Layer层,按P+L组合键画出板子形状,然后全选,按D+S+D组合键完成板子定型。按Q键可以切换栅格单位。

(18) 调整丝印居中放置。先全选元器件按Ctrl+A组合键,然后按A+P组合键(器件文本位置选项),单击9个中间点就能使所有元器件的丝印居中。

(19) 检查连线是否全部连接。敷铜之后,在菜单栏中单击"报告"命令,里面有个"板子信息"子命令,单击之后在出现的窗口中只勾选Routing Information复选框,然后单击"报告"按钮,就能查看板子是否连接完成。

4.4.8 比赛用PCB

下面是为比赛设计的PCB电路板,红色是顶层,蓝色是底层,主要在顶层布线,底层使用大面积敷铜,保证PCB的电气特性。顶层设计如图4.13所示,底层设计如图4.14所示。

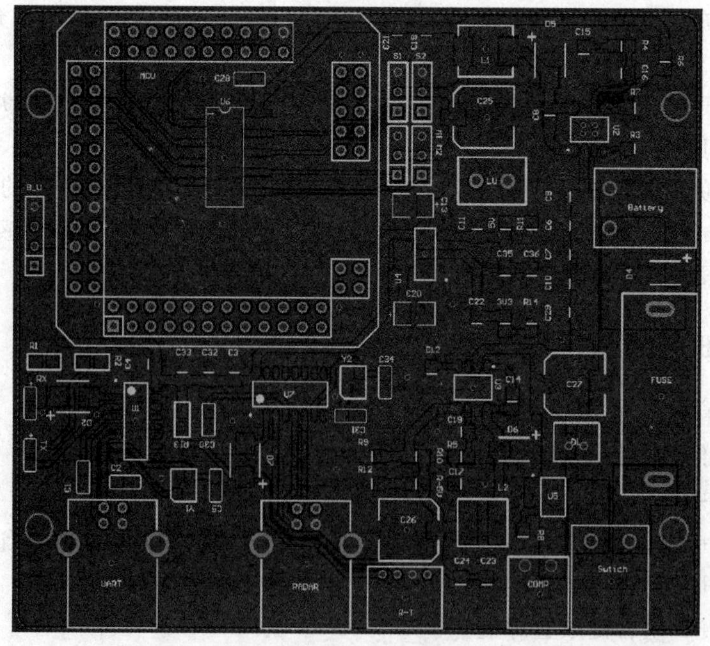

图4.13 PCB顶层

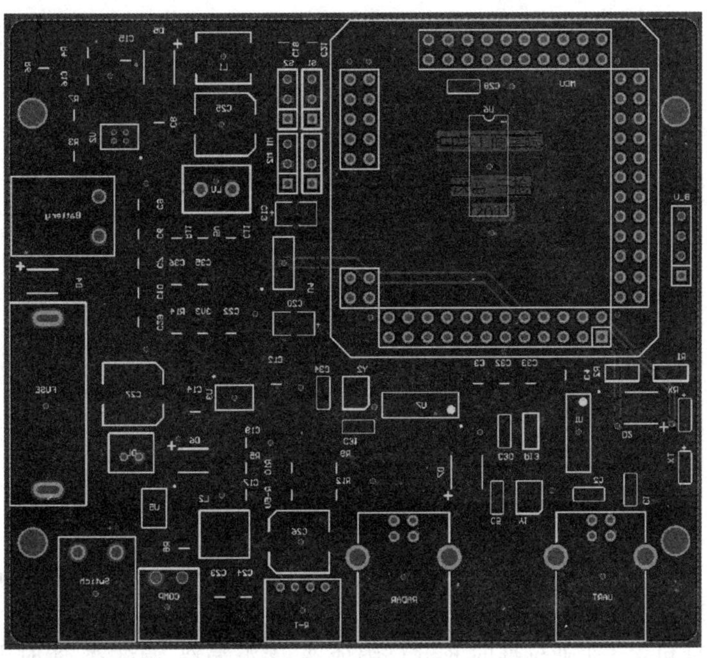

图 4.14　PCB 底层

第5章 驱动板软件程序设计

5.1 软件相关知识介绍

5.1.1 Keil介绍

1. 概述

Keil MDK-ARM是美国Keil软件公司(现已被ARM公司收购)出品的支持ARM微控制器的一款IDE(集成开发环境)。

MDK-ARM包含了工业标准的Keil C编译器、宏汇编器、调试器、实时内核等组件,具有业行领先的ARM C/C++编译工具链,支持Cortex-M、Cortex-R4、ARM7和ARM9系列器件,包含世界上品牌,如ST、Atmel、Freescale、NXP、TI等众多公司微控制器芯片。

2. 产品组件

MDK(microcontroller developer kit,微控制器开发工具)核心是基于使用的μVision领先的Cortex-M的设备,包括新的ARMv8-M架构的支持。

DS-MDK包含基于Eclipse的DS-5 IDE/调试器,并支持32位的Cortex-A和Cortex-M以及32位的Cortex-A处理器或混合系统。

MDK包括两个ARM C/C++编译器与汇编器、连接器和高度优化的量身定制最佳代码大小和性能运行时库。

软件包可以从工具链添加,任何时候MDK-Core或DS-MDK对新设备的支持与中间件更新无关,它们包含设备支持、CMSIS库、中间件、主板支持、代码模板和示例项目。同时,与ARM mbed™软件组件扩展,使物联网(IOT)应用互联网的IPv4/IPv6网络通信协议栈。

5.1.2 开发流程

工程开发流程如图5.1所示。

5.1.3 软件编译流程

在常用的Keil MDK-ARM中采用基于GNUD的gcc工具链编译程序,编译过程如图5.2所示。

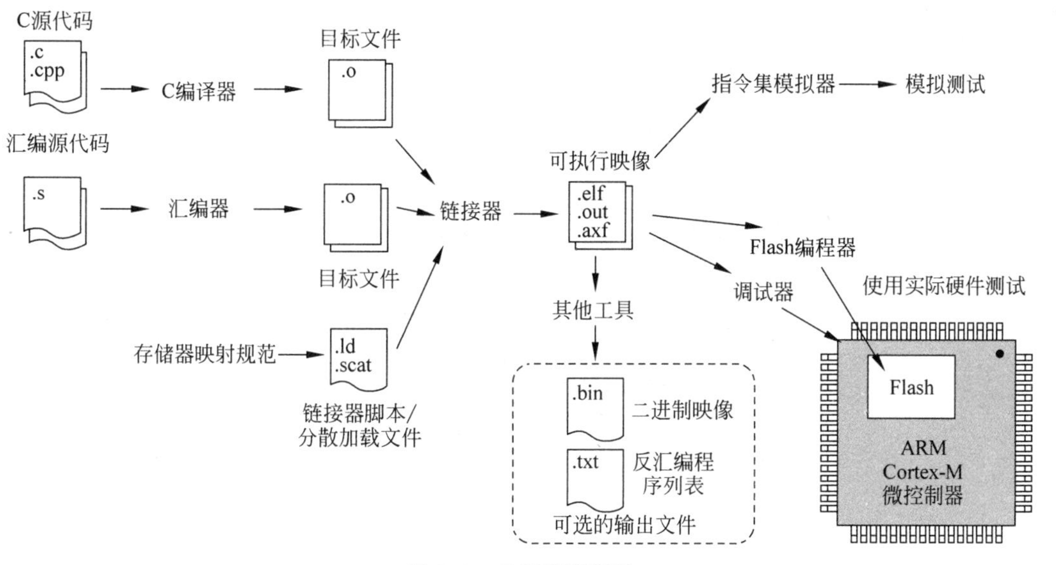

图 5.1　工程开发流程

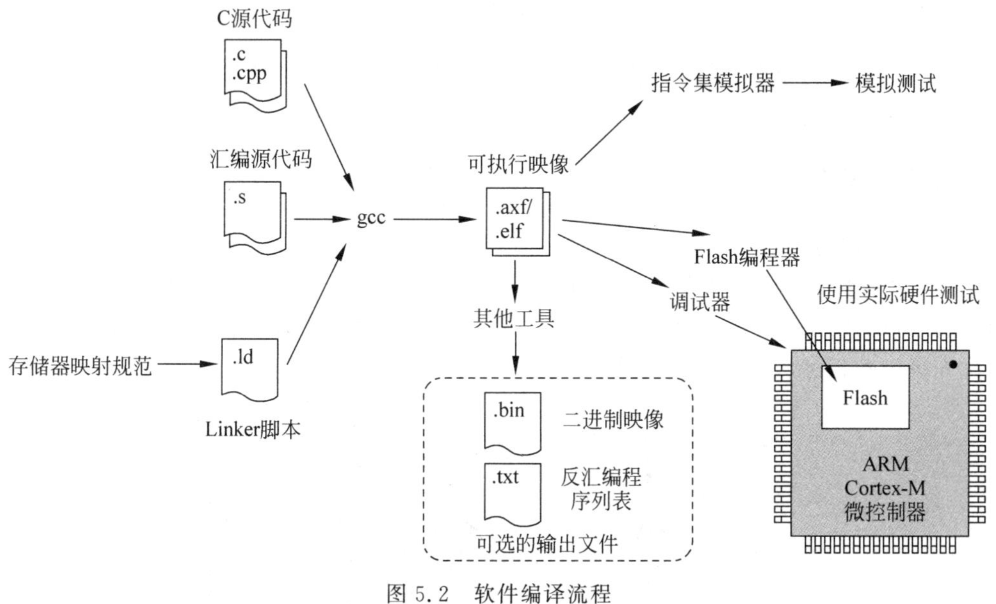

图 5.2　软件编译流程

5.1.4　软件运行模式

1. 轮询

在大多数应用开发过程中，微控制器要接受多个接口的控制，需要支持处理多个任务，所以处理器等待接口数据准备好后进行处理，处理完毕后再进行下一个任务的处理，如图 5.3 所示。

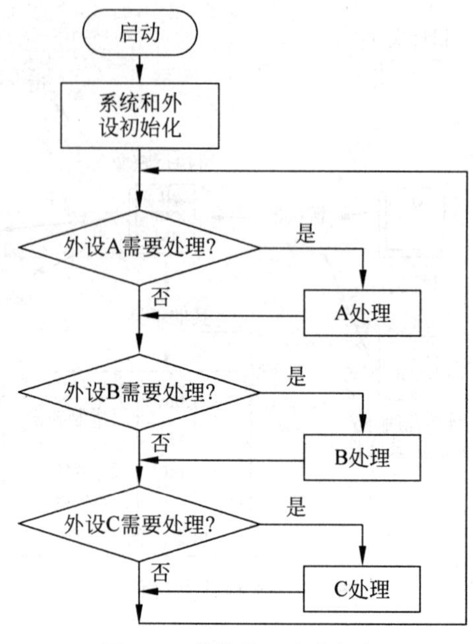

图 5.3　轮询处理多个任务

轮询只适合简单的应用，当任务繁多复杂时，轮询设计维护将非常困难，且不能定义任务优先级，导致任务执行缓慢、能耗效率较差。

2. 中断执行

中断执行有以下两种方式。

(1) 外设任务放在中断服务程序中进行处理，当外设任务需要处理时，触发处理器中断，处理器执行相关任务，此方式可以设定不同中断优先级，可以进行中断嵌套，快速响应高优先级中断任务。处理流程如图 5.4 所示。

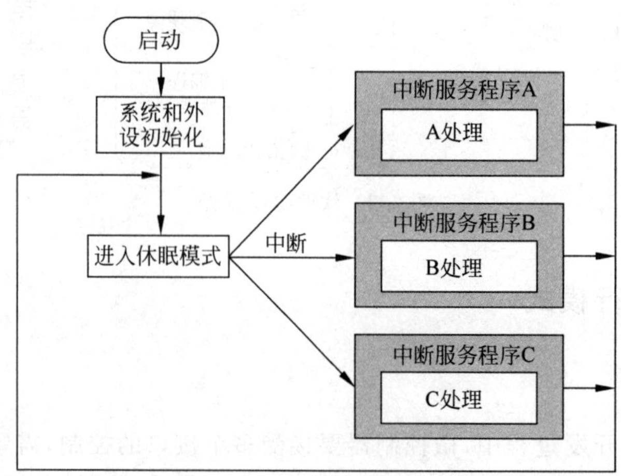

图 5.4　中断服务程序处理

(2) 将外设任务执行过程分为两部分：第一部分为需要快速处理的部分；第二部分为不需要快速处理的部分。当外设中断到来时，在中断服务程序中处理需要快速处理的部分，并设置相关标志位或状态，在轮询流程中根据标志位或状态进行相关处理。处理流程如图 5.5 所示。

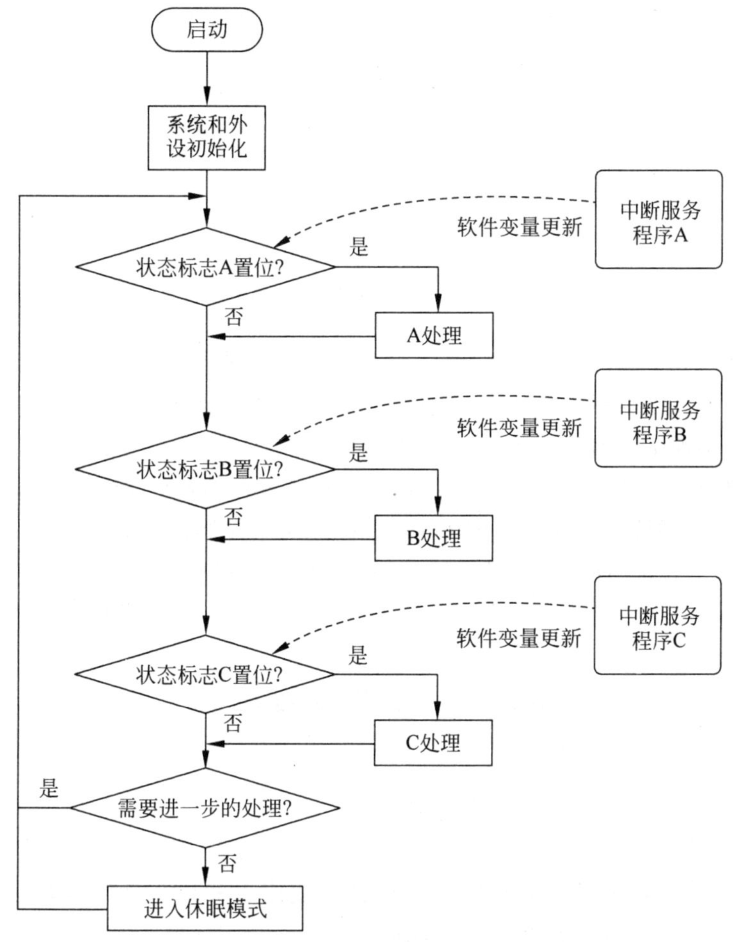

图 5.5　中断轮询方式

3. *多任务系统*

在复杂的多任务嵌入式系统中，多任务同步操作，以上几种方式均无法满足要求，此时需要嵌入实时操作系统(RTOS)将处理器时间分为多个时间片，再将时间片按照优先级分配给进程，实现多个进程同时执行。RTOS 中是以定时器记录时间片，根据定时器产生中断，触发任务调度器进行调度，从而进程间会发生上下文切换。处理流程如图 5.6 所示。

5.1.5　K60 简介

Kinetis 是基于 ARM Cortex-M4 具有超强可扩展性的低功耗、混合信号微控制器。

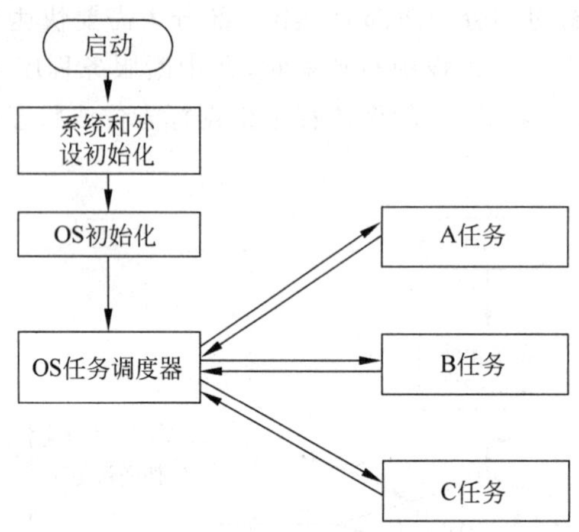

图 5.6　RTOS 多任务处理

第一阶段产品由 5 个微控制器系列组成，包含超过 200 种器件，在引脚、外设和软件上可兼容。每个系列提供了不同的性能、存储器和外设特性。通过通用外设、存储器映射和封装的一致性来实现系列内和各系列间的便捷移植。

Kinetis 微控制器基于飞思卡尔创新的 90nm 薄膜存储器（TFS）闪存技术，具有独特的 Flex 存储器（可配置的内嵌 EEPROM）。Kinetis 微控制器系列融合了最新的低功耗革新技术，具有高性能、高精度的混合信号能力、宽广的互联性、人机接口和安全外设。飞思卡尔公司以及其他大量的 ARM 第三方应用商提供对 Kinetis 微控制器的应用支持。

5.2　信号处理与执行

5.2.1　UART 概述

UART 是用于控制计算机与串行设备的芯片。需要注意的是，它提供了数据终端设备接口，这样计算机就可以和调制解调器或其他使用 RS232C 接口的串行设备通信了。作为接口的一部分，UART 还提供以下功能。

（1）将由计算机内部传送过来的并行数据转换为输出的串行数据流。

（2）将计算机外部来的串行数据转换为字节，供计算机内部并行数据的器件使用。

（3）在输出的串行数据流中加入奇偶校验位，并对从外部接收的数据流进行奇偶校验。

（4）在输出数据流中加入启停标记，并从接收数据流中删除启停标记。

（5）处理由键盘或鼠标发出的中断信号（键盘和鼠标也是串行设备）。

（6）可以处理计算机与外部串行设备的同步管理问题。

（7）异步串口通信协议，其工作原理是将传输数据的每个字符以串行方式一位接一位传输。

通用异步收发传输器（universal asynchronous receiver/transmitter）结构如图 5.7 所示，通常称为 UART，这是一种异步收发传输器，是计算机硬件的一部分。它将要传输的

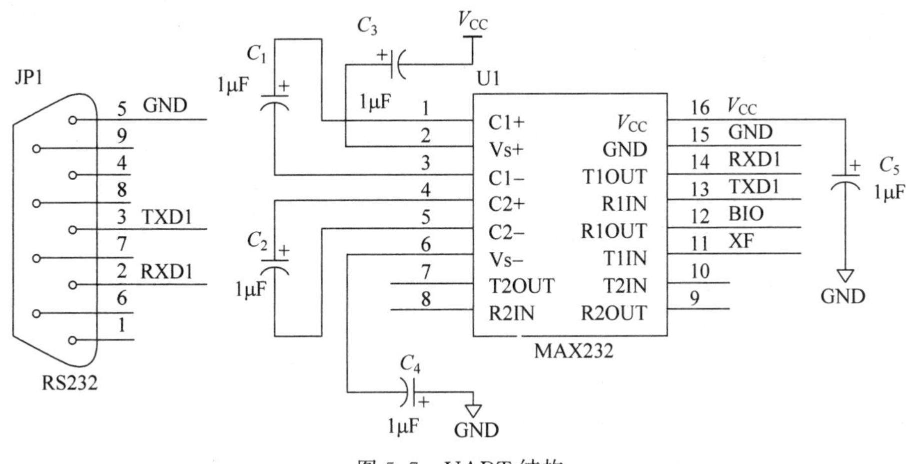

图 5.7　UART 结构

资料在串行通信与并行通信之间加以转换。作为把并行输入信号转成串行输出信号的芯片，UART 通常被集成于其他通信接口的连接上，其接口接线如图 5.8 所示。

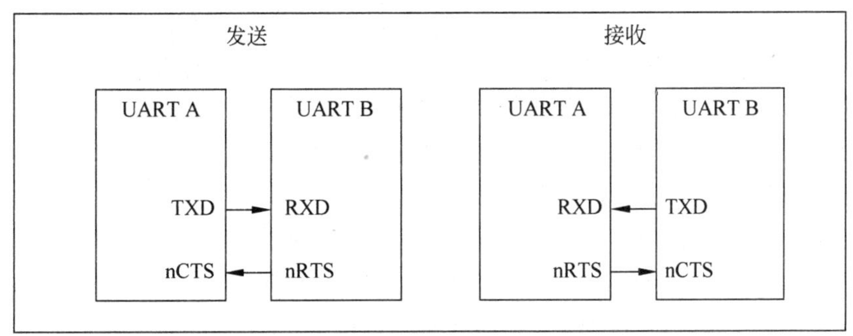

图 5.8　UART 接口连线

具体实物表现为独立的模块化芯片，或作为集成于微处理器中的周边设备。一般是 RS232C 规格的，与类似 Maxim 的 MAX232 的标准信号幅度变换芯片进行搭配，作为连接外部设备的接口。在 UART 上追加同步方式的序列信号变换电路的产品，称为 USART(universal synchronous/asynchronous receiver/transmitter)。

5.2.2　UART 定义

UART 是一种通用串行数据总线，用于异步通信。该总线双向通信，可以实现全双工传送和接收。在嵌入式设计中，UART 用于主机与辅助设备通信，如汽车音响与外接 AP 之间的通信，与 PC 通信包括与监控调试器和其他器件如 EEPROM 的通信。

5.2.3　UART 功能

计算机内部采用并行数据，不能直接把数据发送到 MODEM，必须经过 UART 整理才能进行异步传送，其过程为：CPU 先把准备写入串行设备的数据放到 UART 的寄存器(临时内存块)中,再通过 FIFO(first input first output,先入先出队列)传送到串行设备,若是没有 FIFO,信息将变得杂乱无章,不可能传送到 MODEM。

5.2.4 UART 通信协议

UART 通信在工作中相当常见,项目中需要生成 UART 信号。UART 是异步通信,因为它只有一根线就可以进行数据通信,不像 SPI、I^2C 等同步传送信号,所以,串口的传送速度和其他协议的速度相比较慢。下面具体讲解一些 UART 协议以及是如何通信的。

5.2.5 基本参数

参数波特率容易和比特率混淆,其实它们是有区别的。一般选波特率都会有 9600、19200、115200 等选项,其意思是每秒传送这么多个比特位数(bit),波特率计算公式[适用于标准 USART(包括 SPI 模式)的波特率]如下。

$$\text{Tx/Rx 波特率} = \frac{f_{\text{CK}}}{8 \times (2 - \text{OVER8}) \times \text{USARTDIV}}$$

(1) 起始位:先发出一个逻辑 0 的信号,表示传送数据的开始。

(2) 数据位:可以选择的值有 5、6、7、8 这 4 个值,可以传送这么多个值为 0 或者 1 的 bit 位。这个参数最好为 8,因为如果此值为其他的值,当传送的是 ASCII 值时一般解析肯定会出问题。理由很简单,一个 ASCII 字符值为 8 位,如果一帧的数据位为 7,那么还有一位就是不确定的值,这样就会出错。

(3) 校验位:数据位加上这一位后,使 1 的位数应为偶数(偶校验)或奇数(奇校验),以此来校验数据传送的正确性。下面以传送 A(01000001)为例说明。

① 当为奇数校验时,A 字符的 8 个 bit 位中有两个 1,那么奇偶校验位为 1 才能满足 1 的个数为奇数(奇校验)的要求。

② 当为偶数校验时,A 字符的 8 个 bit 位中有两个 1,那么奇偶校验位为 0 才能满足 1 的个数为偶数(偶校验)的要求。

此位还可以去除,即不需要奇偶校验位。

(4) 停止位:一帧数据的结束标志,可以是 1bit、1.5bit、2bit 的空闲电平。

(5) 空闲位:没有数据传输时,线路上的电平状态为逻辑 1。

(6) 传送方向:即数据是从高位(MSB)开始传送还是从低位(LSB)开始传送。例如,传送 A,如果是 MSB,则是 01000001,如果是 LSB,则是 10000010。

UART 传送数据的顺序是:刚开始传送一个起始位,接着传送数据位,接着传送校验位(可不需要此位),最后传送停止位。这样一帧的数据就传送完了。接下来照此一直传送。在这里还要说一个参数:帧间隔,即传送数据的帧与帧之间的间隔大小,可以用位为计量,也可以用时间计量(已知波特率,则位数和时间可以换算)。例如,传送 A 完成后,这为一帧数据,再传送 B,那么 A 与 B 之间的间隔即为帧间隔。

其中每一位(bit)的意义如图 5.9 所示,具体解释如下。

(1) 起始位:先发出一个逻辑 0 的信号,表示传输字符的开始。

0	1	1	1	1	0	0	1	0	1	0	1	1	0	1	0	0	1	0	1
Start	b0	b1	b2	b3	b4	b5	b6	b7	Stop	Start	b0	b1	b2	b3	b4	b5	b6	b7	Stop

图 5.9　一帧数据内容

(2) 数据位：紧跟起始位之后。数据位的个数可以是 4、5、6、7、8 等，构成一个字符。通常采用 ASCII 码。从最低位开始传送，靠时钟来定位。

(3) 奇偶校验位：数据位加上这一位后(跟在数据位尾部)，使得 1 的位数应为偶数(偶校验)或奇数(奇校验)，以此来校验数据传送的正确性。

(4) 停止位：它是一个字符数据的结束标志。可以是 1 位、1.5 位、2 位的高电平(逻辑 1)。

(5) 空闲位：处于逻辑 1 状态，表示当前线路上没有数据传送。

(6) 波特率：是衡量数据传输速率的指针，表示为每秒钟传送的二进制位数(bit 数)。例如，资料传送速率为 120 字符/s，而每个字符为 10 位，则其传送的波特率为

10 位/字符×120 字符/s=1200(位/s)=1200 波特

以上的数据位、奇偶校验位、波特率等均可以在 COM 接口中设置。

5.2.6　PWM 概述

脉冲宽度调制技术(pulse width modulation，PWM)通过对一系列脉冲的宽度进行调制，来等效地获得所需波形(含形状和幅值)。PWM 控制技术在逆变电路中应用最广泛，应用的逆变电路绝大部分是 PWM 型，PWM 控制技术正是有赖于在逆变电路中的应用，才确定了它在电力电子技术中的重要地位。

5.2.7　PWM 相关概念

占空比就是输出的 PWM 中，高电平保持的时间与该 PWM 时钟周期的时间之比。例如，一个 PWM 的频率是 1000Hz，那么它的时钟周期就是 1ms，即 1000μs，如果高电平出现的时间是 200μs，那么低电平出现的时间肯定是 800μs，则占空比就是 200∶1000，也就是说 PWM 的占空比为 1∶5。

分辨率就是占空比最小能达到多少，如 8 位的 PWM，理论的分辨率是 1∶255(单斜率)，16 位的 PWM 理论上是 1∶65535(单斜率)。

频率也是这样的。例如，16 位的 PWM，其分辨率达到 1∶65535，要达到这个分辨率，T/C 必须从 0 计数到 65535，如果计数从 0 到 80 之后又从 0 开始计到 80，那么它的分辨率最小就是 1∶80。

注：

假设一个 PWM 从 0 计数到 80，之后又从 0 计数到 80，这就是单斜率。

假设一个 PWM 从 0 计数到 80，之后又从 80 计数到 0，这就是双斜率。

可见，双斜率的计数时间多了 1 倍，所以输出的 PWM 频率就慢了一半，但是分辨率却是 1∶(80+80)=1∶160，提高了 1 倍。

假设 PWM 是单斜率，设定最高计数是 80，再设定一个比较值是 10，那么 T/C 从 0 计数到 10 时(这时计数器还是一直往上计数，直到计数到设定值 80)，单片机就会根据设定控制某个 I/O 口在此时是输出 1 还是输出 0 抑或是端口取反，这也就是 PWM 最基本的工作原理。

5.2.8 PWM 控制的基本原理

冲量相等而形状不同的窄脉冲加在具有惯性的环节上时，其效果基本相同。冲量指窄脉冲的面积。效果基本相同是指环节的输出响应波形基本相同。低频段非常接近，仅在高频段略有差异。

面积等效原理：分别将图 5.10 所示的电压窄脉冲加在一阶惯性环节(RL 电路)上，如图 5.11(a)所示。其输出电流 $i(t)$ 对不同窄脉冲时的响应波形如图 5.11(b)所示。从波形可以看出，在 $i(t)$ 的上升段，$i(t)$ 的形状也略有不同，但其下降段则几乎完全相同。脉冲越窄，各 $i(t)$ 响应波形的差异就越小。如果周期性地施加上述脉冲，则响应 $i(t)$ 也是周期性的。用傅里叶级数分解后将可看出，各 $i(t)$ 在低频段的特性将非常接近，仅在高频段有所不同。

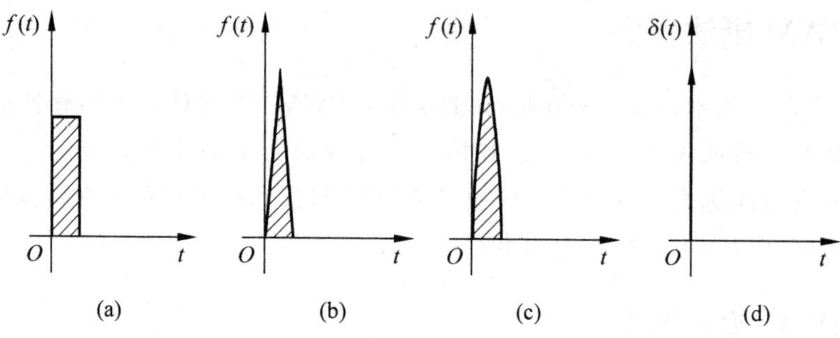

图 5.10　形状不同而冲量相同的各种窄脉冲

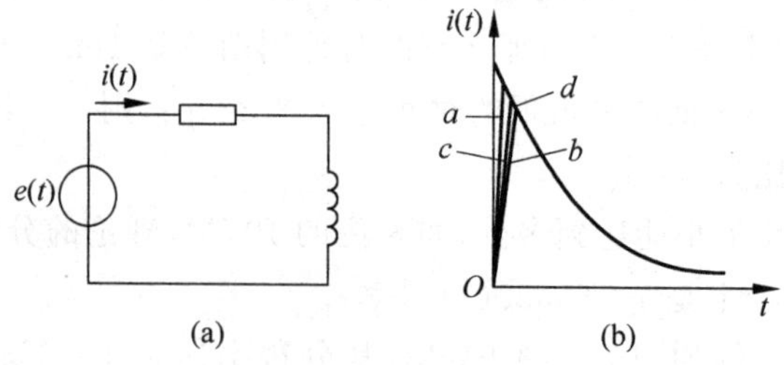

图 5.11　冲量相同的各种窄脉冲的响应波形

用一系列等幅不等宽的脉冲来代替一个正弦半波，正弦半波 N 等分，看成 N 个相连的脉冲序列，宽度相等但幅值不等；用矩形脉冲代替，等幅，不等宽，中点重合，面积(冲量)相等，宽度按正弦规律变化。SPWM 波形是指脉冲宽度按正弦规律变化而和正弦波等效的 PWM 波形。

要改变等效输出正弦波幅值，按同一比例改变各脉冲宽度即可，具体示意如图 5.12 所示。

PWM 波：电流型逆变电路进行 PWM 控制，得到的就是 PWM 电流波。PWM 波形可等效为各种波形，例如，可以通过直流斩波电路等效为直流波形。

SPWM 波：等效正弦波形，还可以等效成其他所需波形，例如，等效所需非正弦交流波形等，其基本原理和 SPWM 控制相同，也基于等效面积原理。

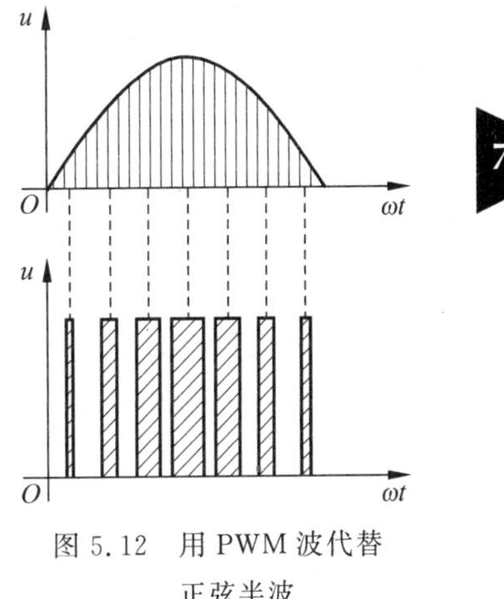

图 5.12　用 PWM 波代替正弦半波

随着电子技术的发展，出现了多种 PWM 技术，其中包括相电压控制 PWM、脉宽 PWM 法、随机 PWM 和 SPWM 法、线电压控制 PWM 等，本书介绍的是在镍氢电池智能充电器中采用的脉宽 PWM 法。它是把每一脉冲宽度均相等的脉冲列作为 PWM 波形，通过改变脉冲列的周期可以调频、改变脉冲的宽度或占空比可以调压，采用适当控制方法即可使电压与频率协调变化。可以通过调整 PWM 的周期、PWM 的占空比而达到控制充电电流的目的。

5.2.9　PWM 技术的具体应用

1. PWM 软件法控制充电电流

本方法的基本思想是利用单片机具有的 PWM 端口，在不改变 PWM 方波周期的前提下，通过软件的方法调整单片机的 PWM 控制寄存器来调整 PWM 的占空比，从而控制充电电流。

本方法所要求的单片机必须具有 ADC 端口和 PWM 端口，另外 ADC 的位数尽量高，单片机的工作速度尽量快。

在调整充电电流前，单片机先快速读取充电电流的大小，然后把设定的充电电流与实际读取到的充电电流进行比较。若实际电流偏小，则向增加充电电流的方向调整 PWM 的占空比；若实际电流偏大，则向减小充电电流的方向调整 PWM 的占空比。

在软件 PWM 的调整过程中，要注意 ADC 的读数偏差和电源工作电压等引入的纹波干扰，合理采用算术平均法等数字滤波技术。

2. 纯硬件 PWM 法控制充电电流

由于单片机的工作频率一般在 4MHz 左右，由单片机产生的 PWM 的工作频率是很低的，再加上单片机用 ADC 方式读取充电电流需要的时间，因此用软件 PWM 的方式调整充电电流的频率是比较低的。为了克服以上缺陷，可以采用外部高速 PWM 的方法来控制充电电流。现在智能充电器中采用的 PWM 控制芯片主要有 TL494 等，本 PWM 控制芯片的工作频率可以达到 300kHz 以上，外加阻容元件就可以实现对电池充电过程中的恒流限压作用，单片机只需用一个普通的 I/O 端口控制 TL494 使能即可。另外，也可以采用电压比较器替代 TL494，如 LM393 和 LM358 等。

3. 单片机PWM控制端口与硬件PWM融合

对于单纯硬件PWM的涓流充电的脉动问题,可以采用具有PWM端口的单片机,再结合外部PWM芯片即可解决涓流的脉动性问题。

在充电过程中可以这样控制充电电流:采用恒流大电流快速充电时,可以把单片机的PWM输出全部为高电平(PWM控制芯片高电平使能)或低电平(PWM控制芯片低电平使能);当进行涓流充电时,可以把单片机的PWM控制端口输出PWM信号,然后通过测试电流采样电阻上的压降来调整PWM的占空比,直到符合要求为止。

PWM一般选用电压控制型逆变器,是通过改变功率晶体管交替导通的时间改变逆变器输出波形的频率,改变每半周期内晶体管的通断时间比,即通过改变脉冲宽度来改变逆变器输出电压幅值的大小。

其整流部分与逆变部分基本对称。

5.2.10 模拟电路

模拟信号的值可以连续变化,其时间和幅度的分辨率都没有限制。9V电池就是一种模拟器件,因为它的输出电压并不精确地等于9V,而是随时间发生变化,并可取任何实数值。与此类似,从电池吸收的电流也不限定在一组可能的取值范围内。模拟信号与数字信号的区别在于后者的取值通常只能属于预先确定的可能取值集合之内,如在{0V,5V}集合中取值。

模拟电压和电流可直接用来进行控制,如对汽车收音机的音量进行控制。在简单的模拟收音机中,音量旋钮被连接到一个可变电阻。拧动旋钮时,电阻值变大或变小;流经这个电阻的电流也随之增加或减少,从而改变了驱动扬声器的电流值,使音量相应变大或变小。与收音机一样,模拟电路的输出与输入成线性比例。

尽管模拟控制看起来可能直观而简单,但它并不总是非常经济或可行。其中一点就是,模拟电路容易随时间漂移,因而难以调节。能够解决这个问题的精密模拟电路可能非常庞大、笨重(如老式的家庭立体声设备)和昂贵。模拟电路还有可能严重发热,其功耗相对于工作元件两端电压与电流的乘积成正比。模拟电路还可能对噪声很敏感,任何扰动或噪声都会改变电流值的大小。

5.2.11 数字控制

通过数字方式控制模拟电路,可以大幅度降低系统的成本和功耗。此外,许多微控制器和DSP已经在芯片上包含了PWM控制器,这使数字控制的实现变得更加容易了。

简而言之,PWM是一种对模拟信号电平进行数字编码的方法。通过高分辨率计数器的使用,方波的占空比被调制用来对一个具体模拟信号的电平进行编码。PWM信号仍然是数字的,因为在给定的任何时刻,满幅值的直流供电要么完全有(ON),要么完全无(OFF)。电压或电流源是以一种通(ON)或断(OFF)的重复脉冲序列被加到模拟负载上去的。通时即是直流供电被加到负载上的时候,断时即是供电被断开的时候。只要带宽足够,任何模拟值都可以使用 PWM 进行编码。

图 5.13 显示了 3 种不同的 PWM 信号。图 5.13(a)是一个占空比为 75%的 PWM 输出,即在信号周期中,75%的时间通,其余 25%的时间段。图 5.13(b)和图 5.13(c)显示的分别是占空比为 50%和 20%的 PWM 输出。这 3 种 PWM 输出编码分别是强度为满度值的 75%、50%和 20%这 3 种不同模拟信号值。例如,假设供电电源为 9V,占空比为 75%,则对应的是一个幅度为 6.75V 的模拟信号。

图 5.14 是一个可以使用 PWM 进行驱动的简单电路。图中使用 9V 电池给白炽灯泡供电。如果将连接电池和灯泡的开关闭合 50ms,灯泡在这段时间中将得到 9V 供电。如果在下一个 50ms 中将开关断开,灯泡得到的供电将为 0V。如果在 1s 内将此过程重复 10 次,灯泡将会点亮并像连接到了一个 4.5V 电池(9V 的 50%)上一样。这种情况下,占空比为 50%,调制频率为 10Hz。

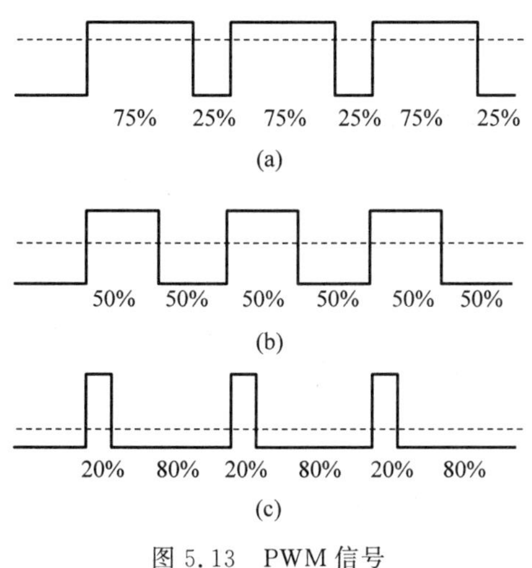

图 5.13　PWM 信号

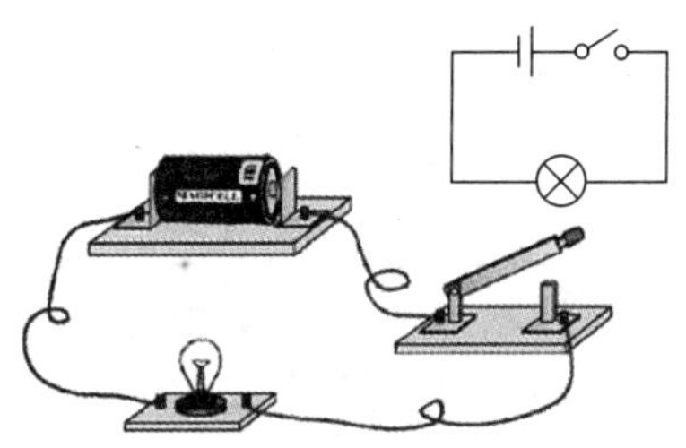
图 5.14　简单电路

大多数负载(无论是电感性负载还是电容性负载)需要的调制频率高于 10Hz。设想如果灯泡先接通 5s 再断开 5s,然后再接通、再断开……占空比仍然是 50%,但灯泡在头 5s 内将点亮,在下一个 5s 内将熄灭。要让灯泡取得 4.5V 电压的供电效果,通、断循环周期与负载对开关状态变化的响应时间相比必须足够短。要想取得调光灯(但保持点亮)的效果,必须提高调制频率。在其他 PWM 应用场合也有同样的要求。通常调制频率为 1~200kHz。

5.2.12　硬件控制器

许多微控制器内部都包含 PWM 控制器。例如,Microchip 公司的 PIC16C67 内含两个 PWM 控制器,每一个都可以选择接通时间和周期。占空比是接通时间与周期之比;调制频率为周期的倒数。执行 PWM 操作之前,这种微处理器要求在软件中完成以下工作。

(1) 设置提供调制方波的片上定时器/计数器的周期。

(2) 在PWM控制寄存器中设置接通时间。

(3) 设置PWM输出的方向，这个输出是一个通用I/O引脚。

(4) 启动定时器。

(5) 使能PWM控制器。

虽然具体的PWM控制器在编程细节上会有所不同，但它们的基本思想通常是相同的。

5.2.13 通信与控制

PWM的一个优点是从处理器到被控系统信号都是数字形式的，无须进行数模转换。让信号保持为数字形式可将噪声影响降到最小。噪声只有在强到足以将逻辑1改变为逻辑0或将逻辑0改变为逻辑1时，才能对数字信号产生影响。这也是在某些时候将PWM用于通信的主要原因。从模拟信号转向PWM可以极大地延长通信距离。在接收端，通过适当的RC或LC网络可以滤除调制高频方波并将信号还原为模拟形式。

PWM广泛应用在多种系统中。下面是一个具体的例子——用PWM控制的制动器。简单地说，制动器是紧夹住某种东西的一种装置。许多制动器使用模拟输入信号来控制夹紧压力(或制动功率)的大小。加在制动器上的电压或电流越大，制动器产生的压力就越大。

可以将PWM控制器的输出连接到电源与制动器之间的一个开关。要产生更大的制动功率，只需通过软件加大PWM输出的占空比即可。如果要产生一个特定大小的制动压力，需要通过测量来确定占空比和压力之间的数学关系(所得的公式或查找表经过变换可用于控制温度、表面磨损等)。

例如，假设要将制动器上的压力设定为100psi(1psi=6.895kPa)，软件将作一次反向查找，以确定产生这个大小的压力的占空比应该是多少。然后再将PWM占空比设置为这一新值，制动器就可以相应地作出响应了。如果系统中有一个传感器，则可以通过闭环控制来调节占空比，直到精确产生所需的压力。

总之，PWM既经济、节约空间，且抗噪性能又强，是一种值得广大工程师在许多设计应用中使用的有效技术。

5.3 程序编写

5.3.1 主程序

主程序如下。

```
static void UART_RX_ISR()
{
    /*首先要将传输过来的16位数据分两次存入对应的变量*/
    if(flag == 0)
    {
        /*第一次接收*/
```

```
        UART_ReadByte(HW_UART0, &low1);
    }
    if(flag == 1)
    {
        /*第二次接收*/
        UART_ReadByte(HW_UART0, &hign1);
    }
    if(flag == 2)
    {
        /*第三次接收*/
        UART_ReadByte(HW_UART0, &low2);
    }
    if(flag == 3)
    {
        /*第四次接收*/
        UART_ReadByte(HW_UART0, &high2);
        flag = 0;
        /*转换成对应的角速度和线速度*/
        linear_velocity = (high1 << 8) | low1;
        angular_velocity = (high2 << 8) | low2;
    }
    flag++;
}

int main(void)
{
    Uint8_t low1;
    Uint8_t low2;
    Uint8_t high1;
    Uint8_t high2;
    Uint16_t linear_velocity;
    Uint16_t angular_velocity;
    /*延时初始化函数*/
    DelayInit();
    /*快速初始化一个 GPIO 引脚 实际上是 GPIO_Init 的最简单配置*/
    GPIO_QuickInit(HW_GPIOE, 6, kGPIO_Mode_OPP);
    /*串口快速化配置函数*/
    UART_QuickInit(UART0_RX_PD06_TX_PD07 , 115200);
    /*注册接收中断回调函数*/
    UART_CallbackRxInstall(HW_UART0, UART_RX_ISR);
    /*配置 UART 模块的中断或 DMA 属性*/
    UART_ITDMAConfig(HW_UART0, kUART_IT_Rx, true);
    /*快速配置初始化 FTM 模块实现 PWM 功能*/
    FTM_PWM_QuickInit(FTM0_CH3_PA06, kPWM_EdgeAligned, 5000);
    /*快速配置初始化 FTM 模块实现 PWM 功能*/
    FTM_PWM_QuickInit(FTM1_CH0_PA08, kPWM_EdgeAligned, 5000);
    while(1)
        {
        /*更改指定引脚的 PWM 波形占空比*/
```

```
        FTM_PWM_ChangeDuty(HW_FTM0, HW_FTM_CH3, linear_velocity);
        /*更改指定引脚的PWM波形占空比*/
        FTM_PWM_ChangeDuty(HW_FTM1, HW_FTM_CH0, angular_velocity);
    }
}
```

以上是主函数中全部的接收及控制代码。

首先进行一系列的初始化,包括延时初始化、GPIO引脚初始化、串口初始化、串口中断函数初始化及PWM初始化。

主控计算机通过串口向驱动板发送两个16位数据,由于串口协议的规定,计算机在发送完一个字节后,会接着发送第二个字节,同时第二个字节也是按串口标准发送的,也就是起始位、数据位、校验位、结束位。因此,需要在中断函数中将接收到的数据进行简单的处理,使之变成对应的角速度及线速度。然后,在while循环中需要将得到的加速度和线速度分别生成对应的PWM波,分别用于控制电机及舵机。

5.3.2 UART接收程序

串口接收程序如下。

```
/**
 * @brief UART接收一个字节
 * @note 非阻塞式接收 立即返回
 * @code
 *     //接收UART0模块的数据
 *     uint8_t data;                                 //申请变量,存储接收的数据
 *     UART_ReadByte(HW_UART0, &data);
 * @endcode
 * @param[in] instance      芯片串口端口
 *                  @arg HW_UART0 芯片的UART0端口
 *                  @arg HW_UART1 芯片的UART1端口
 *                  @arg HW_UART2 芯片的UART2端口
 *                  @arg HW_UART3 芯片的UART3端口
 *                  @arg HW_UART4 芯片的UART4端口
 *                  @arg HW_UART5 芯片的UART5端口
 * \attention 具体的UART资源依芯片不同而不同,可参见相应的引脚复用说明
 * @param[in] ch 接收到的数据指针
 * @retval 0        成功接收到数据
 * \retval 非0      没有接收到数据
 */
uint8_t UART_ReadByte(uint32_t instance, uint16_t *ch)
{
    uint8_t temp = 0;
    if((UARTBase[instance]->S1 & UART_S1_RDRF_MASK) != 0)
    {
        /* get ninth bit */
        temp = (UARTBase[instance]->C3 & UART_C3_R8_MASK) >> UART_C3_R8_SHIFT;
        *ch = temp << 8;
```

```
        * ch | = (uint8_t)(UARTBase[instance] -> D);
        return 0;
    }
    return 1;
}
```

5.3.3 延时初始化程序

延时初始化程序如下。

```
/**
 * @brief 延时初始化函数
 * @code
 *   //完成延时初始化配置,
 *   //使用内核的 Systick 模块实现延时功能
 *   DelayInit();
 * @endcode
 * @retval None
 */
#pragma weak DelayInit
void DelayInit(void)
{
    DWT_DelayInit();
}
```

5.3.4 GPIO 快速初始化程序

GPIO 快速初始化程序如下。

```
/**
 * @brief 快速初始化一个 GPIO 引脚,实际上是 GPIO_Init 的最简单配置
 * @code
 *     //初始化配置 PORTB 端口的 10 引脚为推挽输出引脚
 *     GPIO_QuickInit(HW_GPIOB, 10, kGPIO_Mode_OPP);
 * @endcode
 * @param[in] instance GPIO 模块号
 *              @arg HW_GPIOA 芯片的 PORTA 端口
 *              @arg HW_GPIOB 芯片的 PORTB 端口
 *              @arg HW_GPIOC 芯片的 PORTC 端口
 *              @arg HW_GPIOD 芯片的 PORTD 端口
 *              @arg HW_GPIOE 芯片的 PORTE 端口
 * @param[in] pinx 端口上的引脚号 0~31
 * @param[in] mode 引脚工作模式
 *              @arg kGPIO_Mode_IFT 悬空输入
 *              @arg kGPIO_Mode_IPD 下拉输入
 *              @arg kGPIO_Mode_IPU 上拉输入
 *              @arg kGPIO_Mode_OOD 开漏输出
 *              @arg kGPIO_Mode_OPP 推挽输出
```

```
 * @retval instance GPIO 模块号
 */
uint8_t GPIO_QuickInit(uint32_t instance, uint32_t pinx, GPIO_Mode_Type mode)
{
    GPIO_InitTypeDef GPIO_InitStruct1;
    GPIO_InitStruct1.instance = instance;
    GPIO_InitStruct1.mode = mode;
    GPIO_InitStruct1.pinx = pinx;
    GPIO_Init(&GPIO_InitStruct1);
    return instance;
}
```

5.3.5 串口快速配置程序

串口配置程序如下。

```
/**
 * @brief 串口快速化配置函数
 * @code
 *     //初始化 UART4 属性: 115200-N-8-N-1, Tx:PC15 Rx:PC14
 *     UART_QuickInit(UART4_RX_PC14_TX_PC15, 115200);
 * @endcode
 * @param[in] MAP  串口引脚配置缩略图,详见 uart.h
 * \note       例如 UART1_RX_PE01_TX_PE00,使用串口 1 的 PTE1/PTE0 引脚
 * @param[in] baudrate 波特率 9600 115200...
 * @retval UART 模块号
 */
uint8_t UART_QuickInit(uint32_t MAP, uint32_t baudrate)
{
    uint8_t i;
    UART_InitTypeDef Init;
    map_t * pq = (map_t *)&(MAP);
    Init.baudrate = baudrate;
    Init.instance = pq->ip;
    Init.parityMode = kUART_ParityDisabled;
    Init.bitPerChar = kUART_8BitsPerChar;
    /* init pinmux */
    for(i = 0; i < pq->pin_cnt; i++)
    {
        PORT_PinMuxConfig(pq->io, pq->pin_start + i, (PORT_PinMux_Type) pq->mux);
    }

    /* init UART */
    UART_Init(&Init);
    /* default: disable hardware buffer */
    UART_EnableTxFIFO(pq->ip, false);
    UART_EnableRxFIFO(pq->ip, false);
    return pq->ip;
}
```

5.3.6　注册接收中断回调程序

注册接收中断回调程序如下。

```
/**
 * @brief 注册接收中断回调函数
 * @param[in] instance        芯片串口端口
 *               @arg HW_UART0 芯片的 UART0 端口
 *               @arg HW_UART1 芯片的 UART1 端口
 *               @arg HW_UART2 芯片的 UART2 端口
 *               @arg HW_UART3 芯片的 UART3 端口
 *               @arg HW_UART4 芯片的 UART4 端口
 *               @arg HW_UART5 芯片的 UART5 端口
 * \attention 具体的 UART 资源依芯片而不同,请参见相应的引脚复用说明
 * @param[in] AppCBFun 回调函数指针入口
 * @retval None
 * @note 对于此函数的具体应用请查阅应用实例
 */
void UART_CallbackRxInstall(uint32_t instance, UART_CallBackRxType AppCBFun)
{

    IP_CLK_ENABLE(instance);

    if(AppCBFun != NULL)
    {
        UART_CallBackRxTable[instance] = AppCBFun;
    }
}
```

5.3.7　配置 UART 模块的中断或 DMA 属性

配置 UART 中断程序如下。

```
/**
 * @brief 配置 UART 模块的中断或 DMA 属性
 * @code
 *   //配置 UART0 模块开启接收中断功能
 *   UART_ITDMAConfig(HW_UART0, kUART_IT_Rx, true);
 * @endcode
 * @param[in] instance         芯片串口端口
 *               @arg HW_UART0 芯片的 UART0 端口
 *               @arg HW_UART1 芯片的 UART1 端口
 *               @arg HW_UART2 芯片的 UART2 端口
 *               @arg HW_UART3 芯片的 UART3 端口
 *               @arg HW_UART4 芯片的 UART4 端口
 *               @arg HW_UART5 芯片的 UART5 端口
 * \attention 具体的 UART 资源依芯片不同而不同,可参见相应的引脚复用说明
 * @param[in] status       使能开关
```

```
 *              \arg 0 disable
 *              \arg 1 enable
 * @param[in] config 工作模式选择
 *              @arg kUART_IT_Tx
 *              @arg kUART_DMA_Tx
 *              @arg kUART_IT_Rx
 *              @arg kUART_DMA_Rx
 * @retval None
 */
void UART_ITDMAConfig(uint32_t instance, UART_ITDMAConfig_Type config, bool status)
{
    IP_CLK_ENABLE(instance);
    switch(config)
    {
        case kUART_IT_Tx:
            (status)?
            (UARTBase[instance]->C2 |= UART_C2_TIE_MASK):
            (UARTBase[instance]->C2 &= ~UART_C2_TIE_MASK);
            NVIC_EnableIRQ(UART_IRQnTable[instance]);
            break;
        case kUART_IT_Rx:
            (status)?
            (UARTBase[instance]->C2 |= UART_C2_RIE_MASK):
            (UARTBase[instance]->C2 &= ~UART_C2_RIE_MASK);
            NVIC_EnableIRQ(UART_IRQnTable[instance]);
            break;
        case kUART_DMA_Tx:
            (status)?
            (UARTBase[instance]->C2 |= UART_C2_TIE_MASK):
            (UARTBase[instance]->C2 &= ~UART_C2_TIE_MASK);
            (status)?
            (UARTBase[instance]->C5 |= UART_C5_TDMAS_MASK):
            (UARTBase[instance]->C5 &= ~UART_C5_TDMAS_MASK);
            break;
        case kUART_DMA_Rx:
            (status)?
            (UARTBase[instance]->C2 |= UART_C2_RIE_MASK):
            (UARTBase[instance]->C2 &= ~UART_C2_RIE_MASK);
            (status)?
            (UARTBase[instance]->C5 |= UART_C5_RDMAS_MASK):
            (UARTBase[instance]->C5 &= ~UART_C5_RDMAS_MASK);
            break;
        case kUART_IT_IdleLine:
            (status)?
            (UARTBase[instance]->C2 |= UART_C2_ILIE_MASK):
            (UARTBase[instance]->C2 &= ~UART_C2_ILIE_MASK);
            NVIC_EnableIRQ(UART_IRQnTable[instance]);
            break;
        default:
```

```
            break;
        }
    }
```

5.3.8 快速配置初始化 FTM 模块实现 PWM 功能

FTM 模块初始化和 PWM 实现程序如下：

```
/* 可用的 FTM 通道有: */
/*
FTM0_CH4_PB12
FTM0_CH5_PB13
FTM0_CH5_PA00
FTM0_CH6_PA01
FTM0_CH7_PA02
FTM0_CH0_PA03
FTM0_CH1_PA04
FTM0_CH2_PA05
FTM0_CH3_PA06
FTM0_CH4_PA07
FTM0_CH0_PC01
FTM0_CH1_PC02
FTM0_CH2_PC03
FTM0_CH3_PC04
FTM0_CH4_PD04
FTM0_CH5_PD05
FTM0_CH6_PD06
FTM0_CH7_PD07
FTM1_CH0_PB12
FTM1_CH1_PB13
FTM1_CH0_PA08
FTM1_CH1_PA09
FTM1_CH0_PA12
FTM1_CH1_PA13
FTM1_CH0_PB00
FTM1_CH1_PB01
FTM2_CH0_PA10
FTM2_CH1_PA11
FTM2_CH0_PB18
FTM2_CH1_PB19
 */
/**
 * @brief 快速配置初始化 FTM 模块实现 PWM 功能
 * @code
 *     //设置 FTM0 模块的 3 通道在 PTA6 引脚中产生 1000Hz 的 PWM 波形,默认 50% 占空比
 *     FTM_PWM_QuickInit(FTM0_CH3_PA06, kPWM_EdgeAligned, 1000);
 * @endcode
 * @param[in] MAP FTM 工作在 PWM 模式下的编码,详见 ftm.h 文件
 * \param[in] mode PWM 波形输出模式
```

```
 *              \arg kPWM_EdgeAligned 边沿对齐 最常用
 *              \arg kPWM_Combine 组合模式
 *              \arg kPWM_Complementary 互补模式 类似组合模式 但是 Chl(n) 和 Chl(n+1) 是
                 互补输出
 * @param[in] req FTM 工作频率设置
 * @retval None
 */
uint8_t FTM_PWM_QuickInit(uint32_t MAP, FTM_PWM_Mode_Type mode, uint32_t req)
{
    uint8_t i;
    uint32_t modulo;
    uint32_t clock;
    int32_t pres;
    uint8_t ps = 0;
    map_t * pq = (map_t * )&(MAP);
    /* init pinmux */
    for(i = 0; i < pq->pin_cnt; i++)
    {
        PORT_PinMuxConfig(pq->io, pq->pin_start + i, (PORT_PinMux_Type) pq->mux);
    }
    /* calc req and ps */
    uint32_t min_val = 0xFFFF;
    /* cal ps */
    clock = GetClock(kBusClock);
    pres = (clock/req)/FTM_MOD_MOD_MASK;
    if((clock/req)/pres > FTM_MOD_MOD_MASK)
    {
        pres++;
    }
    for(i = 0; i < 7; i++)
    {
        if((ABS(pres - (1 << i))) < min_val)
        {
            ps = i;
            min_val = ABS(pres - (1 << i));
        }
    }
    if(pres > (1 << ps)) ps++;
    if(ps > 7) ps = 7;
    modulo = ((clock/(1 << ps))/req) - 1;
    LIB_TRACE("FTM PWM input frequency: %dHz\r\n", req);
    LIB_TRACE("FTM PWM input clk: %d\r\n", clock);
    LIB_TRACE("FTM PWM ps: %d\r\n", pres);
    LIB_TRACE("FTM PWM modulo: %d\r\n", modulo);
    _FTM_InitBasic(pq->ip, modulo, (FTM_ClockDiv_Type)ps);
    /* set FTM mode */
    switch(mode)
    {
        case kPWM_EdgeAligned:
```

```
            FTM_SetMode(pq->ip, pq->chl, kFTM_Mode_EdgeAligned);
            break;
        case kPWM_Combine:
            FTM_SetMode(pq->ip, pq->chl, kFTM_Mode_Combine);
            break;
        case kPWM_Complementary:
            FTM_SetMode(pq->ip, pq->chl, kFTM_Mode_Complementary);
            break;
        default:
            LIB_TRACE("error in FTM_PWM_Init\r\n");
            break;
    }
    /* set duty to 50% */
    FTM_PWM_ChangeDuty(pq->ip, pq->chl, 5000);

    /* set FTM clock to system clock */
    FTM_InstanceTable[pq->ip]->SC &= ~FTM_SC_CLKS_MASK;
    FTM_InstanceTable[pq->ip]->SC |= FTM_SC_CLKS(1);

    /* set ps, this must be done after set modulo */
    FTM_InstanceTable[pq->ip]->SC &= ~FTM_SC_PS_MASK;
    FTM_InstanceTable[pq->ip]->SC |= FTM_SC_PS(ps);

    return pq->ip;
}
```

5.3.9　更改指定引脚的 PWM 波形占空比

更改指定引脚 PWM 波形占空比对应程序如下。

```
/**
 * @brief 更改指定引脚的 PWM 波形占空比
 * @code
 *     //设置 FTM0 模块的 3 通道的 PWM 波形占空比为 50%
 *     FTM_PWM_ChangeDuty(HW_FTM0, HW_FTM_CH3, 5000);
 * @endcode
 * @param[in] instance     模块号
 *              \arg HW_FTM0 FTM0 模块
 *              \arg HW_FTM1 FTM1 模块
 *              \arg HW_FTM2 FTM2 模块
 *              \arg HW_FTM3 FTM3 模块
 * \attention instance 的可输入的参数视不同芯片而定,如 K60 没有 FTM3 模块
 * @param[in] chl           通道
 *              \arg HW_FTM_CH0 通道 0
 *              \arg HW_FTM_CH1 通道 1
 *              \arg HW_FTM_CH2 通道 2
 *              \arg HW_FTM_CH3 通道 3
 *              \arg HW_FTM_CH4 通道 4
 *              \arg HW_FTM_CH5 通道 5
```

```
*               \arg HW_FTM_CH6 通道 6
*               \arg HW_FTM_CH7 通道 7
* \attention chl 的可输入的参数视不同芯片而定,如 FTM1 模块就没有通道 7
* @param pwmDuty        占空比 = pwmDuty/10000 * 100%
* @retval None
*/
void FTM_PWM_ChangeDuty(uint32_t instance, uint8_t chl, uint32_t pwmDuty)
{
    uint32_t cv = ((FTM_InstanceTable[instance] -> MOD) * pwmDuty) / 10000;
    /* combine mode */
    if(FTM_InstanceTable[instance] -> COMBINE & (FTM_COMBINE_COMBINE0_MASK|FTM_COMBINE_
COMBINE1_MASK|FTM_COMBINE_COMBINE2_MASK|FTM_COMBINE_COMBINE3_MASK))
    {
        if(chl%2)
        {
            FTM_InstanceTable[instance] -> CONTROLS[chl - 1].CnV = 0;
            FTM_InstanceTable[instance] -> CONTROLS[chl].CnV = cv;
        }
        else
        {
            FTM_InstanceTable[instance] -> CONTROLS[chl].CnV = 0;
            FTM_InstanceTable[instance] -> CONTROLS[chl + 1].CnV = cv;
        }
        FTM_InstanceTable[instance] -> PWMLOAD = 0xFFFFFFFF;
    }
    else
    {
        /* single chl */
        FTM_InstanceTable[instance] -> CONTROLS[chl].CnV = cv;
    }
}
```

第6章 ROS基本知识

6.1 ROS 简介

6.1.1 ROS 概况

机器人是一个系统工程，它涉及机械、电子、控制、通信、软件等诸多学科。以前，开发一个机器人需要花费很大的工夫，需要设计机械、画电路板、写驱动程序、设计通信架构、组装集成、调试以及编写各种感知决策和控制算法，每一个任务都需要花费大量的时间。仅靠一个人的力量造出一个机器人是不可能的。随着技术进步，机器人产业分工开始走向细致化、多层次化，如今的电机、底盘、激光雷达、摄像头、机械臂等元器件都有不同厂家专门生产。社会分工加速了机器人行业的发展，而各个部件的集成就需要一个统一的软件平台，在机器人领域，这个平台就是机器人操作系统（robot operating system，ROS）。ROS 致力于机器人的代码复用，这样每次研发新的机器人时，研发人员应用不同代码库中的代码，再完善，并再次分享，可以集中精力做更多的事情。

ROS 是用于编写机器人软件程序的一种具有高度灵活性的软件架构。它包含了大量工具软件、库代码和约定协议，旨在简化跨机器人平台创建复杂、鲁棒的机器人行为这一过程的难度与复杂度。ROS 设计者将 ROS 表述为 ROS＝Plumbing＋Tools＋Capabilities＋Ecosystem，即 ROS 是通信机制、工具软件包、机器人高层技能以及机器人生态系统的集合体。

ROS 提供了一个标准的操作系统环境，包括硬件抽象、底层设备控制、通用功能实现、进程间消息转发和功能包管理等。它将多路复用传感器、控制器、运动状态、规划目标、执行机构及其他设备全部抽象成节点（node），并能对各个节点进程间消息的发生和接受的处理过程通过节点状态图展示。它的各种库都是面向类 Unix 系统的（ROS 主要支持 Ubuntu Linux，而其他系统如 Fedora 和 Mac OS X 则是实验性质的）。*-ros-pkg 包主要作为开发高级库的基础软件源，其很多功能是和 ROS 系统绑定的，如导航库和 RViz 可视化界面都基于这个源。其中的一些库包含很多强大的工具，可以帮助研发人员方便使用 ROS 并了解机器人的实时状态。其中，可视化工具、仿真环境和调试工具是最重要的。

ROS 是一个使用 BSD（berkeley software distribution）开源协议的开源软件。无论是商业应用还是科学研究，它都是免费的。*-rosy-pkg 包受到了多个开源协议的限制。

6.1.2 ROS的历史

ROS是一个由来已久、贡献者众多的大型软件项目。在ROS诞生之前,很多学者认为,机器人研究需要一个开放式的协作框架,并且已经有不少类似的项目致力于实现这样的框架。在这些工作中,斯坦福大学开展了一系列相关研究项目,如斯坦福人工智能机器人(Stanford AI robot,STAIR)项目、个人机器人(personal robots,PR)项目等,上述项目在研究具有代表性、集成式人工智能系统的过程中,创立了用于室内场景的高灵活性、动态软件系统,可以用于机器人学研究。2007年,机器人公司Willow Garage和斯坦福大学人工智能实验室合作,提供了大量资源进一步扩展了这些概念,经过具体的研究测试实现之后,无数的研究人员将他们的专业性研究贡献到ROS核心概念及其基础软件包,这期间积累了众多的科学研究成果。ROS软件的开发自始至终采用开放的BSD协议,在机器人技术研究领域逐渐成为一个被广泛使用的平台。

Willow Garage公司和斯坦福大学人工智能实验室合作以后,在2009年初推出了ROS 0.4,这是一个测试版的ROS,现在所用的系统框架在这个版本中已经初具雏形。之后的版本正式开启了ROS的发展成熟之路。

ROS的发展逐渐趋于成熟,近年来随着Ubuntu的更新而更新,这说明ROS已经初步进入一种稳定的发展阶段,每年进行一次更新的频率同时保留着长期支持的版本,这使得ROS在稳步发展的同时,也有着开拓创新的方向。目前越来越多的机器人、无人机甚至无人车开始采用ROS作为开发平台。

2018年,ROS2 1.0版发布,未来ROS2将如何影响机器人领域,我们拭目以待。相信在人工智能的大发展、人机交互越来越密切、互联网+的大时代,ROS会发挥出越来越重要的作用。

现在已经有很多家研究机构通过增加ROS支持的硬件或开放软件源代码的方式加入ROS系统的开发中。同样,也有很多家公司将其产品逐步进行软件迁移,并在ROS系统中应用。这些平台往往会开放大量的代码、示例和仿真环境,以便开发人员轻松地开展工作。

6.1.3 ROS主要发行版本

ROS的发行版本(ROS distribution)指ROS软件包的版本,其与Linux的发行版本(如Ubuntu)的概念类似。推出ROS发行版本的目的在于使开发人员可以使用相对稳定的代码库,直到其准备好将所有内容进行版本升级为止。因此,每个发行版本推出后,ROS开发者通常仅对这一版本的漏洞进行修复,同时提供少量针对核心软件包的改进。

6.1.4 ROS的特点

1. 分布式点对点

ROS采用了分布式的框架,通过点对点的设计让机器人的进程可以分别运行,便于模块化的修改和定制，提高了系统的容错能力。

2. 多种语言支持

ROS 支持多种编程语言，如 C++、Python 已经在 ROS 中实现编译，是目前应用最广泛的 ROS 开发语言，Lisp、C#、Java 等语言的测试库也已经实现。为了支持多语言编程，ROS 采用了一种语言中立的接口定义语言来实现各模块之间的消息传送。通俗的理解就是，ROS 的通信格式与用哪种编程语言来写无关，它使用的是自身定义的一套通信接口。

3. 开源社区

ROS 具有一个庞大的社区 ROS WIKI(http://wiki.ros.org/)，这个网站将会始终伴随着 ROS 的开发，无论是查阅功能包的参数还是搜索问题。当前使用 ROS 开发的软件包已经达到数千万个，相关的机器人已经多达上千款。此外，ROS 遵从 BSD 协议，对个人和商业应用及修改完全免费，这也促进了 ROS 的流行。

ROS 的优点：提供框架、工具和功能，方便移植，庞大的用户群体，免费开源。

ROS 的缺点：通信实时性能有限，系统稳定性尚不满足工业级要求，安全性上没有防护措施，仅支持 Linux(Ubuntu)。

总体来说，ROS 更适合科研和开源用户使用，如果在工业场景应用(如无人驾驶)，还需要做优化和定制。为了解决实际应用的问题，ROS 2.0 做了很大的改进，目前正在开发之中，未来表现如何值得期待。

6.1.5　ROS 的功能

ROS 提供一些标准操作系统服务，如硬件抽象、底层设备控制、通用功能实现、进程间消息转发及功能包管理。ROS 是一种图形架构的系统，从而不同节点的进程能接收、发布、聚合各种信息(如传感、控制、状态、规划等)。

ROS 可以分成两层：底层是上面描述的操作系统层；上层则是广大用户群贡献的实现不同功能的各种软件包，如定位绘图、行动规划、感知、模拟等。

6.2　ROS 安装

6.2.1　创建新的虚拟机并安装 Ubuntu 操作系统

Ubuntu 是一款以桌面应用为主的 Linux 操作系统。Ubuntu 适用于笔记本电脑、PC 和服务器，特别是为桌面用户提供尽善尽美的使用体验。Ubuntu 几乎包含所有常用的应用软件，如文字处理、电子邮件、软件开发工具和 Web 服务等。用户下载、使用、分享 Ubuntu 系统，以及获得技术支持与服务，无须支付任何许可费用。从前人们认为 Linux 难以安装和使用，在 Ubuntu 出现后这些都成为了历史。Ubuntu 也拥有庞大的社区力量，用户可以方便地从社区获得帮助。Ubuntu 提供了一个健壮、功能丰富的计算环境，既适合家庭使用又适用于商业环境。Ubuntu 社区承诺每 6 个月发布一个新版本，以提供最新、最强大的软件。

本书使用的是 ROS Kinetic 版本，对应安装的是 Ubuntu 16.04 操作系统。安装之前需要下载 ubuntu-16.04.6-desktop-amd64 光盘映像文件，如图 6.1 所示。

（1）单击“创建新的虚拟机”按钮，如图 6.2 所示。

图 6.1 ubuntu-16.04.6-desktop-amd64 光盘映像文件

图 6.2 创建新的虚拟机

（2）配置虚拟机类型，选中“自定义”单选按钮后，单击“下一步”按钮，如图 6.3 所示。

（3）虚拟机硬件兼容性使用默认选项，单击“下一步”按钮，如图 6.4 所示。

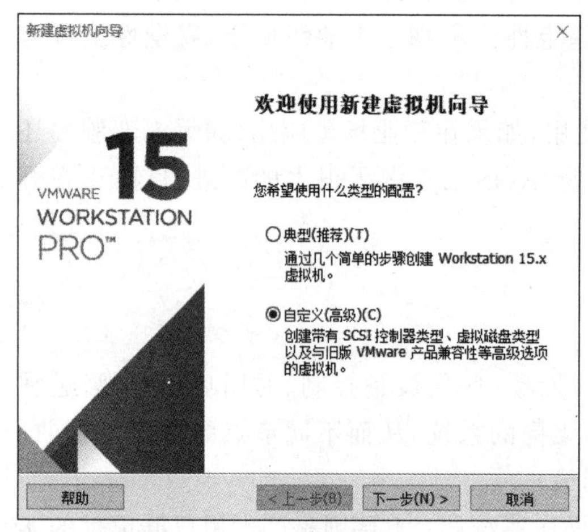

图 6.3 虚拟机配置设置

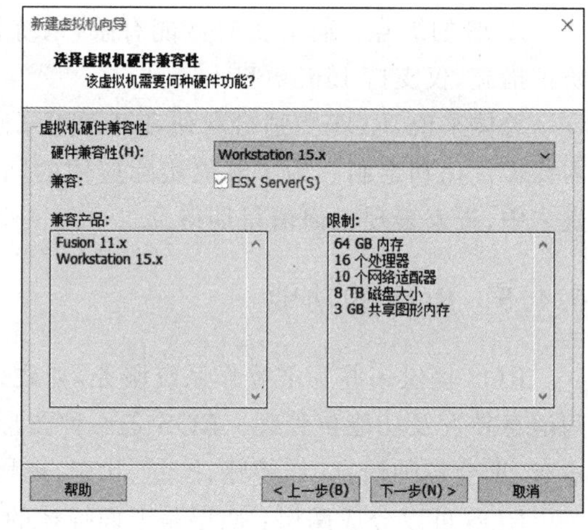

图 6.4 虚拟机兼容设置

（4）安装客户机操作系统，选中“稍后安装操作系统”单选按钮，单击“下一步”按钮，如图 6.5 所示。

（5）安装客户机操作系统。选中 Linux(L)单选按钮，“版本”选择“Ubuntu 64 位”，单击“下一步”按钮，如图 6.6 所示。

（6）给虚拟机命名并选择保存位置。然后单击“下一步”按钮，如图 6.7 所示。

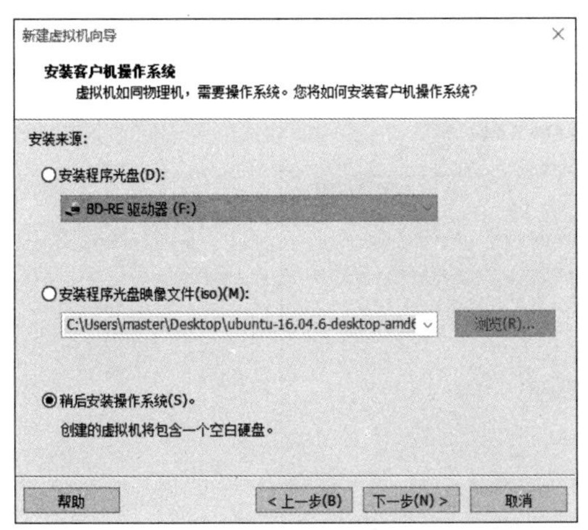

图 6.5　选择安装客户机操作系统来源

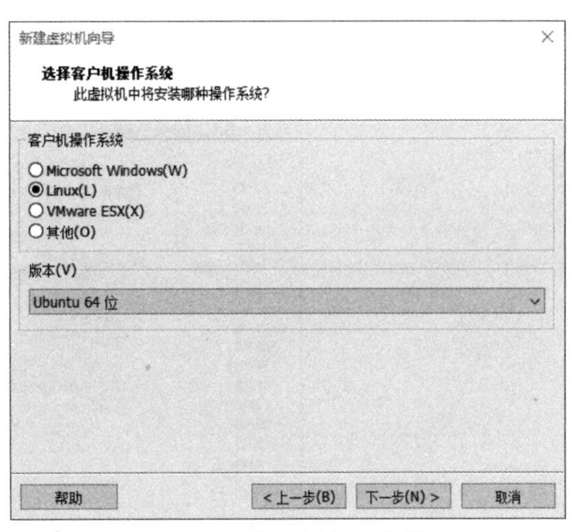

图 6.6　客户机操作系统设置

(7) 设置虚拟机处理器配置。“处理器数量”选择 2,“每个处理器的内核数量”选择 2,然后单击“下一步”按钮,如图 6.8 所示。

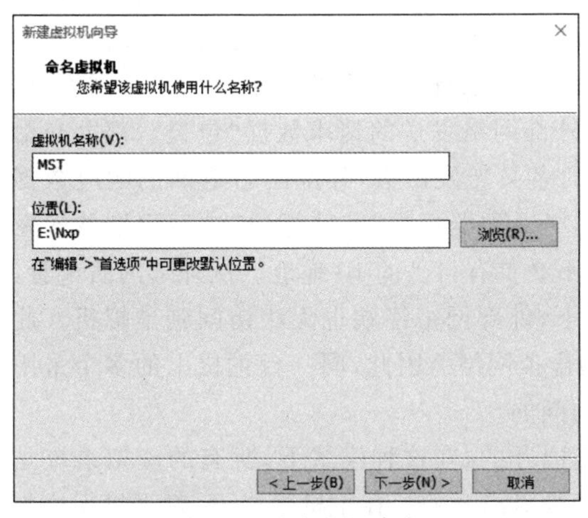

图 6.7　给虚拟机命名

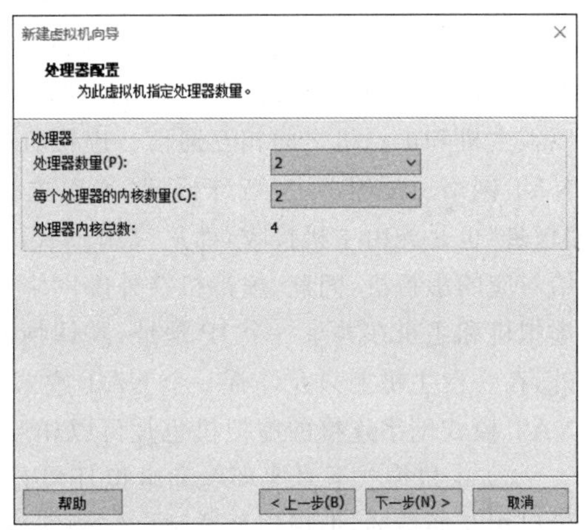

图 6.8　处理器配置设置

(8) 设置虚拟机内存。根据使用计算机的内存选择合适的虚拟机内存,此处选择 4GB 的虚拟机内存(注意:选择虚拟机内存大小必须是 4MB 的倍数),然后单击“下一步”按钮,如图 6.9 所示。

(9) 设置网络类型。下面先介绍 3 种网络类型及其特点。

① 在桥接模式下 VMware 虚拟出来的操作系统就像是局域网中的一台独立主机(主机和虚拟机处于对等地位),它可以访问网内任何一台机器。在桥接模式下,往往需要为虚拟主机配置 IP 地址、子网掩码等(注意虚拟主机的 IP 地址要和主机 IP 地址在同一网段)。使用桥接模式的虚拟系统和主机的关系,就如同连接在一个集线器上的两台计算机,要让它们通信就需要为虚拟系统配置 IP 地址和子网掩码。如果需要在局域网内建立一个虚拟服务器,并为局域网用户提供服务,就要选择桥接模式。但像进行种种网络实验

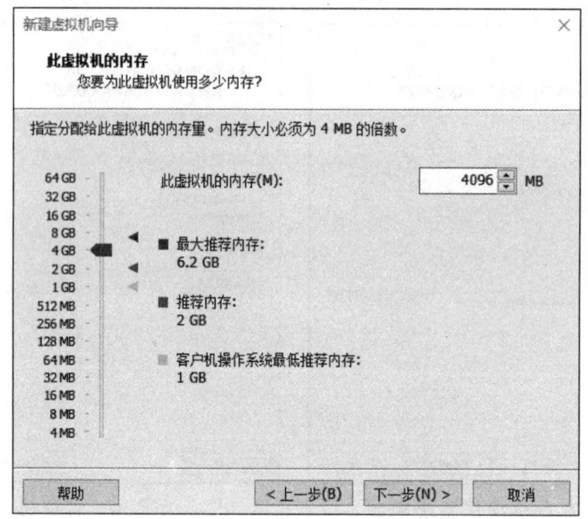

图 6.9　虚拟机内存设置

这种模式是不太适合的，因为无法对虚拟机的网络进行控制。

② NAT(network address translation)，网络地址转换模式。使用 NAT 模式虚拟系统可把物理主机作为路由器访问互联网，NAT 模式也是 VMware 创建虚拟机的默认网络连接模式。使用 NAT 模式网络连接时，VMware 会在主机上建立单独的专用网络，用以在主机和虚拟机之间相互通信。虚拟机向外部网络发送的请求数据“包裹”，都会交由 NAT 网络适配器加上“特殊标记”并以主机的名义转发出去，外部网络返回的响应数据“包裹”也是先由主机接收，然后交由 NAT 网络适配器根据“特殊标记”进行识别并转发给对应的虚拟机，因此，虚拟机在外部网络中不必具有自己的 IP 地址。从外部网络来看，虚拟机和主机在共享一个 IP 地址，默认情况下，外部网络终端也无法访问到虚拟机。此外，在一台主机上只允许有一个 NAT 模式的虚拟网络。因此，同一台主机上的多个采用 NAT 模式网络连接的虚拟机也是可以相互访问的。

③ 主机模式下真实环境和虚拟环境是隔离开的，在这种模式下，所有的虚拟系统是可以相互通信的，但虚拟系统和真实的网络是被隔离开的。在主机模式下，物理机无法与虚拟机建立通信，只能在虚拟机与虚拟机之间互相通信。

这里选中“使用网络地址转换(NAT)”单选按钮，然后单击“下一步”按钮，如图 6.10 所示。

(10) 在“I/O 控制器类型”中选中 LSI Logic 单选按钮，然后单击“下一步”按钮，如图 6.11 所示。

(11) 在“虚拟磁盘类型”中选中 SCSI 单选按钮，然后单击“下一步”按钮，如图 6.12 所示。

(12) 在“磁盘”中选中“创建新虚拟磁盘”单选按钮，然后单击“下一步”按钮，如图 6.13 所示。

(13) 磁盘容量设置为 80GB，并选中“将虚拟磁盘存储为单个文件”单选按钮，然后单击“下一步”按钮，如图 6.14 所示。

(14) 指定磁盘文件存储位置，然后单击“下一步”按钮，如图 6.15 所示。

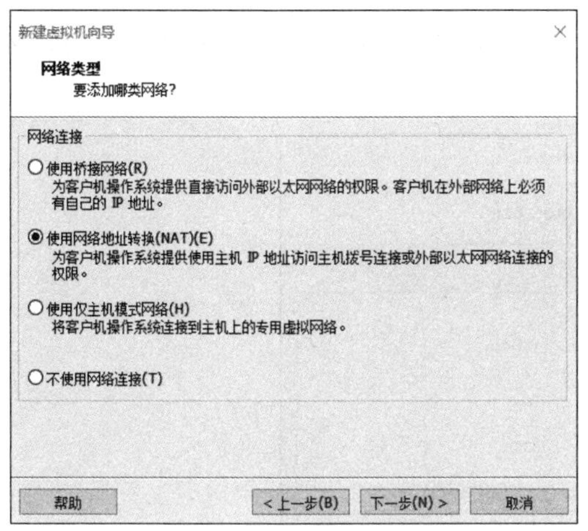

图 6.10 网络类型设置

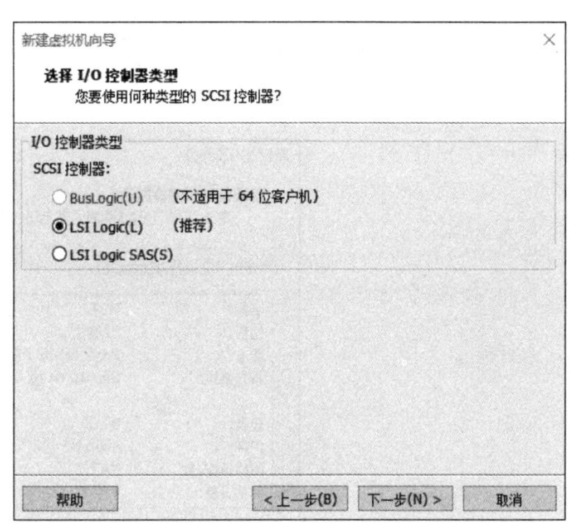

图 6.11 I/O 控制器设置

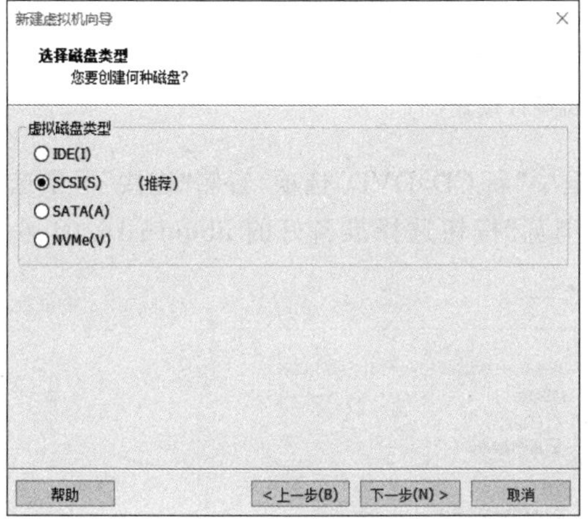

图 6.12 磁盘类型设置

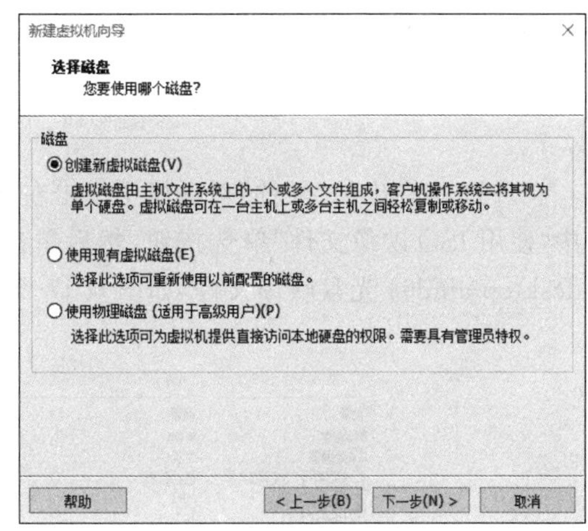

图 6.13 虚拟磁盘设置

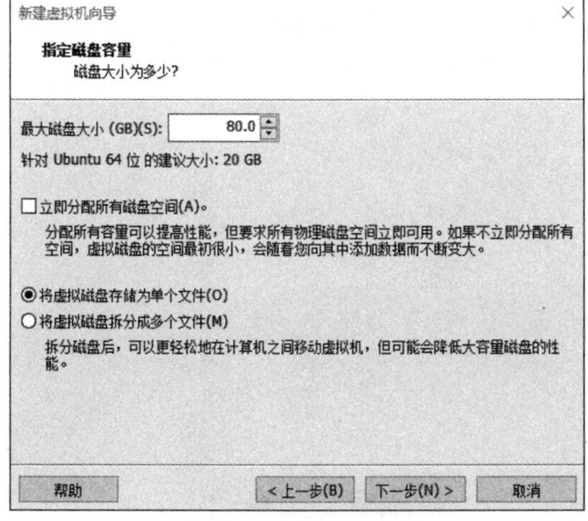

图 6.14 磁盘容量设置

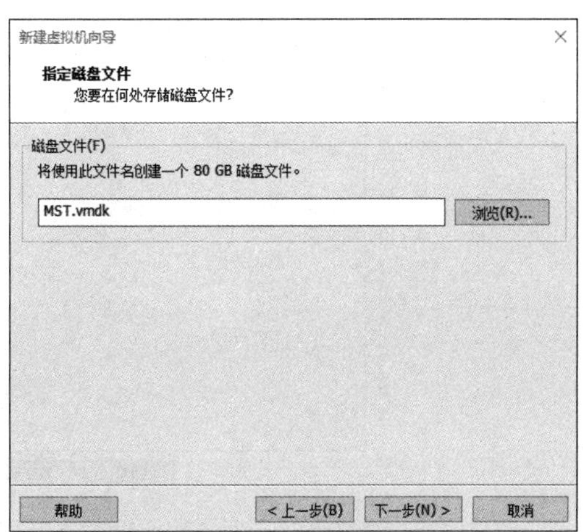

图 6.15 磁盘文件储存位置设置

(15) 设置虚拟机硬件。单击"自定义硬件"按钮会弹出"硬件"设置对话框，如图6.16所示。

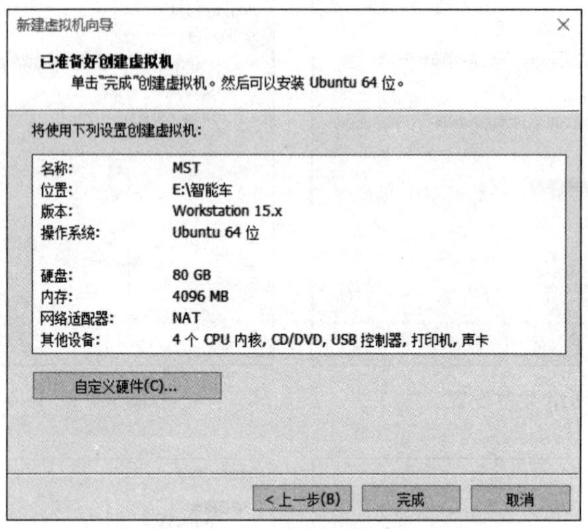

图6.16　虚拟机硬件设置

(16) 在弹出的"硬件"对话框中单击左侧框中"新CD/DVD"选项，右侧"连接"框中选中"使用ISO映像文件"单选按钮，然后单击"浏览"按钮选择准备好的ubuntu-16.04.6-desktop-amd64光盘映像文件，如图6.17所示。

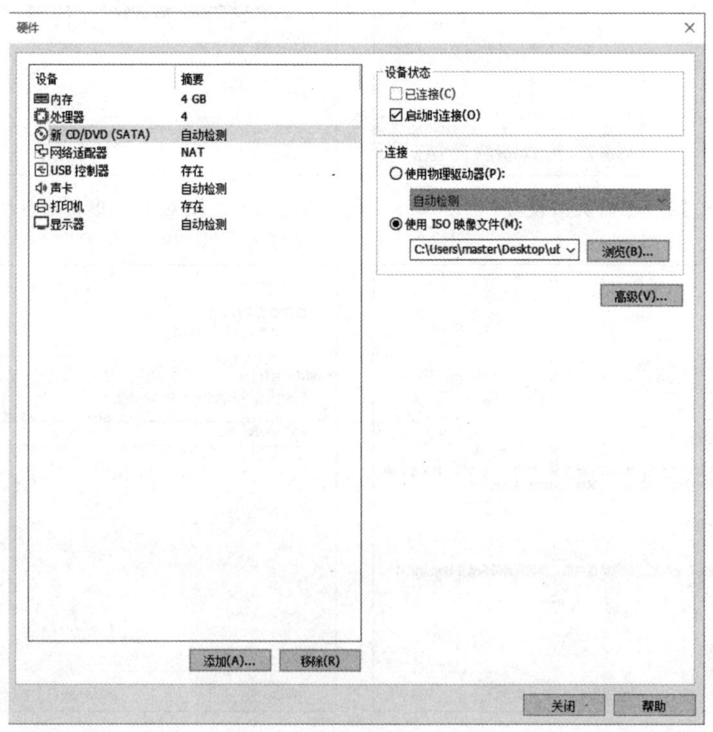

图6.17　CD/DVD设备的设置

单击左侧框中“USB 控制器”选项，右侧“连接”框中单击“USB 兼容性”下拉列表框，选择 USB 3.0(或者 USB 3.1)选项，然后单击“关闭”按钮，如图 6.18 所示。

图 6.18　USB 设备的设置

(17) 单击“完成”按钮，结束虚拟机的设置，进入虚拟机，如图 6.19 所示。

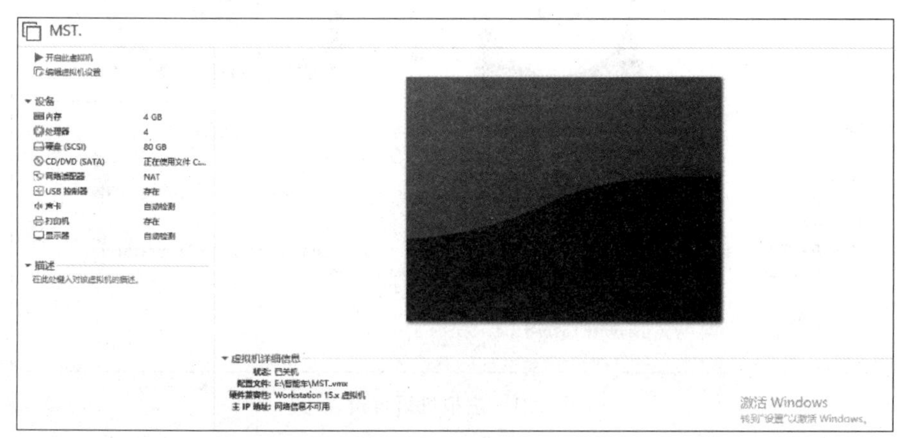

图 6.19　安装完成

(18) 开启虚拟机，单击左侧“开启此虚拟机”按钮，如图 6.20 所示。

(19) 开机后，设置语言(这里建议选择英语，因为英语漏洞较少)，然后单击右侧的 Install Ubuntu 按钮，如图 6.21 所示。

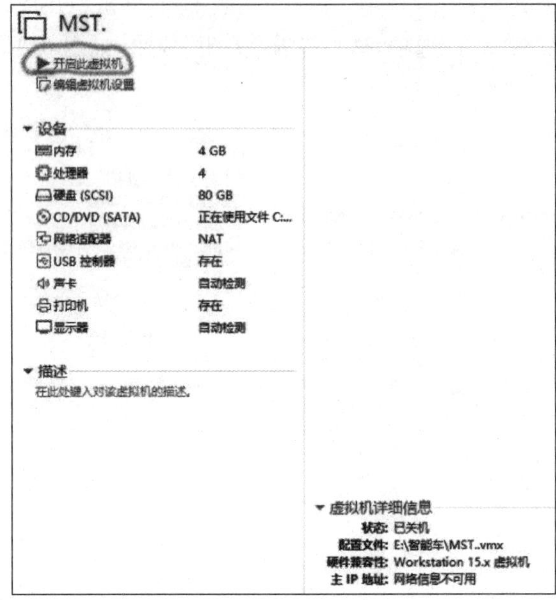

图 6.20　开启虚拟机

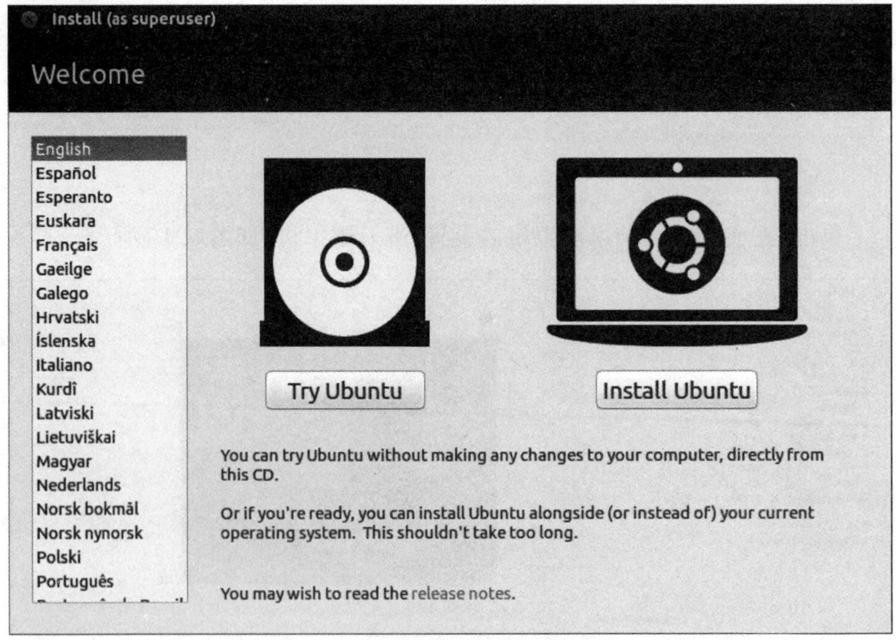

图 6.21　虚拟机语言设置

(20) 打开 Ubuntu 环境，选择 Install third-party software for graphics and WiFi hardware，Flash，MP3 and other media 复选框，然后单击 Continue 按钮，如图 6.22 所示。

(21) 安装类型选择 Erase disk and install Ubuntu 复选框，然后单击 Install Now 按钮，如图 6.23 所示。

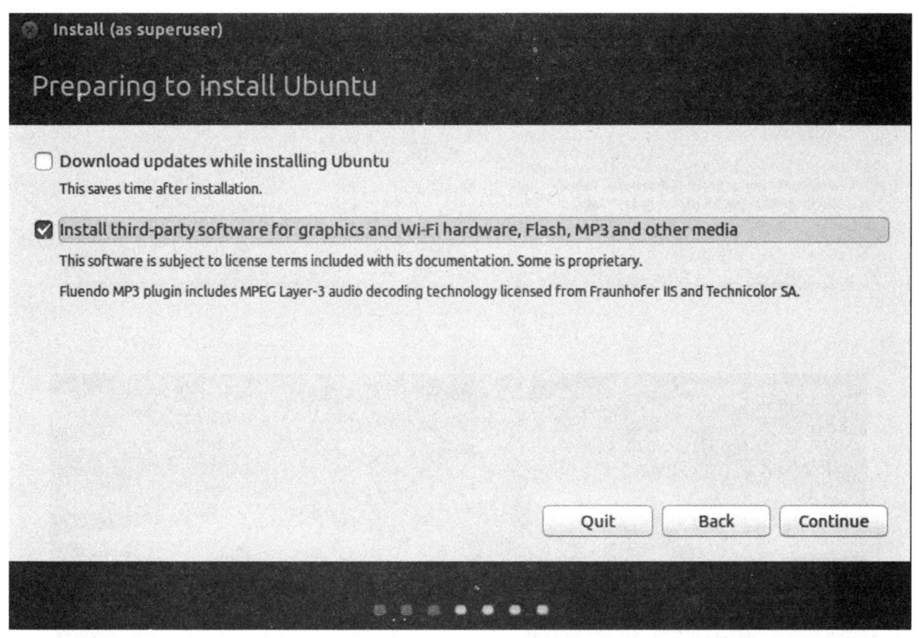

图 6.22 安装环境设置

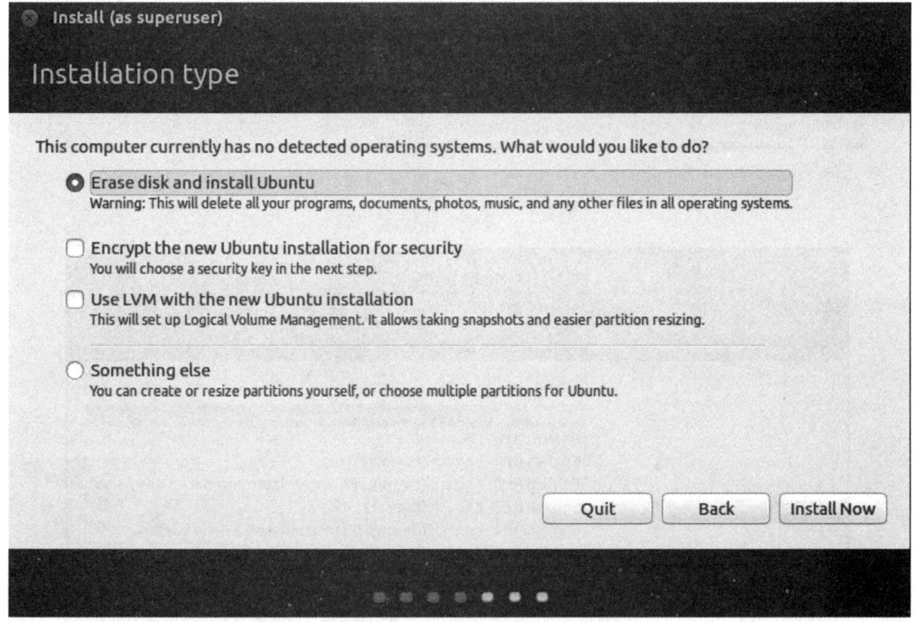

图 6.23 安装类型设置

弹出警告窗口，单击 Continue 按钮，如图 6.24 所示。

(22) 所在位置保持默认的 Shanghai，然后单击 Continue 按钮，如图 6.25 所示。

(23) 按键布局保持默认 English(US)，然后单击 Continue 按钮，如图 6.26 所示。

(24) 设置用户名和用户密码，然后单击 Continue 按钮，如图 6.27 所示。

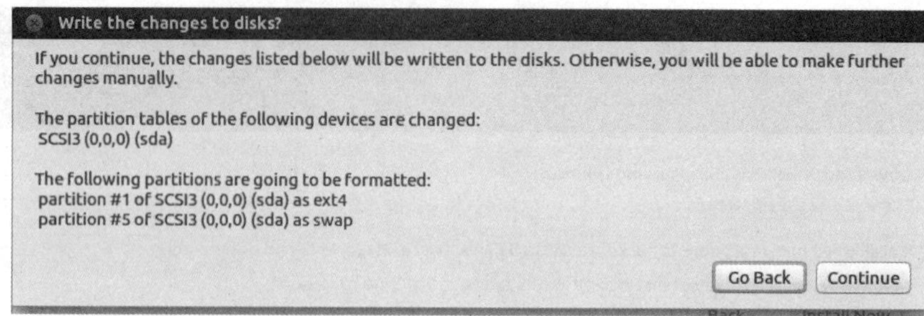

图 6.24　警告窗口

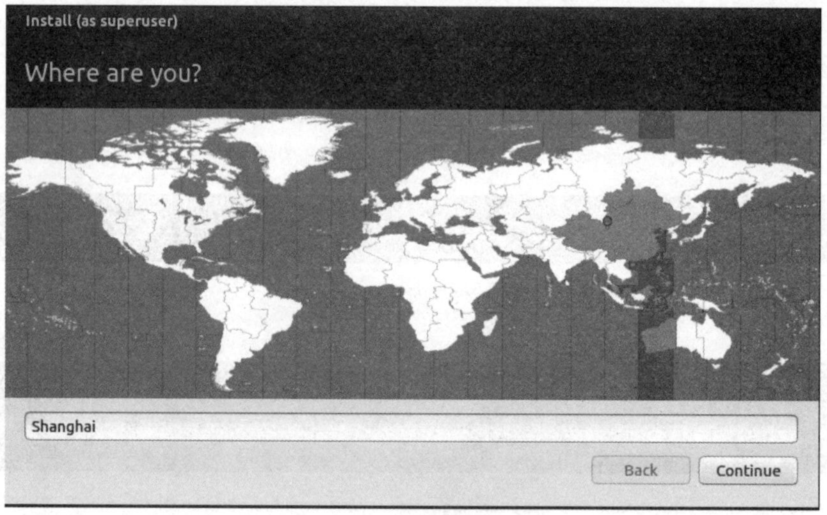

图 6.25　使用位置设置

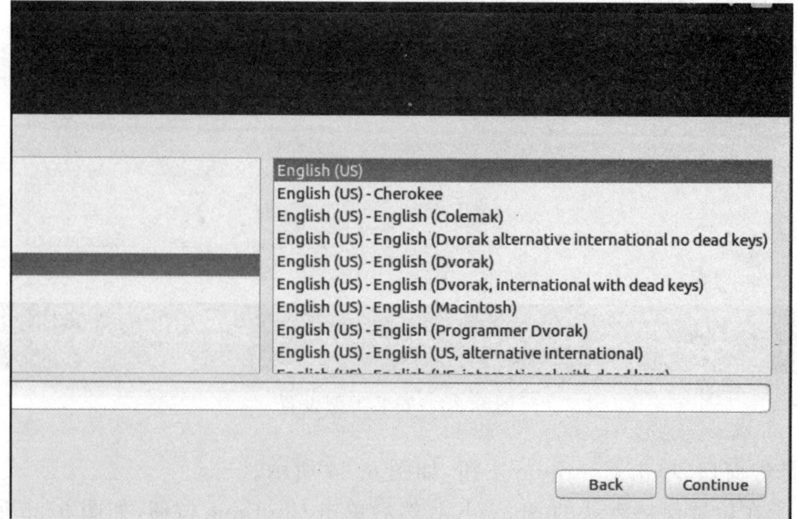

图 6.26　按键布局设置

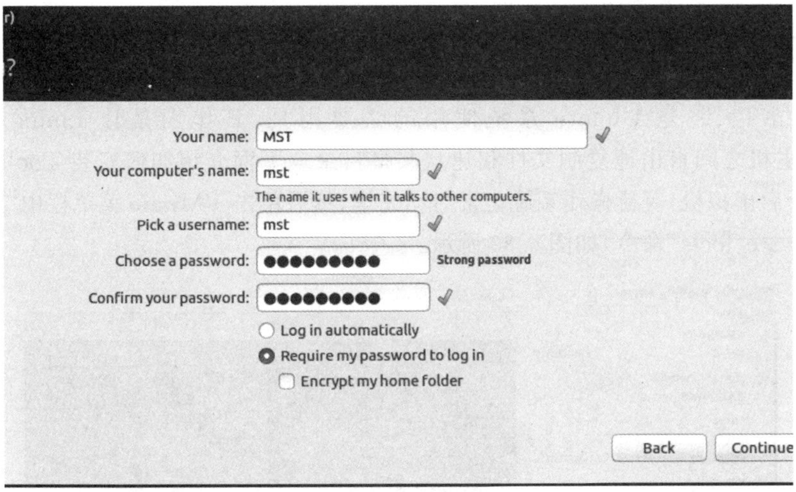

Your name: MST
Your computer's name: mst
The name it uses when it talks to other computers.
Pick a username: mst
Choose a password: ●●●●●●●●● Strong password
Confirm your password: ●●●●●●●●●
Log in automatically
Require my password to log in
Encrypt my home folder
Back　Continue

图 6.27　用户设置

(25) 等待 Ubuntu 系统安装,如图 6.28 所示。

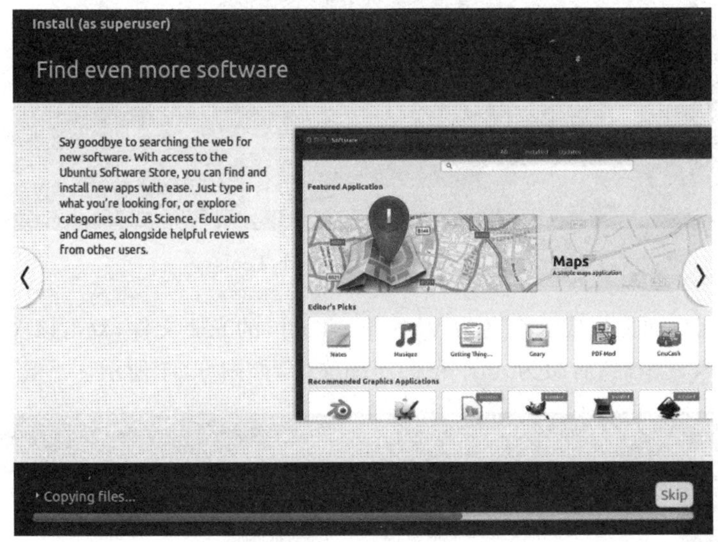

图 6.28　安装 Ubuntu 系统

(26) 安装完成后会提示重启系统,单击 Restart Now 按钮,如图 6.29 所示。

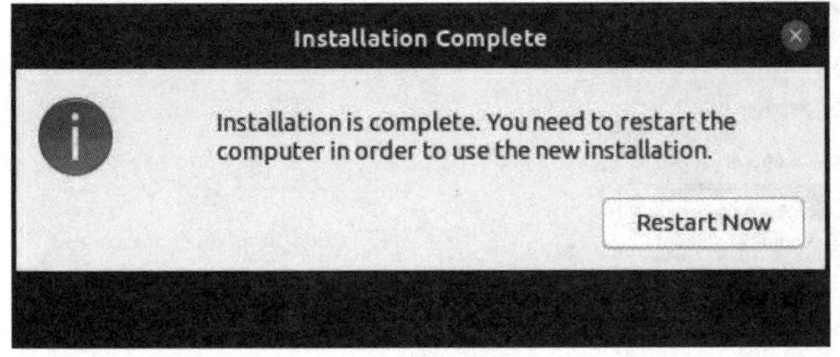

图 6.29　重启系统

6.2.2 在 Ubuntu 操作系统中安装 VMware Tools

Ubuntu Tools 是 Ubuntu 系统使用的必要用具，其作用是让 Linux 虚拟机与 Windows 主机之间自由地复制文件和建立共享目录。下面介绍如何安装 Tools。

(1) 开启虚拟机，等待操作系统正常启动完毕，然后单击 VMware 菜单栏中“虚拟机”→“安装 VMware Tools”命令，如图 6.30 所示。

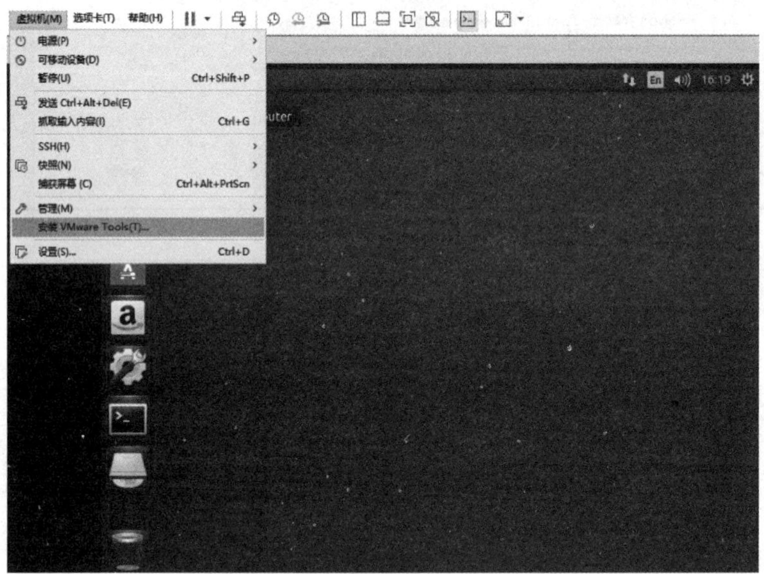

图 6.30 安装 VMware Tools

(2) 在系统桌面上生成一个名为 VMware Tools 的光驱文件，双击该 VMware Tools 光驱文件并进入，会看到后缀为.tar.gz 的压缩文件，如图 6.31 所示。

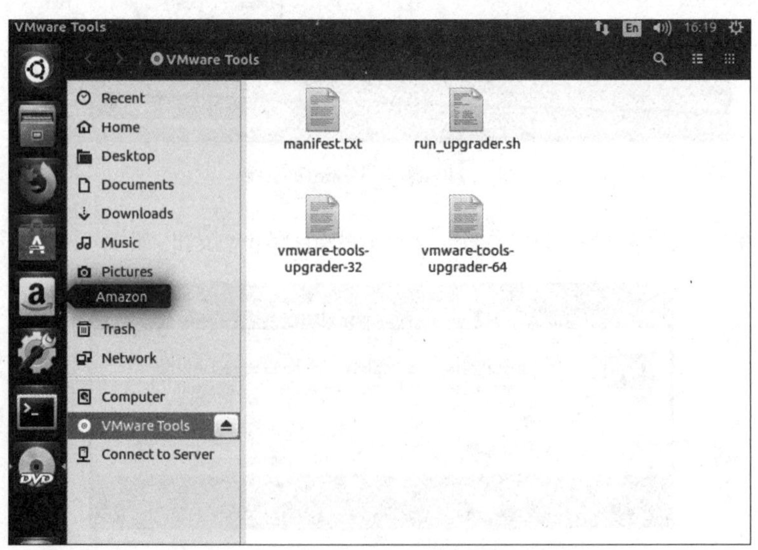

图 6.31 VMware Tools 光驱压缩文件

(3) 将压缩文件复制到/home/×××(×××为用户设置的用户名)目录下，Home 目录即左侧的主目录文件夹。复制完毕如图 6.32 所示。

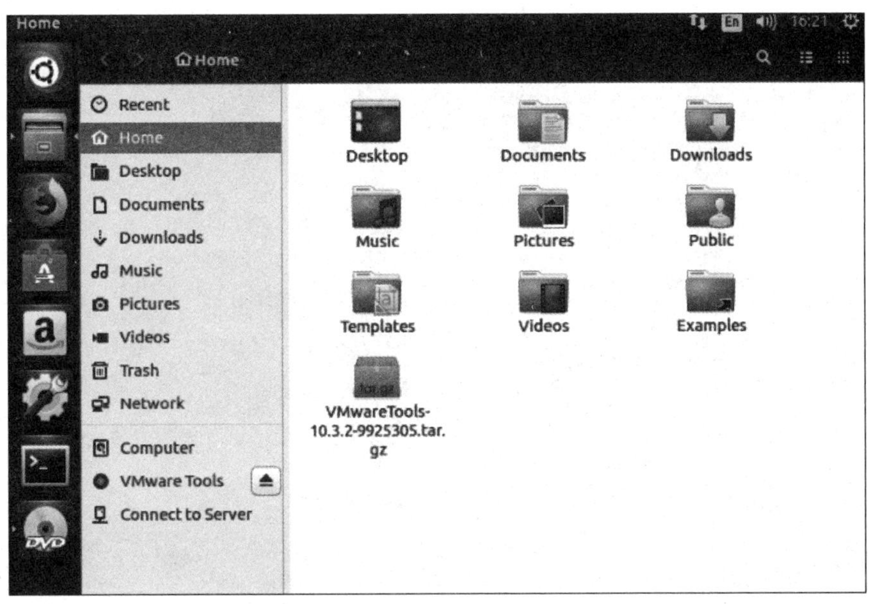

图 6.32　光驱压缩文件复制到 Home 主目录文件

(4) 打开终端界面(按 Ctrl+Alt+T 组合键，打开后可以将右键左侧终端图标锁定在启动器里)，默认应该是 Home 目录，如果不是 Home 目录，在命令行终端输入"cd ～"命令进入 Home 目录，在 Home 目录下输入 ls 命令就可以看到刚刚复制的压缩包文件，如图 6.33 所示。

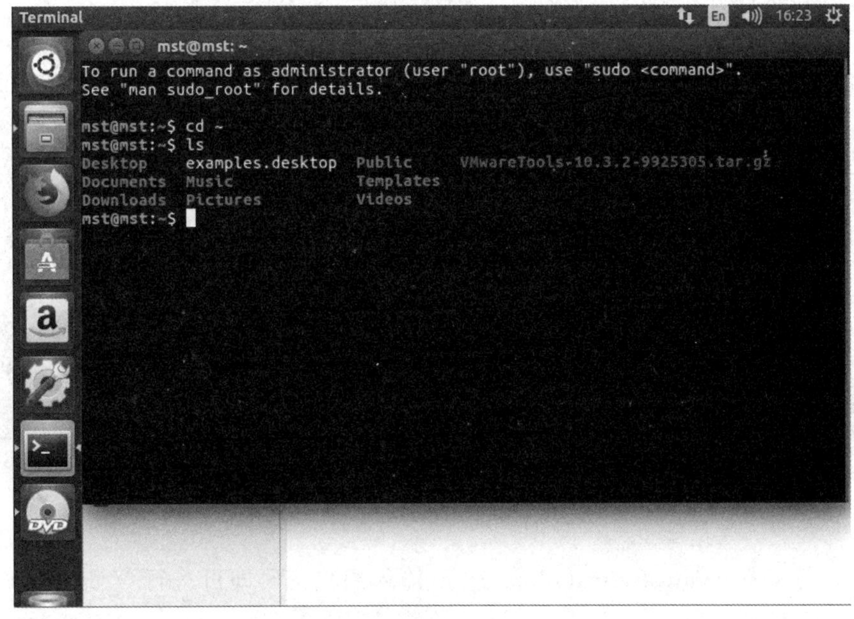

图 6.33　查看光驱压缩文件

(5) 将压缩包用 tar -zxvf VMwareTools-10.3.2-9925305.tar.gz(输入 VMwareTools 后可以按 Tab 键自动生成该文件下完整的子文件名,后面寻找子文件也可如此操作)命令解压,如图 6.34 所示。

```
mst@mst: ~
To run a command as administrator (user "root"), use "sudo <command>".
See "man sudo_root" for details.

mst@mst:~$ cd ~
mst@mst:~$ ls
Desktop     examples.desktop  Public     VMwareTools-10.3.2-9925305.tar.gz
Documents   Music             Templates
Downloads   Pictures          Videos
mst@mst:~$ tar -zxvf VMwareTools-10.3.2-9925305.tar.gz
vmware-tools-distrib/
vmware-tools-distrib/bin/
vmware-tools-distrib/bin/vm-support
vmware-tools-distrib/bin/vmware-config-tools.pl
vmware-tools-distrib/bin/vmware-uninstall-tools.pl
vmware-tools-distrib/vgauth/
vmware-tools-distrib/vgauth/schemas/
vmware-tools-distrib/vgauth/schemas/xmldsig-core-schema.xsd
vmware-tools-distrib/vgauth/schemas/XMLSchema.xsd
vmware-tools-distrib/vgauth/schemas/saml-schema-assertion-2.0.xsd
vmware-tools-distrib/vgauth/schemas/catalog.xml
vmware-tools-distrib/vgauth/schemas/XMLSchema.dtd
vmware-tools-distrib/vgauth/schemas/xml.xsd
vmware-tools-distrib/vgauth/schemas/xenc-schema.xsd
vmware-tools-distrib/vgauth/schemas/datatypes.dtd
```

图 6.34 解压压缩文件

(6) 解压完毕用 ls 命令查看,会看到在 Home 目录下产生一个 vmware-tools-distrib 文件夹,用 cd vmware-tools-distrib/命令进入 vmware-tools-distrib 文件夹,如图 6.35 所示。

```
mst@mst: ~
vmware-tools-distrib/lib/plugins64/vmsvc/libvmbackup.so
vmware-tools-distrib/lib/plugins64/vmsvc/libautoUpgrade.so
vmware-tools-distrib/lib/plugins64/vmsvc/libtimeSync.so
vmware-tools-distrib/lib/plugins64/vmsvc/libpowerOps.so
vmware-tools-distrib/lib/plugins64/vmsvc/libresolutionKMS.so
vmware-tools-distrib/lib/plugins64/vmsvc/libdeployPkgPlugin.so
vmware-tools-distrib/lib/plugins64/vmsvc/libguestInfo.so
vmware-tools-distrib/lib/plugins64/vmusr/
vmware-tools-distrib/lib/plugins64/vmusr/libdndcp.so
vmware-tools-distrib/lib/plugins64/vmusr/libdesktopEvents.so
vmware-tools-distrib/lib/plugins64/vmusr/libresolutionSet.so
vmware-tools-distrib/lib/plugins64/common/
vmware-tools-distrib/lib/plugins64/common/libvix.so
vmware-tools-distrib/lib/plugins64/common/libhgfsServer.so
vmware-tools-distrib/doc/
vmware-tools-distrib/doc/INSTALL
vmware-tools-distrib/doc/open_source_licenses.txt
vmware-tools-distrib/doc/README
vmware-tools-distrib/vmware-install.pl
mst@mst:~$ ls
Desktop     examples.desktop  Public     VMwareTools-10.3.2-9925305.tar.gz
Documents   Music             Templates  vmware-tools-distrib
Downloads   Pictures          Videos
mst@mst:~$ cd vmware-tools-distrib/
```

图 6.35 进入解压后的 vmware-tools-distrib 文件夹

(7) 执行 sudo./vmware-install.pl 命令,输入用户密码即可进行 VMware Tools 的安装,如图 6.36 所示。

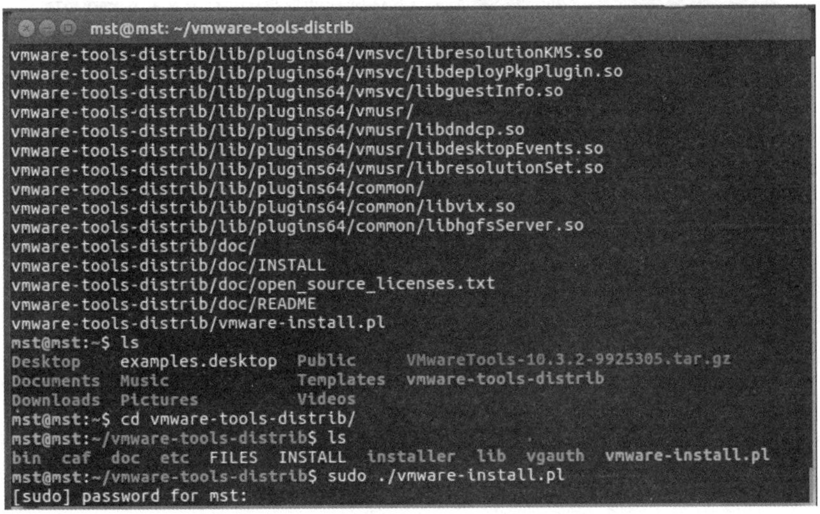

```
mst@mst: ~/vmware-tools-distrib
vmware-tools-distrib/lib/plugins64/vmsvc/libresolutionKMS.so
vmware-tools-distrib/lib/plugins64/vmsvc/libdeployPkgPlugin.so
vmware-tools-distrib/lib/plugins64/vmsvc/libguestInfo.so
vmware-tools-distrib/lib/plugins64/vmusr/
vmware-tools-distrib/lib/plugins64/vmusr/libdndcp.so
vmware-tools-distrib/lib/plugins64/vmusr/libdesktopEvents.so
vmware-tools-distrib/lib/plugins64/vmusr/libresolutionSet.so
vmware-tools-distrib/lib/plugins64/common/
vmware-tools-distrib/lib/plugins64/common/libvix.so
vmware-tools-distrib/lib/plugins64/common/libhgfsServer.so
vmware-tools-distrib/doc/
vmware-tools-distrib/doc/INSTALL
vmware-tools-distrib/doc/open_source_licenses.txt
vmware-tools-distrib/doc/README
vmware-tools-distrib/vmware-install.pl
mst@mst:~$ ls
Desktop    examples.desktop  Public     VMwareTools-10.3.2-9925305.tar.gz
Documents  Music             Templates  vmware-tools-distrib
Downloads  Pictures          Videos
mst@mst:~$ cd vmware-tools-distrib/
mst@mst:~/vmware-tools-distrib$ ls
bin  caf  doc  etc  FILES  INSTALL  installer  lib  vgauth  vmware-install.pl
mst@mst:~/vmware-tools-distrib$ sudo ./vmware-install.pl
[sudo] password for mst:
```

图 6.36　安装 VMware Tools

(8) 安装过程中,出现 Do you still want to proceed with this installation? [no],输入 yes 然后按回车键,后面的选项一一按回车键确认,如图 6.37 所示。

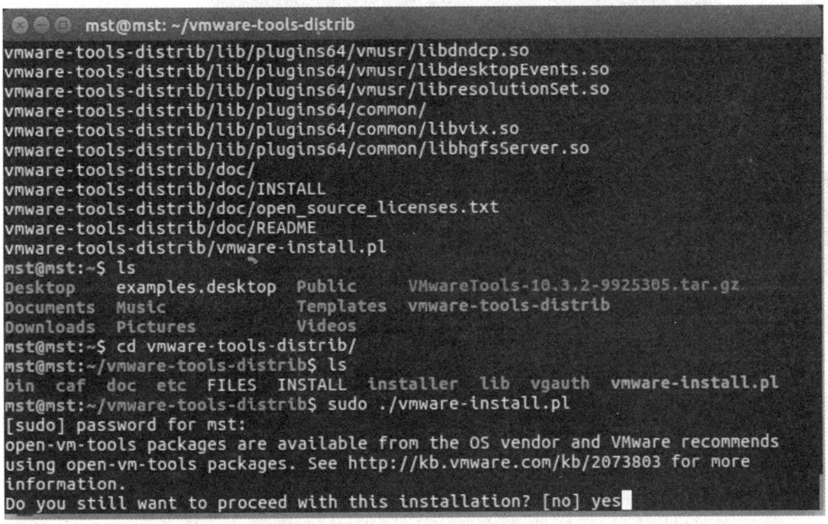

```
mst@mst: ~/vmware-tools-distrib
vmware-tools-distrib/lib/plugins64/vmusr/libdndcp.so
vmware-tools-distrib/lib/plugins64/vmusr/libdesktopEvents.so
vmware-tools-distrib/lib/plugins64/vmusr/libresolutionSet.so
vmware-tools-distrib/lib/plugins64/common/
vmware-tools-distrib/lib/plugins64/common/libvix.so
vmware-tools-distrib/lib/plugins64/common/libhgfsServer.so
vmware-tools-distrib/doc/
vmware-tools-distrib/doc/INSTALL
vmware-tools-distrib/doc/open_source_licenses.txt
vmware-tools-distrib/doc/README
vmware-tools-distrib/vmware-install.pl
mst@mst:~$ ls
Desktop    examples.desktop  Public     VMwareTools-10.3.2-9925305.tar.gz
Documents  Music             Templates  vmware-tools-distrib
Downloads  Pictures          Videos
mst@mst:~$ cd vmware-tools-distrib/
mst@mst:~/vmware-tools-distrib$ ls
bin  caf  doc  etc  FILES  INSTALL  installer  lib  vgauth  vmware-install.pl
mst@mst:~/vmware-tools-distrib$ sudo ./vmware-install.pl
[sudo] password for mst:
open-vm-tools packages are available from the OS vendor and VMware recommends
using open-vm-tools packages. See http://kb.vmware.com/kb/2073803 for more
information.
Do you still want to proceed with this installation? [no] yes
```

图 6.37　选项确认

安装过程中,出现 Do you want to enable Common Agent(caf)? [no],输入 yes 并按回车键,如图 6.38 所示。

(9) 等待 VMware Tools 安装完毕,安装成功会显示 Found VMware Tools CDROM mounted at...的字样。为了说明 VMware Tools 是否真正安装成功,可以利用操作系统是否能够全屏显示来验证。如果能够全屏显示,说明 VMware Tools 安装成功。在 VMware 的"查看"菜单下单击"立即适应客户机"命令,等待一会看是否可以全屏显示,能全屏显示说明 VMware Tools 安装成功,如图 6.39 所示。

```
mst@mst: ~/vmware-tools-distrib

The vmblock enables dragging or copying files between host and guest in a
Fusion or Workstation virtual environment.  Do you wish to enable this feature?
[yes]
INPUT: [yes]  default

VMware automatic kernel modules enables automatic building and installation of
VMware kernel modules at boot that are not already present. This feature can
be enabled/disabled by re-running vmware-config-tools.pl.

Would you like to enable VMware automatic kernel modules?
[yes]

INPUT: [yes]  default


Disabling timer-based audio scheduling in pulseaudio.

Do you want to enable Guest Authentication (vgauth)? Enabling vgauth is needed
if you want to enable Common Agent (caf). [yes]

INPUT: [yes]  default

Do you want to enable Common Agent (caf)? [no] yes
```

图 6.38　选项确认

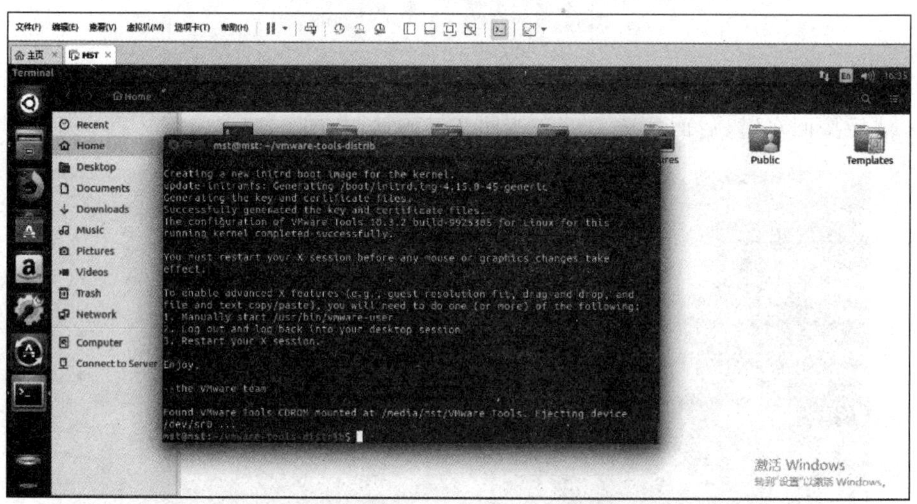

图 6.39　安装完成

6.2.3　在 Ubuntu 操作系统中设置下载的云服务器

Ubuntu 中下载文件默认服务器在美国,为了提高下载速度,需设置国内的云服务器。

(1) 双击系统设置(System Setting)图标进入系统设置界面,单击 System 中的 Software&Updates 图标,如图 6.40 所示。

(2) 进入 Ubuntu Software 选项,单击 Source code 复选框,输入设置好的密码,然后单击 Authenticate 按钮,如图 6.41 所示。

(3) 单击 Download from 下拉列表框,选择 Other...弹出 choose a Download Server 对话框选择下载服务器,如图 6.42 所示。

(4) 选择 China 下的 mirrors. aliyun. com 服务器(其他国内服务器也可),然后单击 Choose Server 按钮,如图 6.43 所示。

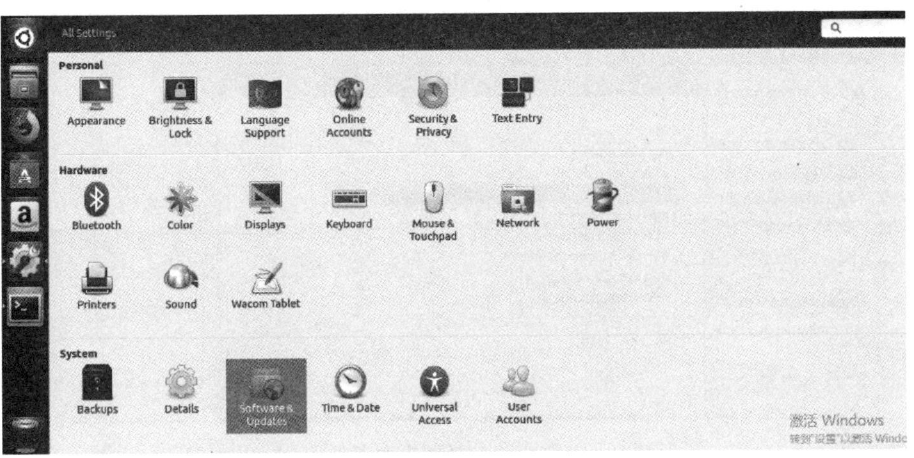

图 6.40　进入系统设置界面

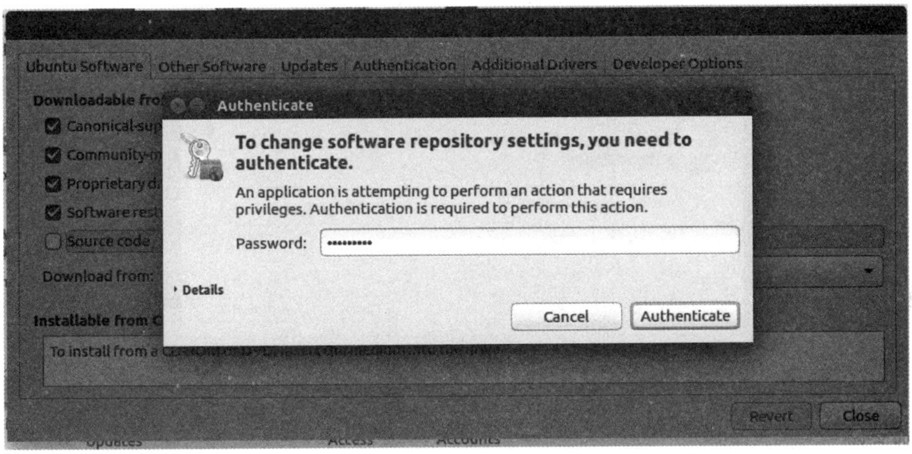

图 6.41　输入密码

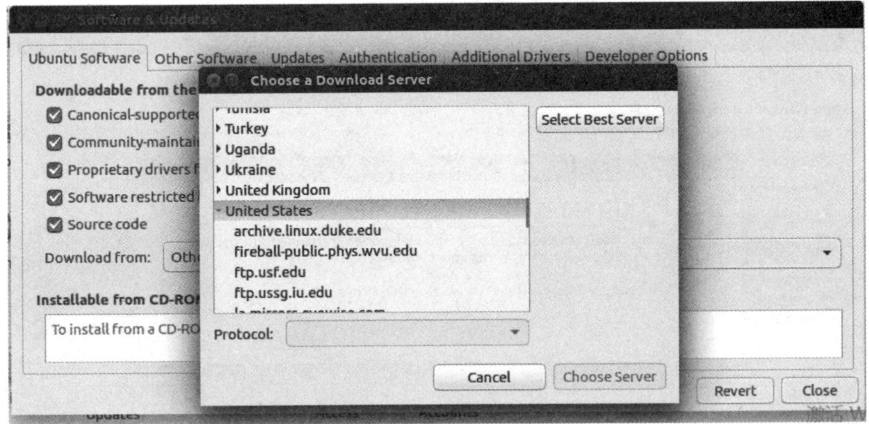

图 6.42　下载登录设置

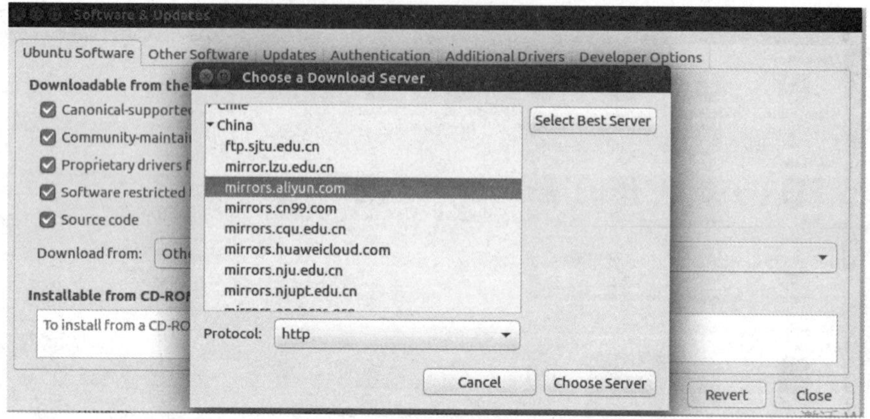

图 6.43　选择国内服务器

(5) 在弹出的对话框中输入密码，然后单击 Authenticate 按钮，如图 6.44 所示。

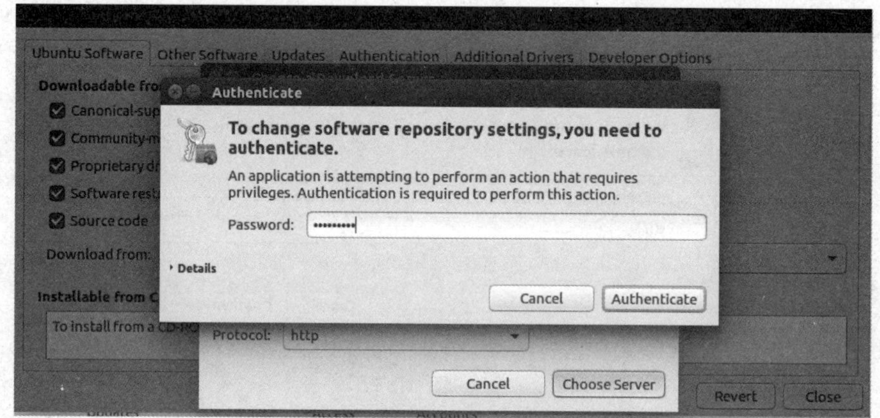

图 6.44　输入密码并确认

(6) 在弹出的对话框中单击 Close 按钮，如图 6.45 所示。

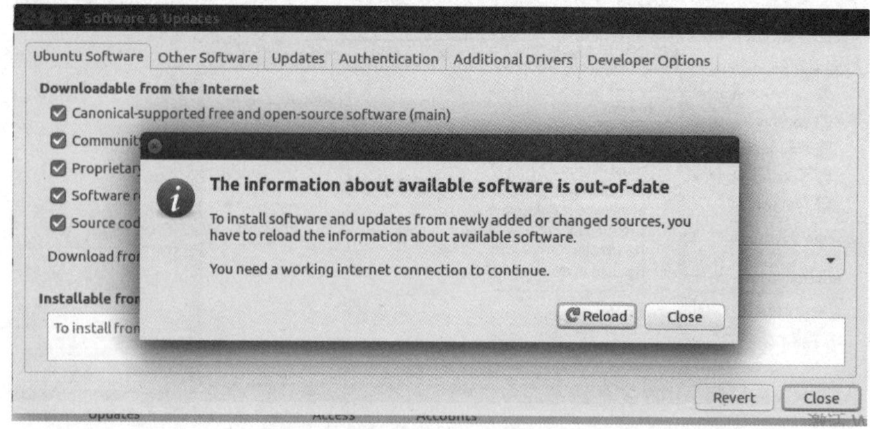

图 6.45　设置完成

6.2.4　在 Ubuntu 操作系统中安装 ROS Kinetic

下面介绍如何安装 ROS Kinetic 系统。

(1) 设置 sources.list。在终端输入以下命令：

```
$ sudo sh -c 'echo "deb http://packages.ros.org/ros/ubuntu $(lsb_release -sc) main" > /etc/apt/sources.list.d/ros-latest.list'
```

然后输入密码并按回车键，如图 6.46 所示。

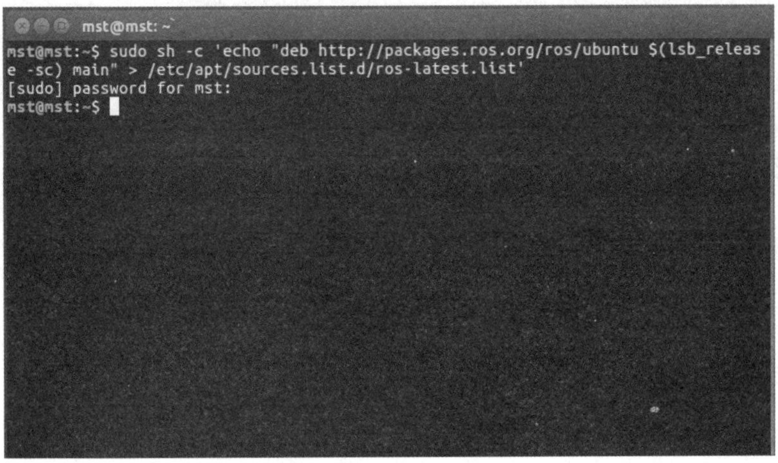

```
mst@mst: ~
mst@mst:~$ sudo sh -c 'echo "deb http://packages.ros.org/ros/ubuntu $(lsb_releas
e -sc) main" > /etc/apt/sources.list.d/ros-latest.list'
[sudo] password for mst:
mst@mst:~$
```

图 6.46　sources.list 设置

(2) 设置秘钥。在终端输入以下命令：

```
$ sudo apt-key adv --keyserver 'hkp://keyserver.ubuntu.com:80' --recv-key C1CF6E31E6BADE8868B172B4F42ED6FBAB17C654
```

然后按回车键，如图 6.47 所示。

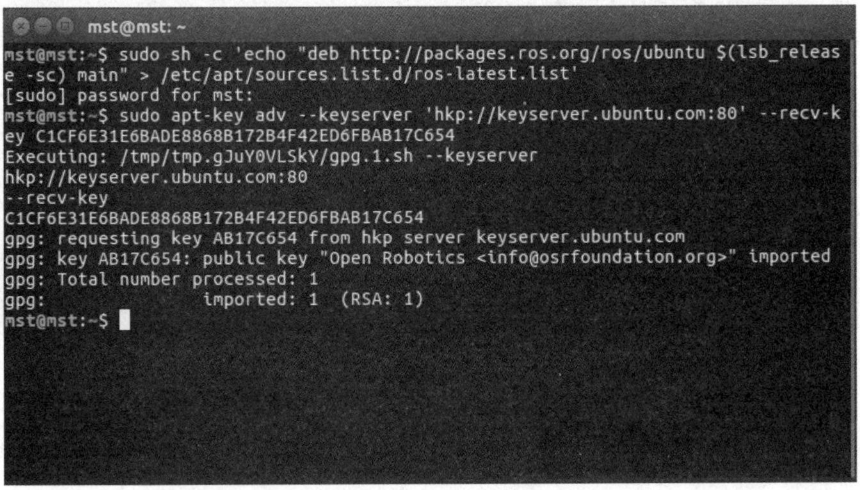

```
mst@mst: ~
mst@mst:~$ sudo sh -c 'echo "deb http://packages.ros.org/ros/ubuntu $(lsb_releas
e -sc) main" > /etc/apt/sources.list.d/ros-latest.list'
[sudo] password for mst:
mst@mst:~$ sudo apt-key adv --keyserver 'hkp://keyserver.ubuntu.com:80' --recv-k
ey C1CF6E31E6BADE8868B172B4F42ED6FBAB17C654
Executing: /tmp/tmp.gJuY0VLSkY/gpg.1.sh --keyserver
hkp://keyserver.ubuntu.com:80
--recv-key
C1CF6E31E6BADE8868B172B4F42ED6FBAB17C654
gpg: requesting key AB17C654 from hkp server keyserver.ubuntu.com
gpg: key AB17C654: public key "Open Robotics <info@osrfoundation.org>" imported
gpg: Total number processed: 1
gpg:               imported: 1  (RSA: 1)
mst@mst:~$
```

图 6.47　key 设置

(3) 更新 package。在终端输入以下命令：

```
$ sudo apt - get update
```

然后按回车键，如图 6.48 所示。

```
mst@mst: ~
mst@mst:~$ sudo sh -c 'echo "deb http://packages.ros.org/ros/ubuntu $(lsb_releas
e -sc) main" > /etc/apt/sources.list.d/ros-latest.list'
[sudo] password for mst:
mst@mst:~$ sudo apt-key adv --keyserver 'hkp://keyserver.ubuntu.com:80' --recv-k
ey C1CF6E31E6BADE8868B172B4F42ED6FBAB17C654
Executing: /tmp/tmp.LguUH734by/gpg.1.sh --keyserver
hkp://keyserver.ubuntu.com:80
--recv-key
C1CF6E31E6BADE8868B172B4F42ED6FBAB17C654
gpg: requesting key AB17C654 from hkp server keyserver.ubuntu.com
gpg: key AB17C654: "Open Robotics <info@osrfoundation.org>" not changed
gpg: Total number processed: 1
gpg:              unchanged: 1
mst@mst:~$ sudo apt-get update
Hit:1 http://mirrors.aliyun.com/ubuntu xenial InRelease
Hit:2 http://mirrors.aliyun.com/ubuntu xenial-updates InRelease
Hit:3 http://mirrors.aliyun.com/ubuntu xenial-backports InRelease
Hit:4 http://mirrors.aliyun.com/ubuntu xenial-security InRelease
Hit:5 http://packages.ros.org/ros/ubuntu xenial InRelease
Reading package lists... Done
```

图 6.48 更新 package

(4) 安装 ROS Kinetic。在终端输入以下命令：

```
$ sudo apt - get install ros - kinetic - desktop - full
```

然后按回车键，如图 6.49 所示。

```
mst@mst: ~
mst@mst:~$ sudo apt-get install ros-kinetic-desktop-full
Reading package lists... Done
Building dependency tree
Reading state information... Done
The following additional packages will be installed:
  autotools-dev binfmt-support blt bzip2 bzip2-doc cmake cmake-data comerr-dev
  cpp-5 curl debhelper dh-strip-nondeterminism docutils-common docutils-doc
  fltk1.3-doc fluid fonts-lato fonts-lyx freeglut3 freeglut3-dev g++-5 gazebo7
  gazebo7-common gazebo7-plugin-base gcc-5 gcc-5-base gfortran gfortran-5
  gir1.2-gdkpixbuf-2.0 gir1.2-gtk-2.0 google-mock graphviz hddtemp
  hdf5-helpers i965-va-driver icu-devtools javascript-common krb5-multidev
  libaacs0 libaec-dev libaec0 libapr1 libapr1-dev libaprutil1 libaprutil1-dev
  libarmadillo6 libarpack2 libasan2 libassimp-dev libassimp3v5 libatk1.0-dev
  libatomic1 libavcodec-dev libavcodec-ffmpeg56 libavformat-dev
  libavformat-ffmpeg56 libavutil-dev libavutil-ffmpeg54 libbdplus0
  libblas-common libblas-dev libblas3 libbluray1 libboost-all-dev
  libboost-atomic-dev libboost-atomic1.58-dev libboost-atomic1.58.0
  libboost-chrono-dev libboost-chrono1.58-dev libboost-chrono1.58.0
  libboost-context-dev libboost-context1.58-dev libboost-context1.58.0
  libboost-coroutine-dev libboost-coroutine1.58-dev libboost-coroutine1.58.0
  libboost-date-time-dev libboost-date-time1.58-dev libboost-dev
  libboost-exception-dev libboost-exception1.58-dev libboost-filesystem-dev
  libboost-filesystem1.58-dev libboost-graph-dev libboost-graph-parallel-dev
  libboost-graph-parallel1.58-dev libboost-graph-parallel1.58.0
```

图 6.49 开始安装

(5) 初始化 rosdep。在终端输入以下命令：

```
$ sudo rosdep init
```

然后按回车键,如图 6.50 所示。

```
mst@mst: ~
update-alternatives: using /usr/share/docutils/scripts/python2/rst2s5 to provide
 /usr/bin/rst2s5 (rst2s5) in auto mode
update-alternatives: using /usr/share/docutils/scripts/python2/rst2xetex to prov
ide /usr/bin/rst2xetex (rst2xetex) in auto mode
update-alternatives: using /usr/share/docutils/scripts/python2/rst2xml to provid
e /usr/bin/rst2xml (rst2xml) in auto mode
update-alternatives: using /usr/share/docutils/scripts/python2/rstpep2html to pr
ovide /usr/bin/rstpep2html (rstpep2html) in auto mode
Setting up python-catkin-pkg-modules (0.4.23-1) ...
Setting up python-catkin-pkg (0.4.23-100) ...
Setting up python-rospkg-modules (1.2.8-1) ...
Setting up python-rosdistro-modules (0.8.3-1) ...
Setting up python-rosdistro (0.8.3-100) ...
Setting up python-rospkg (1.2.8-100) ...
Setting up python-rosdep-modules (0.19.0-1) ...
Setting up python-rosdep (0.19.0-1) ...
Processing triggers for libc-bin (2.23-0ubuntu11) ...
mst@mst:~$ sudo rosdep init
Wrote /etc/ros/rosdep/sources.list.d/20-default.list
Recommended: please run

        rosdep update

mst@mst:~$ 
```

图 6.50　初始化 rosdep

这一步经常遇到的问题有以下几个。

问题 1：执行 sudo rosdep init 命令后终端显示 sudo:rosdep:command not found,表示程序 rosdep 尚未安装,在终端输入以下命令：

```
$ sudo apt install python - rosdep
```

即可解决问题。

问题 2：执行 sudo rosdep init 命令后终端显示：

```
"ERROR: cannot download default sources list from:
https://raw. githubusercontent. com/ros/rosdistro/master/rosdep/sources. list. d/20 -
default. list
Website may be down."
```

这个问题是由于国内网络原因使程序无法下载响应的文件导致的。首先在/etc 目录下打开终端,输入以下命令以更改 hosts 文件内容：

```
$ cd /etc
$ sudo gedit /etc/hosts
```

接着打开 hosts 文件,在文件末尾添加：

```
192.30.253.118 gist.github.com
185.199.110.153 github.io
151.101.113.194 github.global.ssl.fastly.net
52.216.227.168 github - cloud.s3.amazonaws.com
52.74.223.119 github.com

199.232.28.133 avatars1.githubusercontent.com
```

```
199.232.28.133 avatars2.githubusercontent.com
199.232.28.133 avatars0.githubusercontent.com
199.232.28.133 avatars3.githubusercontent.com
199.232.28.133 raw.githubusercontent.com
199.232.28.133 user-images.githubusercontent.com
199.232.28.133 avatars.githubusercontent.com
199.232.28.133 github.map.fastly.net
199.232.28.133 avatars7.githubusercontent.com

# Amazon AWS Start
54.239.31.69  aws.amazon.com
54.239.30.25  console.aws.amazon.com
54.239.96.90  ap-northeast-1.console.aws.amazon.com
54.240.226.81  ap-southeast-1.console.aws.amazon.com
54.240.193.125  ap-southeast-2.console.aws.amazon.com
54.239.54.102  eu-central-1.console.aws.amazon.com
177.72.244.194  sa-east-1.console.aws.amazon.com
176.32.114.59  eu-west-1.console.aws.amazon.com
54.239.31.128  us-west-1.console.aws.amazon.com
54.240.254.230  us-west-2.console.aws.amazon.com
54.239.38.102  s3-console-us-standard.console.aws.amazon.com
54.231.49.3  s3.amazonaws.com
52.219.0.4  s3-ap-northeast-1.amazonaws.com
54.231.242.170  s3-ap-southeast-1.amazonaws.com
54.231.251.21  s3-ap-southeast-2.amazonaws.com
54.231.193.37  s3-eu-central-1.amazonaws.com
52.218.16.140  s3-eu-west-1.amazonaws.com
52.92.72.2  s3-sa-east-1.amazonaws.com
54.231.236.6  s3-us-west-1.amazonaws.com
54.231.168.160  s3-us-west-2.amazonaws.com
52.216.80.48  github-cloud.s3.amazonaws.com
54.231.40.3  github-com.s3.amazonaws.com
52.216.20.171  github-production-release-asset-2e65be.s3.amazonaws.com
52.216.228.168  github-production-user-asset-6210df.s3.amazonaws.com
```

保存后退出,即可解决问题。

(6) 初始化 rosdep。在终端输入以下命令:

```
$ rosdep update
```

然后按回车键,如图 6.51 所示。

(7) 配置 ROS 环境。在终端输入以下命令:

```
$ echo"source/opt/ros/kinetic/setup.bash" >> ~/.bashrc
```

然后输入:

```
$ source ~/.bashrc
```

按回车键,如图 6.52 所示。

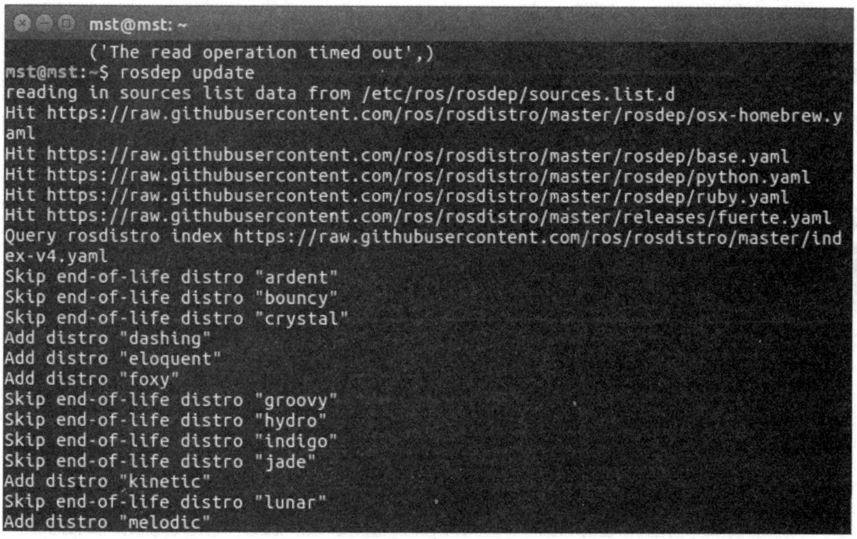

```
mst@mst: ~
       ('The read operation timed out',)
mst@mst:~$ rosdep update
reading in sources list data from /etc/ros/rosdep/sources.list.d
Hit https://raw.githubusercontent.com/ros/rosdistro/master/rosdep/osx-homebrew.y
aml
Hit https://raw.githubusercontent.com/ros/rosdistro/master/rosdep/base.yaml
Hit https://raw.githubusercontent.com/ros/rosdistro/master/rosdep/python.yaml
Hit https://raw.githubusercontent.com/ros/rosdistro/master/rosdep/ruby.yaml
Hit https://raw.githubusercontent.com/ros/rosdistro/master/releases/fuerte.yaml
Query rosdistro index https://raw.githubusercontent.com/ros/rosdistro/master/ind
ex-v4.yaml
Skip end-of-life distro "ardent"
Skip end-of-life distro "bouncy"
Skip end-of-life distro "crystal"
Add distro "dashing"
Add distro "eloquent"
Add distro "foxy"
Skip end-of-life distro "groovy"
Skip end-of-life distro "hydro"
Skip end-of-life distro "indigo"
Skip end-of-life distro "jade"
Add distro "kinetic"
Skip end-of-life distro "lunar"
Add distro "melodic"
```

图 6.51　初始化 rosdep

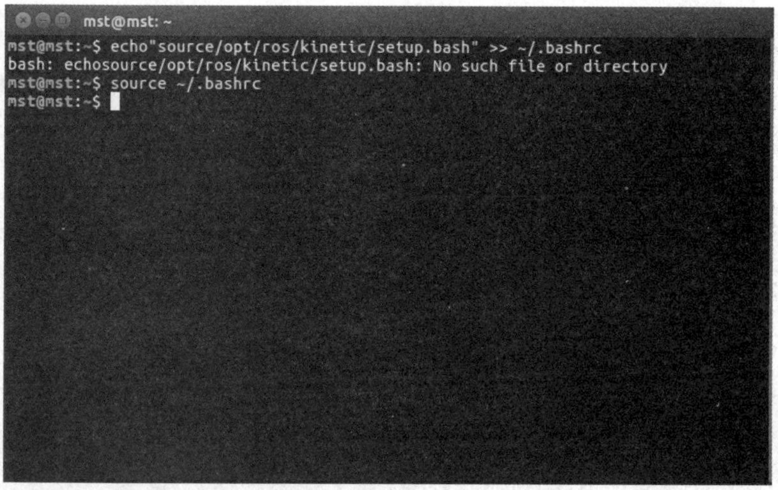

```
mst@mst: ~
mst@mst:~$ echo"source/opt/ros/kinetic/setup.bash" >> ~/.bashrc
bash: echosource/opt/ros/kinetic/setup.bash: No such file or directory
mst@mst:~$ source ~/.bashrc
mst@mst:~$
```

图 6.52　ROS 环境设置

(8) 安装依赖项。在终端输入以下命令：

```
$ sudo apt - get install python - rosinstall python - rosinstall - generator python - wstool
build - essential
```

按回车键后，如图 6.53 所示。

(9) ROS 的测试。

① 新打开一个终端，在终端输入以下命令：

```
$ roscore
```

初始化 ROS 环境，如图 6.54 所示。

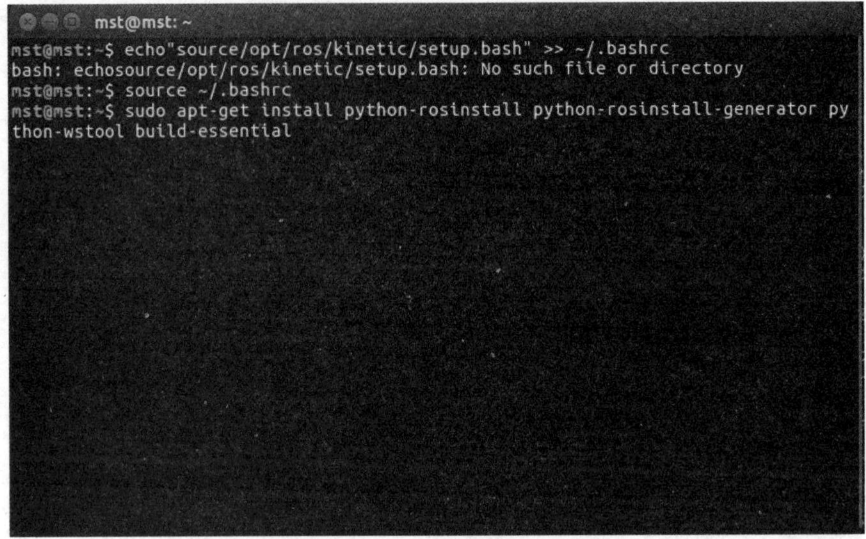

图 6.53　安装依赖项

```
roscore http://mst:11311/
mst@mst:~$ roscore
... logging to /home/mst/.ros/log/56ba6b7e-0b6c-11eb-81da-000c29d70924/roslaunch
-mst-3514.log
Checking log directory for disk usage. This may take awhile.
Press Ctrl-C to interrupt
Done checking log file disk usage. Usage is <1GB.

started roslaunch server http://mst:36083/
ros_comm version 1.12.16


SUMMARY
========

PARAMETERS
 * /rosdistro: kinetic
 * /rosversion: 1.12.16

NODES

auto-starting new master
process[master]: started with pid [3524]
ROS_MASTER_URI=http://mst:11311/
```

图 6.54　ROS测试一

② 新打开一个终端，在终端输入以下命令：

```
$ rosrun turtlesim turtlesim_node
```

弹出一个小乌龟窗口，如图 6.55 所示。

③ 再新打开一个终端，在终端输入以下命令：

```
$ rosrun turtlesim turtle_teleop_key
```

在终端界面通过方向键可以控制小乌龟的移动，如图 6.56 所示。

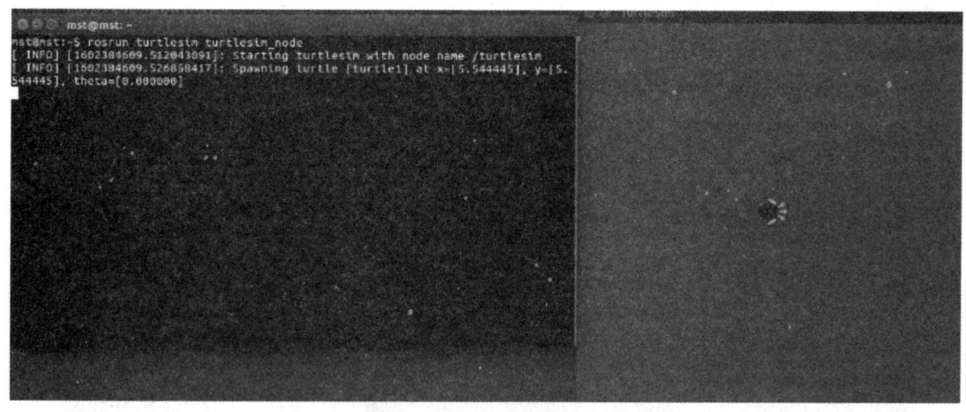

图 6.55　ROS 测试二

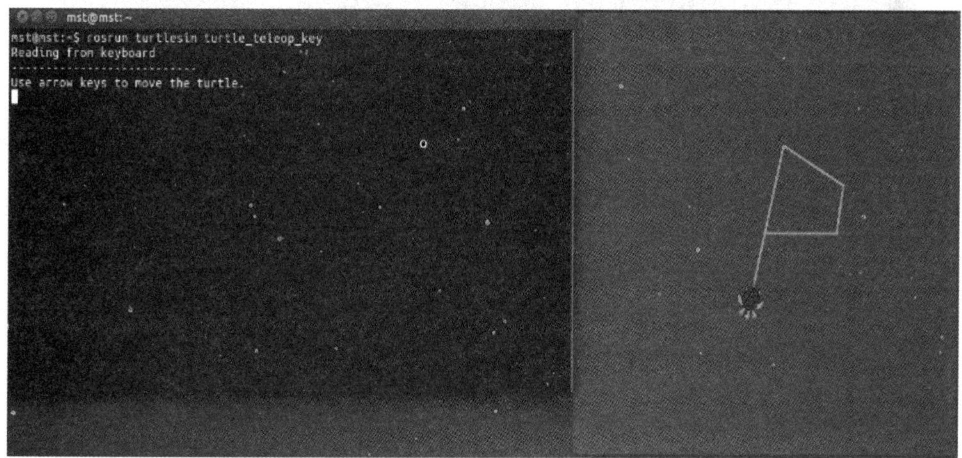

图 6.56　ROS 测试三

④ 再打开一个新终端，在终端输入以下命令：

```
$ rosrun rqt_graph
```

可以看到 ROS 节点信息，如图 6.57 所示。

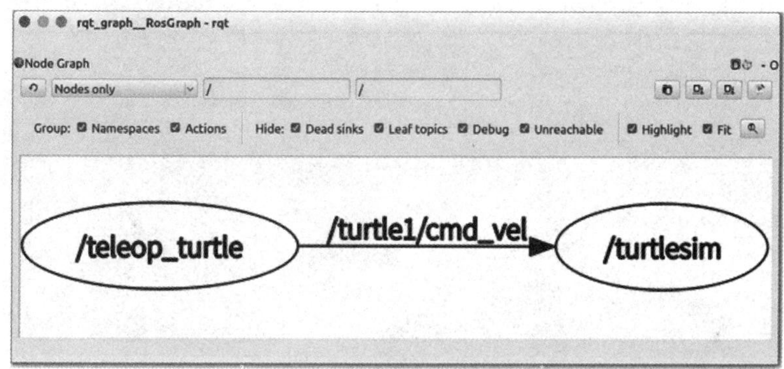

图 6.57　ROS 测试四

如果能顺利完成这几步，则证明 ROS 安装成功。

6.2.5 将 ROS 中的软件 gazebo 7.0 升级为 7.16

（1）打开终端，在终端输入以下命令：

```
$ sudo sh -c 'echo "deb http://packages.osrfoundation.org/gazebo/ubuntu $(lsb_release -sc) main" > /etc/apt/sources.list.d/gazebo-stable.list'
```

按回车键，如图 6.58 所示。

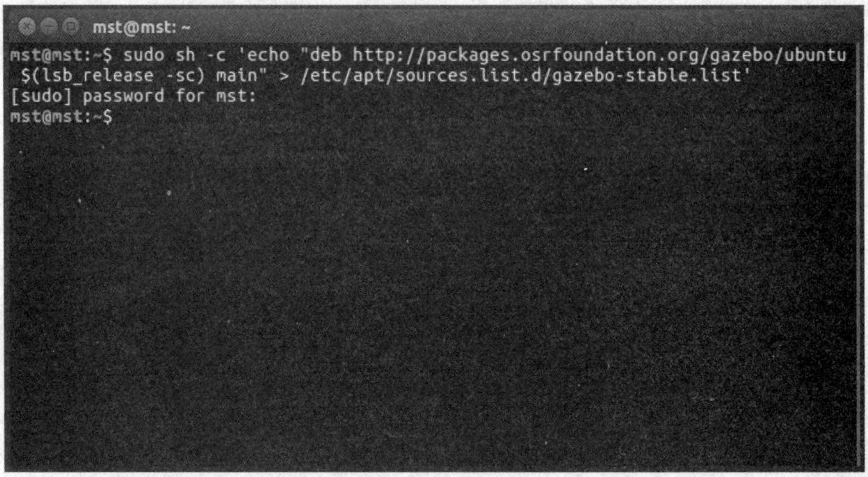

```
mst@mst: ~
mst@mst:~$ sudo sh -c 'echo "deb http://packages.osrfoundation.org/gazebo/ubuntu
 $(lsb_release -sc) main" > /etc/apt/sources.list.d/gazebo-stable.list'
[sudo] password for mst:
mst@mst:~$
```

图 6.58 list 设置

（2）在终端输入以下命令：

```
$ sudo apt-key adv --keyserver keyserver.ubuntu.com --recv-keys D2486D2DD83DB69272AFE98867170598AF249743
```

按回车键，如图 6.59 所示。

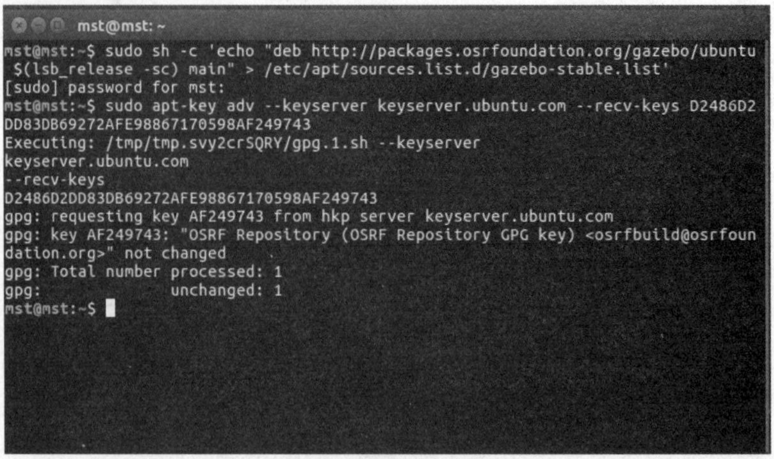

```
mst@mst: ~
mst@mst:~$ sudo sh -c 'echo "deb http://packages.osrfoundation.org/gazebo/ubuntu
 $(lsb_release -sc) main" > /etc/apt/sources.list.d/gazebo-stable.list'
[sudo] password for mst:
mst@mst:~$ sudo apt-key adv --keyserver keyserver.ubuntu.com --recv-keys D2486D2
DD83DB69272AFE98867170598AF249743
Executing: /tmp/tmp.svy2crSQRY/gpg.1.sh --keyserver
keyserver.ubuntu.com
--recv-keys
D2486D2DD83DB69272AFE98867170598AF249743
gpg: requesting key AF249743 from hkp server keyserver.ubuntu.com
gpg: key AF249743: "OSRF Repository (OSRF Repository GPG key) <osrfbuild@osrfoun
dation.org>" not changed
gpg: Total number processed: 1
gpg:              unchanged: 1
mst@mst:~$
```

图 6.59 key 设置

（3）在终端输入以下命令：

```
$ sudo apt update
```

按回车键，如图 6.60 所示。

```
mst@mst:~$ sudo apt-key adv --keyserver keyserver.ubuntu.com --recv-keys D2486D2
DD83DB69272AFE98867170598AF249743
[sudo] password for mst:
Executing: /tmp/tmp.DBEnG25A26/gpg.1.sh --keyserver
keyserver.ubuntu.com
--recv-keys
D2486D2DD83DB69272AFE98867170598AF249743
gpg: requesting key AF249743 from hkp server keyserver.ubuntu.com
gpg: key AF249743: public key "OSRF Repository (OSRF Repository GPG key) <osrfbu
ild@osrfoundation.org>" imported
gpg: Total number processed: 1
gpg:               imported: 1  (RSA: 1)
mst@mst:~$ sudo apt update
Hit:1 http://mirrors.aliyun.com/ubuntu xenial InRelease
Get:2 http://mirrors.aliyun.com/ubuntu xenial-updates InRelease [109 kB]
Get:3 http://mirrors.aliyun.com/ubuntu xenial-backports InRelease [107 kB]
Get:4 http://mirrors.aliyun.com/ubuntu xenial-security InRelease [109 kB]
Hit:5 http://packages.ros.org/ros/ubuntu xenial InRelease
Fetched 325 kB in 1s (261 kB/s)
Reading package lists... Done
Building dependency tree
Reading state information... Done
345 packages can be upgraded. Run 'apt list --upgradable' to see them.
mst@mst:~$
```

图 6.60　安装更新包

更新安装包经常会遇到的问题如下。

```
E:  Malformed entry 1 in list file /etc/apt/sources.list.d/gazebo-stall.list(Component)
E:  The list of sources could not be read
```

要删除旧版本的 gezabo 才能更新，这时在终端输入以下命令：

```
$ sudo rm /etc/apt/sources.list.d/gazebo-stall.list
```

（4）在终端输入以下命令：

```
$ sudo apt upgrade
```

按回车键，如图 6.61 所示。

```
345 packages can be upgraded. Run 'apt list --upgradable' to see them.
mst@mst:~$ sudo apt upgrade
Reading package lists... Done
Building dependency tree
Reading state information... Done
Calculating upgrade... Done
The following package was automatically installed and is no longer required:
  snapd-login-service
Use 'sudo apt autoremove' to remove it.
The following NEW packages will be installed:
  linux-headers-4.15.0-118 linux-headers-4.15.0-118-generic
  linux-image-4.15.0-118-generic linux-modules-4.15.0-118-generic
  linux-modules-extra-4.15.0-118-generic xdg-desktop-portal
  xdg-desktop-portal-gtk
The following packages will be upgraded:
  amd64-microcode apparmor apport apport-gtk apt apt-transport-https apt-utils
  aptdaemon aptdaemon-data aspell base-files bash bind9-host bluez bluez-cups
  bluez-obexd bsdutils busybox-initramfs busybox-static ca-certificates
  console-setup console-setup-linux cpio cups cups-browsed cups-bsd
  cups-client cups-common cups-core-drivers cups-daemon cups-filters
  cups-filters-core-drivers cups-ppdc cups-server-common dbus dbus-x11 debconf
  debconf-i18n dh-python distro-info-data dmidecode dnsutils dpkg dpkg-dev
  e2fslibs e2fsprogs evince evince-common evolution-data-server
  evolution-data-server-common evolution-data-server-online-accounts file
```

图 6.61　安装升级包

gazebo 升级完成。

这里 ROS 和所需的常用环境已安装完毕，可以通过更深入的学习进一步了解 ROS 的使用。

6.3 RoboWare Studio

6.3.1 安装 RoboWare Studio

RoboWare Studio 是 ROS 的一款 IDE，其功能比较强大，能使工作人员的开发更加快速、简单。RoboWare Studio 是基于微软开源的 Visual Studio Code 内核开发的，其界面与 VSCode 非常像。要安装 RoboWare Studio，首先确保 Ubuntu 版本是 14.04 或者 16.04，目前只支持这两个版本，并且完成了 ROS 的安装和配置，可以通过 catkin_make 来构建 ROS 包，然后去 RoboWare 的官网下载对应的安装包安装即可。

(1) 在 Home 里创建一个文件夹，如图 6.62 所示。然后将下载好的 roboware-studio 安装包放在该文件夹下，如图 6.63 所示。

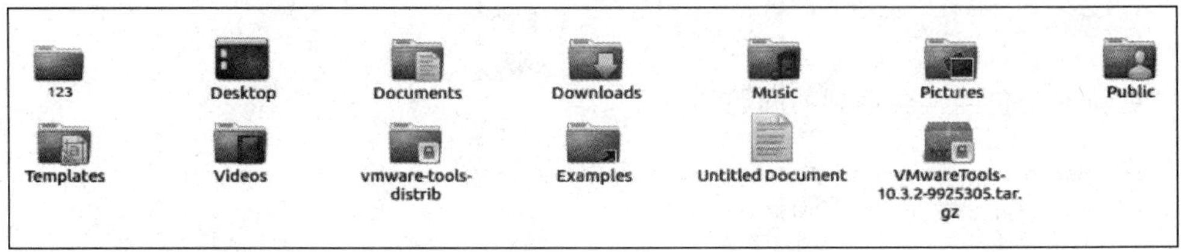

图 6.62 创建储存 roboware 文件夹

(2) 下载 RoboWare Studio 完以后先不要急于安装，为了更好地使用 RoboWare Studio，需要事先安装两个比较常用的插件，为了支持 Python 调试功能，需要安装 pylint。打开终端输入以下命令：

图 6.63 roboware 安装包

```
$ sudo apt - get install python - pip
```

按回车键，如图 6.64 所示。

(3) 在终端输入以下命令：

```
$ sudo python - m pip install pylint
```

按回车键，如图 6.65 所示。

在执行 sudo python -m pip install pylint 时，经常会出现错误提示。

① 问题一

```
Error:typed_ast only runs on Python 3.3 and above.
```

解决方法为在终端输入以下命令：

```
$ pip install - - upgrade pip
```

```
mst@mst: ~
mst@mst:~$ sudo apt-get install python-pip
[sudo] password for mst:
Reading package lists... Done
Building dependency tree
Reading state information... Done
The following package was automatically installed and is no longer required:
  snapd-login-service
Use 'sudo apt autoremove' to remove it.
The following additional packages will be installed:
  libpython-all-dev python-all python-all-dev python-pip-whl python-wheel
The following NEW packages will be installed:
  libpython-all-dev python-all python-all-dev python-pip python-pip-whl
  python-wheel
0 upgraded, 6 newly installed, 0 to remove and 0 not upgraded.
Need to get 1,307 kB of archives.
After this operation, 2,086 kB of additional disk space will be used.
Do you want to continue? [Y/n] y
Get:1 http://mirrors.aliyun.com/ubuntu xenial-updates/main amd64 libpython-all-d
ev amd64 2.7.12-1~16.04 [1,006 B]
Get:2 http://mirrors.aliyun.com/ubuntu xenial-updates/main amd64 python-all amd6
4 2.7.12-1~16.04 [996 B]
Get:3 http://mirrors.aliyun.com/ubuntu xenial-updates/main amd64 python-all-dev
amd64 2.7.12-1~16.04 [1,016 B]
Get:4 http://mirrors.aliyun.com/ubuntu xenial-updates/universe amd64 python-pip-
```

图 6.64　获取 pylint

```
mst@mst: ~
mst@mst:~$ sudo python -m pip install pylint
The directory '/home/mst/.cache/pip/http' or its parent directory is not owned b
y the current user and the cache has been disabled. Please check the permissions
 and owner of that directory. If executing pip with sudo, you may want sudo's -H
 flag.
The directory '/home/mst/.cache/pip' or its parent directory is not owned by the
 current user and caching wheels has been disabled. check the permissions and ow
ner of that directory. If executing pip with sudo, you may want sudo's -H flag.
Collecting pylint
  Downloading https://files.pythonhosted.org/packages/24/4a/a07484119d23283de4d8
db8176e85be3b20583eefc1cbfa8363b1414fbe2/pylint-2.6.0.tar.gz (680kB)
    100% |████████████████████████████████| 686kB 33kB/s
    Complete output from command python setup.py egg_info:
    Traceback (most recent call last):
      File "<string>", line 1, in <module>
      File "/tmp/pip-build-8XLL0P/pylint/setup.py", line 68, in <module>
        with open(readme_path, encoding="UTF-8") as stream:
    TypeError: 'encoding' is an invalid keyword argument for this function

    ----------------------------------------
Command "python setup.py egg_info" failed with error code 1 in /tmp/pip-build-8X
LL0P/pylint/
You are using pip version 8.1.1, however version 20.2.3 is available.
You should consider upgrading via the 'pip install --upgrade pip' command.
```

图 6.65　安装 pylint

② 问题二

```
Found existing installation: enum34 1.1.2
```

解决方法为在终端输入以下命令：

```
$ sudo pip install -- ignore - installed enum34
```

③ 问题三

```
Importerroe:cannot import name main
```

解决方法为在终端输入以下命令：

```
$ sudo gedit /usr/bin/pip
```

(4) 然后将文件中的内容

```
from pip import main
if __name__ == '__main__':
sys.exit(main())
```

修改为

```
from pip import __main__
if __name__ == '__main__':
sys.exit(__main__._main())
```

之后再执行以下命令：

```
$ sudo pip install -- ignore - installed enum34
$ bsudo python - m pip install pylint
```

(5) 为了获得更好的代码阅读体验，自动格式化整理代码，需要安装 clang-format，在终端输入以下命令：

```
$ sudo apt - get install clang - format - 3.8
```

按回车键，如图 6.66 所示。

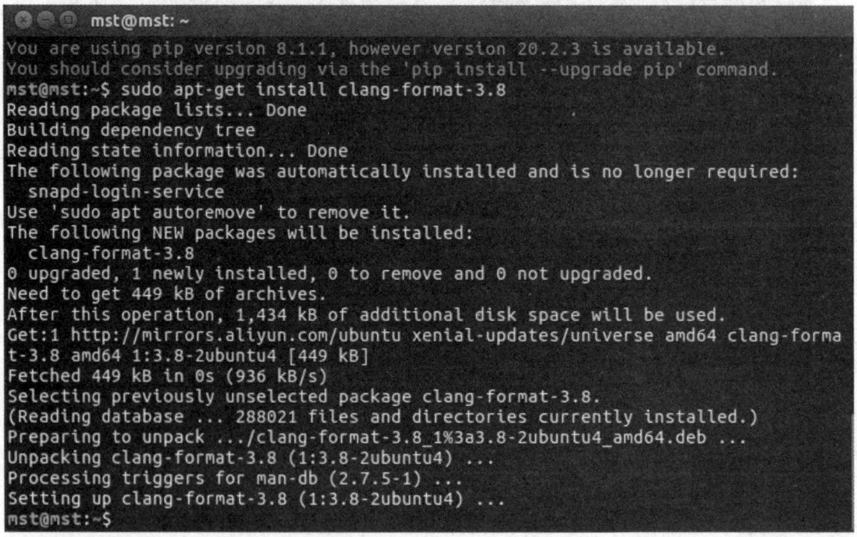

```
mst@mst: ~
You are using pip version 8.1.1, however version 20.2.3 is available.
You should consider upgrading via the 'pip install --upgrade pip' command.
mst@mst:~$ sudo apt-get install clang-format-3.8
Reading package lists... Done
Building dependency tree
Reading state information... Done
The following package was automatically installed and is no longer required:
  snapd-login-service
Use 'sudo apt autoremove' to remove it.
The following NEW packages will be installed:
  clang-format-3.8
0 upgraded, 1 newly installed, 0 to remove and 0 not upgraded.
Need to get 449 kB of archives.
After this operation, 1,434 kB of additional disk space will be used.
Get:1 http://mirrors.aliyun.com/ubuntu xenial-updates/universe amd64 clang-forma
t-3.8 amd64 1:3.8-2ubuntu4 [449 kB]
Fetched 449 kB in 0s (936 kB/s)
Selecting previously unselected package clang-format-3.8.
(Reading database ... 288021 files and directories currently installed.)
Preparing to unpack .../clang-format-3.8_1%3a3.8-2ubuntu4_amd64.deb ...
Unpacking clang-format-3.8 (1:3.8-2ubuntu4) ...
Processing triggers for man-db (2.7.5-1) ...
Setting up clang-format-3.8 (1:3.8-2ubuntu4) ...
mst@mst:~$
```

图 6.66　安装 clang-format

(6) 开始安装，在终端中找到创建的文件，并输入以下命令：

```
$ cd ~/123/
$ sudo dpkg - I roboware - studio_1.1.0 - 1514335284_amd64.deb
```

按回车键，如图 6.67 所示。

(7) 出现用户协议界面，阅读完毕后按 Esc 键，如图 6.68 所示。

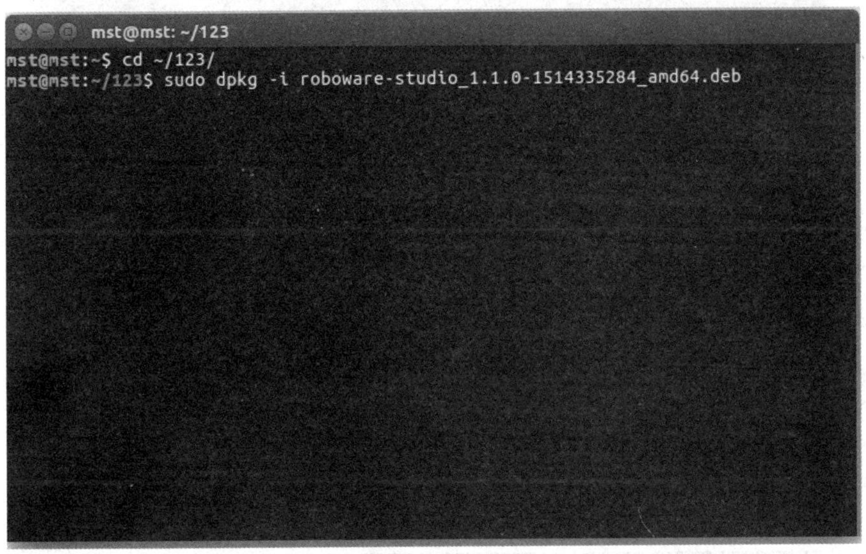

图 6.67　打开安装包

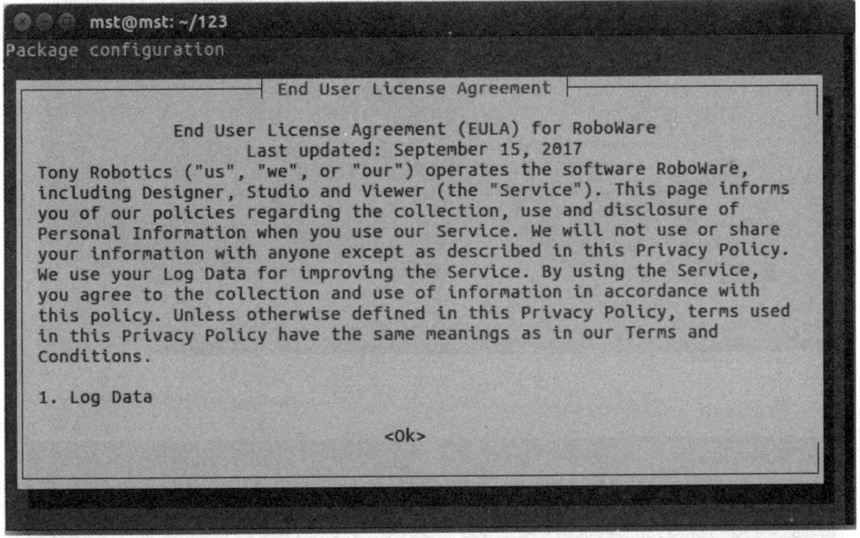

图 6.68　用户协议

(8) 然后出现 Do you accept the agreement?，单击< yes >按钮，并按回车键，自动开始安装，如图 6.69 所示。

(9) 安装完成后，在终端输入以下命令：

```
$ roboware - studio
```

软件自动打开，如图 6.70 所示。

RoboWare Studio 的操作界面如图 6.71 所示。

RoboWare Studio 安装完成，为了方便以后使用，可以用右键将其锁定到启动器。

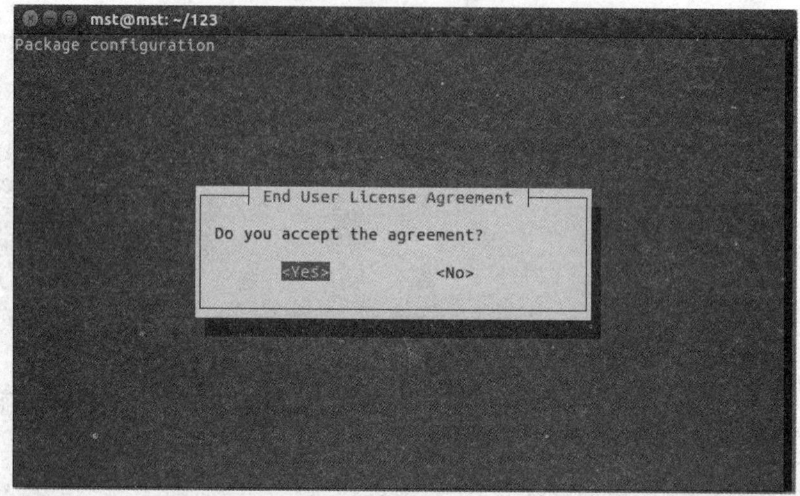

图 6.69　协议确认

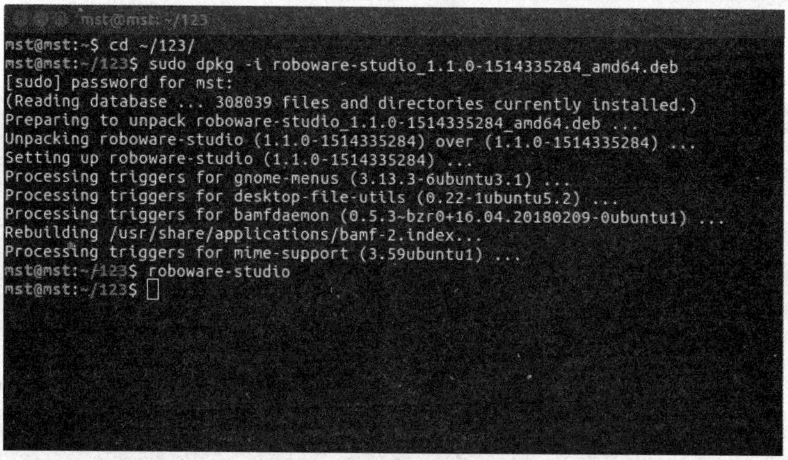

```
mst@mst:~$ cd ~/123/
mst@mst:~/123$ sudo dpkg -i roboware-studio_1.1.0-1514335284_amd64.deb
[sudo] password for mst:
(Reading database ... 308039 files and directories currently installed.)
Preparing to unpack roboware-studio_1.1.0-1514335284_amd64.deb ...
Unpacking roboware-studio (1.1.0-1514335284) over (1.1.0-1514335284) ...
Setting up roboware-studio (1.1.0-1514335284) ...
Processing triggers for gnome-menus (3.13.3-6ubuntu3.1) ...
Processing triggers for desktop-file-utils (0.22-1ubuntu5.2) ...
Processing triggers for bamfdaemon (0.5.3~bzr0+16.04.20180209-0ubuntu1) ...
Rebuilding /usr/share/applications/bamf-2.index...
Processing triggers for mime-support (3.59ubuntu1) ...
mst@mst:~/123$ roboware-studio
mst@mst:~/123$ 
```

图 6.70　打开 roboware

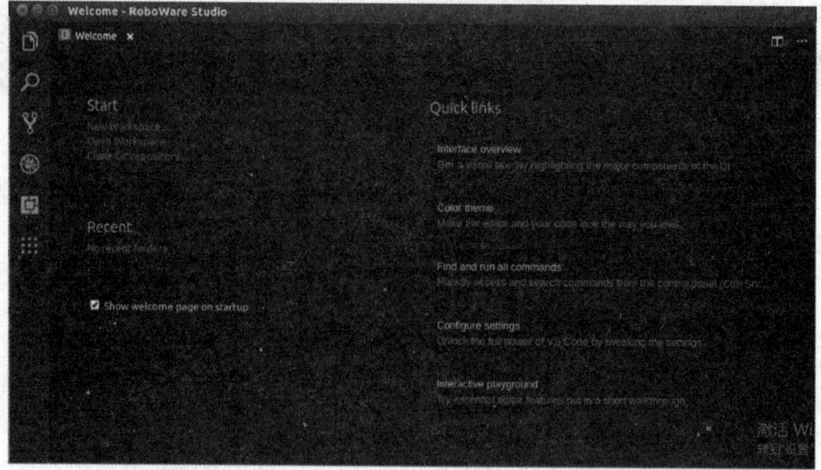

图 6.71　RoboWare 操作界面

6.3.2 RoboWare Studio 的使用教程

(1) 安装后打开 RoboWare,选择新建工作区或打开原有的工作区(后面将介绍工作空间的创建,所以这次使用已有的工作空间)。此处直接打开 catkin_ws,如图 6.72 所示。可见,使用 IDE 与直接在终端下编程相比,文件的组织结构一目了然,并且可以免去编译时更新 CMakeLists. txt 等操作,方便很多。

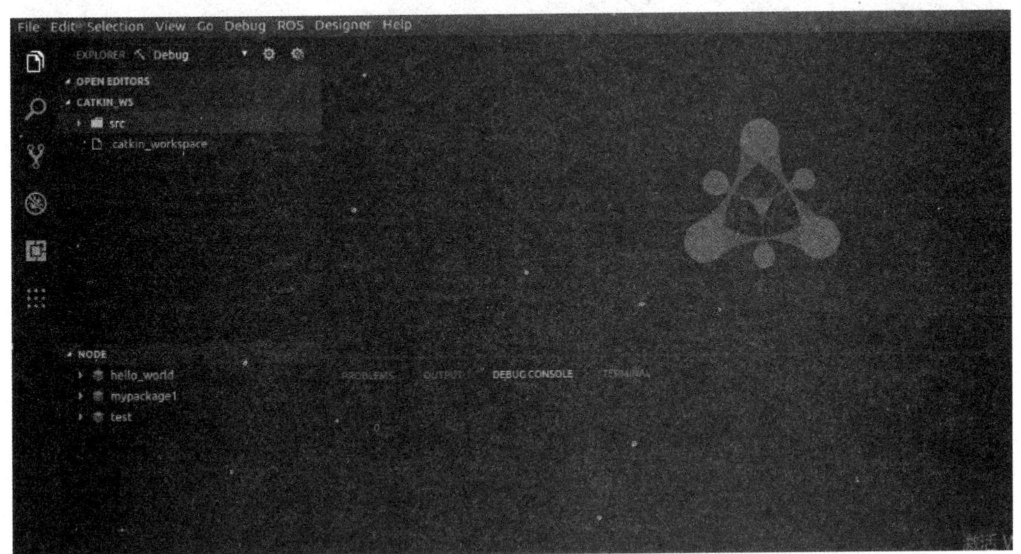

图 6.72 打开 catkin_ws

(2) 创建好后右击工作区下 src 文件夹,新建 ROS 包,输入 test std_msgs roscpp,如图 6.73 所示,然后按回车键,第一个是 package 的名字,后面两个是依赖项。

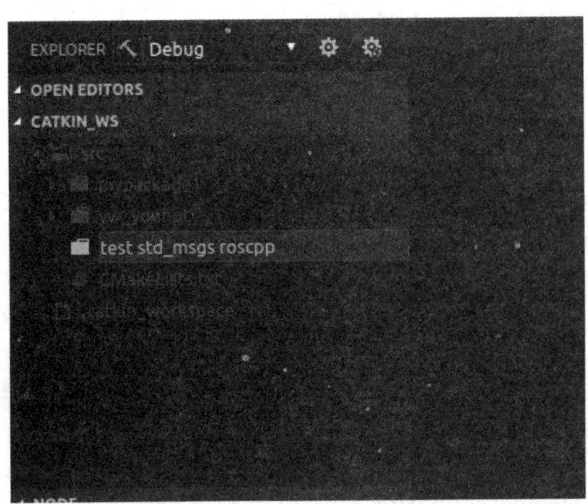

图 6.73 在 src 文件下创建包

(3) 建好 ROS 包后,右击该 ROS 包可以添加 msg、srv 等文件夹(这些以后会用到);这里就在 src 文件夹下新建一个 cpp 文件,右击选择 test 下的 scr 文件,选择右键菜单的

ADD CPP File命令。取名后选择加入新的可执行文件(Add to new Executable),如图6.74所示。

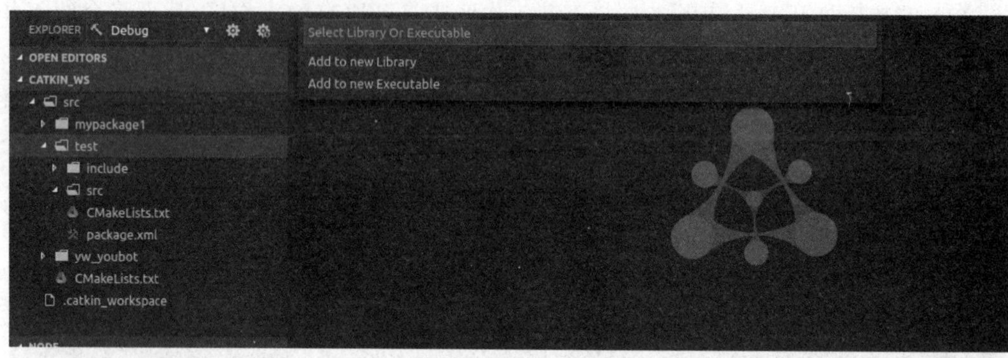

图6.74 创建CPP文件格式

注意:这里一定要选择可执行文件;否则后面文件中的内容无法运行。

(4) 打开cpp文件,写入以下代码进行测试:

```
#include "ros/ros.h"
#include "std_msgs/String.h"
#include <sstream>
int main(int argc, char **argv)
{
    ros::init(argc,argv,"example");
    ros::NodeHandle n;
    ros::Publisher chatter_pub = n.advertise<std_msgs::String>("message",1000);
    ros::Rate loop_rate(10);
    while(ros::ok())
    {
        std_msgs::String msg;
        std::stringstream ss;
        ss << "Hello world!";
        msg.data = ss.str();
        chatter_pub.publish(msg);
        ros::spinOnce();
        loop_rate.sleep();
    }
    return 0;
}
```

界面显示如图6.75所示。

(5) 单击左上角的锤子图标旁边的下拉列表框,选择Debug选项,然后单击锤子图标运行选定构建任务或者按Ctrl+Shift+B组合键进行编译,如图6.76所示。

(6) 单击菜单栏中的ROS(最大化后才能看到菜单栏),选择Run roscore命令,当然在终端中运行也是可以的,如图6.77所示。

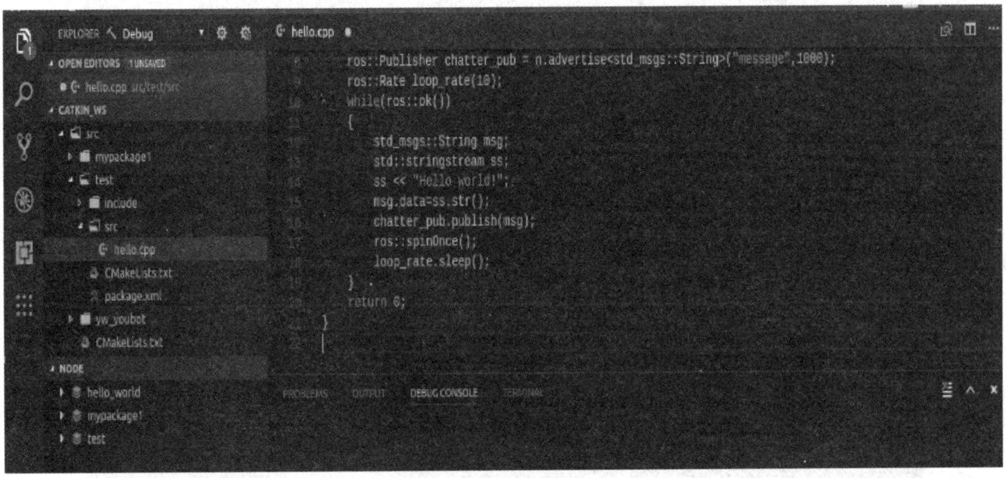

图 6.75 运行的代码

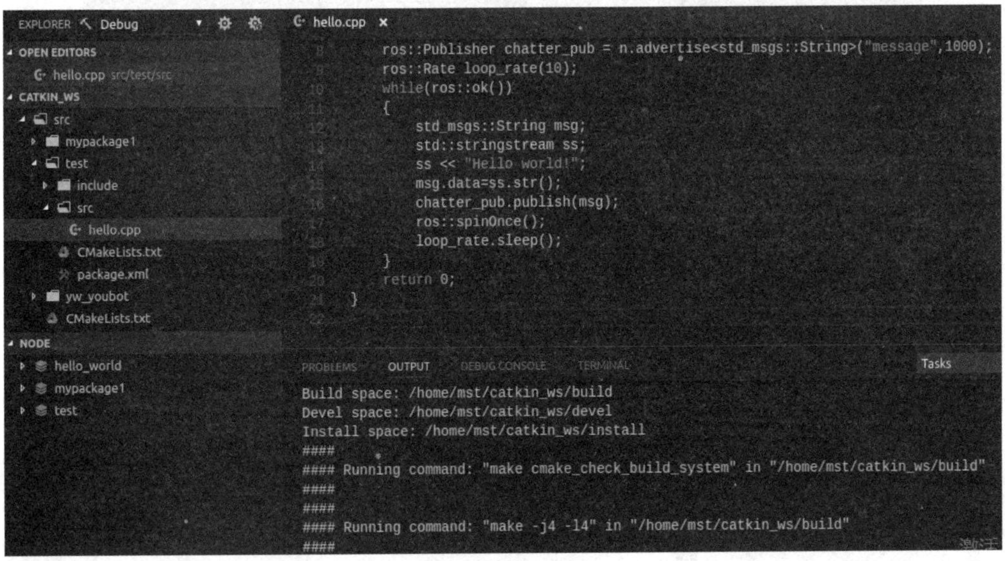

图 6.76 编译创建的包

(7) 在下方出现的终端中，单击右侧的加号打开一个新终端，先配置好环境，在下方的终端框中输入以下命令：

```
source ~/catkin_ws/devel/setup.bash
```

然后运行，在终端中输入以下命令：

```
rosrun test hello
```

按回车键，如图 6.78 所示。

(8) 使用 rostopic 相关命令可以查看生成的主题和输出主题信息，如图 6.79 所示。

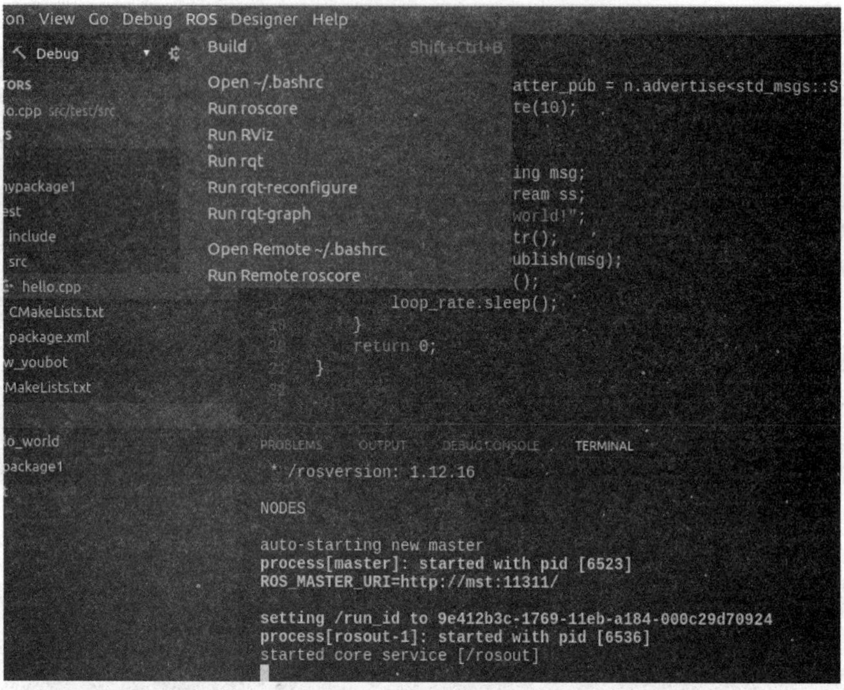

```
on  View  Go  Debug  ROS  Designer  Help
Build                         Shift+Ctrl+B
Open ~/.bashrc
Run roscore
Run RViz
Run rqt
Run rqt-reconfigure
Run rqt-graph
Open Remote ~/.bashrc
Run Remote roscore

PROBLEMS   OUTPUT   DEBUG CONSOLE   TERMINAL
 * /rosversion: 1.12.16

NODES

auto-starting new master
process[master]: started with pid [6523]
ROS_MASTER_URI=http://mst:11311/

setting /run_id to 9e412b3c-1769-11eb-a184-000c29d70924
process[rosout-1]: started with pid [6536]
started core service [/rosout]
```

图 6.77　在终端运行

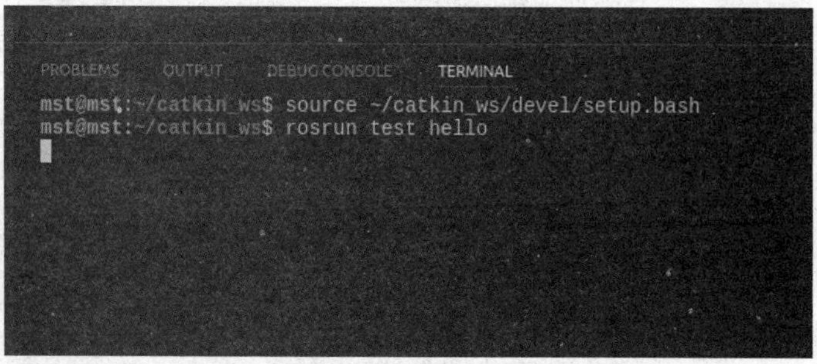

```
PROBLEMS   OUTPUT   DEBUG CONSOLE   TERMINAL
mst@mst:~/catkin_ws$ source ~/catkin_ws/devel/setup.bash
mst@mst:~/catkin_ws$ rosrun test hello
```

图 6.78　运行测试

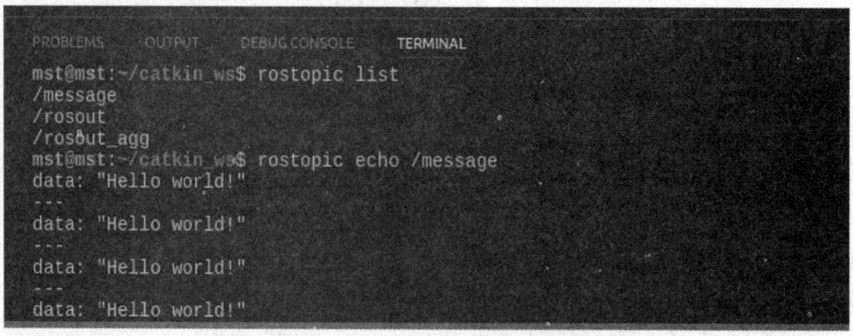

```
PROBLEMS   OUTPUT   DEBUG CONSOLE   TERMINAL
mst@mst:~/catkin_ws$ rostopic list
/message
/rosout
/rosout_agg
mst@mst:~/catkin_ws$ rostopic echo /message
data: "Hello world!"
---
data: "Hello world!"
---
data: "Hello world!"
---
data: "Hello world!"
```

图 6.79　使用 rostopic 命令查看信息

第7章 ROS 文件系统

7.1 Catkin 编译系统

7.1.1 Catkin 编译系统的由来

Catkin 一词准确翻译为“葇荑花序”，是无限花序的一种，花轴上生着许多无柄或短柄的单性花（雌花或雄花），有花被或花被缺。它与 ROS 有什么关系呢？ROS 早期的创始实验室中叫作 Willow Garage，而柳树（Willow）的花就属于 Catkin 这种花序。

Linux 下的编译器有 gcc、g++，随着源文件的增加，直接用 gcc/g++ 命令的方式显得效率低下，大家开始用 Makefile 进行编译。然而，随着工程体量的增大，Makefile 也不能满足要求，于是就出现了 CMake 工具。

CMake 是对 Make 工具的生成器，是更高层的工具，它简化了编译构建过程，能够管理大型项目，具有良好的可扩展性。ROS 采用 CMake，并对 CMake 进行了扩展，形成了 Catkin 编译系统。程序在 CMake 编译的流程如下：CMake 指令依据用户的 CMakeLists. txt 文件，生成 Makefiles 文件，Make 再依据此 Makefiles 文件编译链接生成可执行文件。catkin_make 是将 CMake 与 Make 的编译方式做了一个封装的指令工具，规范了工作路径与生成文件路径。因此 Catkin 的原理和流程与 CMake 很类似，跟 ROS 原始的编译和打包系统 rosbuild 相比，它的可移植性以及对交叉编译的支持更好，所以 Catkin 成为了 ROS 官方指定的系统。

7.1.2 Catkin 编译条件和 Catkin 的特点

要做成一个 Catkin 功能包，必须满足以下相关条件。

(1) 功能包必须包含一个 Catkin 兼容的注释文件 package. xml。

(2) package. xml 文件提供有关功能包的元信息。

(3) 功能包必须包含采用 Catkin 的 CMakeLists. txt 文件，特殊情况下 metapakages 不必包含 CMakeLists. txt 文件。

(4) 在一个文件中不允许出现多个功能包，这就意味着多个功能包不能共享一条路径，也不允许功能包之间相互嵌套功能包。

Catkin 是基于 CMake 的编译构建系统，具有以下特点。

(1) Catkin 沿用了包管理的传统，像 find_package()基础结构 pkg-config。

(2) 扩展了 CMake，如软件包编译后无须安装就可使用；自动生成 find_package()代码，pkg-config 文件；解决了多个软件包构建顺序问题。

(3) 一个 Catkin 的软件包(package)必须要包括两个文件。

① package. xml：包括 package 的描述信息，如 name、description、version、maintainer(s)、license opt. authors、url's、dependencies、plugins 等。

② CMakeLists. txt：构建 package 所需的 CMake 文件；调用 Catkin 的函数/宏；解析 package. xml；找到其他依赖的 Catkin 软件包；将本软件包添加到环境变量。

7.1.3 Catkin 的工作原理

Catkin 的工作过程可分为以下几点。

(1) 一个可执行程序的生成：源代码的编译和链接。

(2) Catkin 集成了 CMake 和 Make 的功能，一条命令就可以将源代码生成可执行程序。

(3) Catkin 的工作过程，要组成一个 Catkin 功能包，如图 7.1 所示。

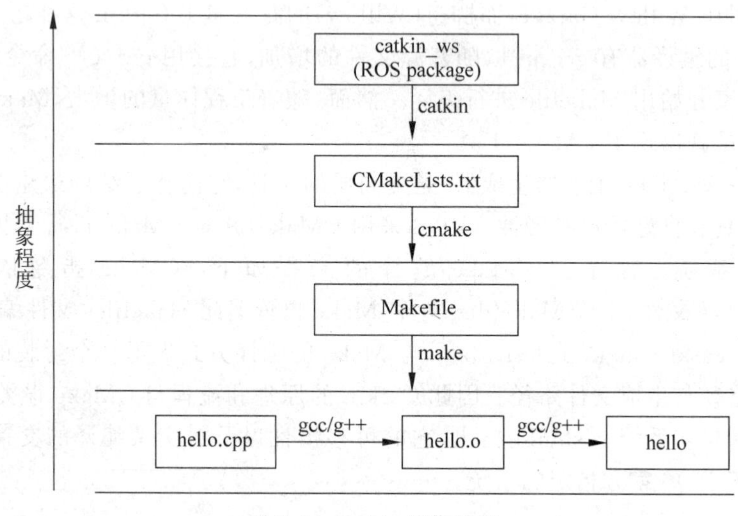

图 7.1　Catkin 工作过程

(4) ROS 存在两种编译系统，即 rosbuild 和 Catkin，但 rosbuild 已逐渐被淘汰。

(5) Catkin 是对包进行操作。

① Catkin 有必要的工作条件。两个不可缺少的文件：描述包的 xml 文件 package. xml；构建 package 所需要的 CMake 文件 CMakeLists. txt。

② Catkin 的工作原理。首先，在工作空间 catkin_ws/src/下递归查找其中每个 ROS 的 package；然后，package 中会有 package. xml 和 CMakeLists. txt 文件，Catkin 编译系统依据 CMakeLists. txt 文件，从而生成 Makefile 文件并放在 catkin_ws/build/中；最后，Make 刚刚生成的 Makefile 等文件，编译链接生成可执行文件，并放在 catkin_ws/devel 中。

Catkin 的使用方法为在终端输入：

```
$ cd~catkin_ws                          # 回到工作空间
```

Catkin_make 必须在工作空间下执行：

```
$ catkin_make                           # 开始编译
$ source~/catkin_ws/devel/setup.bash    # 刷新环境
```

7.2　Catkin 工作空间

7.2.1　Catkin 工作空间介绍

工作空间(Workspace)是一个存放工程开发相关文件的文件夹。Catkin 工作空间是创建、修改、编译 Catkin 软件包的目录。Catkin 的工作空间可被直观地形容为一个仓库，里面装载着 ROS 的各种项目工程，便于系统组织管理调用。在可视化图形界面里是一个文件夹。用户写的 ROS 代码通常就放在工作空间中，本节就来介绍如何使用 Catkin 工作空间。

Catkin 工作空间的结构可分为以下几个部分。

```
src/        # ROS 的 Catkin 软件包(源代码包)
build/      # Catkin(CMake)的缓存信息和中间文件
devel/      # 生成的目标文件(包括头文件、动态链接库、静态链接库及可执行文件等)、环境变量
install:    # 安装空间(Install Space)
```

7.2.2　创建 Catkin 工作空间

创建一个 Catkin 工作空间的步骤如下。

(1) 创建第二层级的文件夹 src，这是放 ROS 软件包的地方，终端输入以下命令：

```
$ mkdir -p ~/catkin_ws/src
```

按回车键，结果如图 7.2 所示。

(2) 进入工作空间。catkin_make 必须在工作空间这个路径上执行，在终端输入以下命令：

```
$ cd ~/catkin_ws/src
```

按回车键，结果如图 7.3 所示。

(3) 初始化 src 目录。生成的 CMakeLists.txt 为功能包编译配置文件，在终端输入以下命令：

```
$ catkin_init_workspace
```

按回车键，结果如图 7.4 所示。

```
mst@mst: ~
mst@mst:~$ mkdir -p ~/catkin_ws/src
mst@mst:~$
```

图 7.2　创建 src

```
mst@mst: ~/catkin_ws/src
mst@mst:~$ mkdir -p ~/catkin_ws/src
mst@mst:~$ cd ~/catkin_ws/src
mst@mst:~/catkin_ws/src$
```

图 7.3　进入工作空间

```
mst@mst: ~/catkin_ws/src
mst@mst:~$ mkdir -p ~/catkin_ws/src
mst@mst:~$ cd ~/catkin_ws/src
mst@mst:~/catkin_ws/src$ catkin_init_workspace
Creating symlink "/home/mst/catkin_ws/src/CMakeLists.txt" pointing to "/opt/ros/
kinetic/share/catkin/cmake/toplevel.cmake"
mst@mst:~/catkin_ws/src$
```

图 7.4　初始化 src 目录

7.2.3　编译工作空间

编译已经创建的工作空间，其步骤如下。

(1) 回到工作空间。因为 catkin_make 必须在工作空间下执行，在终端输入以下命令：

```
$ cd ～/catkin_ws
```

按回车键，结果如图 7.5 所示。

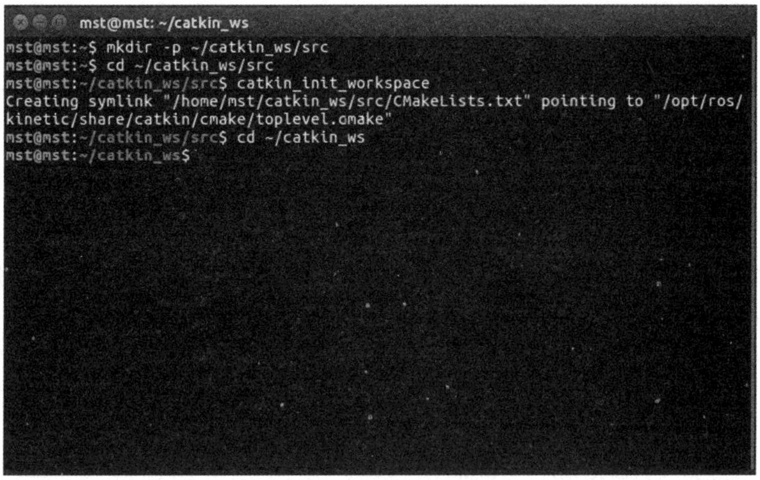

```
mst@mst: ~/catkin_ws
mst@mst:~$ mkdir -p ~/catkin_ws/src
mst@mst:~$ cd ~/catkin_ws/src
mst@mst:~/catkin_ws/src$ catkin_init_workspace
Creating symlink "/home/mst/catkin_ws/src/CMakeLists.txt" pointing to "/opt/ros/
kinetic/share/catkin/cmake/toplevel.cmake"
mst@mst:~/catkin_ws/src$ cd ~/catkin_ws
mst@mst:~/catkin_ws$
```

图 7.5　回到工作空间

(2) 开始编译，调用系统自动完成编译和链接过程，构建生成目标文件，在终端输入以下命令：

```
$ catkin_make
```

按回车键，结果如图 7.6 所示。

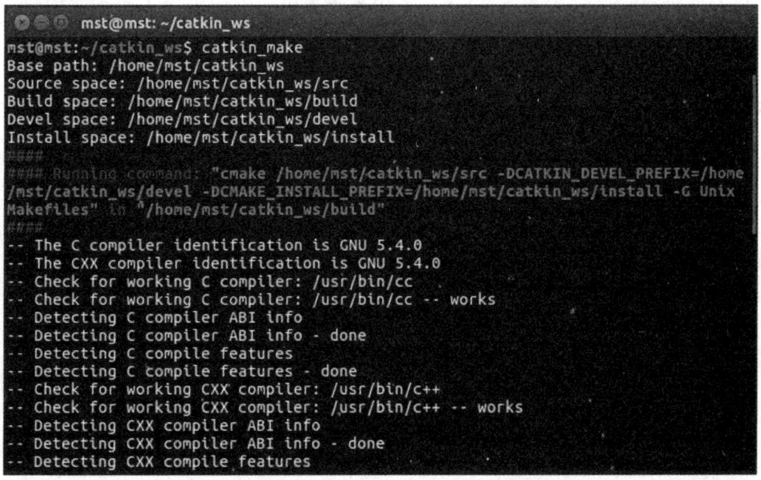

```
mst@mst: ~/catkin_ws
mst@mst:~/catkin_ws$ catkin_make
Base path: /home/mst/catkin_ws
Source space: /home/mst/catkin_ws/src
Build space: /home/mst/catkin_ws/build
Devel space: /home/mst/catkin_ws/devel
Install space: /home/mst/catkin_ws/install
####
#### Running command: "cmake /home/mst/catkin_ws/src -DCATKIN_DEVEL_PREFIX=/home
/mst/catkin_ws/devel -DCMAKE_INSTALL_PREFIX=/home/mst/catkin_ws/install -G Unix
Makefiles" in "/home/mst/catkin_ws/build"
####
-- The C compiler identification is GNU 5.4.0
-- The CXX compiler identification is GNU 5.4.0
-- Check for working C compiler: /usr/bin/cc
-- Check for working C compiler: /usr/bin/cc -- works
-- Detecting C compiler ABI info
-- Detecting C compiler ABI info - done
-- Detecting C compile features
-- Detecting C compile features - done
-- Check for working CXX compiler: /usr/bin/c++
-- Check for working CXX compiler: /usr/bin/c++ -- works
-- Detecting CXX compiler ABI info
-- Detecting CXX compiler ABI info - done
-- Detecting CXX compile features
```

图 7.6　开始编译

这里需要注意的问题如下。

① Catkin编译之前需要回到工作空间目录,因为catkin_make在其他路径下编译不会成功。

② 编译完成后,如果有新的目标文件产生(原来没有),那么一般紧跟着要source刷新环境,使系统能够找到刚才编译生成的ROS可执行文件。这个细节比较容易遗漏,致使后面出现可执行文件无法打开等错误。

当然catkin_make命令不是一成不变的,也有一些可选参数,如catkin_make [args],如表7.1所示。

表7.1 catkin_make可选参数及其作用

指　令	作　用
-h, --help	帮助信息
-C DIRECTORY, --directory DIRECTORY	工作空间的路径(默认为'.')
--source SOURCE	src的路径(默认为'workspace_base/src')
--build BUILD	build的路径(默认为'workspace_base/build')
--use-ninja	用ninja取代make
--use-nmake	用nmake取代make
--force-cmake	强制cmake,即使已经cmake过
--no-color	禁止彩色输出(只对catkin_make和CMake生效)
--pkg PKG [PKG ...]	只对某个PKG进行make
--only-pkg-with-deps ONLY_PKG_WITH_DEPS [ONLY_PKG_WITH_DEPS ...]	将指定的package列入白名单
CATKIN_WHITELIST_PACKAGES	编译白名单里的package,该环境变量存在于CMakeCache.txt
--cmake-args [CMAKE_ARGS [CMAKE_ARGS ...]]	传给CMake的参数
--make-args [MAKE_ARGS [MAKE_ARGS ...]]	传给Make的参数
--override-build-tool-check	用来覆盖由于不同编译工具产生的错误

7.2.4 设置和检查环境变量

如果查看当前目录,应该能看到build和devel这两个文件夹。在devel文件夹里可以看到几个setup.*sh文件。source这些文件中的任何一个都可以将当前工作空间设置在ROS工作环境的最顶层。首先介绍source下新生成的setup.*sh文件,刷新环境,在终端输入以下命令:

```
$ source devel/setup.bash
```

按回车键,结果如图7.7所示。

要想保证工作空间已配置正确,需确保ROS_PACKAGE_PATH环境变量包含你的工作空间目录,出现/home/< youruser >/catkin_ws/src:/opt/ros/kinetic/share。

```
mst@mst: ~/catkin_ws
-- Found gtest sources under '/usr/src/gmock': gtests will be built
-- Found gmock sources under '/usr/src/gmock': gmock will be built
-- Found PythonInterp: /usr/bin/python2 (found version "2.7.12")
-- Looking for pthread.h
-- Looking for pthread.h - found
-- Looking for pthread_create
-- Looking for pthread_create - not found
-- Looking for pthread_create in pthreads
-- Looking for pthread_create in pthreads - not found
-- Looking for pthread_create in pthread
-- Looking for pthread_create in pthread - found
-- Found Threads: TRUE
-- Using Python nosetests: /usr/bin/nosetests-2.7
-- catkin 0.7.20
-- BUILD_SHARED_LIBS is on
-- BUILD_SHARED_LIBS is on
-- Configuring done
-- Generating done
-- Build files have been written to: /home/mst/catkin_ws/build
####
#### Running command: "make -j4 -l4" in "/home/mst/catkin_ws/build"
####
mst@mst:~/catkin_ws$ source devel/setup.bash
mst@mst:~/catkin_ws$
```

图 7.7　刷新环境

查看命令，在终端输入以下命令：

```
$ echo $ ROS_PACKAGE_PATH
```

按回车键，结果如图 7.8 所示。

```
mst@mst: ~/catkin_ws
-- Found PythonInterp: /usr/bin/python2 (found version "2.7.12")
-- Looking for pthread.h
-- Looking for pthread.h - found
-- Looking for pthread_create
-- Looking for pthread_create - not found
-- Looking for pthread_create in pthreads
-- Looking for pthread_create in pthreads - not found
-- Looking for pthread_create in pthread
-- Looking for pthread_create in pthread - found
-- Found Threads: TRUE
-- Using Python nosetests: /usr/bin/nosetests-2.7
-- catkin 0.7.20
-- BUILD_SHARED_LIBS is on
-- BUILD_SHARED_LIBS is on
-- Configuring done
-- Generating done
-- Build files have been written to: /home/mst/catkin_ws/build
####
#### Running command: "make -j4 -l4" in "/home/mst/catkin_ws/build"
####
mst@mst:~/catkin_ws$ source devel/setup.bash
mst@mst:~/catkin_ws$ echo $ROS_PACKAGE_PATH
/home/mst/catkin_ws/src:/opt/ros/kinetic/share
mst@mst:~/catkin_ws$
```

图 7.8　查看命令

至此，工作环境已经搭建完成。创建好了一个 ROS 的工作空间，接下来就是在 catkin_ws 工作空间下的 src 目录下新建功能包，并进行功能包程序。

7.3　package 软件包

7.3.1　package 基本概况

ROS 中的 package 的定义更加具体，它不仅是 Linux 上的软件包，更是 Catkin 编译的基本单元，调用 catkin_make 编译的对象就是一个个 ROS 的 package，也就是说，任何 ROS 程序只有组织成 package 才能编译。所以 package 也是 ROS 源代码存放的地方，任何 ROS 的代码无论是 C++还是 Python 都要放到 package 中，这样才能正常编译和运行。一个 package 可以编译出多个目标文件(ROS 可执行程序、动态静态库、头文件等)。

通常情况下，一个 package 下常见的文件、路径如下。

(1) CMakeLists. txt：定义 package 的包名、依赖、源文件、目标文件等编译规则，这是 package 不可缺少的组成成分。

(2) package. xml：描述 package 的包名、版本号、作者、依赖等信息，这是 package 不可缺少的成分。

(3) src/：存放 ROS 的源代码，包括 C++的源代码和(. cpp)以及 Python 的 module(. py)。

(4) include/：存放 C++源代码对应的头文件。

(5) scripts/：存放可执行脚本，如 Shell 脚本(. sh)、Python 脚本(. py)。

(6) msg/：存放自定义格式的消息(. msg)。

(7) srv/：存放自定义格式的服务(. srv)。

(8) models/：存放机器人或仿真场景的三维模型(. sda、. stl、. dae 等)。

(9) urdf/：存放机器人的模型描述(. urdf 或. xacro)。

(10) launch/：存放 launch 文件(. launch 或. xml)。

其中，定义 package 的是 CMakeLists. txt 和 package. xml，这两个文件是 package 中必不可少的，其路径根据软件包是否需要来决定。Catkin 编译系统在编译前，首先就要解析这两个文件。这两个文件定义了一个 package，下一小节将介绍两个文件。

package 的相关命令如下。

```
rospack      # 对 package 管理的工具
roscd        # 命令类似于 Linux 系统的 cd,改进之处在于 roscd 可以直接转到 ROS 的软件包
rosls        # 可以视为 Linux 指令 ls 的改进版,可以直接 ls ROS 软件包的内容
```

7.3.2 package 中的 CMakeLists. txt 和 package. xml 文件

1. CMakeLists.txt

在 ROS 的编程过程中，如果 CMakeLists. txt 写不好，编译就很难成功；如果看不懂 CMakeLists. txt，则很多错误将不知道是什么原因造成的，所以深入了解它是很有必要的。

使用 CMake 进行程序编译时，会根据 CMakeLists. txt 文件进行一步一步地处理，然后形成 MakeFile 文件，系统再通过这个文件的设置进行程序编译。

可以先寻找一些 CMake 方面的介绍进行一定的了解。ROS 中的 CMakeLists. txt 也是基于普通 CMake 的。ROS 中的 CMakeLists. txt 主要包括下面几个部分。

① Required CMake Version(cmake_minimum_required)。

② Package Name(project())。

③ Find other CMake/Catkinpackages needed for build(find_package())。

④ Message/Service/ActionGenerators(add_message_files(),add_service _files(),add_action_files())。

⑤ Invokemessage/service/action generation(generate_messages())。

⑥ Specify package buildinfo export(catkin_package())。

⑦ Libraries/Executablesto build(add_library()/add_executable()/target_link_libraries())。

⑧ Tests to build(catkin_add_gtest())。

⑨ Install rules(install())。

下面解释各主要部分。

(1) cmake_minimum_required(VERSION 2.8.3)。

Catkin CMakeLists.txt 都要以此开始,Catkin 编译需要 2.8.3 版本以上的 CMake。

(2) project(beginner_tutorials)。

通过 project()函数指定包的名字,在 CMake 中指定后,可在其他地方通过使用变量 ${PROJECT_NAME}来引用它。

(3) find_package。

这里指明构建这个 package 需要依赖的 package,我们使用 catkin_make 的编译方式,至少需要 catkin 包。

```
find_package(catkin REQUIRED)
```

一个包被 find_package,就会导致一些 CMake 变量的产生,这些变量后面将在 CMake 的脚本中用到,这些变量描述了所依赖的包输出的头文件、源文件、库文件在哪里。这些变量的名字依照的惯例是:<PACKAGENAME>_<PROPERTY>。

比如:

```
<NAME>_FOUND  #这个变量说明这个库是否被找到,如果找到就被设置为 true,否则设为 false
<NAME>_INCLUDE_DIRS or <NAME>_INCLUDES          #这个包输出的头文件目录
<NAME>_LIBRARIES or <NAME>_LIBS                 #这个包输出的库文件
```

需要的所有包都可用这种方式包含进来,如需要 roscpp、rospy、std_msgs。可以写成:

```
find_package(roscpp REQUIRED)
find_package(rospy REQUIRED)
find_package(std_msgs REQUIRED)
```

这样,每个依赖的 package 都会产生几个变量,这很不方便,所以还有另一种方式:

```
find_package(catkin REQUIRED COMPONENTS roscpp rospy std_msgs message_generation)
```

这样,它会把所有 pacakge 里面的头文件和库文件等目录加到一组变量上,如 catkin_INCLUDE_DIRS,这样就可以用这个变量查找需要的文件了。最终就只产生一组变量了。

(4) 声明 ROS messages、services 和 actions。

当需要使用.msg、.srv、.action 形式的文件时,需要特殊的预处理器把它们转化为系统可以识别特定的编程语言(.h 和.cpp)。系统会用里面所有的(一些编程语言)生成器(如 gencpp、genpy、genlisp 等)生成相应的.cpp、.py 文件。这就需要 3 个宏,即 add_message_files、add_service_files 和 add_action_files 来相应地控制.msg、.srv、.action。这些宏后面必须跟着一个调用——generate_messages()。它们的运用要注意以下几点。

① 这些宏必须在 catkin_package()宏前面,即

```
find_package(catkin REQUIRED COMPONENTS ...)
add_message_files(...)
add_service_files(...)
add_action_files(...)
generate_messages(...)
catkin_package(...)
...
```

② 宏 catkin_package()中必须有 CATKIN_DEPENDS 依赖于 message_runtime,即:

```
catkin_package(
...
CATKIN_DEPENDS message_runtime ...
...)
```

③ find_package()必须依赖包 message_generation:

```
find_package(catkin REQUIRED COMPONENTS message_generation)
```

④ package.xml 文件 build_depend 必须包含 message_generation,run_depend 必须包含 message_runtime。

⑤ 如果有一个包编译.msg、.srv,并且可执行文件要使用它们,就需要创建一个显式的依赖项,自动生成 message 的 target。这样才能按顺序进行编译:

```
add_dependencies(some_target ${PROJECT_NAME}_generate_messages_cpp)
```

这里的 some_target 是 add_executable()设置的 target 的名字。

(5) catkin_package()。

这是一个 Catkin 提供的 CMake 宏,当要给构建系统指定 Catkin 的特定信息时就需要了,或者反过来利用它产生 pkg-config 和 CMake 文件。这个函数必须在声明 add_library()或者 add_executable()生成 target 之前使用。

(6) 指定编译的 target。

编译产生的 target 有多种形式,通常有两种,即程序可以运行的可执行文件以及在可执行文件编译和运行时要用到的库。

① target 的命名。target 的命名很重要,在 Catkin 中 target 的名字必须是唯一的,和你之前构建产生和安装的都不能相同。这只是 CMake 内部的需要。可以利用 set_target_properties()函数将这个 target 进行重命名。例如:

```
set_target_properties(rviz_image_view PROPERTIES OUTPUT_NAME image_view PREFIX "")
```

这样就可将 target rviz_image_view 改为 image_view。

② 设置输出路径。ROS 中的输出路径是默认的，但是也可通过下面代码进行修改：

```
set_target_properties(python_module_library PROPERTIES LIBRARY_OUTPUT_DIRECTORY ${CATKIN
_DEVEL_PREFIX}/${CATKIN_PACKAGE_PYTHON_DESTINATION})
```

③ 头文件路径和库文件路径。在指定 target 之前，需要指明对 target 而言在哪里找源文件，特别是在哪里找头文件、在哪里找库文件。

Include Paths：指明编译代码时在哪里寻找头文件。

Library Paths：指明可执行文件需要的库文件在哪里。

include_directories()：其参数是通过 find_package 产生的 *_INCLUDE_DIRS 变量和其他所有额外的头文件路径。例如：

```
include_directories(include ${Boost_INCLUDE_DIRS} ${catkin_INCLUDE_DIRS})
```

这里 include 表示 pacakge 里面的 include 这个路径也包含在里面。

link_directories()：这个函数用来添加额外的库的路径，然而并不鼓励使用，因为所有的 Catkin 和 CMake 的 package 在使用 find_package 时就已经自动有它们的链接信息。简单的连接可以通过 target_link_libraries()来进行。

④ 可执行 target。例如：

```
add_executable(myProgram src/main.cpp src/some_file.cpp src/another_file.cpp)
```

⑤ 库 target。add_library()用来指定编译产生的库。默认的 Catkin 编译产生共享库：

```
add_library(${PROJECT_NAME} ${${PROJECT_NAME}_SRCS})
```

⑥ 链接库。使用 target_link_libraries 函数来指定可执行文件链接的库。这个要用在 add_executable()后面。例如：

```
target_link_libraries(<executableTargetName>, <lib1>, <lib2>, ... <libN>)
```

例如：

```
add_executable(foo src/foo.cpp)
add_library(moo src/moo.cpp)
target_link_libraries(foo moo)
```

这就是将可执行文件 foo 链接到库文件 libmoo.so。

2. package.xml

package.xml 文件定义有关包的属性，如包名称、版本号、作者、维护者以及其他 Catkin 包的依赖关系。这个概念类似于传统 rosbuild 构建系统中使用的 manifest.xml 文件。系统包依赖关系在 package.xml 中声明。如果缺少或不正确，可以从源代码构建，并在自己的机器上运行测试，但是当发布到 ROS 社区时，软件包将无法正常工作。

每个 package.xml 文件都有<package>标签作为根标记文件，基本结构：

```
<package format = "2">

</package>
```

有一小部分标签需要嵌套在<package>标签中，以使包清单完整，所需标签如下。

- <name>：包的名称。
- <version>：包的版本号(需要 3 个点分隔的整数)。
- <description>：包内容的描述。
- <maintainer>：维护包的人员名称。
- <license>：发布代码的软件许可证(如 GPL、BSD、ASL)。

例如，这里是一个虚构包的包清单：

```
<package format = "2">
<name> foo_core </name>
<version> 1.2.4 </version>
<description>
This package provides foo capability.
</description>
<maintainer email = "ivana@osrf.org"> Ivana Bildbotz </maintainer>
<license> BSD </license>
</package>
```

具有最小标签的包清单不指定对其他包的任何依赖关系。软件包可以有以下 6 种依赖关系。

(1) 构建依赖关系指定构建此包所需的包。在构建时需要这些软件包中的文件时才是这种情况。这可以包括在编译时的头文件、链接到这些包的库文件或在构建时需要任何其他资源(特别是当这些包在 CMake 中是 find_package()时)。在交叉编译场景中，构建依赖关系针对目标体系结构。对应的相应的指定标签为<buildtool_depend>。

(2) 构建导出依赖关系指定根据此包构建库所需的包。当将此头文件包含在此包中的公用头文件中时，特别是当 CMake 中的 catkin_package()中声明为(CATKIN_DEPENDS)时，就是这种情况。对应的相应的指定标签为<build_depend>。

(3) 执行依赖关系指定在此程序包中运行代码所需的软件包。当依赖此程序包中的共享库，尤其是当 CMake 中的 catkin_package 中声明为(CATKIN_DEPENDS)时就是这种情况。对应的相应的指定标签为<build_export_depend>。

(4) 测试依赖关系仅指定单元测试的附加依赖项。它们不应该将已经提到的任何依赖关系重复为构建或运行依赖关系。对应的相应的指定标签为<exec_depend>。

(5) 构建工具依赖关系指定此软件包需要构建自身的构建系统工具。通常唯一的构建工具是 Catkin。在交叉编译场景中，构建工具依赖关系用于执行编译的架构。对应的相应的指定标签为<test_depend>。

(6) 文档工具依赖关系指定此软件包需要生成文档的文档工具。对应的相应的指定标签为<doc_depend>。

7.3.3　创建 package

ROS 的包编译有两种方法：一种方法是用 rosmake，这种方法简单；另一种方法是用 catkin_make，这种方法更方便包的管理和开发。这两种方法都是先建立工作空间，然后建立包 package，最后利用 rosmake 或者 catkin_make 进行编译和运行。学会第一种方式，再去学习第二种就简单多了。

1. 方法一：rosmake 编译包 package

(1) 在开始之前，首先创建工作空间，并且为工作空间设置环境变量到～/.bashrc 中，如果要查看已有的空间路径，可以用查询命令：

```
$ echo $ ROS_PACKAGE_PATH
```

(2) 创建空间实际上就是先建立一个文件夹，然后把文件夹的路径设置到环境变量～/.bashrc 中。例如，这里创建目录～/dev/rosbook 作为工作空间，在终端执行以下命令：

```
$ cd ~
$ mkdir -p dev/rosbook
```

按回车键，结果如图 7.9 所示。

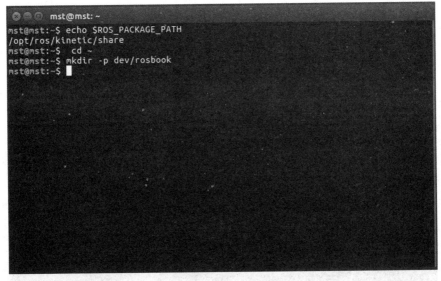

图 7.9　创建工作空间

(3) 将创建的路径加入到环境变量中，在终端执行以下命令：

```
$ echo "export ROS_PACKAGE_PATH = ~/dev/rosbook: $ {ROS_PACKAGE_ PATH}" >> ~/.bashrc
$ . ~/.bashrc
```

按回车键，结果如图 7.10 所示。

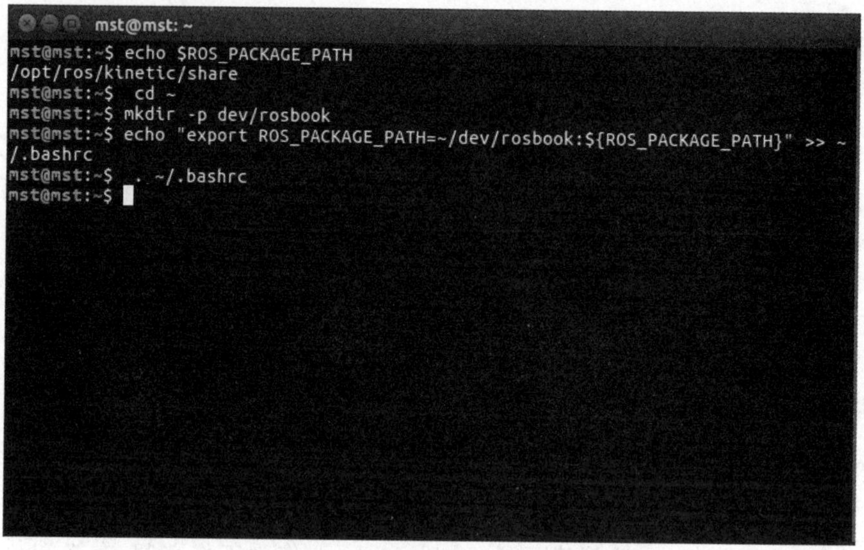

```
mst@mst: ~
mst@mst:~$ echo $ROS_PACKAGE_PATH
/opt/ros/kinetic/share
mst@mst:~$  cd ~
mst@mst:~$ mkdir -p dev/rosbook
mst@mst:~$ echo "export ROS_PACKAGE_PATH=~/dev/rosbook:${ROS_PACKAGE_PATH}" >> ~
/.bashrc
mst@mst:~$  . ~/.bashrc
mst@mst:~$
```

图 7.10　创建路径加入环境变量

这样就完成了工作空间的配置。注意，在安装 ROS 时，一定要把 ROS 的环境变量也加到～/. bashrc 中。接下来就是在这个空间下创建包了。

(4) 手动创建包，使用 roscreate-pkg 命令行工具，该命令行的格式如下：

```
roscreate - pkg [package_name] [depend1] [depend2] [depend3] ...
```

创建一个叫 mypacakgel 的新包，在终端执行以下命令：

```
$ cd ~/dev/rosbook
$ roscreate - pkg mypackage1 std_msgs roscpp rospy
```

按回车键，结果如图 7.11 所示。

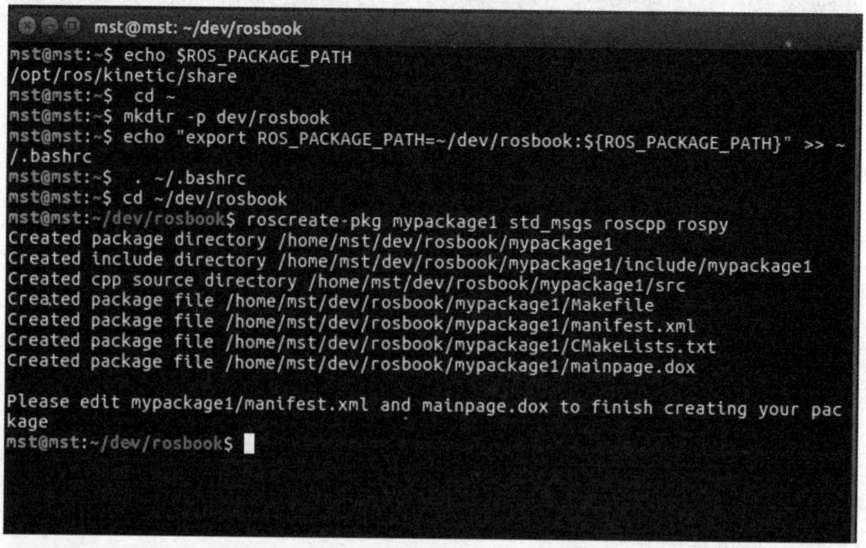

```
mst@mst: ~/dev/rosbook
mst@mst:~$ echo $ROS_PACKAGE_PATH
/opt/ros/kinetic/share
mst@mst:~$  cd ~
mst@mst:~$ mkdir -p dev/rosbook
mst@mst:~$ echo "export ROS_PACKAGE_PATH=~/dev/rosbook:${ROS_PACKAGE_PATH}" >> ~
/.bashrc
mst@mst:~$  . ~/.bashrc
mst@mst:~$ cd ~/dev/rosbook
mst@mst:~/dev/rosbook$ roscreate-pkg mypackage1 std_msgs roscpp rospy
Created package directory /home/mst/dev/rosbook/mypackage1
Created include directory /home/mst/dev/rosbook/mypackage1/include/mypackage1
Created cpp source directory /home/mst/dev/rosbook/mypackage1/src
Created package file /home/mst/dev/rosbook/mypackage1/Makefile
Created package file /home/mst/dev/rosbook/mypackage1/manifest.xml
Created package file /home/mst/dev/rosbook/mypackage1/CMakeLists.txt
Created package file /home/mst/dev/rosbook/mypackage1/mainpage.dox

Please edit mypackage1/manifest.xml and mainpage.dox to finish creating your pac
kage
mst@mst:~/dev/rosbook$
```

图 7.11　手动创建包 mypacakgel

（5）参考 ROS 官方网站的教程（代码可以参考 ROS_wiki：http://wiki.ros.org/cn/ROS/Tutorials/WritingPublisherSubscriber%28c%2B%2B%29），编写一个简单的消息发布器和订阅器（C++），即编写两个源文件 talker.cpp 和 listener.cpp，并将它们保存在/dev/rosbook/mypackage1/src 目录中。其中，发布器就是一个说话者（talker），/mypackage1/srctalker.cpp，代码如下：

```
#include "ros/ros.h"
#include "std_msgs/String.h"
#include <sstream>
int main(int argc, char **argv)
{
  ros::init(argc, argv, "talker");
  ros::NodeHandle n;
  ros::Publisher chatter_pub = n.advertise<std_msgs::String>("chatter", 1000);
  ros::Rate loop_rate(10);
  int count = 0;
  while (ros::ok())
  {
    std_msgs::String msg;
    std::stringstream ss;
    ss << "hello world " << count;
    msg.data = ss.str();
    ROS_INFO("%s", msg.data.c_str());
    chatter_pub.publish(msg);
    ros::spinOnce();
    loop_rate.sleep();
    ++count;
  }
  return 0;
}
```

订阅者就是一个听话人（listener），他不停地接受 talker 广播出来的消息，并显示到屏幕上，/mypackage1/srclistener.cpp 的代码如下：

```
#include "ros/ros.h"
#include "std_msgs/String.h"
void chatterCallback(const std_msgs::String::ConstPtr& msg)
{
  ROS_INFO("I heard: [%s]", msg->data.c_str());
}
int main(int argc, char **argv)
{
  ros::init(argc, argv, "listener");
  ros::NodeHandle n;
  ros::Subscriber sub = n.subscribe("chatter", 1000, chatterCallback);
  ros::spin();
  return 0;
}
```

把上面的源文件放到 mypackage1/src 下，如图 7.12 所示。

图 7.12　src 中的 talker. cpp 和 listener. cpp

打开 mypackage1/CMakeLists. txt，在文件的末尾添加以下两行命令：

```
rosbuild_add_executable(talker src/talker.cpp)
rosbuild_add_executable(listener src/listener.cpp)
```

按回车键，结果如图 7.13 所示。

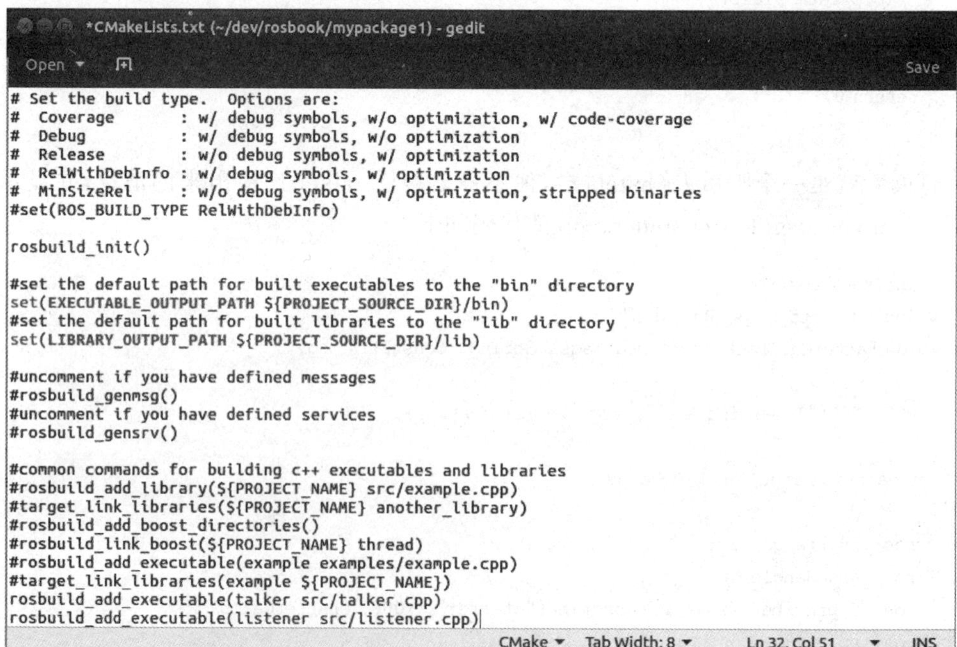

图 7.13　添加命令

(6) 用 rosmake 命令编译 mypackage1 包，如图 7.13 所示，在终端执行以下命令：

```
$ rosmake mypackage1
```

输出图 7.14 所示的信息。

```
roscore http://mst:11311/
mst@mst:~/dev/rosbook$ rosmake mypackage1
[ rosmake ] rosmake starting...
[ rosmake ] Packages requested are: ['mypackage1']
[ rosmake ] Logging to directory /home/mst/.ros/rosmake/rosmake_output-20201018-
155910
[ rosmake ] Expanded args ['mypackage1'] to:
['mypackage1']
[rosmake-0] Starting >>> catkin [ make ]
[rosmake-0] Finished <<< catkin ROS_NOBUILD in package catkin
 No Makefile in package catkin
[rosmake-0] Starting >>> genmsg [ make ]
[rosmake-0] Finished <<< genmsg ROS_NOBUILD in package genmsg
 No Makefile in package genmsg
[rosmake-0] Starting >>> genlisp [ make ]
[rosmake-1] Starting >>> genpy [ make ]
[rosmake-3] Starting >>> gencpp [ make ]
[rosmake-2] Starting >>> geneus [ make ]
[rosmake-0] Finished <<< genlisp ROS_NOBUILD in package genlisp
 No Makefile in package genlisp
[rosmake-0] Starting >>> gennodejs [ make ]
[rosmake-2] Finished <<< geneus ROS_NOBUILD in package geneus
 No Makefile in package geneus
[rosmake-2] Starting >>> cpp_common [ make ]
[rosmake-3] Finished <<< gencpp ROS_NOBUILD in package gencpp
```

图 7.14　编译 mypackage1

(7) 运行 mypackage1 包，打开一个新的终端，启动初始化 ROS，在终端执行以下命令：

```
$ roscore
```

按回车键，结果如图 7.15 所示。

```
roscore http://mst:11311/
mst@mst:~/dev/rosbook$ roscore
... logging to /home/mst/.ros/log/eb1fe572-1117-11eb-b958-000c29d70924/roslaunch
-mst-21227.log
Checking log directory for disk usage. This may take awhile.
Press Ctrl-C to interrupt
Done checking log file disk usage. Usage is <1GB.

started roslaunch server http://mst:41949/
ros_comm version 1.12.16


SUMMARY
========

PARAMETERS
 * /rosdistro: kinetic
 * /rosversion: 1.12.16

NODES

auto-starting new master
process[master]: started with pid [21240]
ROS_MASTER_URI=http://mst:11311/
```

图 7.15　初始化 ROS

(8) 再打开一个新的终端，启动 talker 节点，在终端执行以下命令：

```
$ rosrun mypackage1 talker
```

按回车键，结果如图 7.16 所示。

```
mst@mst: ~
[ INFO] [1603281535.137091769]: hello world 100
[ INFO] [1603281535.237484782]: hello world 101
[ INFO] [1603281535.337050292]: hello world 102
[ INFO] [1603281535.436829649]: hello world 103
[ INFO] [1603281535.537875551]: hello world 104
[ INFO] [1603281535.637258929]: hello world 105
[ INFO] [1603281535.737787426]: hello world 106
[ INFO] [1603281535.837575302]: hello world 107
[ INFO] [1603281535.937343356]: hello world 108
[ INFO] [1603281536.037503687]: hello world 109
[ INFO] [1603281536.137184725]: hello world 110
[ INFO] [1603281536.237618974]: hello world 111
[ INFO] [1603281536.337407785]: hello world 112
[ INFO] [1603281536.437278246]: hello world 113
[ INFO] [1603281536.536805930]: hello world 114
[ INFO] [1603281536.637118509]: hello world 115
[ INFO] [1603281536.737681601]: hello world 116
[ INFO] [1603281536.837670586]: hello world 117
[ INFO] [1603281536.937615814]: hello world 118
[ INFO] [1603281537.037291481]: hello world 119
[ INFO] [1603281537.137122548]: hello world 120
[ INFO] [1603281537.237307791]: hello world 121
[ INFO] [1603281537.337244632]: hello world 122
```

图 7.16　启动 talker

(9) 再打开一个新的终端，启动 listener 节点，在终端执行以下命令：

```
$ rosrun mypackage1 listener
```

按回车键，结果如图 7.17 所示。

```
mst@mst: ~
[ INFO] [1603281583.537778473]: I heard: [hello world 584]
[ INFO] [1603281583.637378397]: I heard: [hello world 585]
[ INFO] [1603281583.738343703]: I heard: [hello world 586]
[ INFO] [1603281583.838395984]: I heard: [hello world 587]
[ INFO] [1603281583.937714334]: I heard: [hello world 588]
[ INFO] [1603281584.038240228]: I heard: [hello world 589]
[ INFO] [1603281584.140361663]: I heard: [hello world 590]
[ INFO] [1603281584.238119681]: I heard: [hello world 591]
[ INFO] [1603281584.338226728]: I heard: [hello world 592]
[ INFO] [1603281584.438140591]: I heard: [hello world 593]
[ INFO] [1603281584.538793558]: I heard: [hello world 594]
[ INFO] [1603281584.637957393]: I heard: [hello world 595]
[ INFO] [1603281584.739157247]: I heard: [hello world 596]
[ INFO] [1603281584.838605630]: I heard: [hello world 597]
[ INFO] [1603281584.938679268]: I heard: [hello world 598]
[ INFO] [1603281585.037871012]: I heard: [hello world 599]
[ INFO] [1603281585.137871489]: I heard: [hello world 600]
[ INFO] [1603281585.237701443]: I heard: [hello world 601]
[ INFO] [1603281585.338477061]: I heard: [hello world 602]
[ INFO] [1603281585.437461953]: I heard: [hello world 603]
[ INFO] [1603281585.538777782]: I heard: [hello world 604]
[ INFO] [1603281585.638147264]: I heard: [hello world 605]
[ INFO] [1603281585.738308884]: I heard: [hello world 606]
```

图 7.17　启动 listener

这说明 talker 广播的消息是能够被 listener 接收到的，因此程序可以正常运行了。至此基于 rosmake 的编译和运行完成了。

2. 方法二：catkin_make 编译包 package

Catkin 命令创建工作空间和包相对要复杂些，但是熟悉以后对项目的管理是非常有利的，因此 ROS 官方也建议使用方法二。

(1) 先创建工作环境并且为工作空间设置环境变量到～/. bashrc 中，如果要查看已有的空间路径，可以用查询命令，在终端执行以下命令：

```
$ echo $ ROS_PACKAGE_PATH
```

(2) 创建空间实际上就是先建立一个文件夹，然后把文件夹的路径设置到环境变量～/. bashrc 中。例如，这里创建目录～/dev/rosbook 作为工作空间，和方法一类似。下面开始创建一个 Catkin 工作空间，在终端输入以下命令：

```
$ mkdir -p ~/catkin_ws/src
$ cd ~/catkin_ws/src
```

按回车键，结果如图 7.18 所示。

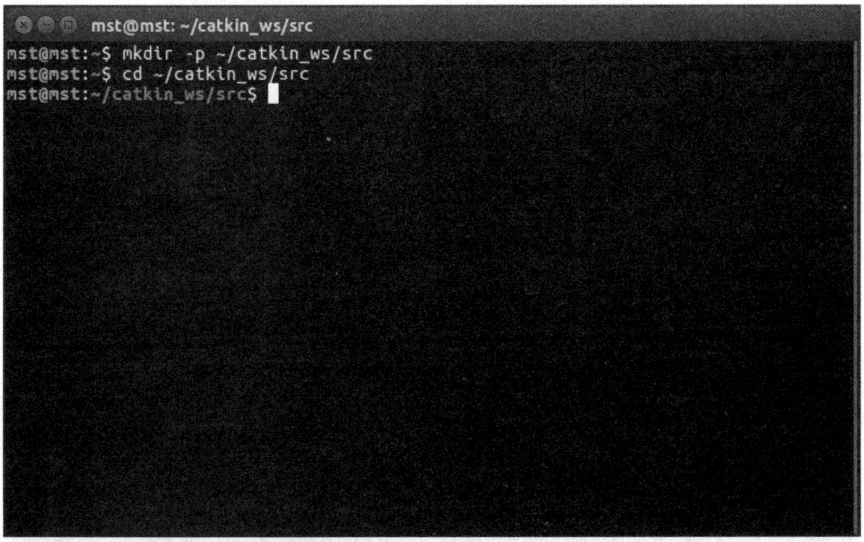

```
mst@mst: ~/catkin_ws/src
mst@mst:~$ mkdir -p ~/catkin_ws/src
mst@mst:~$ cd ~/catkin_ws/src
mst@mst:~/catkin_ws/src$
```

图 7.18 创建 Catkin 工作空间

(3) 这个工作空间即使是空的（在 src 目录中没有任何软件包，只有一个 CMakeLists. txt 链接文件），依然可以创建它，在终端输入以下命令：

```
$ cd ~/catkin_ws/
$ catkin_make
```

按回车键，结果如图 7.19 所示。

(4) source 新生成的 setup. * sh 文件，把它加入环境变量到～/. bashrc 文件中，在

```
mst@mst: ~/catkin_ws
mst@mst:~$ mkdir -p ~/catkin_ws/src
mst@mst:~$ cd ~/catkin_ws/src
mst@mst:~/catkin_ws/src$ cd ~/catkin_ws/
mst@mst:~/catkin_ws$ catkin_make
Base path: /home/mst/catkin_ws
Source space: /home/mst/catkin_ws/src
Build space: /home/mst/catkin_ws/build
Devel space: /home/mst/catkin_ws/devel
Install space: /home/mst/catkin_ws/install
####
#### Running command: "make cmake_check_build_system" in "/home/mst/catkin_ws/bu
ild"
####
####
#### Running command: "make -j4 -l4" in "/home/mst/catkin_ws/build"
####
[100%] Built target hello_world_node
mst@mst:~/catkin_ws$
```

图 7.19　回到工作空间开始编译

终端输入以下命令：

$ source ～/catkin_ws/devel/setup.bash

按回车键，结果如图 7.20 所示。

```
mst@mst: ~/catkin_ws
mst@mst:~$ mkdir -p ~/catkin_ws/src
mst@mst:~$ cd ~/catkin_ws/src
mst@mst:~/catkin_ws/src$ cd ~/catkin_ws/
mst@mst:~/catkin_ws$ catkin_make
Base path: /home/mst/catkin_ws
Source space: /home/mst/catkin_ws/src
Build space: /home/mst/catkin_ws/build
Devel space: /home/mst/catkin_ws/devel
Install space: /home/mst/catkin_ws/install
####
#### Running command: "make cmake_check_build_system" in "/home/mst/catkin_ws/bu
ild"
####
####
#### Running command: "make -j4 -l4" in "/home/mst/catkin_ws/build"
####
[100%] Built target hello_world_node
mst@mst:~/catkin_ws$ source ~/catkin_ws/devel/setup.bash
mst@mst:~/catkin_ws$
```

图 7.20　刷新环境变量

至此，工作空间环境已经搭建完成。

(5) 接下来创建包。首先切换到之前创建的 Catkin 工作空间中的 src 目录下，在终端输入以下命令：

$ cd ～/catkin_ws/src

按回车键，结果如图 7.21 所示。

```
mst@mst: ~/catkin_ws/src
mst@mst:~$ mkdir -p ~/catkin_ws/src
mst@mst:~$ cd ~/catkin_ws/src
mst@mst:~/catkin_ws/src$ cd ~/catkin_ws/
mst@mst:~/catkin_ws$ catkin_make
Base path: /home/mst/catkin_ws
Source space: /home/mst/catkin_ws/src
Build space: /home/mst/catkin_ws/build
Devel space: /home/mst/catkin_ws/devel
Install space: /home/mst/catkin_ws/install
####
#### Running command: "make cmake_check_build_system" in "/home/mst/catkin_ws/bu
ild"
####
####
#### Running command: "make -j4 -l4" in "/home/mst/catkin_ws/build"
####
[100%] Built target hello_world_node
mst@mst:~/catkin_ws$ source ~/catkin_ws/devel/setup.bash
mst@mst:~/catkin_ws$ cd ~/catkin_ws/src
mst@mst:~/catkin_ws/src$
```

图 7.21　回到 catkin_ws/src

(6) 使用 catkin_create_pkg 命令来创建一个名为 mypackage1 的新程序包，这个程序包依赖于 std_msgs、roscpp 和 rospy，在终端输入以下命令：

```
$ catkin_create_pkg mypackage1 std_msgs rospy roscpp
```

按回车键，结果如图 7.22 所示。

```
mst@mst: ~/catkin_ws/src
mst@mst:~/catkin_ws$ catkin_make
Base path: /home/mst/catkin_ws
Source space: /home/mst/catkin_ws/src
Build space: /home/mst/catkin_ws/build
Devel space: /home/mst/catkin_ws/devel
Install space: /home/mst/catkin_ws/install
####
#### Running command: "make cmake_check_build_system" in "/home/mst/catkin_ws/bu
ild"
####
####
#### Running command: "make -j4 -l4" in "/home/mst/catkin_ws/build"
####
[100%] Built target hello_world_node
mst@mst:~/catkin_ws$ source ~/catkin_ws/devel/setup.bash
mst@mst:~/catkin_ws$ cd ~/catkin_ws/src
mst@mst:~/catkin_ws/src$ catkin_create_pkg mypackage1 std_msgs rospy roscpp
Created file mypackage1/package.xml
Created file mypackage1/CMakeLists.txt
Created folder mypackage1/include/mypackage1
Created folder mypackage1/src
Successfully created files in /home/mst/catkin_ws/src/mypackage1. Please adjust
the values in package.xml.
mst@mst:~/catkin_ws/src$
```

图 7.22　创建 mypackage1 程序包

这将会创建一个名为 beginner_tutorials 的文件夹，这个文件夹里面包含 package. xml 文件和 CMakeLists. txt 文件，这两个文件都已经自动包含了部分在执行 catkin_create_pkg

命令时提供的信息。和方法一类似，把 talker. cpp 和 listener. cpp 复制到 mypackage1/src 文件夹下。

(7) 告诉编译器如何去找到这两个文件。需要打开 mypackage1/CMakeLists. txt，在文件的末尾添加命令，命令如下：

```
include_directories(include ${catkin_INCLUDE_DIRS})
add_executable(talker src/talker.cpp)
target_link_libraries(talker ${catkin_LIBRARIES})
add_executable(listener src/listener.cpp)
target_link_libraries(listener ${catkin_LIBRARIES})
```

整理后的 mypackage/CMakeLists. txt 内容结构如图 7.23 所示。

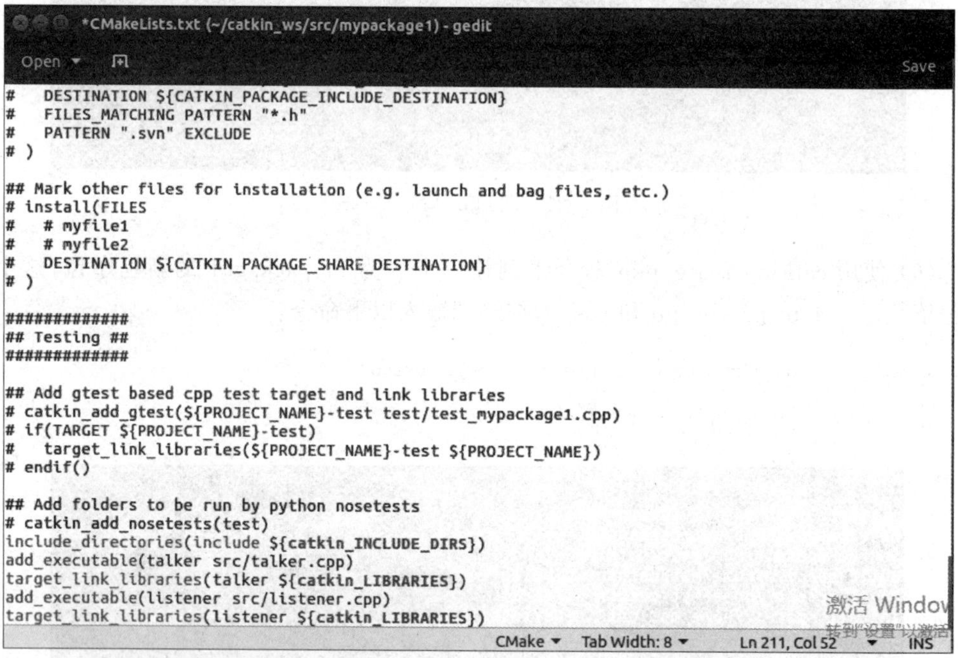

```
*CMakeLists.txt (~/catkin_ws/src/mypackage1) - gedit
Open ▾                                                        Save
#   DESTINATION ${CATKIN_PACKAGE_INCLUDE_DESTINATION}
#   FILES_MATCHING PATTERN "*.h"
#   PATTERN ".svn" EXCLUDE
# )

## Mark other files for installation (e.g. launch and bag files, etc.)
# install(FILES
#   # myfile1
#   # myfile2
#   DESTINATION ${CATKIN_PACKAGE_SHARE_DESTINATION}
# )

#############
## Testing ##
#############

## Add gtest based cpp test target and link libraries
# catkin_add_gtest(${PROJECT_NAME}-test test/test_mypackage1.cpp)
# if(TARGET ${PROJECT_NAME}-test)
#   target_link_libraries(${PROJECT_NAME}-test ${PROJECT_NAME})
# endif()

## Add folders to be run by python nosetests
# catkin_add_nosetests(test)
include_directories(include ${catkin_INCLUDE_DIRS})
add_executable(talker src/talker.cpp)
target_link_libraries(talker ${catkin_LIBRARIES})
add_executable(listener src/listener.cpp)
target_link_libraries(listener ${catkin_LIBRARIES})
                          CMake ▾   Tab Width: 8 ▾   Ln 211, Col 52 ▾   INS
```

图 7.23　在 CMakeLists. txt 文件的末尾添加命令

CMakeLists. txt 中有 3 个命令是保留的：

```
##Declare ROS messages and services
#add_message_files(FILES Num.msg)
#add_service_files(FILES AddTwoInts.srv)

##Generate added messages and services
#generate_messages(DEPENDENCIES std_msgs)
```

这是关于服务消息方面的，这个项目中并没有用到，因此必须要注释掉；否则编译会出现错误。

(8) catkin_make 是一个命令行工具，它简化了 Catkin 的标准工作流程。可以认为 catkin_make 是在 CMake 标准工作流程中依次调用了 CMake 和 Make。在 Catkin 工作空间下，使用方法是以下命令：

```
catkin_make [make_targets] [ - DCMAKE_VARIABLES = ...]
```

事先 source 环境配置(setup)文件，在终端输入以下命令：

```
$ source /opt/ros/kinetic/setup.bash
```

按回车键，结果如图 7.24 所示。

```
mst@mst: ~/catkin_ws
mst@mst:~/catkin_ws/src$ source /opt/ros/kinetic/setup.bash
mst@mst:~/catkin_ws/src$ cd ~/catkin_ws/
mst@mst:~/catkin_ws$ catkin_make
Base path: /home/mst/catkin_ws
Source space: /home/mst/catkin_ws/src
Build space: /home/mst/catkin_ws/build
Devel space: /home/mst/catkin_ws/devel
Install space: /home/mst/catkin_ws/install
####
#### Running command: "cmake /home/mst/catkin_ws/src -DCATKIN_DEVEL_PREFIX=/home
/mst/catkin_ws/devel -DCMAKE_INSTALL_PREFIX=/home/mst/catkin_ws/install -G Unix
Makefiles" in "/home/mst/catkin_ws/build"
####
-- Using CATKIN_DEVEL_PREFIX: /home/mst/catkin_ws/devel
-- Using CMAKE_PREFIX_PATH: /opt/ros/kinetic
-- This workspace overlays: /opt/ros/kinetic
-- Found PythonInterp: /usr/bin/python2 (found suitable version "2.7.12", minimu
m required is "2")
-- Using PYTHON_EXECUTABLE: /usr/bin/python2
-- Using Debian Python package layout
-- Using empy: /usr/bin/empy
-- Using CATKIN_ENABLE_TESTING: ON
-- Call enable_testing()
-- Using CATKIN_TEST_RESULTS_DIR: /home/mst/catkin_ws/build/test_results
```

图 7.24 刷新环境变量

(9) 切换到 catkin workspace 命令如下：

```
$ cd ~/catkin_ws/
```

按回车键，结果如图 7.25 所示。

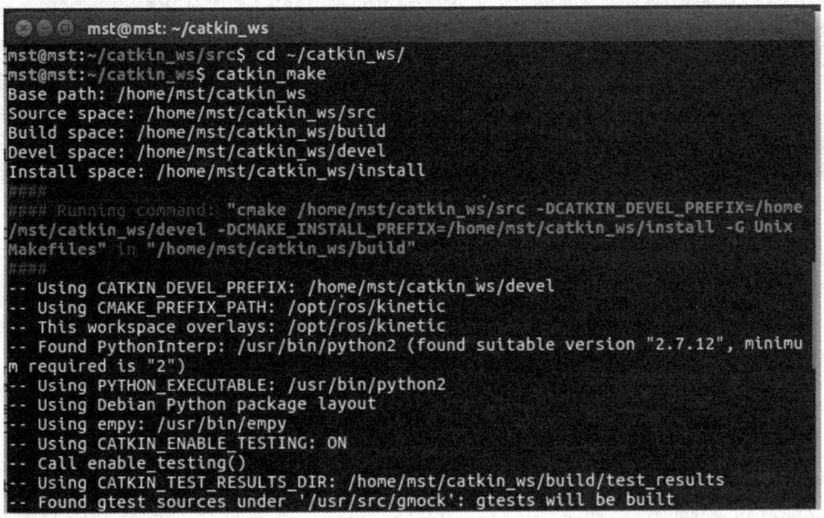

```
mst@mst: ~/catkin_ws
mst@mst:~/catkin_ws/src$ cd ~/catkin_ws/
mst@mst:~/catkin_ws$ catkin_make
Base path: /home/mst/catkin_ws
Source space: /home/mst/catkin_ws/src
Build space: /home/mst/catkin_ws/build
Devel space: /home/mst/catkin_ws/devel
Install space: /home/mst/catkin_ws/install
####
#### Running command: "cmake /home/mst/catkin_ws/src -DCATKIN_DEVEL_PREFIX=/home
/mst/catkin_ws/devel -DCMAKE_INSTALL_PREFIX=/home/mst/catkin_ws/install -G Unix
Makefiles" in "/home/mst/catkin_ws/build"
####
-- Using CATKIN_DEVEL_PREFIX: /home/mst/catkin_ws/devel
-- Using CMAKE_PREFIX_PATH: /opt/ros/kinetic
-- This workspace overlays: /opt/ros/kinetic
-- Found PythonInterp: /usr/bin/python2 (found suitable version "2.7.12", minimu
m required is "2")
-- Using PYTHON_EXECUTABLE: /usr/bin/python2
-- Using Debian Python package layout
-- Using empy: /usr/bin/empy
-- Using CATKIN_ENABLE_TESTING: ON
-- Call enable_testing()
-- Using CATKIN_TEST_RESULTS_DIR: /home/mst/catkin_ws/build/test_results
-- Found gtest sources under '/usr/src/gmock': gtests will be built
```

图 7.25 切换到 Catkin 工作空间

(10) 执行编译,代码如下:

```
$ catkin_make
```

输出信息,结果如图 7.26 所示。

```
mst@mst: ~/catkin_ws
mst@mst:~/catkin_ws$ catkin_make
Base path: /home/mst/catkin_ws
Source space: /home/mst/catkin_ws/src
Build space: /home/mst/catkin_ws/build
Devel space: /home/mst/catkin_ws/devel
Install space: /home/mst/catkin_ws/install
####
#### Running command: "cmake /home/mst/catkin_ws/src -DCATKIN_DEVEL_PREFIX=/home
/mst/catkin_ws/devel -DCMAKE_INSTALL_PREFIX=/home/mst/catkin_ws/install -G Unix
Makefiles" in "/home/mst/catkin_ws/build"
####
-- Using CATKIN_DEVEL_PREFIX: /home/mst/catkin_ws/devel
-- Using CMAKE_PREFIX_PATH: /opt/ros/kinetic
-- This workspace overlays: /opt/ros/kinetic
-- Found PythonInterp: /usr/bin/python2 (found suitable version "2.7.12", minimu
m required is "2")
-- Using PYTHON_EXECUTABLE: /usr/bin/python2
-- Using Debian Python package layout
-- Using empy: /usr/bin/empy
-- Using CATKIN_ENABLE_TESTING: ON
-- Call enable_testing()
-- Using CATKIN_TEST_RESULTS_DIR: /home/mst/catkin_ws/build/test_results
-- Found gtest sources under '/usr/src/gmock': gtests will be built
-- Found gmock sources under '/usr/src/gmock': gmock will be built
```

图 7.26 开始编译

(11) 重新执行 rosmake 编译包的(7)~(10)步,运行发布器和订阅器文件。因为按照两种方法编译了两个相同的包名和节点,因此在启动时会提示选择哪一个节点运行,按照提示选择即可。可以看到运行结果,如图 7.27 所示。

```
mst@mst: ~
[ INFO] [1603281906.637061160]: hello world 3815
[ INFO] [1603281906.737327218]: hello world 3816
[ INFO] [1603281906.836902752]: hello world 3817
[ INFO] [1603281906.937313336]: hello world 3818
[ INFO] [1603281907.037624468]: hello world 3819
[ INFO] [1603281907.136814757]: hello world 3820
[ INFO] [1603281907.237625668]: hello world 3821
[ INFO] [1603281907.337653576]: hello world 3822
[ INFO] [1603281907.437389924]: hello world 3823
[ INFO] [1603281907.537976052]: hello world 3824
[ INFO] [1603281907.637264070]: hello world 3825
[ INFO] [1603281907.737578858]: hello world 3826
[ INFO] [1603281907.837174685]: hello world 3827
[ INFO] [1603281907.937912699]: hello world 3828
[ INFO] [1603281908.037638084]: hello world 3829
[ INFO] [1603281908.137315586]: hello world 3830
[ INFO] [1603281908.237412881]: hello world 3831
[ INFO] [1603281908.337381261]: hello world 3832
[ INFO] [1603281908.437730611]: hello world 3833
[ INFO] [1603281908.537462648]: hello world 3834
[ INFO] [1603281908.637305836]: hello world 3835
[ INFO] [1603281908.737049530]: hello world 3836
[ INFO] [1603281908.837488958]: hello world 3837
```

```
mst@mst: ~
[ INFO] [1603281906.637388315]: I heard: [hello world 3815]
[ INFO] [1603281906.737932733]: I heard: [hello world 3816]
[ INFO] [1603281906.837222652]: I heard: [hello world 3817]
[ INFO] [1603281906.937599938]: I heard: [hello world 3818]
[ INFO] [1603281907.037942118]: I heard: [hello world 3819]
[ INFO] [1603281907.137607280]: I heard: [hello world 3820]
[ INFO] [1603281907.238505975]: I heard: [hello world 3821]
[ INFO] [1603281907.338169202]: I heard: [hello world 3822]
[ INFO] [1603281907.438130571]: I heard: [hello world 3823]
[ INFO] [1603281907.539028942]: I heard: [hello world 3824]
[ INFO] [1603281907.637661578]: I heard: [hello world 3825]
[ INFO] [1603281907.738016927]: I heard: [hello world 3826]
[ INFO] [1603281907.838034811]: I heard: [hello world 3827]
[ INFO] [1603281907.938464503]: I heard: [hello world 3828]
[ INFO] [1603281908.038603772]: I heard: [hello world 3829]
[ INFO] [1603281908.138549028]: I heard: [hello world 3830]
[ INFO] [1603281908.238341912]: I heard: [hello world 3831]
[ INFO] [1603281908.338311731]: I heard: [hello world 3832]
[ INFO] [1603281908.439050623]: I heard: [hello world 3833]
[ INFO] [1603281908.538356893]: I heard: [hello world 3834]
[ INFO] [1603281908.638154432]: I heard: [hello world 3835]
[ INFO] [1603281908.738105147]: I heard: [hello world 3836]
[ INFO] [1603281908.838375582]: I heard: [hello world 3837]
```

图 7.27 运行结果

至此,创建 package 的两种方法就介绍完了。

7.4 Metapackage 软件元包

7.4.1 Metapackage 基本概况

随着对 ROS 的使用,catkin_ws/src 下的 package 越来越多,每次运行时都要先确认

package 的名字。如果像 ROS by example 的代码 rbx1 那样，将本书的所有 package 全部集中到一起，这样不仅方便找到需要的包，而且便于编译，这时就需要 Metapackage。

Metapackage 中文意思为功能包集，就如它的名字是把一些相近的功能模块、软件包放到一起。Metapackage 是 Linux 的一个文件管理系统的概念，是 ROS 中的一个虚包，里面没有实质性的内容，但是它依赖其他的软件包，通过这种方法可以把其他包组合起来，如通过 sudo apt-get install roskinetic-desktop-full 命令安装的 ROS 就是一个虚包。可以认为它是一本书的目录索引，告诉我们这个包集合中有哪些子包，并且该去哪里下载。例如，Navigation 这个 package 就是一个 Metapackage，这个文件夹下面 package. xml 中的内容就是所依赖的包名。这样做的好处是方便用户的安装，只需要这一个包就可以把其他相关的软件包组织到一起安装。这样就大大提升了编译的效率。

常见的 Metapackage 如表 7.2 所示。

表 7.2　常见的 Metapackage

名　　称	描　　述
navigation	导航相关的功能包集
moveit	运动规划相关的功能包集（主要是机械臂）
image_pipeline	图像获取、处理相关的功能包集
vision_opencv	ROS 和 opencv 交互的功能包集
turtlebot	turtlebot 机器人相关的功能包集
pr2_robot	pr2 机器人驱动功能包集

Metapackage 中两种文件的写法如下。

（1）CMakeLists. txt 写法如下：

```
cmake_minimum_required(VERSION 2.8.3)
project(ros_academy_for_beginners)
find_package(catkin REQUIRED)
catkin_metapackage() #声明本软件包是一个 metapacakge
```

（2）pacakge. xml 写法如下：

```
< package >
< name > ros_academy_for_beginners </name >
< version > 17.12.4 </version >
< description >
```

Metapacakge 中的以上两个文件和普通 pacakge 的不同点是：CMakeLists. txt 中加入了 catkin_metapackage()宏，指定本软件包为一个 Metapacakge。package. xml 中标签将所有软件包列为依赖项，标签中添加标签声明。

7.4.2　建立自己的 Metapackage

（1）在 catkin_ws/src 建立 Metapackage，在终端输入以下命令：

```
$ catkin_ws/src
```

```
$ mkdir -p yw_youbot/yw_youbot
```

按回车键,结果如图 7.28 所示。

图 7.28　建立 Metapackage

(2) 这里创建的 Metapackage 名字为 yw_youbot,在终端输入以下命令:

```
$ cd yw_youbot/yw_youbot
```

按回车键,结果如图 7.29 所示。

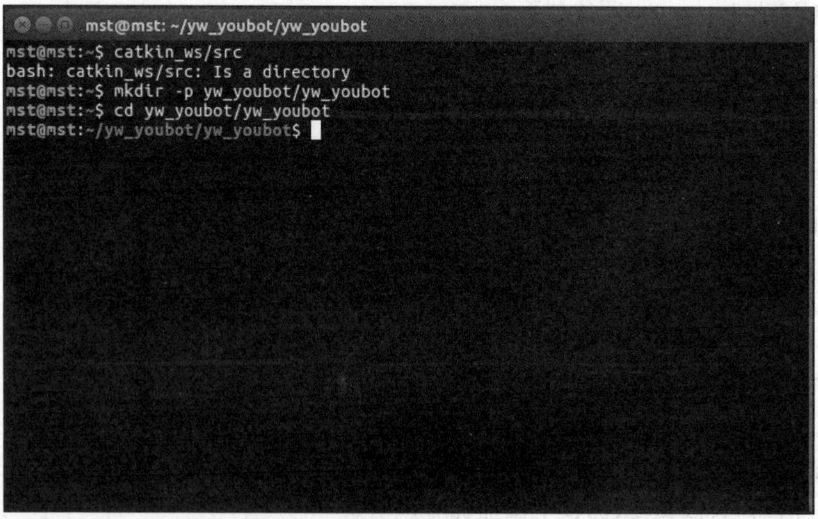

图 7.29　yw_youbot 文件

(3) 建立 CMakeList. txt 和 package. xml 文件,在 CMakeList. txt 和 package. xml 文件中写入内容,CMakeList. txt 内容如下:

```
cmake_minimum_required(VERSION 2.8.3)
```

```
project(yw_youbot)
find_package(catkin REQUIRED)
catkin_metapackage()
```

package.xml 内容如下：

```
<package>
  <name>yw_youbot</name>
  <version>0.4.0</version>
  <description>ROS By Example Volume 1</description>
  <maintainer email="patrick@pirobot.org">Patrick Goebel</maintainer>
  <license>BSD</license>
  <url type="website">http://ros.org/wiki/rbx_vol_1</url>
  <url type="bugtracker">https://github.com/pirobot/rbx1/issues</url>
  <author email="patrick@pirobot.org">Maintained by Patrick Goebel</author>
  <buildtool_depend>catkin</buildtool_depend>
  <export>
    <metapackage/>
  </export>
</package>
```

按回车键，结果如图 7.30 所示。

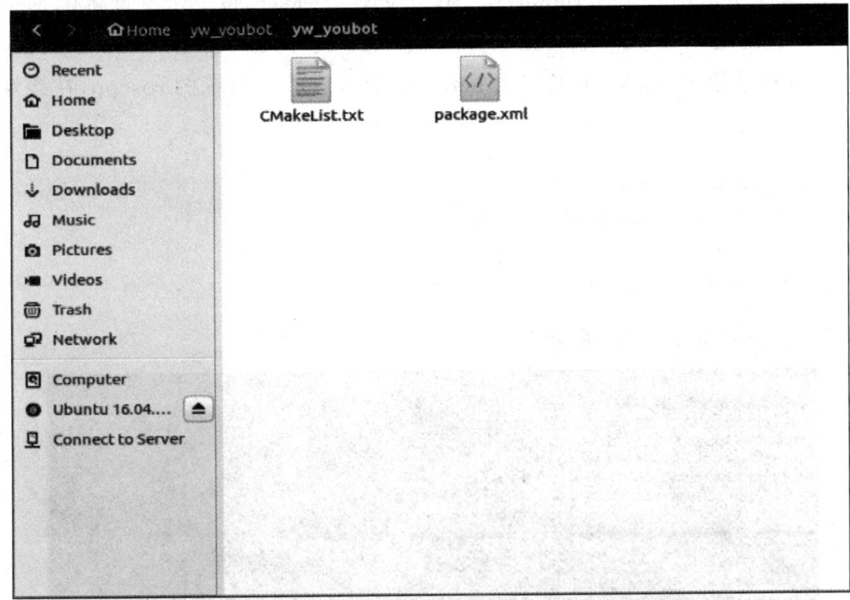

图 7.30　创建的 CMakeList.txt 和 package.xml 文件

至此，Metapackage 就建立完毕。

(4) 编译 Metapackage，在终端输入以下命令：

```
$ cd ~/catkin_ws
$ catkin_make
```

按回车键，结果如图 7.31 所示。

```
mst@mst: ~/catkin_ws
mst@mst:~$ catkin_ws/src
bash: catkin_ws/src: Is a directory
mst@mst:~$ mkdir -p yw_youbot/yw_youbot
mst@mst:~$ cd yw_youbot/yw_youbot
mst@mst:~/yw_youbot/yw_youbot$ cd ~/catkin_ws
mst@mst:~/catkin_ws$ catkin_make
Base path: /home/mst/catkin_ws
Source space: /home/mst/catkin_ws/src
Build space: /home/mst/catkin_ws/build
Devel space: /home/mst/catkin_ws/devel
Install space: /home/mst/catkin_ws/install
####
#### Running command: "make cmake_check_build_system" in "/home/mst/catkin_ws/bu
ild"
####
####
#### Running command: "make -j4 -l4" in "/home/mst/catkin_ws/build"
####
mst@mst:~/catkin_ws$ 
```

图 7.31　编译 Metapackage

7.4.3　创建一个 hello_world 来测试 Metapackage

（1）7.4.2 小节的内容是在 catkin_ws/src 下创建 package，接下来就重新在 Metapackage 的 yw_youbot 下创建一个 package（在 catkin_ws/src 文件夹下创建一个 yw_youbot，步骤同 7.4.2 小节），这里的 package 名字为 hello_world，依赖于系统的 roscpp，在终端输入以下命令：

```
$ cd ~/catkin_ws/src/yw_youbot
$ catkin_create_pkg hello_world roscpp
$ cd hello_world/src
$ gedit hello_world_node.cpp
```

按回车键，结果如图 7.32 所示。

```
mst@mst: ~/catkin_ws/src/yw_youbot/hello_world/src
mst@mst:~/catkin_ws$ catkin_make
Base path: /home/mst/catkin_ws
Source space: /home/mst/catkin_ws/src
Build space: /home/mst/catkin_ws/build
Devel space: /home/mst/catkin_ws/devel
Install space: /home/mst/catkin_ws/install
####
#### Running command: "make cmake_check_build_system" in "/home/mst/catkin_ws/bu
ild"
####
####
#### Running command: "make -j4 -l4" in "/home/mst/catkin_ws/build"
####
mst@mst:~/catkin_ws$ cd ~/catkin_ws/src/yw_youbot
mst@mst:~/catkin_ws/src/yw_youbot$ catkin_create_pkg hello_world roscpp
Created file hello_world/package.xml
Created file hello_world/CMakeLists.txt
Created folder hello_world/include/hello_world
Created folder hello_world/src
Successfully created files in /home/mst/catkin_ws/src/yw_youbot/hello_world. Ple
ase adjust the values in package.xml.
mst@mst:~/catkin_ws/src/yw_youbot$ cd hello_world/src
mst@mst:~/catkin_ws/src/yw_youbot/hello_world/src$ gedit hello_world_node.cpp
```

图 7.32　yw_youbot 下创建一个 hello_world 的包

(2) 在 src 下建立一个名为 hello_world_node. cpp 的文件，内容如下：

```
#include <ros/ros.h>
int main(int argc, char** argv)
{
    ros::init(argc, argv, "hello_meta_package_node");
    ros::NodeHandle nh;
    ROS_INFO("Hello ROS!");
    ros::spin();
}
```

显示如图 7.33 所示。

图 7.33 hello_world_node. cpp 文件

(3) 修改 hello_world 这个 package 下的 CMakeList. txt，内容如下：

```
cmake_minimum_required(VERSION 2.8.3)
project(hello_world)
find_package(catkin REQUIRED COMPONENTS
  roscpp
)
catkin_package()
include_directories( ${catkin_INCLUDE_DIRS})
add_executable(hello_world_node src/hello_world_node.cpp)
target_link_libraries(hello_world_node ${catkin_LIBRARIES})
```

显示如图 7.34 所示。

```
CMakeLists.txt (~/catkin_ws/src/yw_youbot/hello_world) - gedit
cmake_minimum_required(VERSION 2.8.3)
project(hello_world)

find_package(catkin REQUIRED COMPONENTS
  roscpp
)

catkin_package()

include_directories( ${catkin_INCLUDE_DIRS})

add_executable(hello_world_node src/hello_world_node.cpp)

target_link_libraries(hello_world_node ${catkin_LIBRARIES})
```

图 7.34　修改 CMakeList. txt

(4) 编译程序,在终端输入以下命令:

```
$ cd ~/catkin_ws
$ catkin_make
```

按回车键,结果如图 7.35 所示。

```
mst@mst: ~/catkin_ws
-- ~~  - yw_youbot (metapackage)
WARNING: The metapackage 'yw_youbot' has no CMakeLists.txt. Please add one to th
e package source. You can use the following file: /home/mst/catkin_ws/build/catk
in_generated/metapackages/yw_youbot/CMakeLists.txt
-- ~~~~~~~~~~~~~~~~~~~~~~~~~~~~~~~~~~~~~~~~~~~~~~~~~~~~~~~~~~~~~~
-- +++ processing catkin package: 'hello_world'
-- ==> add_subdirectory(yw_youbot/hello_world)
-- +++ processing catkin metapackage: 'yw_youbot'
-- ==> add_subdirectory(yw_youbot/yw_youbot) (using generated file from <buildsp
ace>/catkin_generated/metapackages/yw_youbot)
WARNING: Add a CMakeLists.txt file to the metapackage 'yw_youbot'
-- Configuring done
-- Generating done
-- Build files have been written to: /home/mst/catkin_ws/build
####
#### Running command: "make -j4 -l4" in "/home/mst/catkin_ws/build"
####
Scanning dependencies of target hello_world_node
[ 50%] Building CXX object yw_youbot/hello_world/CMakeFiles/hello_world_node.dir
/src/hello_world_node.cpp.o
[100%] Linking CXX executable /home/mst/catkin_ws/devel/lib/hello_world/hello_wo
rld_node
[100%] Built target hello_world_node
mst@mst:~/catkin_ws$
```

图 7.35　编译程序

(5) 启动 roscore,检查刚刚编译的程序,在终端输入以下命令:

```
$ roscore
```

按回车键，结果如图 7.36 所示。

```
roscore http://mst:11311/
Press Ctrl-C to interrupt
Done checking log file disk usage. Usage is <1GB.

started roslaunch server http://mst:42955/
ros_comm version 1.12.16


SUMMARY
========

PARAMETERS
 * /rosdistro: kinetic
 * /rosversion: 1.12.16

NODES

auto-starting new master
process[master]: started with pid [25448]
ROS_MASTER_URI=http://mst:11311/

setting /run_id to 1acd4220-1149-11eb-b958-000c29d70924
process[rosout-1]: started with pid [25461]
started core service [/rosout]
```

图 7.36 检查编译的程序

(6) 打开另一个终端，在终端输入以下命令：

```
$ source ~/catkin_ws/devel/setup.bash
$ rosrun hello_world hello_world_node
```

按回车键，结果如图 7.37 所示。

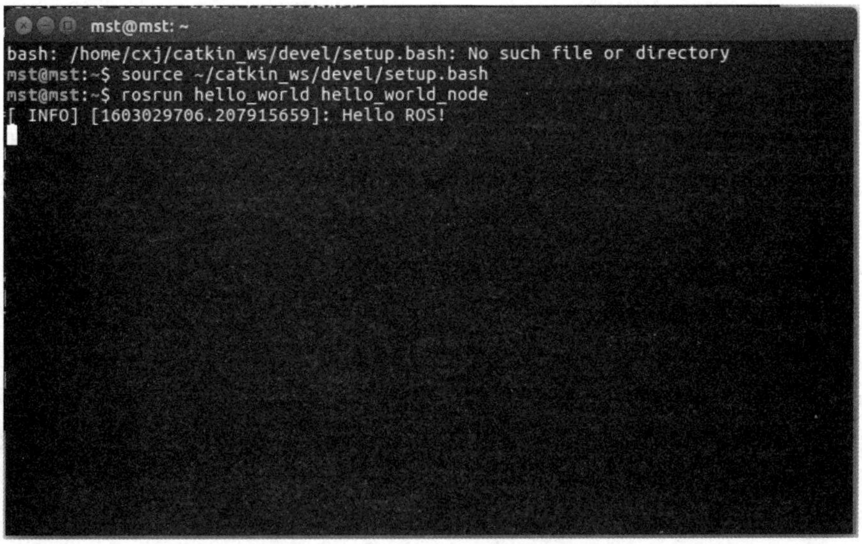

```
mst@mst: ~
bash: /home/cxj/catkin_ws/devel/setup.bash: No such file or directory
mst@mst:~$ source ~/catkin_ws/devel/setup.bash
mst@mst:~$ rosrun hello_world hello_world_node
[ INFO] [1603029706.207915659]: Hello ROS!
```

图 7.37 运行 hello_world 文件

至此，可以看见在 Metapackage 下建立的 hello_world 的 package 完全是可以运行的。其实，创建过程完全是在第一部分，后面的代码只是为了检验而已。

第8章 ROS通信架构

8.1 主　　题

ROS的通信架构是ROS的"灵魂",也是整个ROS正常运行的关键所在。ROS通信架构包括各种数据的处理、进程的运行、消息的传递等。本章主要介绍了通信架构的基础通信方式和相关概念,介绍了最小的进程单元节点Node和节点管理器Nodemaster,说明了ROS中的进程都是由很多Node组成,并且由Nodemaster管理这些节点;ROS的"发动机"——launch文件,介绍了它的格式和内容,使读者更深入理解了ROS在启动运行时它的工作是由什么进程支配的,从而理解启动运行的原理。

ROS中的通信方式有4种,即主题、服务、参数服务器和动作库。每个通信方式都有自己的特点,本章首先介绍主题通信方式——Topic。

8.1.1 Node & Master

1. Node

在ROS的世界里,最小的进程单元就是节点(Node)。一个软件包里可以有多个可执行文件,可执行文件在运行之后就成为一个进程(Process),这个进程在ROS中就称为节点。从程序角度来说,Node就是一个可执行文件(通常为C++编译生成的可执行文件、Python脚本),被执行并加载到了内存中;从功能角度来说,通常一个Node负责着机器人的某一个单独的功能。由于机器人的功能模块非常复杂,往往不会把所有功能都集中到一个Node上,而会采用分布式的方式,把鸡蛋放到不同的篮子里。例如,有一个Node控制底盘轮子的运动,有一个Node驱动摄像头获取图像,有一个Node驱动激光雷达,有一个Node根据传感器信息进行路径规划……这样做可以降低程序发生崩溃的可能性。试想一下,如果把所有功能都写到一个程序中,模块间的通信、异常处理将会很麻烦。

2. Master

由于机器人的元器件很多、功能庞大,因此实际运行时往往会运行众多的Node,这些Node负责感知世界、控制运动、决策和计算等功能。那么如果要进行调配、管理这些Node,就要利用ROS提供的节点管理器Master,Master在整个网络通信架构里相当于管理中心,管理着各个Node。Node首先在Master处进行注册,之后Master会将该

Node 纳入整个 ROS 程序中。Node 之间的通信也是先由 Master 进行“牵线”，才能两两进行点对点通信。当 ROS 程序启动时，第一步首先启动 Master，由节点管理器处理，依次启动 Node。

8.1.2 启动 Master 和 Node

当要启动 ROS 时，首先输入以下命令：

```
$ roscore
```

此时 ROS Master 启动，同时启动的还有 Rosout 和 Parameter server，其中 Rosout 是负责日志输出的一个节点，其作用是告知用户当前系统的状态，包括输出系统的 error、warning 等，并且将 log 记录于日志文件中，Parameter server 即是参数服务器，它并不是一个 Node，而是存储参数配置的一个服务器，后文会单独介绍。每一次运行 ROS 的节点前，都需要把 Master 启动起来，这样才能够让节点启动和注册。

启动 master 之后，节点管理器就开始按照系统的安排协调进行启动具体的节点。节点就是一个进程，只不过在 ROS 中它被赋予了专用的名字里——Node。众所周知，一个 package 中存放着可执行文件，可执行文件是静态的，当系统执行这些可执行文件时，将这些文件加载到内存中，它就成为动态的 Node。具体启动 Node 的语句如下：

```
$ rosrun pkg_name node_name
```

通常运行 ROS，就是按照这样的顺序启动，有时节点太多，会选择用 launch 文件来启动。Master、Node 之间以及 Node 之间的关系如图 8.1 所示。

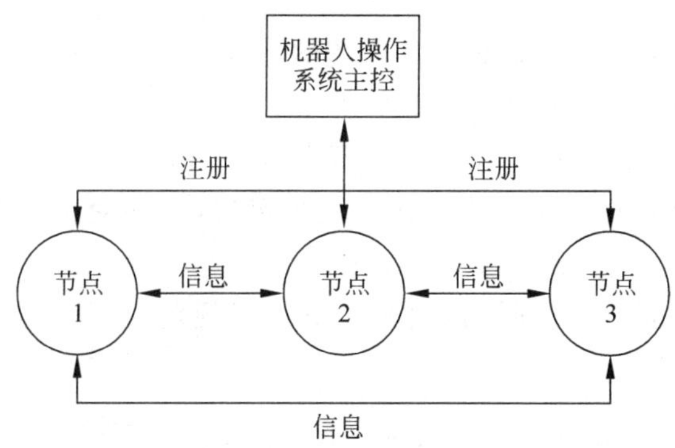

图 8.1 主控、节点之间的关系

rosrun 命令的详细用法如下：

```
$ rosrun [ --prefix cmd] [ --debug] pkg_name node_name [ARGS]
```

rosrun 将会寻找 PACKAGE 下名为 node_name 的可执行程序，将可选参数 ARGS 传入。例如，在 GDB 下运行 ros 程序：

```
$ rosrun --prefix 'gdb -ex run --args' pkg_name node_name
```

rosnode 命令的详细作用如表 8.1 所示。

表 8.1 rosnode 命令的详细作用

rosnode 命令	作 用
rosnode list	列出当前运行的 Node 信息
rosnode info node_name	显示出 Node 的详细信息
rosnode kill node_name	结束某个 Node
rosnode ping	测试连接节点
rosnode machine	列出在特定机器或列表机器上运行的节点
rosnode cleanup	清除不可到达节点的注册信息

以上命令中常用的为前 3 个，在开发调试时经常需要查看当前 Node 及 Node 信息，所以请记住这些常用命令。如果想不起来，也可以通过 rosnode help 命令来查看 rosnode 命令的用法。

8.1.3 launch 文件

1. 简介

机器人是一个系统工程，通常一个机器人运行操作时要开启多个 Node，对于一个复杂的机器人的启动操作应该怎么做呢？并不需要每个节点依次进行 rosrun，ROS 提供了一个命令能一次性启动 Master 和多个 Node。该命令如下：

```
$ roslaunch pkg_name file_name.launch
```

roslaunch 命令首先会自动进行检测系统的 roscore 有没有运行，即确认节点管理器是否在运行状态中，如果 Master 没有启动，那么 roslaunch 就会首先启动 Master，然后再按照 launch 的规则执行。launch 文件里已经配置好启动规则。所以，roslaunch 就像一个启动工具，能够一次性把多个节点按照预先配置启动，减少在终端一条条输入指令的麻烦。

写法与格式。launch 文件同样也遵循 xml 格式规范，这是一种标签文本，它的格式标签如图 8.2 所示。

```
<launch>     <!--根标签-->
<node>     <!--需要启动的node及其参数-->
<include>     <!--包含其他launch-->
<machine>     <!--指定运行的机器-->
<env-loader>     <!--设置环境变量-->
<param>     <!--定义参数到参数服务器-->
<rosparam>     <!--启动yaml文件参数到参数服务器-->
<arg>     <!--定义变量-->
<remap>     <!--设定参数映射-->
<group>     <!--设定命名空间-->
</launch>     <!--根标签-->
```

图 8.2 launch 文件格式标签

2. 示例

launch 文件的写法和格式看起来内容比较复杂，首先来介绍一个最简单的例子，如图 8.3 所示。

```
<launch>                                                    可执行文件
<node name="talker" pkg="rospy_tutorials" type="talker" />
</launch>
```

图 8.3 launch 文件示例

这是一个简单的例子。文本中的信息是，它启动了一个单独的节点 talker，该节点是包 rospy_tutorials 软件包中的节点。然而，实际中的 launch 文件要复杂很多，我们以 Ros-Academy-for-Beginners 中的 robot_sim_demo 为例，如图 8.4 所示。

```
<launch>
<!--arg是launch标签中的变量声明，arg的name为变量名，default或者value为值-->
<arg name="robot" default="xbot2"/>
<arg name="debug" default="false"/>
<arg name="gui" default="true"/>
<arg name="headless" default="false"/>

<!-- Start Gazebo with a blank world -->
<include file="$(find gazebo_ros)/launch/empty_world.launch"> <!--include用来嵌套仿真场景
的launch文件-->
<arg name="world_name" value="$(find robot_sim_demo)/worlds/ROS-Academy.world"/>
<arg name="debug" value="$(arg debug)" />
<arg name="gui" value="$(arg gui)" />
<arg name="paused" value="false"/>
<arg name="use_sim_time" value="true"/>
<arg name="headless" value="$(arg headless)"/>
</include>

<!-- Oh, you wanted a robot? --> <!--嵌套了机器人的launch文件-->
<include file="$(find robot_sim_demo)/launch/include/$(arg robot).launch.xml" />

<!--如果你想连同RViz一起启动，可以按照以下方式加入RViz这个node-->
<!--node name="rviz" pkg="rviz" type="rviz" args="-d $(find robot_sim_demo)/urdf_gazeb
o.rviz" /-->
</launch>
```

图 8.4 robot_sim_demo 示例

这个 launch 文件相比上一个简单的例子来说，内容稍微有些复杂。它的作用是：启动 gazebo 模拟器，导入参数内容，加入机器人模型。

对于初学者，不需要掌握每个标签是什么作用，但至少应该有一个印象。如果要执行自己写 launch 文件，可以先从该 launch 文件的模板入手，基本可以满足普通项目的要求。

8.1.4 Topic

1. 简介

ROS 的通信方式是 ROS 最为核心的概念,ROS 系统的精髓就在于它提供的通信架构。ROS 的通信方式有 4 种：Topic 主题；Service 服务；Parameter Service 参数服务器；Actionlib 动作库。

ROS 的通信方式中,Topic 是常用的一种。对于实时性、周期性的消息,使用 Topic 来传输是最佳的选择。Topic 是一种点对点的单向通信方式,这里的“点”指的是 Node,也就是说 Node 之间可以通过 Topic 方式来传递信息。Topic 要经历下面几步的初始化过程：首先,Publisher 节点和 Subscriber 节点都要到节点管理器进行注册,然后 Publisher 会发布 Topic,Subscriber 在 Master 的指挥下会订阅该 Topic,从而建立起 sub-pub 之间的通信。注意整个过程是单向的。其结构示意图如图 8.5 所示。

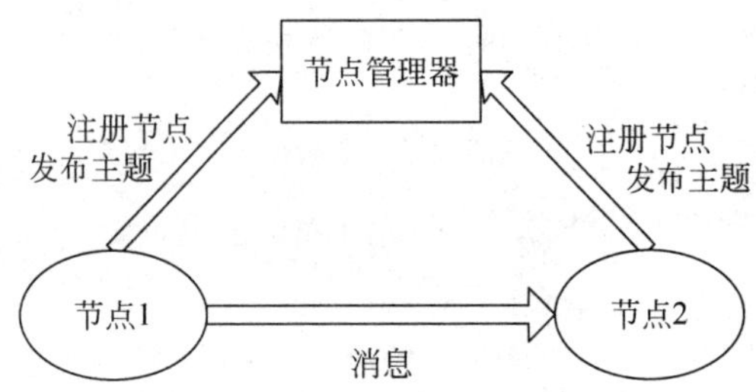

图 8.5　Topic 初始化过程结构示意图

Subscriber 接收消息会进行处理,一般这个过程称为回调(Callback)。回调就是提前定义好一个处理函数(写在代码中),当有消息来就会触发这个处理函数,函数会对消息进行处理。

图 8.5 就是 ROS 的 Topic 通信方式的流程示意图。Topic 通信属于一种异步的通信方式。下面通过示例来了解如何使用 Topic 通信。

参考图 8.6,以摄像头画面的发布、处理、显示为例介绍 Topic 通信的流程。在机器人上的摄像头拍摄程序是一个 Node(用圆圈表示,记为 Node1),当 Node1 运行启动之后,它作为一个 Publisher 就开始发布 Topic。比如它发布了一个 Topic(用方框表示),称为/camera_rgb,是 rgb 颜色信息,即采集到的彩色图像。同时,Node2 假如是图像处理程序,它订阅了/camera_rgb 这个 Topic,经过节点管理器的介绍,它就能建立和摄像头节点(Node1)的连接。

那么如何来理解“异步”这个概念呢？在 Node1 每发布一次消息后,就会继续执行下一个动作,至于消息是什么状态、怎样处理,它不需要了解；而对于 Node2 图像处理程序,它只管接收和处理/camera_rgb 上的消息,至于是谁发来的,它不会关心。所以 Node1、Node2 两者都是各司其职,不存在协同工作,称这样的通信方式是异步的。

ROS 是一种分布式的架构,一个 Topic 可以被多个节点同时发布,也可以同时被多个节点接收。例如,在这个场景中,用户可以再加入一个图像显示的节点,如果想看摄像

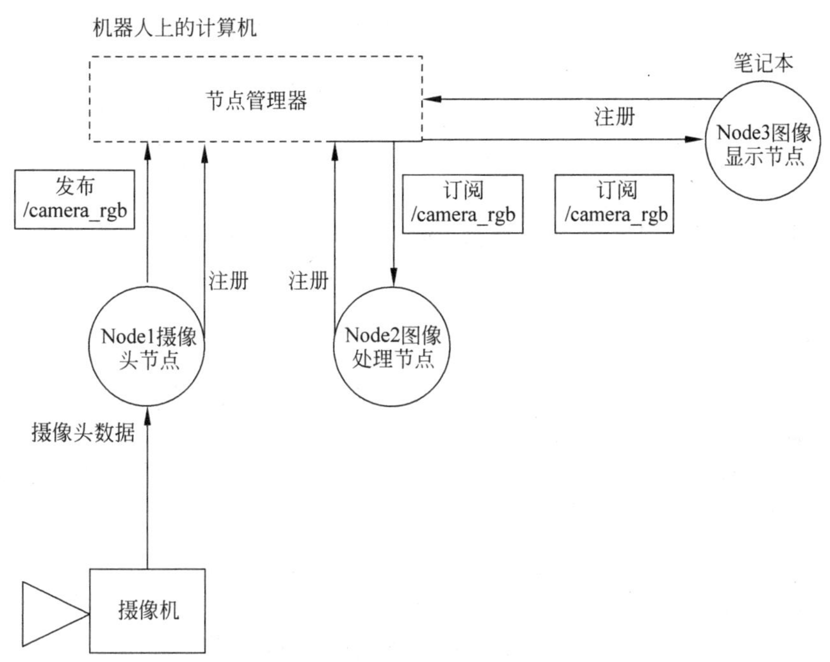

图 8.6　Topic 通信的流程

头节点的画面，则可以用自己的笔记本连接到机器人上的节点管理器，然后在自己的计算机上启动图像显示节点。这就体现了分布式系统通信扩展性好、软件复用率高的优点，概括为以下 3 点。

(1) Topic 通信方式是异步的，发送时调用 publish()方法，发送完成立即返回，不用等待反馈。

(2) Subscriber 通过回调函数的方式来处理消息。

(3) Topic 可以同时有多个 Subscribers，也可以同时有多个 Publishers。ROS 中这样的例子有/rosout、/tf 等。

2. 操作命令

在实际应用中，应该熟悉 Topic 的几种使用命令。表 8.2 详细地列出了各自的命令及其作用。

表 8.2　Topic 使用命令

命　　令	作　　用
rostopic list	列出当前所有的 Topic
rostopic info topic_name	显示某个 Topic 的属性信息
rostopic echo topic_name	显示某个 Topic 的内容
rostopic pub topic_name	向某个 Topic 发布内容
rostopic bw topic_name	查看某个 Topic 的带宽

续表

命　　令	作　　用
rostopic hz topic_name	查看某个 Topic 的频率
rostopic find topic_type	查找某个类型的 Topic
rostopic type topic_name	查看某个 Topic 的类型(msg)

如果一时忘记命令的写法,可以通过 rostopic help 或 rostopic command -h 命令查看具体用法。

3. 测试实例

(1) 首先打开 ROS-Academy-for-Beginners 的模拟场景,输入 roslaunch robot_sim_demorobot_spawn_launch,看到仿真的模拟环境。该 launch 文件启动了模拟场景、机器人。

(2) 查看当前模拟器中存在的 Topic,输入命令 rostopic list。可以看到许多 Topic,它们可以视为模拟器与外界交互的接口。

(3) 查询 topic/camera/rgb/image_raw 的相关信息:rostopic info/camera/rgb/image_raw,则会显示类型信息 type、发布者和订阅者的信息。

(4) 在上步演示中可以得知,并没有订阅者订阅该主题,则指定 image_view 来接收这个消息,运行命令 rosrun image_view image_view image:=< image topic > [transport],可以看到 message,即是上一步中的 type。

(5) 同理可以查询摄像头的深度信息 depth 图像。

(6) 在用键盘控制仿真机器人运动时,可以查看速度指令 Topic 的内容 rostopic echo/cmd_vel,可以看到窗口显示的各种坐标参数在不断变化。

通过这些实例的测试,帮助我们更快地掌握 Topic 各种操作命令的使用,以及对 Topic 通信的理解。

Topic 的通信方式是 ROS 中比较常见的单向异步通信方式,它在很多时候的通信是比较易用且高效的。但是有些需要交互的通信时该方式就显露出自己的不足之处了,后续会介绍双向同步的通信方式 service。

8.1.5 Message

1. 简介

Topic 有很严格的格式要求,比如 8.1.4 小节摄像头进程中的 rgb 图像 Topic,它就必然要遵循 ROS 中定义好的 rgb 图像格式。这种数据格式就是 Message。Message 按照定义解释就是 Topic 内容的数据类型,也称之为 Topic 的格式标准。这里和平常用到的 Massage 直观概念有所不同,这里的 Message 不单单指一条发布或者订阅的消息,也指定为 Topic 的格式标准。

2. 结构与类型

基本的 msg 包括 bool、int8、int16、int32、int64(及 uint)、float、float64、string、time、 duration、header、可变长数组 array[]、固定长度数组 array[C]。那么具体的一个 msg 是怎么组成的呢？用一个具体的 msg 来了解。例如，上例中的 msg sensor_msg/image，位置存放在 sensor_msgs/msg/image.msg 里，它的结构如图 8.7 所示。

```
std_msg/Header header
    uint32    seq
    time      stamp
    string    frame_id
uint32    height
uint32    width
string    encoding
uint8     is_bigendian
uint32    step
uint8[]   data
```

图 8.7　msg 结构图

观察上面 msg 的定义，是不是类似 C 语言中的结构体呢？通过具体的定义图像的宽度、高度等来规范图像的格式。所以，这就解释了 Message 不仅是平时理解的一条一条的消息，更是 ROS 中 Topic 的格式规范。或者可以理解 msg 是一个“类”，那么每次发布的内容可以理解为“对象”，这么对比来理解可能更加容易。实际通常不会把 Message 概念分得那么清，通常 Message 既指的是类，也是指它的对象。而 msg 文件则相当于类的定义。

3. 操作命令

rosmsg 的命令相比 Topic 就比较少了，只有两个，如表 8.3 所示。

表 8.3　rosmsg 命令

rosmsg 命令	作　　用
rosmsg list	列出系统上所有的 msg
rosmsg show msg_name	显示某个 msg 的内容

8.2　服　　务

8.1 节介绍了 ROS 的通信方式中的 Topic（主题）通信，我们知道 Topic 是 ROS 中的一种单向异步通信方式。然而有些时候单向的通信满足不了通信要求，比如当一些节点只是临时而非周期性的需要某些数据，如果用 Topic 通信方式时就会消耗大量不必要的系统资源，造成系统的低效率、高功耗。

这种情况下，就需要有另一种请求-查询式的通信模型。本节介绍 ROS 通信中的另一种通信方式——Service（服务）。

8.2.1　工作原理

1. 简介

为了解决以上问题，Service 方式在通信模型上与 Topic 做了区别。Service 通信是双向的，它不仅可以发送消息，同时还会有反馈。所以，Service 包括两个部分：一部分是请求方（Clinet）；另一部分则是应答方/服务提供方（Server）。这时请求方（Client）就会发送一个 request，要等待 Server 处理，反馈回一个 reply，这样通过类似“请求-应答”的机制完成整个服务通信，如图 8.8 所示。

Node B 是 Server（应答方），提供了一个服务的接口，称为/Service，一般都会用

图 8.8　Service 通信方式

string 类型来指定 Service 的名称，类似于 Topic。Node A 向 Node B 发起了请求，经过处理后得到反馈。

2. 过程

Service 是同步通信方式。所谓同步就是说，此时 Node A 发布请求后会在原地等待应答，直到 Node B 处理完了请求并且完成了应答，Node A 才会继续执行。Node A 等待过程中，是处于阻塞状态的通信。这样的通信模型没有频繁的消息传递，没有冲突与高系统资源的占用，只有接受请求才能执行服务，简单且高效。

对比一下这两种最常用的通信方式，以加深对两者的理解和认识，具体见表 8.4。

表 8.4　Topic 和 Service 对比

名　　称	Topic	Service
通信方式	异步通信	同步通信
实现原理	TCP/IP	TCP/IP
通信模型	Publish-Subscribe	Request-Reply
映射关系	Publish-Subscribe(多对多)	Request-Reply(多对一)
特点	接收者收到数据会回调(Callback)	远程过程调用(RPC)服务器端的服务
应用场景	连续、高频的数据发布	偶尔使用的功能/具体的任务
举例	激光雷达、里程计发布数据	开关传感器、拍照、计算

注意：远程过程调用(remote procedure call，RPC)可以简单、通俗地理解为在一个进程里调用另一个进程的函数。

3. 操作命令

在实际应用中，使用 Service 通信方式的命令时，rosservice 具体的命令参数如表 8.5 所示。

表 8.5　rosservice 命令

rosservice 命令	作　　用
rosservice list	显示服务列表
rosservice info	打印服务信息
rosservice type	打印服务类型
rosservice uri	打印服务 rosrpc uri
rosservice find	按服务类型查找服务
rosservice call	使用所提供的 args 调用服务
rosservice args	打印服务参数

8.2.2　srv 文件

1. 简介

类似 msg 文件，srv 文件是用来描述服务 Service 数据类型的，Service 通信的数据格式定义在 *.srv 中。它声明了一个服务，包括请求（request）和响应（reply）两部分。其格式声明如下。

例如：

```
msgs_demo/srv/DetectHuman.srv
bool start_detect
---
my_pkg/HumanPose[] pose_data
msgs_demo/msg/HumanPose.msg
std_msgs/Header header
string uuid
int32 number_of_joints
my_pkg/JointPose[]joint_data
msgs_demo/msg/JointPose.msg
string joint_name
geometry_msgs/Pose pose
floar32 confidence
```

以 DetectHUman.srv 文件为例，该服务例子取自 OpenNI 的人体检测 ROS 软件包。它是用来查询当前深度摄像头中的人体姿态和关节数的。srv 文件格式很固定，第一行是请求的格式，中间用“---”隔开，第三行是应答的格式。在本例中，请求为是否开始检测，应答为一个数组，数组的每个元素为某个人的姿态（Human Pose）。而对于人的姿态，其实是一个 msg，所以 srv 可以嵌套 msg 在其中，但它不能嵌套 srv。

2. 操作命令

具体的操作指令如表 8.6 所示。

表 8.6　srv 操作指令

rossrv 命令	作　　用
rossrv show	显示服务描述
rossrv list	列出所有服务
rossrv md5	显示服务 md5sum
rossrv package	列出包中的服务
rossrv packages	列出包含服务的包

8.3 动　　作

1. 简介

actionlib 是 ROS 中一个很重要的库，类似 Service 通信机制，actionlib 也是一种请求响应机制的通信方式，actionlib 主要弥补了 Service 通信的不足，就是当机器人执行一个长时间的任务时，假如利用 Service 通信方式，那么 Publisher 会很长时间接收不到反馈的应答，致使通信受阻。当 Service 通信不能很好地完成时，actionlib 可以比较适合实现长时间的通信过程，actionlib 通信过程可以随时被查看过程进度，也可以终止请求，这样的一个特性，使它在一些特别的机制中拥有很高的效率。

2. 通信原理

Action 的工作原理是 Client-Server 模式，也是一个双向通信模式。通信双方在 ROSAction Protocol 下通过消息进行数据的交流通信。Client 和 Server 为用户提供一个简单的 API 来请求目标或通过函数调用和回调来执行目标。

客户端会向服务器发送目标指令和取消动作指令，而服务器则可以给客户端发送实时的状态信息、结果信息和反馈信息等，从而完成 Service 没法做到的部分工作。

3. Action 规范

利用动作库进行请求响应，动作的内容格式应包含 3 个部分，即目标、反馈、结果。

(1) 目标。机器人执行一个动作，应该有明确的移动目标信息，包括一些参数的设定、方向、角度、速度等，从而使机器人完成动作任务。

(2) 反馈。在动作进行的过程中，应该有实时的状态信息反馈给服务器的实施者，告诉实施者动作完成的状态，可以使实施者作出准确的判断去修正命令。

(3) 结果。当运动完成时，动作服务器把本次运动的结果数据发送给客户端，使客户端得到本次动作的全部信息，如可能包含机器人的运动时长、最终姿势等。

8.4 参　　数

1. 简介

前文介绍了 ROS 中常见的两种通信方式，即主题和服务，本节介绍另一种通信方式——参数服务器(parameter server)。与前两种通信方式不同，参数服务器也可以说是特殊的“通信方式”。特殊点在于参数服务器是节点存储参数的地方，用于配置参数，全局共享参数。参数服务器使用互联网传输，在节点管理器中运行，实现整个通信过程。

参数服务器作为 ROS 中另一种重要的数据传输方式，有别于 Topic 和 Service，它也是静态的。参数服务器维护着一个数据字典，字典里存储着各种参数和配置。

2. 字典简介

字典就是一个个的键值对，儿时学习语文的时候，常常会有一本字典，当遇到不认识的字时可依部首查到这个字，获取这个字的读音、意义等信息，而这里的字典可以对比理解记忆。键值 key 可以理解为语文里的“部首”这一概念，每一个 key 都是唯一的，如图 8.9 所示。

Key	/rosdistro	/rosversion	/use_sim_time	…
Value	'kinetic'	'1.12.7'	true	…

图 8.9　键值 key

每一个 key 不重复，且每个 key 对应着一个 value。也可以说，字典就是一种映射关系，在实际的项目应用中，因为字典的这种静态映射特点，往往将一些不常用到的参数和配置放入参数服务器的字典里，这样对这些数据进行读、写都将方便且高效。

3. 维护方式

参数服务器的维护方式非常简单、灵活，总的来讲有 3 种方式，即命令行维护、launch 文件内读写、Node 源代码。

下面就来一一介绍这 3 种维护方式。

1）命令行维护

使用命令行来维护参数服务器，主要使用 rosparam 命令来进行操作，各种命令如表 8.7 所示。

表 8.7　rosparam 命令

rosparam 命令	作　　用
rosparam set param_key param_value	设置参数
rosparam get param_key	显示参数
rosparam load file_name	从文件加载参数
rosparam dump file_name	保存参数到文件
rosparam delete	删除参数
rosparam list	列出参数名称

2）launch 文件内读写

在 8.1.3 小节讲到 launch 文件时，提到 launch 文件有很多标签，其中有<param>和<rosparam>，以激光雷达驱动 lidar.launch 文件为例。

```
<launch>
<node name="ydlidar_node" pkg="ydlidar"    type="ydlidar_node" output="screen">
<param name="port"        type="string" value="/dev/ydlidar"/>
<param name="baudrate"    type="int"     value="115200"/>
<param name="frame_id"     type="string" value="laser_frame"/>
<param name="angle_fixed"     type="bool"     value="true"/>
<param name="low_exposure"     type="bool"     value="false"/>
```

```
<param name="heartbeat"    type="bool"    value="false"/>
<param name="resolution_fixed"    type="bool"    value="true"/>
<param name="angle_min"    type="double" value="-180" />
<param name="angle_max"    type="double" value="180" />
<param name="range_min"    type="double" value="0.08" />
<param name="range_max"    type="double" value="16.0" />
<param name="ignore_array" type="string" value="" />
<param name="samp_rate"    type="int"    value="9"/>
<param name="frequency"    type="double" value="7"/>
</node>
<node pkg="tf" type="static_transform_publisher" name="base_link_to_laser4"
  args="0.2245 0.0 0.2 0.0 0.0 0.0 /base_footprint /laser_frame 40" />
</launch>
```

可以看出,param 用于设置单个参数。下面以导航驱动 move_base.launch 文件为例。

```
<launch>
<node pkg="move_base" type="move_base" respawn="false" name="move_base" output=
"screen" clear_params="true">
<rosparam file="$(find dashgo_nav)/config/dashgo/costmap_common_params.yaml" command
="load" ns="global_costmap" />
<rosparam file="$(find dashgo_nav)/config/dashgo/costmap_common_params.yaml" command
="load" ns="local_costmap" />
<rosparam file="$(find dashgo_nav)/config/dashgo/local_costmap_params.yaml" command=
"load" />
<rosparam file="$(find dashgo_nav)/config/dashgo/global_costmap_params.yaml" command
="load" />
<rosparam file="$(find dashgo_nav)/config/dashgo/base_local_planner_params.yaml"
command="load" />
</node>
</launch>
```

可以看出,rosparam 用于加载参数文件,而参数文件可以包含许多参数。

3) node 源码

param 的操作非常轻巧、简单。关于 param 的 API,roscpp 提供了两套:ros::param namespace 和 ros::NodeHandle;它们的操作完全一样。下面是 node 源码编写示例。

```
#include<ros/ros.h>
int main(int argc, char **argv){
ros::init(argc, argv, "param_demo");
ros::NodeHandle nh;
int param1, param2, param3, param4, param5;

//Get Param 的 3 种方法
//① ros::param::get()获取参数"param1"的 value,写入到 param1 上
bool test1 = ros::param::get("param1", param1);

//② ros::NodeHandle::getParam()获取参数,与①作用相同
bool test2 = nh.getParam("param2",param2);

//③ ros::NodeHandle::param()类似于①和②
//但如果 get 不到指定的 param,它可以给 param 指定一个默认值(如 1)
```

```
nh.param("param3", param3, 1);

//Set Param
//① ros::param::set()设置参数
param4 = 4;
ros::param::set("param4", param4);

//② ros::NodeHandle::setParam()设置参数
param5 = 5;
nh.setParam("param5",param5);

//Check Param

//① ros::NodeHandle::hasParam()
bool ifparam5 = nh.hasParam("param5");

//② ros::param::has()
bool ifparam6 = ros::param::has("param6");

//Delete Param

//① ros::NodeHandle::deleteParam()
bool ifdeleted5 = nh.deleteParam("param5");

//② ros::param::del()
bool ifdeleted6 = ros::param::del("param6");
}
```

8.5　信息通信过程

8.5.1　运行主节点

节点之间的消息通信中，管理连接信息的主节点是为使用 ROS 必须首先运行的元素。ROS 主节点使用 roscore 命令来运行，并使用 XMLRPC 运行服务器。主节点为了节点与节点的连接，会注册节点的名称、主题、服务、动作名称、消息类型、URI 地址和端口，并在有请求时将此信息通知给其他节点，如图 8.10 所示。

```
$ roscore
```

图 8.10　运行主节点

8.5.2 运行订阅者节点

订阅者节点使用 rosrun 或 roslaunch 命令来运行。订阅者节点在运行时向主节点注册其订阅者节点名称、主题名称、消息类型、URI 地址和端口。主节点和订阅者节点使用 XMLRPC 进行通信,如图 8.11 所示。

```
$ roslaunch PACKAGE_NAME LAUNCH_NAME
```

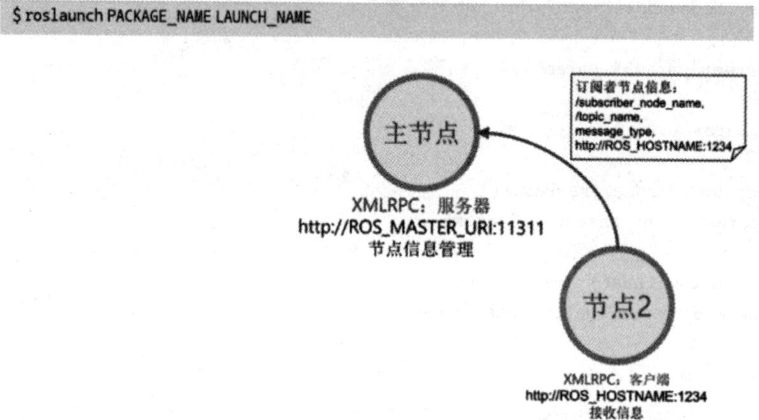

图 8.11 运行订阅者节点

8.5.3 运行发布者节点

发布者节点(与订阅者节点类似)使用 rosrun 或 roslaunch 命令来运行。发布者节点向主节点注册发布者节点名称、主题名称、消息类型、URI 地址和端口。主节点和发布者节点使用 XMLRPC 进行通信,如图 8.12 所示。

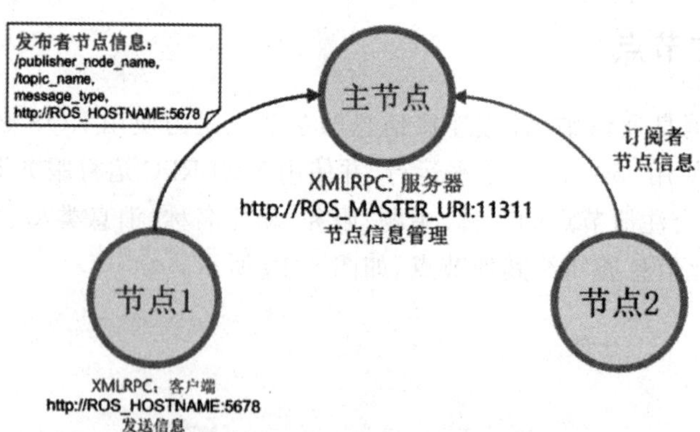

图 8.12 运行发布者节点

8.5.4 通知发布者信息

主节点向订阅者节点发送此订阅者希望访问的发布者的名称、主题名称、消息类型、URI 地址和端口等信息。主节点和订阅者节点使用 XMLRPC 进行通信,如图 8.13 所示。

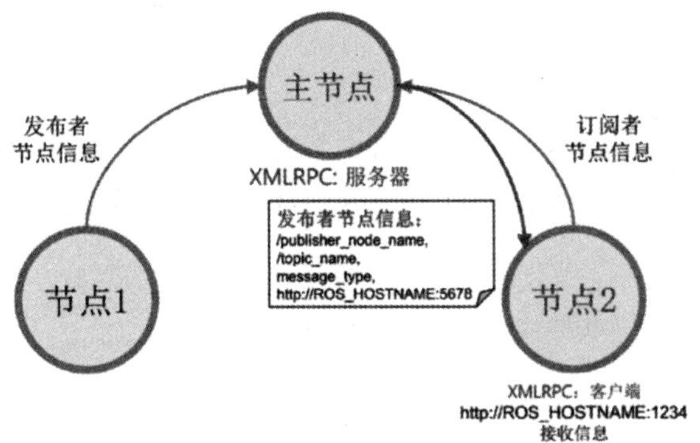

图 8.13　向订阅者节点通知发布信息

8.5.5　订阅者节点的连接请求

订阅者节点根据从主节点接收的发布者信息，向发布者节点请求直接连接。在这种情况下，要发送的信息包括订阅者节点名称、主题名称和消息类型。发布者节点和订阅者节点使用 XMLRPC 进行通信，如图 8.14 所示。

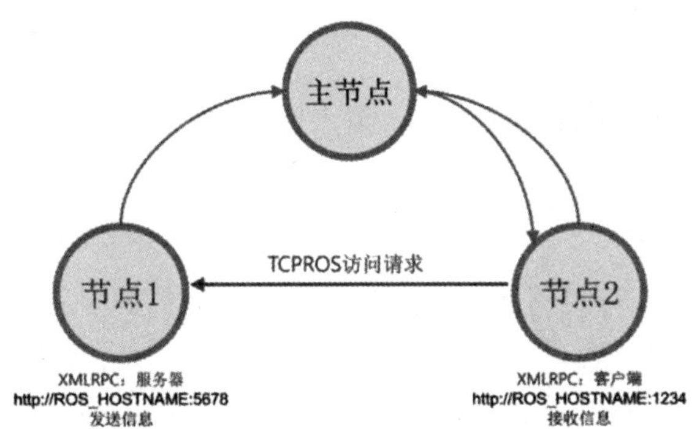

图 8.14　向发布者节点请求连接

8.5.6　发布者节点的连接响应

发布者节点将 TCP 服务器的 URI 地址和端口作为连接响应发送给订阅者节点。发布者节点和订阅者节点使用 XMLRPC 进行通信，如图 8.15 所示。

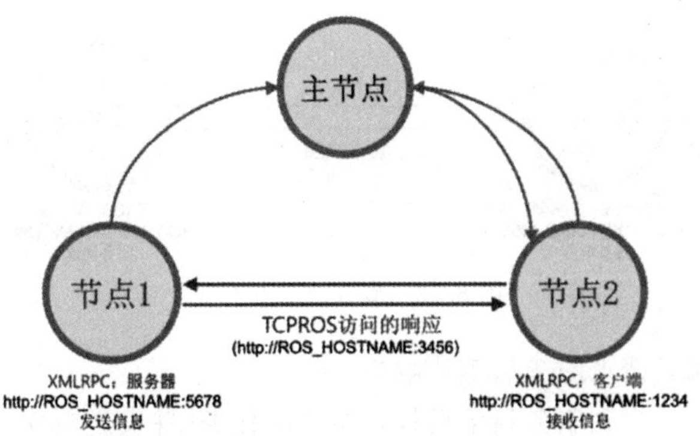

图 8.15　发布者节点的连接响应

8.5.7 TCPROS 连接

订阅者节点使用 TCPROS 创建一个与发布者节点对应的客户端,并直接与发布者节点连接。节点间通信使用一种称为 TCPROS 的 TCP/IP 方式,如图 8.16 所示。

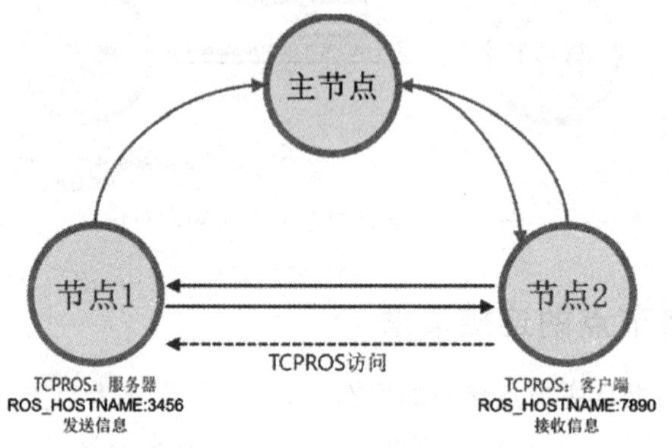

图 8.16 TCPROS 连接

8.5.8 发送消息

发布者节点向订阅者节点发送消息。节点间通信使用一种称为 TCPROS 的 TCP/IP 方式,如图 8.17 所示。

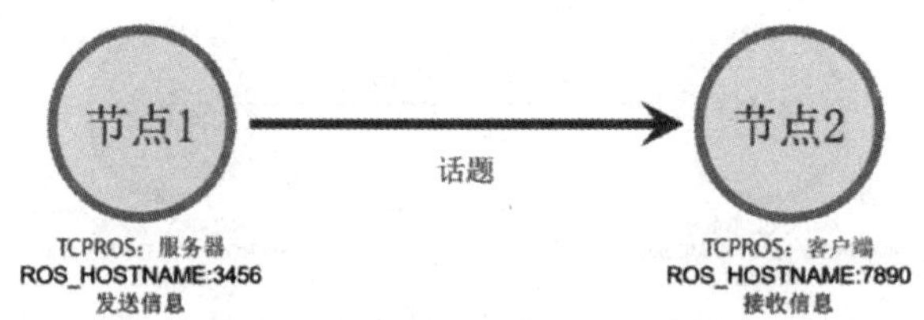

图 8.17 发送消息

8.5.9 服务请求及响应

上述内容相当于消息通信中的主题。主题消息通信是只要发布者或订阅者不停止,便会持续地发布和订阅,如图 8.18 所示。服务分为以下两种。

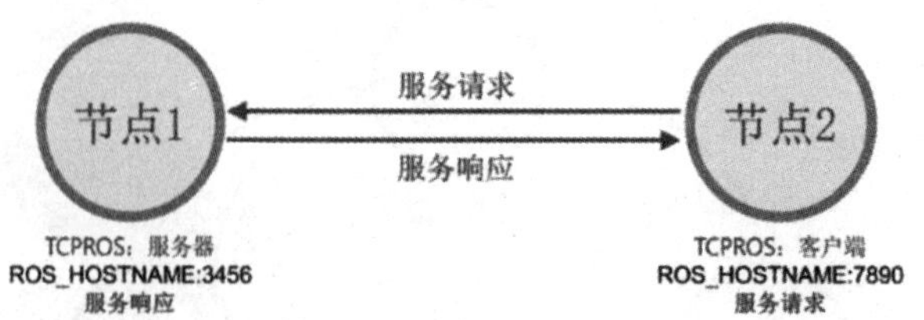

图 8.18 服务请求及响应

(1) 服务客户端:请求服务后等待响应。

(2) 服务服务器:收到服务请求后执行指定的任务,并发送响应。

服务服务器和服务客户端之间的连接与上述发布者和订阅者之间的 TCPROS 连接相同，但与发送消息不同，这里服务只连接一次，在执行请求和响应之后彼此断开连接。如果有必要，需重新连接。

8.5.10　目标、结果和反馈动作（Action）

在执行的方式上像是在服务（Service）的请求（Goal）和响应（Result）之间多了中途反馈环节，但实际的运作方式与发送消息相同。事实上，如果使用 rostopic 命令来查阅主题，那么可以看到该动作的 Goal、Status、Cancel、Result 和 Feedback 5 个主题。动作服务器和客户端之间的连接与上述发布者和订阅者中的 TCPROS 连接相同，但某些用法又略有不同。例如，动作客户端发送取消命令或服务器发送结果值会中断连接，如图 8.19 所示。

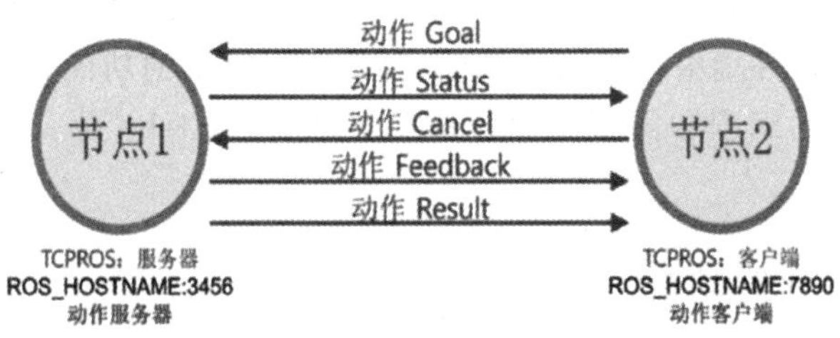

图 8.19　动作消息通信

在前面的内容中，用 turtlesim 测试了 ROS 的操作。在这个测试中，使用了主节点和两个节点，并且在两个节点之间，使用/turtle1/cmd_vel 主题将平移和旋转消息传送给虚拟海龟。如果按照上面描述的 ROS 概念思考，可以用图 8.20 表达。让我们回顾一下之前的 ROS 操作测试，并再次用 ROS 概念思考一下。

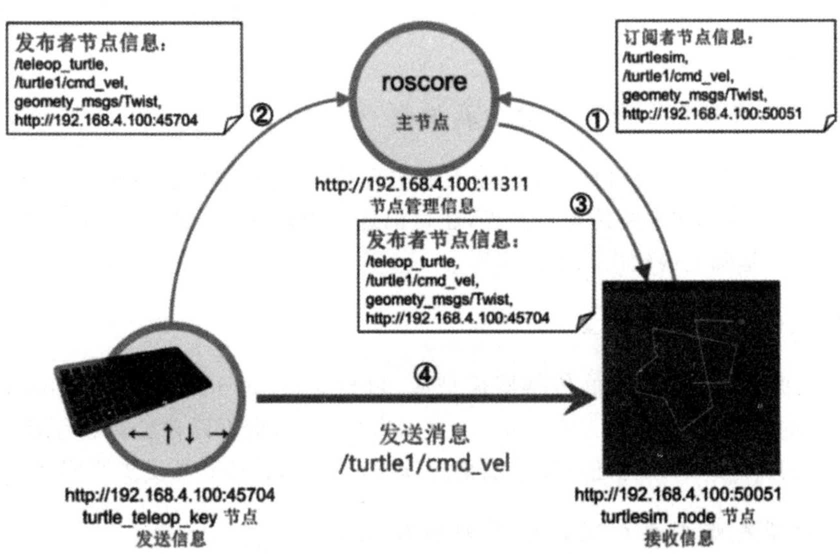

图 8.20　消息通信实例

第9章 ROS常用工具

9.1 Gazebo

机器人仿真是每个机器人专家工具箱中必不可少的工具。精心设计的模拟器可以使用现实场景快速测试算法、设计机器人、执行回归测试及训练AI系统。Gazebo提供了在复杂的室内和室外环境中准确、高效地模拟机器人数量的功能，强大的物理引擎、高质量的图形以及方便的编程和图形界面。最重要的是，Gazebo是一个充满活力的社区免费场所。

9.1.1 Gazebo的功能

1. 构建机器人运动仿真模型

在Gazebo里提供了最基础的3个物体，即球体、圆柱体和立方体，利用这3个物体及其伸缩变换或者旋转变换，可以设计一个最简单的机器人三维仿真模型。Gazebo提供了CAD、Blender等各种二维、三维设计软件接口，可以导入这些图纸让Gazebo的机器人模型更加真实，这些内容之后会详细介绍。同时，Gazebo提供了机器人的运动仿真，通过Model Editor下的plugin，来添加需要验证的算法文件，就可以在Gazebo里对机器人的运动进行仿真。

2. 构建现实世界各种场景的仿真模型

Gazebo可以建立一个用来测试机器人的仿真场景，通过添加物体库、放入垃圾箱、雪糕桶甚至是人偶等物体来模仿现实世界，还可以通过Building Editor添加二维的房屋设计图，在设计图基础上构建出三维的房屋。

3. 构建传感器仿真模型

Gazebo拥有一个很强大的传感器模型库，包括camera、depth camera、laser、imu等机器人常用的传感器，并且已经有模拟库，可以直接使用，也可以自己重新创建一个传感器，添加它的具体参数，甚至还可以添加传感器噪声模型，让传感器更加真实。

4. 为机器人模型添加现实世界的物理性质

Gazebo里有force、physics等选项，可以为机器人添加如重力、阻力等，Gazebo有一个很接近真实的物理仿真引擎,要记得一般的地面是没有阻力的,和现实世界有区别。

9.1.2 Gazebo 的特点

Gazebo 是一款优秀的开源物理仿真环境,它具备以下特点。

(1) 动力学仿真。支持多种高性能的物理引擎,如 ODE、Bullet、SimBody、DART 等。

(2) 三维可视化环境。支持显示逼真的三维环境,包括光线、纹理、影子。

(3) 传感器仿真。支持传感器数据的仿真,同时可以仿真传感器噪声。

(4) 可扩展插件。用户可以定制化开发插件,扩展 Gazebo 的功能,满足个性化的需求。

(5) 多种机器人模型。官方提供 PR2、Pioneer2 DX、TurtleBot 等机器人模型,当然也可以使用自己创建的机器人模型。

(6) TCP/IP 传输。Gazebo 可以实现远程仿真、后台仿真和前台显示通过网络通信。

(7) 云仿真。Gazebo 仿真可以在 Amazon、Softlayer 等云端运行,也可以在自己搭建的云服务器上运行。

(8) 终端工具。用户可以使用 Gazebo 提供的命令行工具在终端实现仿真控制。

Gazebo 的社区维护非常积极,2013 年以来几乎每年都会有较大的版本变化,官方除了已经设计好 2020 年的版本外,还将各个版本的最后更新支持时间列了出来,感兴趣的读者可以到官网 http://gazebosim.org 进行查看。

Gazebo 的版本变化虽然较大,但是兼容性保持得比较好,Indigo 中 2.2 版本的机器人仿真模型,在 Kinetic 的 7.0 版本中运行依然不会有问题。

9.1.3 Gazebo 用户界面

本小节将对 Gazebo 图形用户界面和 GUI 进行介绍,学习一些基本操作,如按钮的功能以及如何在场景中导航。

1. 场景

场景是模拟器的主要部分,是仿真模型显示的地方,可以在这里操作仿真对象,使其与环境进行交互,如图 9.1 所示。

2. 左、右面板

1) 左面板

启动 Gazebo 时,默认情况下界面会出现左侧面板。面板左上方有 3 个选项卡。

(1) WORLD。“世界”选项卡,显示当前在场景中的模型,并允许查看和修改模型参数,如它们的姿势。还可以通过展开 GUI 选项并调整相机姿势来更改摄像机视角。

(2) INSERT。“插入”选项卡,向模拟添加新对象(模型)。要查看模型列表,可能需要单击箭头以展开文件夹。在要插入的模型上单击(和释放),然后在场景中再次单击以添加它。

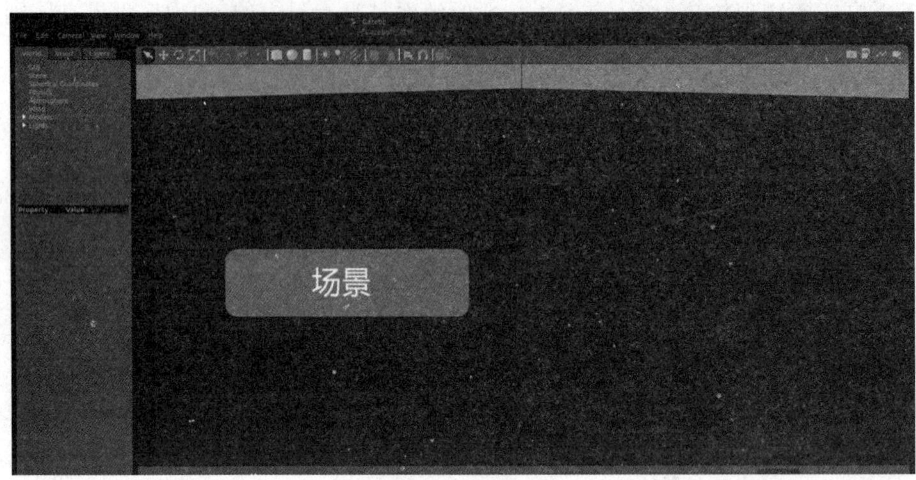

图9.1 Gazebo内场景

(3) LAYER。“图层”选项卡,可组织和显示模拟中可用的不同可视化组。图层可以包含一个或多个模型。打开或关闭图层将显示或隐藏该图层中的模型。这是一个可选功能,因此在大多数情况下此选项卡将为空。

2) 右面板

默认情况下Gazebo界面隐藏右侧面板。单击并拖动可以将其打开。右侧面板可用于与所选模型(joint)的移动部件进行交互。如果未在场景中选择任何模型,则面板不会显示任何信息,如图9.2所示。

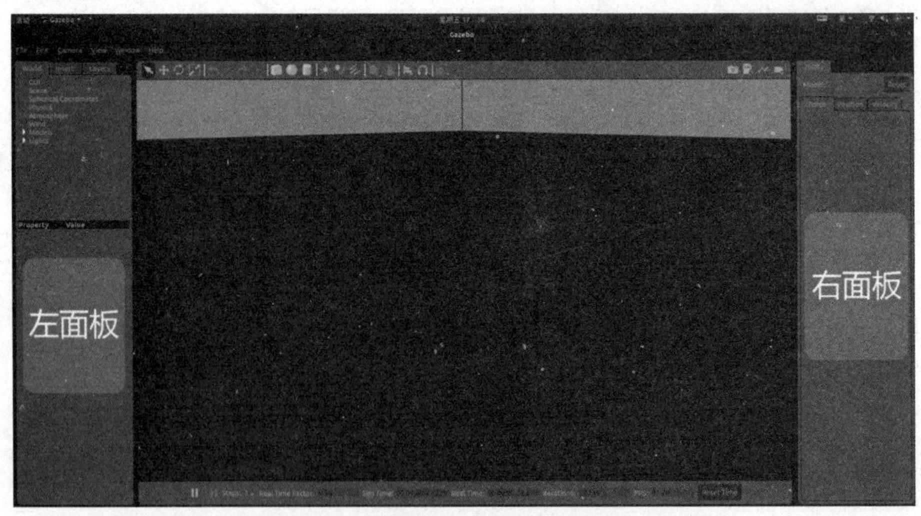

图9.2 Gazebo内的左、右面板

3. 工具栏

Gazebo界面有两个工具栏:一个位于场景上方;另一个位于场景下方。

1）上部工具栏

上部工作栏是 Gazebo 的主工具栏，它包含一些最常用的与模拟器交互的选项。例如，选择、移动、旋转和缩放对象等按钮；创造一些简单的形状（如立方体、球体、圆柱体）；复制/粘贴模型选项。

（1）选择模式（Select mode）：在场景中导航。

（2）翻译模式（Translate mode）：选择要移动的模型。

（3）旋转模式（Rotate mode）：选择要旋转的模型。

（4）缩放模式（Scale mode）：选择要缩放的模型。

（5）撤销/重做（Undo/redo）：撤销/重做场景中的操作。

（6）简单形状（Simple shape）：将简单形状插入场景中。

（7）灯光（Lights）：为场景添加灯光。

（8）复制/粘贴（Copy/paste）：在场景中复制/粘贴模型。

（9）Align：将模型彼此对齐。

（10）Snap：将一个模型与另一个模型对齐。

（11）更改视图（Change view）：从各个角度查看场景。

2）底部工具栏

底部工具栏显示有关模拟的数据，如模拟时间及其与实际时间的关系。

“模拟时间”是指模拟运行时模拟器中时间流逝的速度。模拟时间可以比实时更慢或更快，具体取决于运行模拟所需的计算量。

“实时”是指模拟器运行时在现实生活中经过的实际时间。

模拟时间和实时之间的关系称为“实时因子”（RTF），它是模拟时间与实时的比率。RTF 衡量模拟运行与实时相比的速度或速率。

Gazebo 的世界状况每迭代一次，计算一次。可以在底部工具栏的右侧看到迭代次数。每次迭代都会将模拟推进固定的秒数，称为步长。默认情况下，步长为 1ms。可以按“暂停”按钮暂停模拟，并使用步骤按钮逐步执行几个步骤。

4. 菜单栏

Gazebo 顶部有一个应用程序菜单。某些菜单选项会显示在工具栏中。在场景中，右击上下文菜单命令，可查看各种菜单，如图 9.3 所示。

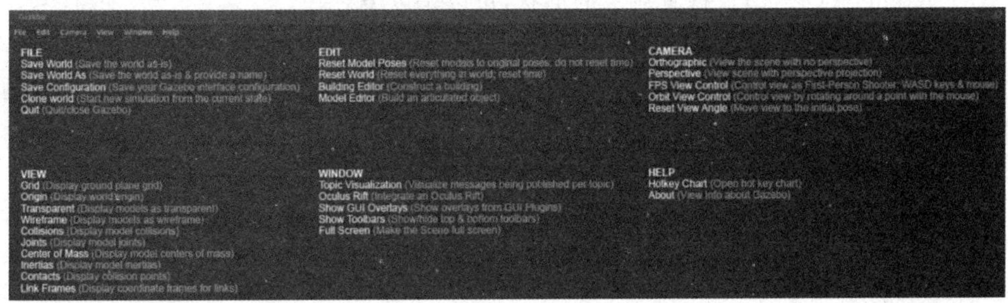

图 9.3　Gazebo 菜单栏

5. 鼠标操作

鼠标操作方法，一般常用的是："Shift+鼠标左键"转换视角；"鼠标左键"平移视角；"滚轮"缩放大小。

9.1.4 link详细属性说明

1. name(必选)

link的名字，用户可以任意指定。

2. inertial(可选元素)

(1) origin(可选：如果未指定，则默认为identity)。这是惯性参考系相对于链路参考系的姿态。惯性参考系的原点需要位于重心处。惯性参考系的轴不需要与惯性的主轴对齐。

(2) xyz(可选：默认为零向量)。表示x、y、z偏移量。

(3) rpy(可选：如果未指定，则默认为identity)。表示以弧度表示的固定轴滚动、俯仰和偏航角度。

(4) mass。链接的质量由此元素的value属性表示。

(5) inertia。3×3转动惯量矩阵，以惯性框架表示。因为转动惯量矩阵是对称的，所以这里使用属性ixx、ixy、ixz、iyy、iyz、izz，仅指定该矩阵的6个以上对角线元素。

3. visual(可选元素)

link的可视属性，此元素指定对象的形状(如立方体(box)、圆柱(cylinder)等)以用于可视化目的。注意，同一链接可以存在多个visual标记实例。个人感觉该属性是必选属性，要想在仿真软件里看到该模型就必须设置该属性。

(1) name。指定链接几何一部分名称，为不常用属性。

(2) origin(可选元素)。

① xyz(可选：默认为零向量)：表示x、y、z偏移量。

② rpy(可选：如果未指定，则默认为identity)：表示以弧度表示的固定轴滚动、俯仰和偏航角度。

(3) geometry(必选)。视觉对象的形状，可以是以下之一。

① box(立方体)：size属性包含框的3个边长。立方体的原点在它的中心。

② cylinder(圆柱)：指定半径和长度。圆柱的原点位于其中心，其他立方体的原点类似。

③ sphere(球)：指定半径。球体的原点位于其中心。

④ mesh：当想添加更为复杂的模型时，可以通过.stl等mesh文件导入模型。

4. material(可选)

视觉元素的材料。允许在顶层robot元素中指定link对象之外的材质元素。然后，可以在链接元素中按名称引用材料。

(1) name：材料的名称。

(2) color(可选)：rgba 由 4 个数字组成的材料颜色，表示红色/绿色/蓝色/ alpha，每个数字的范围为[0,1]。alpha 即色彩空间，也就是透明度/不透明度。

(3) texture(可选)：材质的纹理由文件名指定。

5. collision(可选)

链接的碰撞属性。应注意，这可能与链接的可视属性不同，如通常使用更简单的碰撞模型来缩短计算时间。注意：同一链接可以存在多个 collision 标记实例。它们定义的几何的联合形成了链接的碰撞表示。该属性主要是在模拟时模型会与其他模型发生碰撞，不设置该属性就会出现两个模型相互穿过的情况，设置该属性后在 geometry 设定的形状内两个模型会发生碰撞。

(1) name(可选)。指定链接几何的一部分的名称。这对于能够引用链接几何的特定位是有用的。

(2) origin(可选：如果未指定，则默认为 identity)。碰撞元素的参考系相对于链接的参考系。

(3) xyz(可选：默认为零向量)。表示 x、y、z 偏移量。

(4) rpy(可选：如果未指定，则默认为 identity)。表示以弧度表示的固定轴滚动、俯仰和偏航角度。

(5) geometry。可参阅上述可视元素中的几何描述。

9.1.5 joint 详细属性说明

joint 元素中拥有多个属性。

1. name(必选)

用于指定 joint 的名字(唯一的)。

2. type(必选)

用于指定 joint 的类型，有下列几个选项。

(1) revolute：可以绕着一个轴旋转的铰链关节，有最大值和最小值限制。

(2) continuous：连续型的铰链关节，可以绕一个轴旋转，没有最大值和最小值限制。

(3) prismatic：滑动关节，可以沿着一个轴滑动，有最大值和最小值限制。

(4) fixed：这不是一个实际的关节，因为它无法运动，所有的自由度都被锁定。这种类型的关节不需要指定轴、动力学特征、标度以及最大值和最小值限制。

(5) floating：这是一个具有 6 自由度的关节。

(6) planar：此关节在一个平面内运动，垂线是运动轴。

3. origin(可选元素)

从 parent link 到 child link 的变换，joint 位于 child link 的原点。

(1) xyz(可选元素,默认为0)。代表x、y、z轴方向上的偏移,单位为m。

(2) rpy(可选元素,默认为0)。代表绕着固定轴旋转的角度:roll绕着x轴,pitch绕着y轴,yaw绕着z轴,用弧度表示。

4. parent(必选)

parent link的名字是一个强制的属性,是这个link在机器人结构树中的名字。可以理解为parent是主体,child是固定在主体上的配件。

5. child(必选)

child link的名字是一个强制的属性,是这个link在机器人结构树中的名字。

6. axis(可选: 默认为(1, 0, 0))

joint的axis轴在joint的坐标系中,这是revolute joint旋转的轴、prismatic joint移动的轴,是planar joint的标准平面。这个轴在joint坐标系中指定。fixed和floating类型的joint不需要用到这个字段。

xyz(必选):代表轴向量的x、y、z分量,这应该是一个标准化的向量。

7. calibration(可选)

joint的参考点,用来矫正joint的绝对位置。

8. rising(可选)

当joint正向运动时,参考点会触发一个上升沿。

9. falling(可选)

当joint正向运动时,参考点会触发一个下降沿。

10. dynamics(可选)

该元素用来指定joint的物理性能。它的值被用来描述joint的建模性能,尤其是在仿真时。

(1) damping(可选,默认为0)。joint的阻尼值。

(2) friction(可选,defaults to 0)。joint的摩擦力值。

11. limit(只有type为revolute和prismatic时必选)

该元素包含以下属性。

(1) lower(可选,defaults to 0)。指定joint运动范围下界的属性(revolute joint的单位为rad,prismatic joint的单位为m),连续型的joint忽略该属性。

(2) upper(可选,defaults to 0)。指定joint运动范围上界的属性(revolute joint的单位为rad,prismatic joint的单位为m),连续型的joint忽略该属性。

(3) effort(必选)。该属性指定 joint 运行时的最大力(|applied effort|<|effort|)。

(4) velocity(必选)。该属性指定 joint 运行时的最大速度。

12. mimic(可选)

这个标签用于指定已定义的 joint 来模仿已存在的 joint。这个 joint 的值可以用以下公式计算：value = multiplier * other_joint_value + offset。有以下可选的属性。

(1) joint(必选)。需要模仿的 joint 的名字。

(2) multiplier(可选)。指定上述公式中的乘数因子。

(3) offset(可选)。指定上述公式中的偏移项。默认值为 0(revolute joint 的单位为 rad,prismatic joint 的单位为 m)。

13. safety_controller(可选)

该元素包含下列属性。

(1) soft_lower_limit(可选,默认为 0)。该属性指定 joint 安全控制边界的下界,是 joint 安全控制的起始限制点。该值需要大于上述 limit 中的 lower 值。

(2) soft_upper_limit(可选,默认为 0)。该属性指定 joint 安全控制边界的上界,是 joint 安全控制的起始限制点。该值需要小于上述 limit 中的 upper 值。

(3) k_position(可选,默认为 0)。本属性用于说明位置和速度之间的关系。

(4) k_velocity(必选)。本属性用于说明力和速度之间的关系。

9.1.6 使用 Gazebo 创建一个机器人模型

1. 机器人模型在 Gazebo 中需要的结构

一个模型的创建主要包括以下 4 个方面。

(1) Models,指的是从模型库添加的模型,是已经构建好的物体,具有一定功能和外观,如传感器、房屋、车体和车轮等。

(2) Model Plugins,指关于目前正在创建模型的一些功能描述信息。

(3) Links,指当前通过球体、圆柱和立方体创建的物体。

(4) Joints,指各个物体之间的连接关节。

2. 创建步骤

(1) 进入 Model Editor 模型编辑界面。

(2) 创建车体。通过基础图形来创建一个简单的二轮差分运动模型,拖曳一个圆柱体到面板中,并双击圆柱体,可打开 Link Inspector,编辑物体属性,如图 9.4 所示。

单击 Visual 和 Collision,可修改 Geometry,把半径和厚度改成所需大小,本模型将厚度改成 0.1m,保持半径大小不变。Visual 是该物体的外观,Collision 是物体的实际性质,在仿真引擎中调用的参数。

因为作为车体底盘,所以尽量把第一块模型的 x、y、z 坐标调整至坐标轴上,方便以

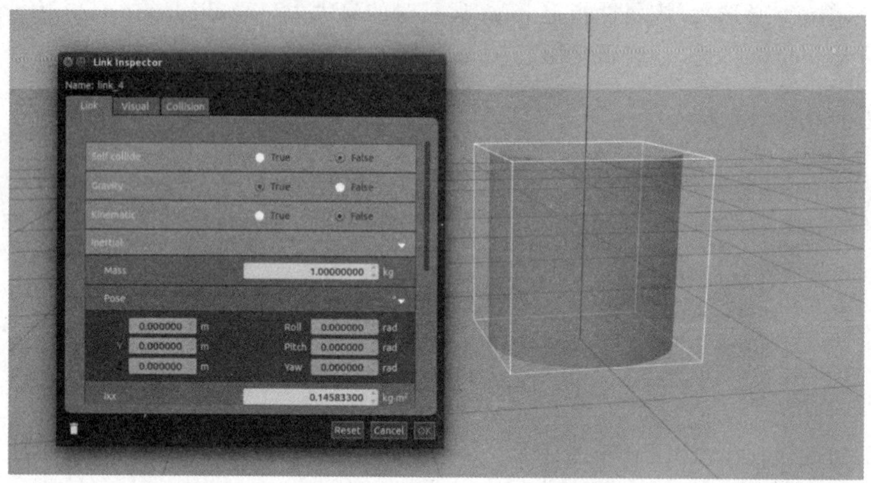

图 9.4 Gazebo 物体属性界面

后对于其他物体的调整。在 Link 标签中，滑动到最低，会看到有一个 Pose 标签，用它可调整物体的坐标和偏转角度。因为要配合车轮的位置，所以在这时应该根据车轮的半径，来确定底盘的 z 坐标。车轮拟定半径为 0.2m，所以底盘的 z 坐标也调整至 0.2m，可方便以后的工作。

注意：所有的长度、坐标都是根据物体中心或中线来确定的。

(3) 创建支柱。按照上边的步骤添加圆柱，并修改参数。半径为 0.02m、厚度为 0.4m。复制出 4 根支柱，暂时放在任意位置。

(4) 创建顶层板。复制第(2)步创建的车体底盘，暂时放在任意位置。

(5) 连接部件。单击顶部的 Joint，打开节点编辑器，单击父物体，再单击子物体，即可创建一个节点。父物体是带动子物体运动的，所以应该以底盘为父级，支柱为子级。具体操作如图 9.5 所示。

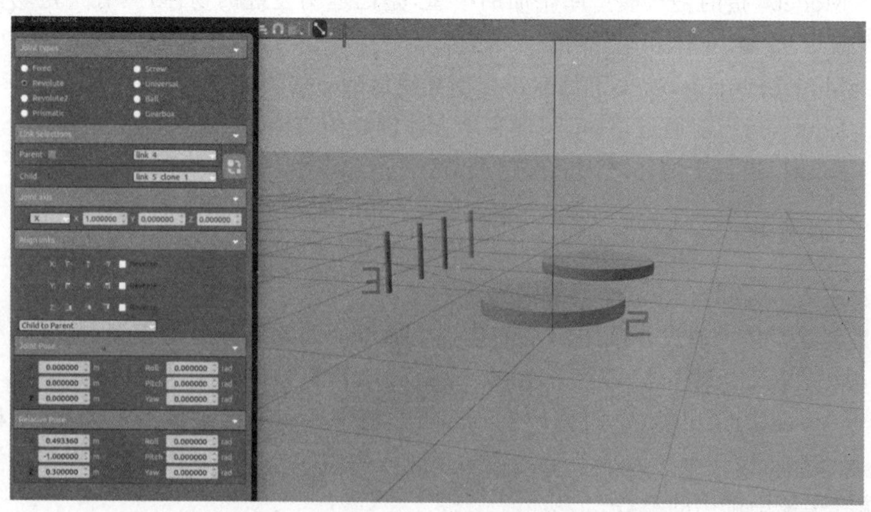

图 9.5 物体连接操作顺序图

（6）调整节点属性。

① Joint types。一般常用的有 Fixed、Revolute、Ball，分别是固定连接、可以旋转的、球体多方向转动(类似万向轮)。支柱属于固定连接，所以选择 Fixed。

② Align links。使用 Align links 选项可以快速调整两个零件的位置关系，3 个按钮分别是左贴合、归中、右贴合，Reverse 是在贴合后更改内外关系的，调整子物体的哪个面与父物体接触，如果想将支柱放在底盘内，则不要勾选 Reverse，勾选后支柱会在底盘外。

注意：图 9.6 中的框，试一下改变每一个轴的 Reverse 选项。

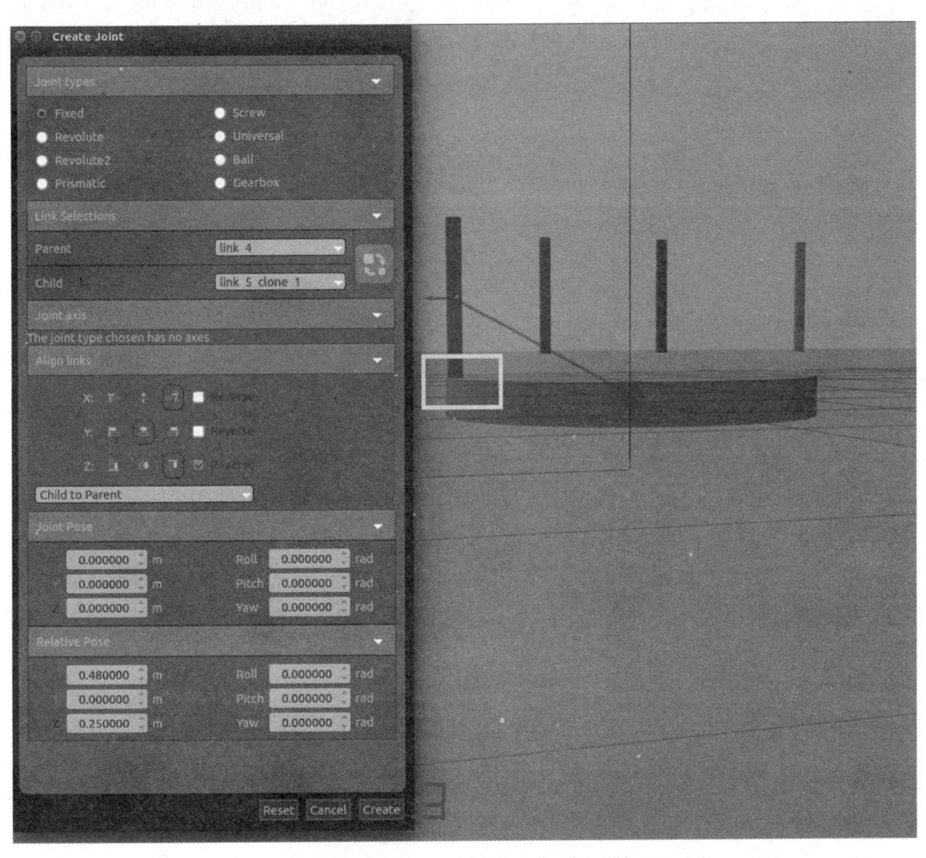

图 9.6　节点属性调整操作图

（7）重复操作，按照关节类型为 Fixed 的方法，连接剩下的零件。

注意：要把顶层板和 4 个支柱都连接在一起，其实 Fixed 的作用就相当于螺钉，把零件连接在一起，只有这样才能保证仿真的真实性。

（8）创建车轮。二轮差分模型有两个主动轮加上 1～2 个万向轮，车轮依然是简单的圆柱体，但这一次要把圆柱体旋转 90°，90°=1.5707rad，同时更改半径和厚度。

（9）连接车轮和车体。图 9.7 中的框需要读者留意，滚动的车轮要选择可旋转的关节类型 Revolute，并且调节可旋转的轴，物体将绕着有小圆圈标记的轴旋转。

重复该步骤创建另一边的车轮，留意车轮是否着地。通过目测是十分困难的，最好是写下每个零件的半径、厚度等参数，通过计算得出车轮是否着地。

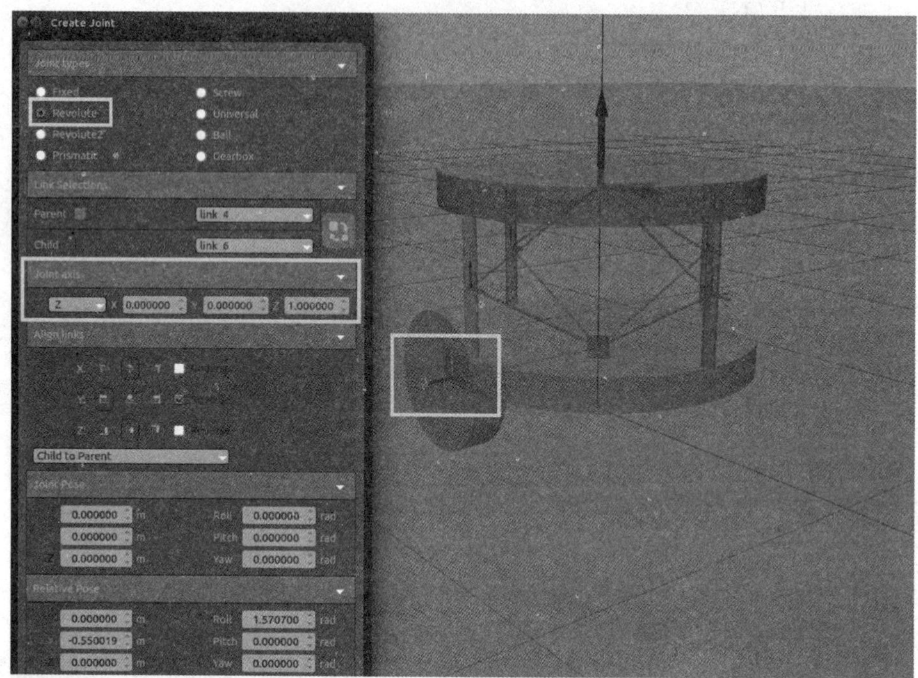

图 9.7　连接车轮车体操作图

(10) 创建万向轮。在简易模型里,可以直接用球体来代替万向轮,球体万向轮的半径需要设定为底盘的 Z 坐标/2,需要注意,Visual 和 Collision 都要更改。

(11) 连接万向轮。有时使用 Align links 不能让万向轮着地,这时可以再调整它与父物体的相关位置,不建议一开始就使用 Pose 来调整,调整物体位置时使用 Align links 会更加直观、方便。

3. 添加传感器

(1) 寻找合适的库。http://gazebosim.org/models/是官方的模型库,打开并找到深度摄像头 Depth camera,拖曳到面板中。最好直接拖曳到红色的轴线上。

(2) 安装传感器。在安装传感器到车体上时并不能用 Align links 快速调整位置的方法,需要自己手动移动。这个时候要很小心,因为容易误点其他零件导致不必要的移动。把深度摄像头移动到车顶,然后用 Fixed 类型的节点让车体与摄像头连接。

(3) 配置 Plugin。参考 Gazebo 官网教程,在 Model 选项卡下找到 Plugin 的 Add 按钮,打开并填写。

Plugin name 一定是独立的,不能出现重复,这个可以自己定义。

Filename 是链接文件的名称,一般是链接一些动态库。

因为 libFollowerPlugin.so 动态库并没有要求输入参数,所以 Innerxml 不需要填写。

4. 保存并退出

将光标移动到左上角,单击 File 菜单项,进行保存和退出操作。

5. 在 World 界面进行仿真

在机器人前边放置一个立方体，然后单击下方的“开始”按键，看到机器人朝着方块运动，证明模型创建成功，进行仿真后得到图 9.8 所示界面。

图 9.8　World 界面仿真

9.2　RViz

机器人系统中存在大量数据，这些数据在计算过程中往往处于数据形态，如图像数据中 0～255 的 RGB 值。但是这种数据形态的值往往不利于开发者去感受数据所描述的内容，所以常常需要将数据可视化显示，如机器人模型的可视化、图像数据的可视化、地图数据的可视化等，如图 9.9 所示。

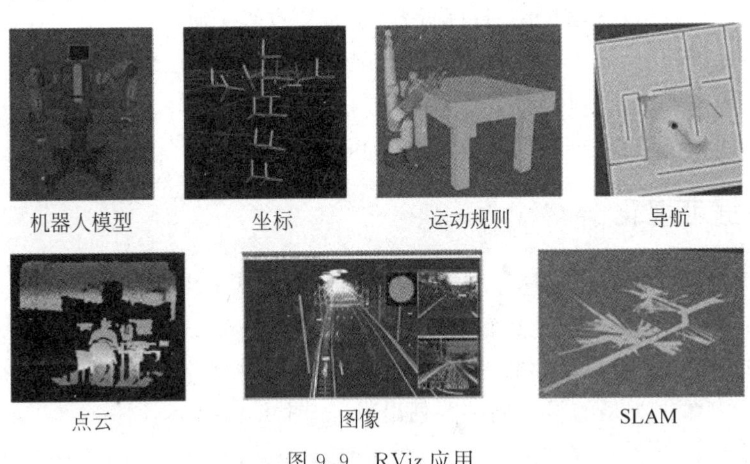

图 9.9　RViz 应用

ROS 针对机器人系统的可视化需求,为用户提供了一款显示多种数据的三维可视化平台——RViz。

RViz 是一款三维可视化工具,很好地兼容了各种基于 ROS 软件框架的机器人平台。在 RViz 中,可以使用 XML 对机器人、周围物体等任何实物进行尺寸、质量、位置、材质、关节等属性的描述,并且在界面中呈现出来。同时,RViz 还可以通过图形化的方式,实时显示机器人传感器的信息、机器人的运动状态、周围环境的变化等。

另外,利用用户指定的多边形(Polygon)支持各种表现形式,交互标记(Interactive Markers)可以表达接收来自用户节点的命令和数据并互交的过程。在 ROS 中,机器人以 URDF(unified robot description format,统一机器人描述格式)描述,它可以表示为三维模型,并且每个模型可以根据自由度进行移动或驱动,因此可以用于仿真或控制。例如,如图 9.9 所示,可以显示移动机器人模型,同时可以通过接收来自 LDS(激光距离传感器)的距离值,并用于导航。而且安装在机器人上的照相机图像可以如左下方那样显示。另外,可以从 Kinect、LRF 和 RealSense 等各种传感器获取数据,并以三维图像显示。

总之,RViz 帮助开发者实现所有可监测信息的图形化显示,开发者也可以在 RViz 的控制界面下,通过按钮、滑动条、数值等方式控制机器人的行为。

9.2.1 安装并运行 RViz

RViz 已经集成在桌面完整版的 ROS 系统(ros-kinetic-desktop-full)中,如果已经成功安装了桌面完整版的 ROS,可以直接跳过这一步骤;否则,应使用以下命令进行安装:

```
sudo apt - get install ros - kinetic - RViz
```

安装完成后,在终端分别运行以下命令即可启动 ROS 系统和 RViz 平台:

```
roscore
rosrun RViz RViz
```

启动成功的 RViz 主界面如图 9.10 所示。该界面主要包含以下几个部分。

- 0:三维视图区,用于可视化显示数据,目前没有任何数据,所以显示黑色。
- 1:工具栏,提供视角控制、目标设置、发布地点等工具。
- 2:显示项列表,用于显示当前选择的显示插件,可以配置每个插件的属性。
- 3:视角设置区,可以选择多种观测视角。
- 4:时间显示区,显示当前的系统时间和 ROS 时间。

9.2.2 数据可视化

进行数据可视化的前提当然是要有数据,假设需要可视化的数据以对应的消息类型发布,在 RViz 中使用相应的插件订阅该消息即可实现显示。

首先,需要添加显示数据的插件。单击 RViz 界面左侧下方的 Add 按钮,RViz 会将默认支持的所有数据类型的显示插件罗列出来,如图 9.11 所示。

在列表中选择需要的数据类型插件,然后在 DisplayName 里填入一个唯一的名称,

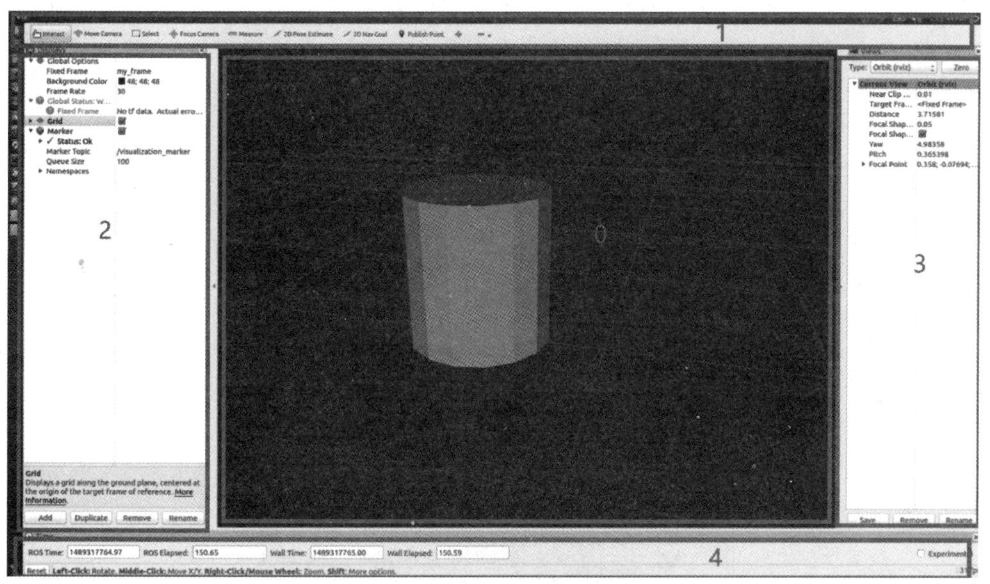

图 9.10　RViz 启动主界面

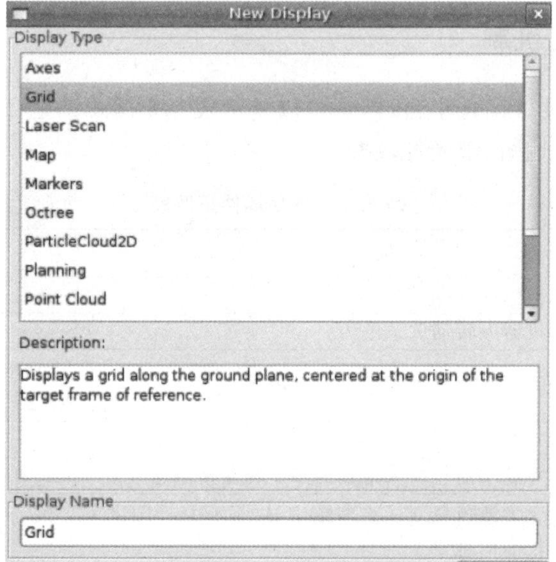

图 9.11　RViz 数据列表

用来识别显示的数据。例如，显示两个激光传感器的数据，可以分别添加两个 LaserScan 类型的插件，分别命名为 Laser_base 和 Laser_head 进行显示。

添加完成后，RViz 左侧的 Dispaly 中会列出已经添加的显示插件；单击插件列表前的加号，可以打开一个属性列表，根据需求设置属性。一般情况下，Topic 属性较为重要，用来声明该显示插件所订阅的数据来源，如果订阅成功，在中间的显示区应该出现可视化后的数据。

如果显示有问题，应检查属性区域的 Status 状态。Status 有 4 种状态，即 OK、Warning、Error 和 Disabled，如果显示的状态不是 OK，则查看错误信息，并详细检查数据发布是否正常，如图 9.12 所示。

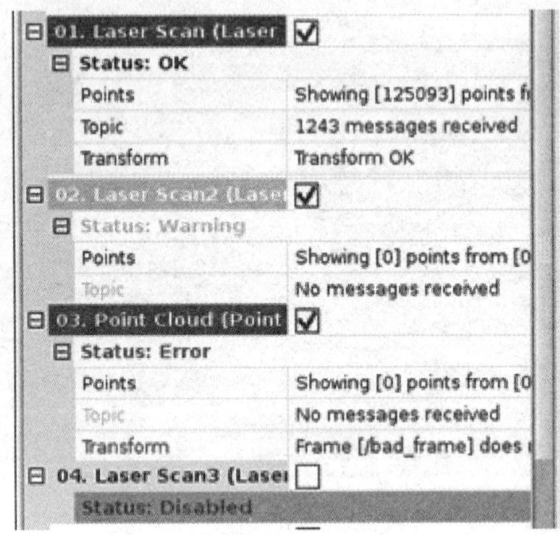

图 9.12　RViz 数据状态

9.2.3　插件拓展机制

RViz 是一个三维可视化平台，默认可以显示表 9.1 所示的通用类型数据，其中包含坐标轴、摄像头图像、地图、激光等数据。

表 9.1　RViz 插件拓展表

插　件　名	描　　述	消 息 类 型
Axes	显示坐标轴	
Effort	显示机器人转动关节的力	Sensor_msgs/JointStates
Camera	打开一个新窗口并显示摄像头图像	Sensor_msgs/Image Sensor_msgs/CameraInfo
Grid	显示二维或者三维栅格	
Grid Cells	显示导航功能包中大地图的障碍物栅格信息	nav_mshs/GridCells
Image	打开一个新窗口并显示图像信息（不需要订阅摄像头校准信息）	sensor_msgs/Image
InteractiveMaker	显示三维交互式标记	Visualization_msgs/ InteractiveMaker
Laser Scan	显示激光雷达数据	sensor_msgs/LaserScan
Map	在大地图上显示地图信息	nav_msgs/OccupancyGrid
Maker	绘制各种基本形状（箭头、立方体、球体、圆柱体、线带、线列表、立方体列表、球体列表、点、文本、Mesh 数据、三角形列表等）	Visualization_msgs/ Maker Visualization_msgs/ MakerArray

续表

插件名	描述	消息类型
Path	显示导航过程中的路径信息	nav_msgs/Path
Point	使用圆球体绘制一个点	geometry_msgs/PointStamped
Pose	使用箭头或者坐标轴的方式绘制一个位姿	geometry_msgs/PoseStamped
Pose Array	根据位姿列表,绘制一组位姿箭头	geometry_msgs/PoseArray
Point Cloud(2)	显示点云数据	sensor_msgs/PointCloud sensor_msgs/PointCloud2
Polygon	绘制多边形轮廓	geometry_msgs/Polygon
RobotModel	显示机器人模型(根据 TF 变换确定机器人模型的位姿)	RobotModel
Range	显示声呐或者红外传感器反馈的测量数据(锥形范围)	sensor_msgs/Range
Odometry	绘制一段时间内的里程计位姿信息	nav_msgs/Odometry
TF	显示 TF 转换的层次关系	
Wrench	显示力信息(力用箭头表示,转矩用箭头和圆表示)	geometry_msgs/WrenchStamped

作为一个平台,RViz 可以显示的数据不仅如此。RViz 支持插件扩展机制,以上这些数据的显示都基于默认提供的相应插件。如果需要添加其他数据的显示,也可以通过编写插件的形式进行添加。

9.2.4 插件说明

上述 Marker 内容都是 RViz 提供的,这部分内容可以自定义一些有意思的插件,并在 RViz 中应用。这当然不只是一些显示类的插件,还可以通过一些控制类的插件在 RViz 中发布控制指令。

1. 新的显示类型

Wiki 上提供一种新的显示类型,可以自己定义一种外部 IMU 信息的显示插件。这里使用脚本模拟了外部 IMU 信息的发布。

2. 新的控制面板

在这一部分功能中,可以自定义一个控制面板发布控制信息,Wiki 并没有给出具体的示例,这里以小海龟为例,通过自定义的控制面板,在 RViz 中发布小海龟的控制指令。运行小海龟节点之后,在 RViz 中添加自定义的控制面板,teleop 控制面板订阅小海龟的/turtle1/cmd_vel,就能用鼠标控制小海龟的运动。

3. 新的工具类型

这部分比较简单,可以定义一些工具,帮助我们更好地开发。Wiki 上提供了一种添加标记小红旗的教程。

9.2.5 视图面板

1. 不同视角

1）调整目标视角（默认选择）

该视角下，视图仅围绕焦点旋转，调整观测目标时，焦点显示为小光盘，如图9.13所示。

图9.13 RViz默认视角

在该视角下，鼠标按键的作用如下。

鼠标左键：单击并拖动以围绕焦点旋转。

鼠标中键：单击后视角固定，拖动鼠标以移动焦点。

鼠标右键：单击并拖动以放大或缩小焦点。向上拖动放大，向下拖动缩小。

滚轮：放大或缩小焦点。

2）第一人称视角

第一人称视角下，视图采用第一人称相机，因此旋转时就好像观察者用眼睛看一样。

在该视角下，鼠标按键的作用如下。

鼠标左键：单击并拖动以旋转。按住Ctrl键并单击以选择光标下方的对象，然后直接查看它。

鼠标中键：单击并拖动以沿着由相机的上下矢量形成的平面移动。

鼠标右键：单击并拖动以沿摄像机的前向矢量移动。向上拖动向前移动，向下拖动向后移动。

滚轮：前进/后退。

3）俯视视角

自顶向下的正交摄像机始终沿 Z 轴向下（在机器人框架中），并且是正交视图，这意味着物体渐远，但物体不会变小。

该视角下，鼠标按键的作用如下。

鼠标左键：单击并拖动以绕 Z 轴旋转。

鼠标中键：单击并拖动以沿 XY 平面移动相机。

鼠标右键：单击并拖动以缩放图像。

滚轮：缩放图像。

4）XY 平面调整目标视角

与调整目标视角相同，对焦点限制在 XY 平面上，鼠标控制操作与调整目标视角相同。

5）第三人称视角

相机向目标框保持恒定的视角。与 XY 轨道相反，如果目标框偏航，则相机会旋转。例如，如果要对带有拐角的走廊进行三维映射，则可能会很方便。控制项与轨道摄像机相同。

2. 其他视图

视图面板还允许创建不同的命名视图，这些视图可以保存并可以在它们之间切换。视图由目标框、摄像机类型和摄像机姿势组成，可以通过单击“保存当前”按钮来保存视图。

9.2.6　统一机器人描述格式——urdf

1. Link 与 Joint

在 urdf 文件中，第一个出现的就是图 9.14，它很形象地将 urdf 要定义的主要内容展现了出来。一般地，机器人都是由 Link 和 Joint 进行描述，都会呈现为树状（想象数据结构里面的树），如图 9.14 所示，由一个根 Link（Link1）向上，出现了两个分支 Link2 和 Link3，分别由 Joint 连接 Link，Link4 就可以类似地去理解。

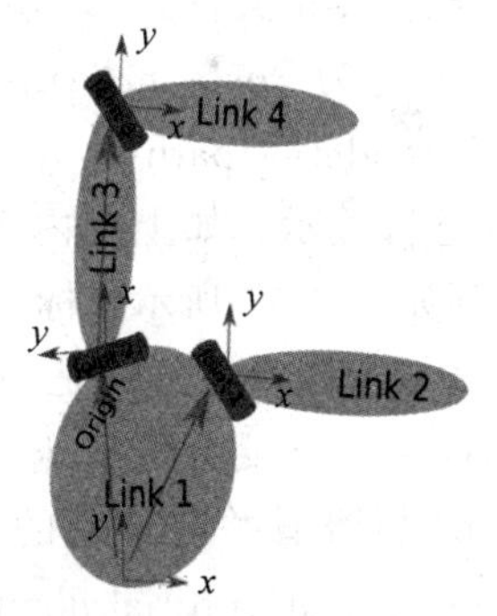

图 9.14　Link-Joint 对应图

2. 位置

为了能够确定位置，可以使用 Origin 子标签定义 Link 所应该在的位置。但是有一点应该注意到，Link 和 Link 之间是使用 Joint 进行连接，那么 Link 的位置就由连接它的 Joint 确定。所以，该子标签是定义在 Joint 内。

而且 Link 不是质点，而是刚体。所以，光有描述点的 x、y、z 是不够用的，还需要使用 rpy。rpy 角是描述船舶在海中航行时姿态的一种方法。将船的行驶方向取为 z 轴，绕 z 轴旋转称为滚动（Roll），绕 y 轴旋转称为俯仰（Pitch），绕 x 轴旋转称为偏转（Yaw）。这种描述方式大量运用于各个领域（z 是指机器人的上方，y 是指机器人的左侧，x 是指右侧，rpy 中第一个参数是绕 x 轴旋转的角度，第二个为 y，第三个是 z。注意这里的角度是弧度值）。

3. 形状

在设置中，box 表示长方体，cylinder 表示圆柱，sphere 表示球。可以导入 stl 格式的文件，还可以导入 dae 格式的文件。

4. Collision 和 Joint 限制

当然，每个 Link 一般是不会产生重合的，在运动规划时，也会去避免碰撞到自己，所以针对每个 Link，还有一个 Collision 标签，和 Visual 标签内容完全一样。

由前面的内容可以看到，每个 Link 可以看作一个刚体，刚体和刚体之间是通过 Joint 进行连接的，那么，问题就来了，这个 Joint 是固定的还是可以任意移动的？如果可以动，那么，问题又来了，极限位置是多少？

比如，限定 Joint2 只能沿着 y 轴旋转，则需要添加< axis xyz="0 1 0"/>。类似地，可以指定其他关节的转动轴，如< axis xyz="−0.2 0.1 1"/>。

比如，要限定 Joint2 的移动范围，则需要添加< limit lower="−3.14" upper="3.14" effort="150.0" velocity="3.15"/>，从标签中可以看到，上、下限以及速度、力矩等都是可以指定的。

5. 可视化

查看 urdf 文件，可以使用 urdf_tutorial 包，命令格式为 roslaunch urdf_tutorial display.launch model:=path/to/your/xxx.urdf，会使用 RViz 进行显示。如上述内容，进行显示之后，可以得到如图 9.15 所示坐标系，需要添加 TF 条目进行显示。值得注意的是，将 Global Options 中的 fixed frame 设定为 Link1。如果设定了可移动的关节，想查看关节移动的效果及设定等，使用 roslaunch urdf_tutorial display.launch model:=path/to/your/xxx.urdf gui:=true，会看到弹出一个控制面板。

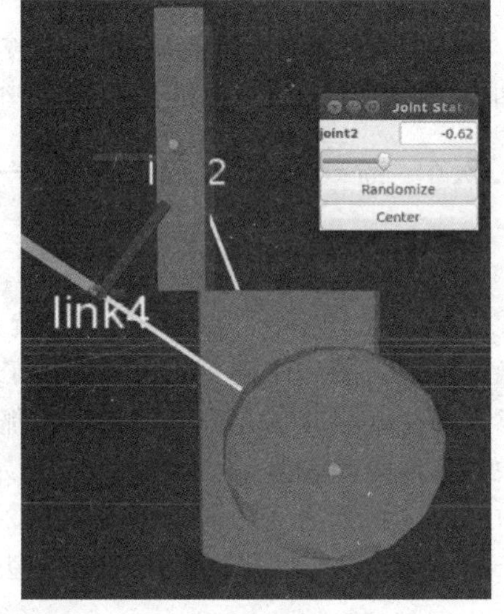

图 9.15　坐标系示图

9.3 RQt

9.3.1 RQt 的概念

RQt 是一个图形化用户接口框架，它允许以插件的形式来实现各种图形工具和接口。在 RQt 中能以可停靠窗口的形式来运行。

可以通过命令 rqt 来运行 RQt 工具和插件。这个 GUI 允许载入并运行任何插件。当然，大家也可以以独立窗口的形式运行插件，但是 RQt 使得同时管理屏幕上所有各种窗口变得更加容易。

用户可以使用 Python 或 C++为 RQt 创建自己的插件。截至 2013 年 2 月，用户社区内的使用者们已经创建了 20 多个插件，并计划开发更多插件。

RQt 取代了 ROS rxtools 以前的 GUI 工具，而自 ROS 常规以来，rqtools 已被弃用。

用户可使用以下命令安装 RQt：

```
sudo apt install ros - $ROS_DISTRO - rqt *
```

其中，$ROS_DISTRO 表示使用的 ros 版本名，本书中所使用的版本为 kinetic。

9.3.2 RQt 的结构与优点

1. RQt 的结构

RQt 包含 3 个 metapackages。

(1) rqt：核心的基础结构模块。

(2) rqt_common_plugins：用于 build 的后端工具。

(3) rqt_robot_plugins：用于与机器人交互的工具。

到 2018 年 12 月为止，后两个 metapackages 还不可用。

2. RQt 所需环境

支持的 Qt 版本：从 2013 年 3 月开始，直到 ROS Jade，所有 rqt pkg 均已通过 Qt 4.8 进行的测试。

在 ROS Kinetic 中，最低 Qt 版本已更新为 Qt 5.3 且已经过稳定性测试。

3. RQt 的优点

(1) 相比于自己从零构建 GUI，RQt 有以下优点。

① 具有标准化的公共 GUI 例程(start-shutdown 钩子，保持之前状态等)。

② 多个 widgets 可以停靠在单一的窗口中。

③ 可以很容易将已有的 Qt widgets 变为 RQt 插件。

④ 可从 ROS Answers 得到支撑。

(2) 从系统构架看有以下优点。

① 支撑跨平台和多编程语言(Python、C++)。

② 可管理的生命周期：RQt 插件使用公共的 API，使得其易维护和重用。

9.3.3 创建 RQt 插件包的步骤

本小节将展示如何创建一个插件，以便将自定义用户界面集成到 ROS 的 GUI 框架 RQt 中。

可以在 Github 上获得使用 Python 的本教程中所有文件的完整集合。这些 RQt 插件也很有用，因为它们带来的效果比空插件小，如 rqt_bag。有关设计准则，可在官网 https://www.ros.org 参考可用性资源。

1. 创建一个新的包

在开始之前，让我们在包路径中的某个位置创建一个名为 rqt_mypkg 的空包，执行代码如下：

```
catkin_create_pkg rqt_mypkg rospy rqt_gui rqt_gui_py
```

2. 修改 package.xml

添加导出标签：想要在工程中找到自己创建的插件，就必须在 package.xml（用于 Catkin）或 manifest.xml（用于 Rosbuild）中声明该插件（如果使用 Python 编写自定义包，可以免去编译过程；如果使用 C++则必须有编译过程，否则程序包将不能添加进工程）。

3. 创建 plugin.xml 文件

使用有关插件的其他元信息创建引用的文件 plugin.xml，参考框架代码如图 9.16 所示。

```
<library path="src">
  <class name="My Plugin" type="rqt_mypkg.my_module.MyPlugin" base_class_type="rqt_gui_py::Plugin">
    <description>
      An example Python GUI plugin to create a great user interface.
    </description>
    <qtgui>
      <!-- optional grouping...
      <group>
        <label>Group</label>
      </group>
      <group>
        <label>Subgroup</label>
      </group>
      -->
      <label>My first Python Plugin</label>
      <icon type="theme">system-help</icon>
      <statustip>Great user interface to provide real value.</statustip>
    </qtgui>
  </class>
</library>
```

图 9.16 .xml 文件编写框架模板代码

注意：在决定放置插件的位置时，应考虑可用的插件及其分组。

一般来说，用户可以复制示例，并在使插件正常工作所需的任何地方进行修改，但对于学习来说，还需要对一些关于 library 元素的 xml 属性进行学习。下面对 plugin.xml 中库元素的属性进行介绍。

（1）library@path。软件包相对于 sys.path 的相对路径。

（2）class@name。插件的名称，在包中必须是唯一的。

(3) class@type。包、模块和类的串联名称，用于导入语句。

(4) class@base_class_type。对于使用 rospy 客户端库的 Python 插件，其值为 rqt_gui_py :: Plugin。

(5) description。插件的描述。

(6) qtgui。该标签包含有关程序包的其他可选信息。如果未提供，则插件名称将用作菜单中插件的标签，并且描述将显示为状态提示。

(7) qtgui/group（可选，多选）。启用插件分组。组标签可以包含标签、图标和 statustip 标签。这些组形成菜单层次结构，在该菜单中插件作为外部文件添加。不同插件的组，根据它们的标签合并（定义不同时，其他插件可能会覆盖图标和状态提示）。

(8) qtgui/label。覆盖插件在菜单中显示的标签。

(9) qtgui/icon。定义应在标签旁边显示的图标（取决于属性的类型）。

(10) qtgui/icon@type。

① file（默认）：图标值是图像的程序包相对路径。

② theme：图标值为由图标命名规范定义的图标命名。

③ resource：图标值命名 Qt 资源。

(11) qtgui/statustip。覆盖将光标悬停在插件标签上时显示的状态提示。

4. 安装运行自定义插件

使用 Catkin，无论上面链接中要使用哪种方法来运行插件，都需要通过 CMake 安装它，该脚本会将插件放入特定的软件包文件夹中，该文件夹不在 PATH 上。

9.3.4 RQt 内置插件

RQt 内所集成的插件包如表 9.2 所示。

表 9.2　RQt 插件表

插件名	功能描述
topics monitor	可以监视当前的某一个主题的传输数据、占用带宽、主题频率等，相当于原来的 rostopic echo msg_name
message publisher	可以自定义名称发布一个主题，并且指定主题发布的消息类型、发布数据及发布频率
message type brower	可以查看当前所有已经定义的消息类型，包括自定义的 msg，基本相当于 rosmsg show msg_name 的功能
robot steering	可以发布一个主题 cmd_vel，发布 Twist 主题消息，可以可视化地修改速度、转角变量，用于测试一些控制指令十分方便
bag	可以用于录制一个 bag 文件包，可以任意选择指定录制哪些主题。也可以打开一个 bag 文件包，里面可以很方便地控制 bag 包 play 的播放或者暂停，同时可以指定播放前一帧和下一帧
launch	可以方便地在可视化界面下选择 package 和 launch 文件，可以方便地运行和停止 launch 一个节点

续表

插　件　名	功能描述
process monitor	查看当前的所有节点，以及节点的PID、占用CPU、占用内存
node_graph	查看当前节点运行的所有节点
image view	可以很方便地查看ROS主题中传递的图片消息，这一点便于观察机器人当前看到的图像
plot	可以将某一主题的数据(全部数据或部分数据)进行绘图显示，这样可以更加直观地看到话题消息的变化，便于调试
tf tree	可以显示当前的TF树结构
rviz	在RQt里面也集成了RViz工具，可以很方便地从这里打开RViz工具

9.3.5 节点

为了更好地学习之后的TF树内容，本小节将对ROS中的节点进行分析讲解，便于大家理解后续内容。

ROS中将进程称为节点，需要注意节点名不一定与对应的可执行文件名相同(一般设置为相同的名称)。节点之间各自独立，它们通过主题、服务和参数服务器进行通信。ROS通过使用节点将代码以及功能解耦(ROS节点之间并不直接连接，ROS节点只管发布它们有用的信息，而不需要担心是否有其他节点来订阅这些消息)。

1. 图(Graph)的概念

节点(Nodes)：一个节点是ROS下面一个可执行程序，使用ROS与其他节点进行通信，节点可以发布或接收一个主题，节点也可以提供或使用某种服务。

消息(Messages)：将数据订阅或者发布到主题时使用数据类型结构。

主题(Topics)：节点可以发布消息到主题，或者订阅主题来接收消息，以此实现和其他节点的数据交互。

主机节点(Master)：主机节点提供命名服务，以帮助节点找到其他节点。

ROS输出(rosout)：在ROS中等价于stdout或者stderr(ROS中的标准输出)。

ROS核心(roscore)：主机节点＋标准输出＋参数服务器。

本节主要对节点进行讲解分析，其他内容欢迎读者到其他章节自行学习。

2. 使用rosnode

打开一个新的终端，可以使用rosnode运行部分节点(注意：当打开一个新的终端时，运行环境会复位，同时~/.bashrc文件会复原)。

如果在运行类似于rosnode的指令时出现一些问题，也许需要添加一些环境设置文件到~/.bashrc或者手动重新配置。rosnode显示当前运行的ROS节点信息。rosnode list指令列出活跃的节点。

一些常用的rosnode如表9.3所示。

表 9.3 rosnode 常用命令表

命令	作用
roscore	启动 ROS 核心,包括 Master、rosout、Parameter Server 参数服务器
rosnode list	列出所有的 rosnode 节点
rosnode info [node_name]	列出某个节点的信息
rosrun [package_name] [node_name]	启动某个 ROS 节点
rosnode ping [node_name]	ping 某个节点

3. 节点管理器

Master 用于节点的名称注册和查找,也用于设置节点间的通信。因此,在启动节点之前必须要先启动 Master:

```
roscore
```

这句命令不仅启动了 Master,还同时启动了日志输出(rosout)和参数服务器(parameter server)。rosout 是一个节点,这个节点是用来生成各个节点的文本日志消息。它订阅了同名主题 rosout,所有的节点都向这个主题发布消息。参数服务器是通过网络访问的,共享的多变量字典,相当于全局变量库,它使用 XMLRPC 实现并运行在 Master 中,参数服务器通信过程如图 9.17 所示。

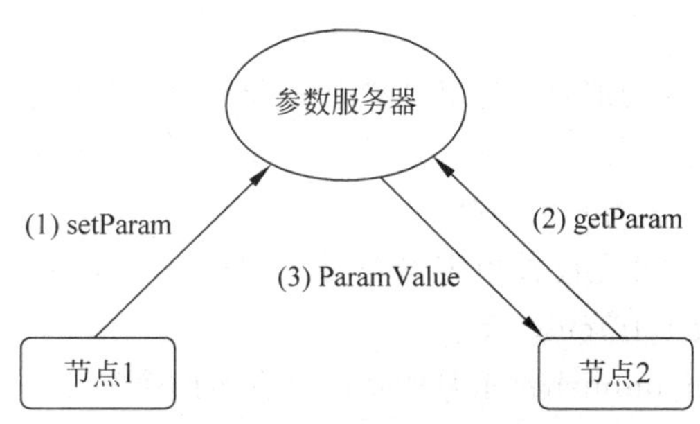

图 9.17 参数服务器通信过程

参数服务器通信过程如下(三步全部使用 RPC(remote procedure call)协议)。

(1) 节点 1 设置参数值。

(2) 节点 2 查询参数值。

(3) 参数服务器向节点 2 发送参数值。

启动了 Master,接下来就可以启动节点了,每启动一个节点,就会向 Master 注册该节点,然后各个节点之间才能进行通信。Master 的作用是使 ROS 节点之间能够相互查找,并建立点对点通信,消息直接从发布节点传递到订阅节点,中间不经过 Master 转交。注意,ROS 是一个分布式网络系统,可以在某一台计算机上运行 Master,在其他计算机上运行节点。

9.3.6 TF 树

TF 树的目的是实现系统中任一个点在所有坐标系之间的坐标变换，也就是说，只要给定一个坐标系下的一个点的坐标，就能获得这个点在其他坐标系的坐标。

(1) TF 包的两个主要功能。

① 监听 TF 变换。接收并缓存系统中发布的所有参考系变换，并从中查询所需要的参考系变换。

② 广播 TF 变换。向系统中广播参考系之间的坐标变换关系。系统中更可能会存在多个不同部分的 TF 变换广播，每个广播都可以直接将参考系变换关系直接插入 TF 树中，不需要再进行同步。

(2) TF 树内的基本数据类型有 Quaternion、Vector、Point、Pose、Transform，如图 9.18 所示。

Type	tf
Quaternion	tf::Quaternion
Vector	tf::Vector3
Point	tf::Point
Pose	tf::Pose
Transform	tf::Transform

图 9.18　TF 树内基本数据及其写法

其中 Quaternion 表示四元数，Vector3 是一个 3×1 的向量，Point 表示一个点坐标，Pose 是位姿(位姿包括坐标及方向)，Transform 是一个转换的模板。

(3) 在仿真过程中，仿真内有 x、y、z 这 3 个坐标轴。因此，也对应拥有 3 个偏转角度：pitch 是围绕 X 轴旋转，也称为俯仰角；yaw 是围绕 Y 轴旋转，也叫偏航角、roll 是围绕 Z 轴旋转，也叫翻滚角。

(4) TF 命令行工具

① tf_monitor 工具的功能是打印 TF 树中的所有参考系信息，通过输入参数来查看指定参考系之间的信息。用法：rosrun tf tf_monitor tf_monitor <source_frame> <target_target>，监视一个特定的转换。

② tf_echo 工具的功能是查看指定参考系之间的变换关系。命令的格式：tf_echo <source_frame> <target_frame>。

③ static_transform_publisher 工具的功能是发布两个参考系之间的静态坐标变换，两个参考系一般不发生相对位置变化。

④ view_frames 是可视化的调试工具，可以生成 pdf 文件，来显示整棵 TF 树的信息。用法：rosrun tf view_frames。

9.3.7 rqt_launch

1. 使用 rqt_launch 的好处

(1) 可快速浏览启动文件层次结构并打开文件进行编辑。

(2) 方便用户完成下列操作：概述不同的启动配置，查找参数规范中的不一致处(在包含的文件中使用不同的值初始化相同的参数)。

2. 使用方法

(1) 在小部件底部选择一个程序包及其包含的启动文件之一。

① 单击旁边的蓝色箭头按钮,重新加载当前打开的启动文件。

② 通过单击“打开”按钮打开和编辑所选的启动文件。

③ 在 args 文本字段中可输入自定义 args(如通过终端)。如果启动文件未为所有参数指定默认值,则这可能是强制性的。

(2) 在树视图面板中导航启动文件层次结构。

① 如果层次结构中的某些启动文件无效,将显示由 roslaunch 生成的特定错误消息。

② 如果启动配置不一致,则会打印警告。例如,如果在包含的文件中使用相同的值初始化了相同的参数,则会出现警告,导致相关来源的条目将以小警告图标突出显示。

(3) 如果需要可使用顶部的面板过滤显示的条目。

① 仅显示选中的条目类型。唯一的例外是,如果该条目包含应显示的子项,则它也将始终显示。

② 如果选中“空”,则仍将显示没有显示任何子项的启动文件; 否则,仅在显示某些子项时才显示它们。

③ 如果在文本字段中输入了搜索短语,则根据上述规则,将仅显示包含该短语的条目。该树将自动展开以显示匹配的子代。

(4) 选择其中一项以显示其属性。

① 检查执行所有替换发生后设置的值。

② 包含的启动文件可以通过这种方式直接在编辑器中打开。

③ 如果需要,可以弹出属性面板并调整其大小(按住 Alt 键可移动它)。

9.4 rosbag

9.4.1 rosbag 简介

rosbag 既可以指命令行中数据包相关命令,也可以指 C++/Python 的 rosbag 库(这里的 rosbag 是指前者)。

rosbag 主要用于记录、回放、分析 rostopic 中的数据。它可以将指定 rostopic 中的数据记录到.bag 后缀的数据包中,便于对其中的数据进行离线分析和处理。

对于 subscribe 某个 topic 的节点来说,它无法区分这个 topic 中的数据到底是实时获取的数据还是从 rosbag 中回放的数据。这就有助于我们基于离线数据快速重现曾经的实际场景,进行可重复、低成本的分析和调试。

rosbag 命令行工具和代码 API 稳定,保持向后兼容性。rosbag 的主要新功能是添加了 ROS API,用于通过服务调用,与播放和录制节点进行交互。

9.4.2 bag 包

bag 是 ROS 中用于存储 ROS 消息数据的文件格式。包由于其.bag 扩展名而得名,并在 ROS 中起着重要作用，编写了各种工具来方便用户存储、处理、分析和可视化。

1. 计算图的在线使用

bag 通常由 rosbag 之类的工具创建，该工具订阅一个或多个 ROS 主题，并将序列化的消息数据在接收时存储到文件中。这些 bag 文件也可以在 ROS 中播放与记录相同的主题，甚至重新映射到新主题。

在 ROS 计算图中使用 bag 文件的方法与 ROS 节点发送相同的数据类似，但可能会遇到在消息数据内部存储带时间戳的数据问题。因此，rosbag 工具包括一个选项，用于发布与数据记录在文件中的时间相对应的模拟时钟。

bag 文件格式对于记录和回放都非常有效，因为消息以 ROS 网络传输层中使用的相同表示形式存储。

2. 离线使用和数据迁移

bag 是 ROS 中用于数据记录的主要机制，这意味着它们具有多种脱机用途。研究人员已经使用 bag 文件工具链来记录数据集，然后对其进行可视化、标记和存储，以备将来使用。bag 文件也已用于执行 PR2 机械手的长期硬件诊断日志记录。

诸如 rqt_bag 之类的工具可以使 bag 文件的数据可视化，包括绘制字段和显示图像。还可以使用 rostopic 命令从控制台快速检查 bag 文件数据。rostopic 支持列出 bag 文件主题以及将数据回显到屏幕。

rosrecord 软件包中还包含编程 API，这些 API 使 C++ 和 Python 软件包能够迭代存储的消息。为了更快地处理 bag 文件，rosbag 工具支持将 bag 文件重新装包，这使用户可以提取与特定过滤器匹配的消息到新 bag 文件。

bag 文件中存储的数据通常非常有价值，因此 bag 文件也被设计为在更新 msg 文件时易于迁移。bag 文件格式存储相应消息数据的 msg 文件，并且像 rosbagmigration 这样的工具可让用户编写规则，以在 bag 文件过期时自动更新。

9.4.3 rosbag 命令

rosbag 对软件包来操作，一个包是 ROS 用于存储 ROS 消息数据的文件格式，rosbag 命令可以记录、回访和操作包。rosbag 指令列表如表 9.4 所示。

表 9.4 rosbag 指令列表

命　令	作　用
cheak	确定一个包是否可以在当前系统中进行，或者是否可以迁移
decompress	压缩一个或者多个包文件
filter	解压一个或多个包文件
fix	在包文件中修复消息，以便在当前系统中播放
help	获取相关命令指示帮助信息
info	总结一个或多个包的内容

续表

命　令	作　用
play	以一种时间同步的方式回放一个或多个包文件的内容
record	用指定主题的内容记录一个包文件
reindex	重新索引一个或多个包文件

1. rosbag record

rosbag record 订阅主题并编写一个 bag 文件，其中包含有关这些主题的所有消息的内容。该文件包含隔行扫描的、串行化的 ROS 消息，当它们通过网络传入时直接转存到单个文件中。这是最高性能和磁盘友好的记录格式。为了进一步减少磁盘使用量，用户可以在创建包文件时对其进行压缩。

如果正在以高带宽（如从摄像机）录制消息，则强烈建议在与摄像机相同的计算机上运行 rosbag record，并将文件目标指定为本地计算机磁盘。

（1）-a 选项表示将当前发布的所有 topic 数据都录制保存到 rosbag 文件中，录制的数据包名为日期加时间：

```
rosbag record -a
```

（2）可以只记录某些感兴趣的 topic：

```
rosbag record /topic_name1 /topic_name2 /topic_name3
```

（3）如果要指定生成数据包的名字，则用-O/-o 参数：

```
rosbag record -O filename.bag /topic_name1
```

（4）在 launch 文件中使用 rosbag record 命令：

```
<node pkg="rosbag" type="record" name="bag_record" args="/topic1 /topic2"/>
```

（5）显示用法并退出：

```
rosbag record -h
```

（6）使用正则表达式匹配主题：

```
rosbag record -e "/(.*)_stereo/(left|right)/image_rect_color"
```

记录所有名称包含传感器的主题：

```
rosbag record -e "(.*)sensors(.*)"
```

（7）排除与给定正则表达式匹配的主题（去掉-a 或-e）：

```
rosbag record -e "/wide_stereo(.*)" -x "(.*)/points(.*)"
```

（8）禁止控制台输出：

```
rosbag record -q /chatter
```

(9) 指定记录的包文件的最长持续时间：

```
rosbag record --duration=30 /chatter
rosbag record --duration=5m /chatter
rosbag record --duration=2h /chatter
```

(10) 达到最大尺寸或持续时间时将包拆分：

```
rosbag record --split --size=1024 /chatter
rosbag record --split --duration=30 /chatter
rosbag record --split --duration=5m /chatter
rosbag record --split --duration=2h /chatter
```

(11) 使用 SIZE MB 的内部缓冲区(默认值为 256,0 为无限)。这是在将消息传递到包之前,记录器对象的消息队列。降低此值可能导致消息在到达记录过程之前被丢弃：

```
rosbag record -b 1024 /chatter
```

(12) 记录到 SIZE KB 的块中(默认值为 768)。这是 bag 文件对象中的缓冲区。降低该值将导致更多的磁盘写入：

```
rosbag record --chunksize=1024 /chatter
```

(13) 仅在每个主题上记录数字消息：

```
rosbag record -l 1000 /chatter
```

(14) 记录特定节点订阅的所有主题：

```
rosbag record --node=/joy_teleop
```

2. rosbag info

(1) rosbag info 指令可以显示数据包中的信息：

```
rosbag info filename.bag
```

显示如图 9.19 所示的信息。

(2) 以 YAML 格式打印信息：

```
rosbag info -y filename.bag
```

(3) 仅在给定的字段上打印信息(需要-y)：

```
rosbag info -y -k duration /path/to/my.bag
```

(4) 显示用法并退出：

```
rosbag info -h
```

3. rosbag play

rosbag play 可读取一个或多个 bag 文件的内容,并以时间同步的方式播放它们。时

```
xiaohu@xiaohu:~/bagfiles$ rosbag info -y 1.bag
path: 1.bag
version: 2.0
duration: 3.295966
start: 1566653873.351150
end: 1566653876.647117
size: 8103
messages: 20
indexed: True
compression: none
types:
    - type: geometry_msgs/Twist
      md5: 9f195f881246fdfa2798d1d3eebca84a
topics:
    - topic: /turtle1/cmd_vel
      type: geometry_msgs/Twist
      messages: 20
```

图 9.19　rosbag info 示例输出

间同步基于接收消息的全局时间戳发生。播放将立即开始，然后根据相对偏移时间发布将来的消息。如果使用两个单独的 bag 文件，则根据时间戳将它们视为隔行扫描时间的单个 bag。这意味着，如果您录制一个 bag，等待一个小时，然后录制第二个 bag，则当您一起播放它们时，在播放的中间会有一个小时的停滞期。

如果不想观察回放时间，则-i 选项将尽可能快地回放文件中的所有消息。应注意，对于大文件，这通常会导致超出传入缓冲区。

此外，在播放过程中，可以随时按空格键暂停播放。暂停后，可以按 S 键逐步浏览消息。

(1) 播放(发布)给定 bag 的内容：

```
rosbag play recorded1.bag recorded2.bag
```

(2) 显示用法并退出：

```
rosbag play -h
```

(3) 禁止控制台输出：

```
rosbag play -q recorded1.bag
```

(4) 立即播放所有消息：

```
rosbag play -i recorded1.bag
```

(5) 以暂停模式启动：

```
rosbag play --pause recorded1.bag
```

(6) 使用大小为 SIZE 的传出队列(默认为 0)：

```
rosbag play --queue=1000 recorded1.bag
```

(7) 发布时钟信息:

```
rosbag play --clock recorded1.bag
```

(8) 发布时钟固定频率:

```
rosbag play --clock --hz=200 recorded1.bag
```

(9) 在每次呼叫之后,使 SEC 休眠数秒(以允许订户连接):

```
rosbag play -d 5 recorded1.bag
```

(10) 设定发布率系数:

```
rosbag play -r 10 recorded1.bag
```

(11) 启动 SEC 秒进入包:

```
rosbag play -s 5 recorded1.bag
```

(12) 从包文件中仅播放 SEC 秒:

```
rosbag play -u 240 recorded1.bag
```

(13) 跳过信息包中的区域超过 SEC 秒:

```
rosbag play --skip-empty=1 recorded1.bag
```

(14) 循环播放:

```
rosbag play -l recorded1.bag
```

(15) 保持生命结束(可用于发布锁定的主题):

```
rosbag play -k recorded1.bag
```

(16) 指定播放的主题:

```
rosbag play recorded1.bag --topics /topic1 /topic2 /topic3
```

4. rosbag check

(1) 确定当前系统中是否可以播放包:

```
rosbag check old.bag
```

(2) 显示用法并退出:

```
rosbag check -h
```

(3) 生成一个名为 RULEFILE 的包迁移规则文件:

```
rosbag check -g diagnostics.bmr diag.bag
```

(4) 加载后追加到现有包迁移规则文件的末尾：

```
rosbag check -a -g all.bmr diag.bag
```

(5) 不通过插件加载规则文件：

```
rosbag check -n diag.bag
```

5. rosbag fix

(1) 使用注册规则(以及可选的本地定义规则)修复包：

```
rosbag fix old.bag repaired.bag myrules.bmr
```

(2) 显示用法并退出：

```
rosbag fix -h
```

(3) 不通过插件加载规则文件：

```
rosbag fix -n old.bag repaired.bag
```

6. ros filter

(1) 使用给定的 Python 表达式转换包文件：

```
rosbag filter my.bag only-tf.bag "topic == '/tf'"
```

(2) 显示用法并退出：

```
rosbag filter -h
```

(3) 评估并打印 Python 表达式以进行详细调试，使用与过滤器表达式相同的变量：

```
rosbag filter --print="'%s @ %d.%d: %s' % (topic, t.secs, t.nsecs, m.data)" big.bag
small.bag "topic == '/chatter'"
```

7. rosbag compress

rosbag compress 是用于压缩 bag 文件的命令行工具。

在压缩压缩包之前，先备份每个压缩包文件(扩展名为.orig.bag)。如果备份文件已经存在(并且未指定-f 选项)，则该工具将不会压缩该文件。

当前，有两种受支持的格式，即 BZ2 和 LZ4，默认情况下选择 BZ2。BZ2 通常生产比 LZ4 小的包，因此，如果首要考虑磁盘使用，应使用 BZ2。但是，BZ2 通常比 LZ4 慢得多，无论是在压缩期间还是在以后将包的大块解压缩以进行读取时，如果不希望产生较大的包文件，应使用 LZ4。

bag 格式支持在单个 bag 中交错压缩数据块和未压缩块。在具有压缩数据块的包上运行 rosbag compress，将解压缩并使用指定的压缩格式压缩包。

(1) 使用 BZ2 压缩给定的 bag 文件：

```
rosbag compress *.bag
```

(2) 显示用法并退出：

```
rosbag compress -h
```

(3) 将包写入指定目录：

```
rosbag compress --output-dir=compressed *.bag
```

(4) 强制覆盖存在的备份文件：

```
rosbag compress -f *.bag
```

(5) 禁止非关键消息：

```
rosbag compress -q *.bag
```

(6) 将 bag 文件以 BZ2 格式压缩：

```
rosbag compress -j *.bag
```

(7) 将 bag 文件以 LZ2 格式压缩：

```
rosbag compress --lz4 *.bag
```

8. rosbag decompress

rosbag decompress 是用于解压缩 bag 文件的命令行工具。它会自动确定包使用哪种压缩格式。

在解压缩包之前，先备份每个包文件(带有扩展名.orig.bag)。如果备份文件已经存在(并且未指定-f 选项)，则该工具不会解压缩该文件。

(1) 解压给定的 bag 文件：

```
rosbag decompress *.bag
```

(2) 显示用法并退出：

```
rosbag decompress -h
```

(3) 将包写入指定目录：

```
rosbag decompress --output-dir=uncompressed *.bag
```

(4) 强制覆盖存在的备份文件：

```
rosbag decompress -f *.bag
```

(5) 禁止非关键消息：

```
rosbag decompress -q *.bag
```

9. rosbag reindex

rosbag reindex 是用于修复损坏的 bag 文件(或在 ROS 版本 0.11 之前记录的 bag 文件)的命令行工具。如果由于某种原因未彻底关闭 bag,则索引信息可能会损坏。使用此工具可以重新读取消息数据并重建索引。

在重新索引文件包之前,将对每个文件包文件(带有扩展名.orig.bag)进行备份。如果备份文件已经存在(并且未指定－f 选项),则该工具将不会对该文件重新编制索引。

(1) 重新索引给定的 bag 文件:

```
rosbag reindex *.bag
```

(2) 显示用法并退出:

```
rosbag reindex -h
```

(3) 将包写入指定目录:

```
rosbag reindex --output-dir=uncompressed *.bag
```

(4) 强制覆盖存在的备份文件:

```
rosbag reindex -f *.bag
```

(5) 禁止非关键消息:

```
rosbag reindex -q *.bag
```

9.4.4　rosbag 迁移

1. rosbag 迁移概述

ROS“数据包迁移”等同于转换 *.bag 记录文件的过程,以使它们包含更新的 ROS 消息,即使它们是使用旧消息定义来记录的。

当记录发布到 ROS 主题的 ROS 消息时,该记录将另存为 ROS *.bag 文件。但是,有时需要通过它们的 *.msg 定义文件来更新 ROS 消息定义。执行此操作时,可能会无意间“破坏”bag 文件,因为现在记录中包含的消息和文件系统上的消息定义是不同步的。要使记录包记录再次可用,用户必须“迁移”它。这意味着只需将其从旧的消息定义集转换为新的消息定义集,以便它仍然可用,并与项目中最新的消息定义保持同步。在包迁移过程中,将创建包迁移规则或 *.bmr 文件。从旧的 ROS 消息定义到新的 ROS 消息定义,它们都是解释机制。

用户可以使用下面描述和演示的一些特殊 rosrun rosbag 命令或下面也演示的 rosbag check 来创建“包迁移规则”(*.bmr 文件)。这些基于插件的迁移规则可以由任何程序包导出,尽管最好将 *.bmr 包迁移规则文件与 ROS 消息本身(*.msg 文件)保持在同一程序包中。

一旦生成了包迁移规则,就可以使用 rosbag fix 命令执行实际的包迁移,或者 *.bag

文件及其包含的ROS消息的实际转换。

2. 简要包迁移步骤

(1) 录制文件包文件。生成一些*.msg ROS消息定义文件,并录制了一些ROS *.bag文件。

(2) 更新ROS消息定义。根据需要更新*.msg ROS消息定义文件。因为*.bag文件现在与新的ROS消息定义文件不同步,因此需要迁移的bag文件。

(3) 生成包迁移规则。生成*.bmr ROS包迁移规则文件,用于此包迁移(包文件转换)过程。

(4) (可选,但建议)导出包迁移规则。将包迁移规则(包含在*.bmr文件中)添加到package.xml ROS包清单文件中,从而"导出"它们以供ROS常规使用及其各种脚本和程序。

(5) 迁移(转换)包文件(以根据新定义包含消息)。通过将包文件从具有旧消息定义的表单实际转换为具有新消息定义的表单来"迁移"包文件。

9.5 rosbridge

rosbridge为非ROS程序提供了一个使用ROS功能的JSON API。有许多前端与rosbridge接口,包括WebSocket服务器,用于Web浏览器进行交互。rosbridge_suite是一个包含rosbridge的元包,rosbridge的各种前端包,像WebSocket包和帮助包。rosbridge包含两个部分,即rosbridge协议和rosbridge实现。

9.5.1 rosbridge 协议

rosbridge协议是用于向ROS(并且在理论上,任何其他机器人中间件)发送基于JSON命令的规范。规范是编程语言和传输方式无关。想法是任何语言或传输可以发送JSON形式的rosbridge协议与ROS交互。协议涵盖订阅和发布主题、服务调用、获取和设置参数甚至压缩消息等。

9.5.2 rosbridge 实现

rosbridge_suite包是一个包集合,用于实现rosbridge协议和提供WebSocket传输层,包含以下几个包。

(1) rosbridge_library。核心rosbridge包。rosbridge_library负责获取JSON字符串并将命令发送到ROS;反之亦然。

(2) rosapi。通过服务调用使某些ROS actions可访问,这包括获取和设置参数、获取主题列表等。

(3) rosbridge_server。虽然rosbridge_library提供了JSON ROS转换,但它将传输层留给其他人。

(4) Rosbridge_server 提供了一个 WebSocket 连接，所以浏览器可以"与 rosbridge 交谈"。

(5) Roslibjs 是一个浏览器的 JavaScript 库，可以通过 rosbridge_server 与 ROS 交谈。

9.5.3　rosbridge 的节点说明

rosbridge 节点说明如表 9.5 所示。

表 9.5　rosbridge 节点说明表

节　点	功　能
/rosapi/topics	返回所有发布的主题列表
/rosapi/topics_for_type	返回指定类型的所有发布的主题列表
/rosapi/services	返回所有发布的服务列表
/rosapi/services_for_type	返回指定类型的所有发布的服务列表
/rosapi/nodes	返回所有已经注册的节点列表
/rosapi/node_details	返回某节点详情
/rosapi/action_servers	返回 action 服务列表
/rosapi/topic_type	通过主题名获取相应的消息类型
/rosapi/service_type	通过服务名获取相应的消息类型
/rosapi/publishers	提供主题名获取发布此主题的节点名列表
/rosapi/subscribers	提供主题名获取接受此主题的节点名列表
/rosapi/service_providers	提供主题名返回广播此服务类型的节点名列表
/rosapi/service_node	提供服务名，返回提供此服务的节点名
/rosapi/service_host	提供服务名，返回提供此服务的主机名
/rosapi/message_details	提供消息类型名，返回类型的 TypeDef
/rosapi/service_request_details	提供服务类型名，返回消息请求的服务类型的 TypeDef
/rosapi/service_response_details	提供服务类型名，返回消息反馈的服务类型的 TypeDef
/rosapi/set_param	设置参数
/rosapi/get_param	获取参数
/rosapi/has_param	判断参数是否存在
/rosapi/search_param	检索参数
/rosapi/delete_param	删除参数
/rosapi/get_param_names	获取参数名
/rosapi/get_time	获取服务器时间

9.5.4　rosbridge library

rosbridge library 是一个 Python 库，负责获取 JSON 字符串并将其转换为 ROS 消息；反之亦然。rosbridge 库旨在用作传输层程序包的库。例如，rosbridge_server 包创建一个 WebSocket 连接，并使用 rosbridge 库来处理 JSON 到 ROS 的转换。

任何 Python 软件包或程序都可以使用 rosbridge 库进行 JSON 与 ROS 的直接通信，

如 TCP 服务器、串行桥等。

9.5.5 rosapi

rosapi 是 rosbridge_suite 的一部分，通过服务调用公开 ROS 功能，如获取和设置参数、主题列表等。rosapi 通过 rosbridge 将通常为 ROS 客户端库保留的功能公开给外部程序。

9.5.6 rosbridge server

rosbridge server 是 rosbridge_ suite 软件包的一部分，提供 WebSocket 传输层。WebSocket 是客户端（Web 浏览器）和服务器之间的低延迟双向通信层。通过提供 WebSocket 连接，rosbridge 服务器允许网页使用 rosbridge 协议与 ROS 对话。

rosbridge server 创建一个 WebSocket 连接，并将所有 JSON 消息从 WebSocket 传递到 rosbridge_library，因此 rosbridge 库可以将 JSON 字符串转换为 ROS 调用；反之亦然。rosbridge 库将所有 ROS 响应转换为 JSON，然后将其传递到 rosbridge 服务器以通过 WebSocket 连接发送。

通过 roslibjs 可以获取到 JavaScript 中的库，该库可通过 WebSockets 与 rosbridge 服务器通信。

第10章 SLAM 算法

10.1 SLAM 基础

10.1.1 SLAM 简介

SLAM 全称 Simultaneous Localization And Mapping，即同时定位与制图。定位的概念很好理解，如果一个机器人来到陌生的环境，它需要知道自己在哪儿，数学上来说就是知道自己的坐标，机器人如果在移动，就需要实时更新坐标。制图是指对周围环境的了解，对周围环境的了解能帮助机器人更好地定位自己。SLAM 通常包括特征提取、数据关联、状态估计、状态更新以及特征更新等几部分。

制图分为稀疏制图(sparse mapping)和稠密建图(dense mapping)。稀疏制图表示机器人对周围的环境只有部分的了解，而稠密建图则表示对周围环境的每个点都清楚。总之把你周围的一切东西都描述了出来，这就是稠密建图。如果只是想单纯定位，稠密建图给出的信息就太冗余了。所以，SLAM 中的定位只需要稀疏建图即可，机器人了解周围环境的一些特征，就足够确定自己和其他物体的坐标了。实际的稀疏制图是提取环境中一些特征点。如果你有一个相机，在获取一张照片之后，根据特定的算法，能把照片上一些比较有特色的点找出来，这些比较有特色的点就能帮助你定位。总的来说，SLAM 里的地图不是大家想象中的百度地图、高德地图、google 地图那样，而是一些从环境中提取出来的稀疏的比较有特点的点。

关于室内、外的定位方法。如果在室外，利用 GPS 直接定位是很好的选择，不过普通民用 GPS 精度一般，误差为 3m 左右，也有高精度的 GPS，误差可以到达厘米级，但是价格很贵。关于 SLAM 的室外应用，很多人肯定对无人车方面的技术很感兴趣。无人车现在分级是 L0～L5。其中有部分公司达到了 L4 级的无人车系统，这意味着在提供一定的辅助条件下，汽车可以自动驾驶。而这个辅助条件，如有预先制好的地图，回到无人车的例子，如果周围环境在出发前就已经知道了，无人车就能省掉一部分计算量并且定位的精度更高。如何预先知道环境呢？在现实中，可能专门有一辆车，利用激光雷达(lidar)在一条路上先开一次，获取周围环境的三维点云并储存起来，这样地图就预先构建好了，能省掉很大的计算量。所以，严格来讲目前大多数公司的无人车在室外并不是完全使用 SLAM 的技术，他们不仅有 SLAM 的影子(利用激光雷达或者相机等帮助定位并提取路人、车子等特征)，同时也借助了预先制好的地图和 GPS 等其他传感器辅助定位，以达到尽可能好的效果。虽然不是完全的自动化，但是 L4 级的无人驾驶还是很有意义的。比如,应用于公交车或者其他只在限定范围内运动的车辆,我们完全可以对周围道路预先制图从而节省汽车在真正行驶过程中的计算量。甚至普通家用车,如果大多数时候只在某个城市的具体线路上行驶,也完全可以有专门的公司去预先制图。

10.1.2 SLAM目前的应用

智能机器人技术在世界范围内得到了大力发展。人们致力于把机器人用于实际场景:从室内的移动机器人,到野外的自动驾驶汽车、空中无人机、水下环境的探测机器人等,均得到了广泛的关注。

无人驾驶是近年来较火的话题之一,Google、Uber、百度等企业都在加速研发无人驾驶相关技术,抢占先机。随着城市物联网和智能系统的完善,无人驾驶必是大势所趋。无人驾驶利用激光雷达传感器(Velodyne、IBEO等)作为工具,获取地图数据,并构建地图,规避路程中遇到的障碍物,实现路径规划。与SLAM技术在机器人领域的应用类似,只是相比较于SLAM在机器人中的应用,无人驾驶的雷达要求和成本要明显高于机器人。

无人驾驶可以分为6个等级。L0:驾驶者拥有百分之百的控制权,车辆没有任何安全系统辅助设备,目前绝大部分车辆属此层级;L1:车辆拥有单个或多个独立功能电子控制系统,如自动紧急刹车系统,未来新车多属于此层级;L2:至少有两项控制能自动化,如结合主动车距控制巡航系统与车道维持系统;L3:车辆具有自动闪避障碍、自我导引、主动控制等功能,但驾驶者仍拥有操控权;L4:车辆全自动驾驶,使用者仅须给定相关信息,如目的地、路径等,车辆无法任意改为手动驾驶;L5:完全自动驾驶,汽车不需要人为关注,从而免除了“动态驾驶任务”,车辆将不受地理围栏限制,能够去任何地方并完成任何有经验的人类驾驶员可以完成的操控。

L5级的无人驾驶是真正的SLAM应用。L5级的无人驾驶不限环境和条件,意味没有预先制定的地图,必须真正地同时定位和制图。一般也需要GPS的辅助定位。当然无人驾驶除了SLAM外还需要有很多其他技术,如控制、决策、利用深度学习提取路人等信息,要把它们融合起来非常复杂。

SLAM即机器人在未知环境中同时定位与制图,要求机器人在不借助外界观测器的情况下,通过自身的移动和观测,建立周边未知环境的地图信息,实现在地图中的定位。关于这个概念,一个通俗的比方是:在一个几乎完全陌生的城市里,一个人打着手电走夜路。这个概念当然要去掉全球卫星定位系统这类外部信息源的支持(显然,在月球、火星或洞窟等许多场所,不可能有全球定位系统给出定位信息)。这个人必须一步一步地记住他经历的环境,并在已经经历过的环境中确定自己的位置。他在建立这个陌生环境的地图并同时实现定位的过程中碰到的所有问题,移动机器人在SLAM过程中都会碰到。研究者认为,只有解决了这个问题,机器人才能够真正地走向“自主”移动。这个概念非常重要,以至于SLAM被很多研究者视为机器人研究的“圣杯”。

SLAM问题可以描述为:机器人在未知环境中从一个未知位置开始移动,在移动过程中根据位置估计和传感器数据进行自身定位,同时建造增量式地图。移动机器人实现定位的前提是已经具有准确的地图;在未知环境中,需要机器人具有自主创建地图的能力,而创建地图的前提是机器人能够确定自己的位置。

在机器人中部署视觉传感器的主要目的是在一个环境中检测物体和执行机器人导航。SLAM 是一种用于移动机器人和车辆的技术，用于建立未知环境的地图，或通过跟踪机器人的当前位置在已知环境中更新地图。

10.1.3 SLAM 框架

1. 视觉里程计

视觉 SLAM 几乎都有一个基本的框架。一个 SLAM 系统分为 4 个模块（除去传感器数据读取），即 VO、后端、建图、回环检测。

Visual Odometry（VO）即视觉里程计。它估计两个时刻机器人的相对运动（Ego-motion）。在激光 SLAM 中，可以将当前的观测与全局地图进行匹配，用 ICP 求解相对运动。而对于相机，它在欧几里得空间里运动，我们经常需要估计一个三维空间的变换矩阵——SE3 或 Sim3（单目情形）。求解这个矩阵是 VO 的核心问题，而求解的思路则分为基于特征的思路和不使用特征的直接方法。

基于特征的方法是目前 VO 的主流方式。对于两幅图像，首先提取图像中的特征，然后根据两幅图的特征匹配，计算相机的变换矩阵。最常用的是点特征，如 Harris 角点、SIFT、SURF、ORB。如果使用 RGBD 相机，利用已知深度的特征点，就可以直接估计相机的运动。给定一组特征点以及它们之间的配对关系，求解相机的姿态，该问题称为 PnP 问题（Perspective-n-Point）。PnP 可以用非线性优化来求解，得到两个帧之间的位置关系。

不使用特征进行 VO 的方法称为直接法。它直接把图像中所有像素写进一个位姿估计方程，求出帧间相对运动。例如，在 RGBD SLAM 中，可以用 ICP（iterative closest point，迭代最近邻）求解两个点云之间的变换矩阵。对于单目 SLAM，可以匹配两个图像间的像素，或者像图像与一个全局的模型相匹配。直接法的典型例子是 SVO 和 LSD-SLAM。它们在单目 SLAM 中使用直接法，取得了较好的效果。目前看来，直接法比特征 VO 需要更多的计算量，而且对相机的图像采集速率也有较高的要求。

2. 后端 SLAM

在 VO 估计帧间运动之后，理论上就可以得到机器人的轨迹了。然而视觉里程计和普通的里程计一样，存在累积误差的问题（Drift）。直观地说，在 t_1 和 t_2 时刻，估计的转角比真实转角少 1°，那么之后的轨迹就全部少掉了这 1°。时间一长，建出的房间可能由方形变成了多边形，估计出的轨迹也会有严重的漂移。所以，在 SLAM 中，还会把帧间相对运动放到一个称为后端的程序中进行加工处理。

早期的 SLAM 后端使用滤波器方式。由于那时还未形成前后端的概念，有时人们也称研究滤波器的工作为研究 SLAM。SLAM 最早的提出者是 R. Smith 等，他们把 SLAM 建构成一个 EKF（extended kalman filter，扩展卡尔曼滤波）问题。他们按照 EKF 的形式，把 SLAM 写成一个运动方程和观测方式，以最小化这两个方程中的噪声项为目的，使用典型的滤波器思路来解决 SLAM 问题。

当一个帧到达时,通过码盘或 IMU 能测出该帧与上一帧的相对运动,但是存在噪声,视为运动方程。同时,通过传感器对路标的观测,测出了机器人与路标间的位姿关系,同样也带有噪声,视为观测方程。通过这两者信息,可以预测出机器人在当前时刻的位置。同样,根据以往记录的路标点,又能计算出一个卡尔曼增益,以补偿噪声的影响。于是,对当前帧和路标的估计,即是这个预测与更新的不断迭代的过程。

21 世纪以来,SLAM 研究者开始借鉴 SfM(structure from motion)问题中的方法,把捆集优化(bundle adjustment)引入 SLAM 中。优化方法和滤波器方法有根本上的不同。它并不是一个迭代的过程,而是考虑过去所有帧中的信息。通过优化,把误差平均分到每一次观测中。在 SLAM 中的 Bundle Adjustment 常常以图的形式给出,所以研究者也称之为图优化方法(graph optimization)。图优化可以直观地表示优化问题,可利用稀疏代数进行快速求解,表达回环也十分方便,因而成为现今视觉 SLAM 中主流的优化方法。

3. 回环检测

回环检测又称闭环检测(loop closure detection),是指机器人识别曾到达场景的能力。如果检测成功,可以显著减小累积误差。回环检测实质上是一种检测观测数据相似性的算法。对于视觉 SLAM,多数系统采用目前较为成熟的词包模型(bag-of-words,BoW)。词包模型把图像中的视觉特征(SIFT、SURF 等)聚类,然后建立词典,进而寻找每个图中含有哪些"单词"(Word)。也有研究者使用传统模式识别的方法,把回环检测建构成一个分类问题,训练分类器进行分类。

回环检测的难点在于,错误的检测结果可能使地图失真。这些错误分为以下两类。

(1) 假阳性(false positive),又称感知偏差(perceptual aliasing),指事实上不同的场景被当成了同一个。

(2) 假阴性(false negative),又称感知变异(perceptual variability),指事实上同一个场景被当成了两个。

感知偏差会严重地影响地图的结果,通常是要尽量避免的。一个好的回环检测算法应该能检测出尽量多的真实回环。研究者常常用准确率-召回率曲线来评价一个检测算法的好坏。

10.2 Gmapping 功能应用

10.2.1 Gmapping SLAM 软件包

Gmapping 算法是目前基于激光雷达和里程计方案中比较可靠和成熟的一种算法,它基于粒子滤波,采用 RBPF 的方法效果稳定,许多基于 ROS 的机器人都使用 gmapping_slam。这个软件包位于 ros-perception 组织中的 slam_gmapping 仓库中。其中 slam_gmapping 是一个 metapackage,它依赖于 gmapping,而算法具体实现都在 gmapping 软件包中,该软件包中的 slam_gmapping 程序就是在 ROS 中运行的 SLAM 节点。如果读者感兴趣,可以阅读一下 gmapping 的源代码。

如果 ROS 安装的是 desktop-full 版本，应该默认会带 gmapping。可以用以下命令来检测 gmapping 是否安装：

```
apt - cache search ros - $ ROS DISTRO - gmapping
```

如果提示没有，可以直接用 apt 安装：

```
sudo apt - get install ros - $ ROS DISTRO - gmapping
```

gmapping 在 ROS 上运行的方法很简单：

```
rosrun gmapping slam gmapping
```

由于 gmapping 算法中需要设置的参数很多，这种启动单个节点的效率很低。所以，往往会把 gmapping 的启动写到 launch 文件中，同时把 gmapping 需要的一些参数也提前设置好，写进 launch 文件或 yaml 文件。

10.2.2　Gmapping SLAM 计算图

ROS 提供的 gmapping 包是用来生成地图的，它是对著名的开源 openslam 包在 ROS 框架下的一个实现。这个包提供了对激光设备的 slam，根据激光设备的输入和姿态数据，从而建立一个基于网格的二维地图。它需要从 ROS 系统监听许多主题，并输出一个主题，即 map(nav_msgs/OccupancyGrid)，这也是 RViz 的输入主题，其示意如图 10.1 所示。

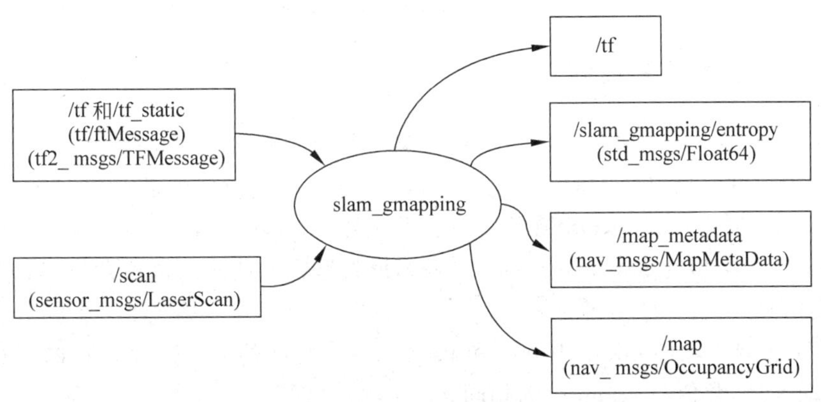

图 10.1　gmapping 结构

gmapping 的作用是根据激光雷达和里程计(Odometry)的信息，对环境地图进行构建，并且对自身状态进行估计。因此，它的输入应当包括激光雷达和里程计的数据，而输出应当有自身位置和地图。下面从计算图(消息的流向)的角度来看看 gmapping 算法实际运行中的结构。位于中心的是运行的 slam_gmapping 节点，这个节点负责整个 gmapping SLAM 的工作。它的输入需要有两个。

(1) tf 及 tf_static：坐标变换，类型为 tf/tfMessage 或 tf2_msgs/TFMessage，其中一定得提供的有两个 tf，一个是 base_frame 与 laser_frame 之间的 tf，即机器人底盘和激光

雷达之间的变换；另一个是 base_frame 与 odom_frame 之间的 tf，即底盘和里程计原点之间的坐标变换。odom_frame 可以理解为里程计原点所在的坐标系。

（2）scan：激光雷达数据，类型为 sensor_msgs/LaserScan。

scan 很好理解，Gmapping SLAM 是所必需的激光雷达数据，而 tf 是一个比较容易忽视的细节。尽管 tf 这个主题听起来很简单，但它维护了整个 ROS 三维世界里的转换关系，而 slam_gmapping 要从中读取的数据是 base_frame 与 laser_frame 之间的 tf，只有这样才能把周围障碍物变换到机器人坐标系下，更重要的是，base_frame 与 odom_frame 之间的 tf，这个 tf 反映了里程计（电机的光电码盘、视觉里程计、IMU）的监测数据，也就是机器人里程计测得走了多少距离，它会把这段变换发布到 odom_frame 和 laser_frame 之间。因此 slam_gmapping 会从 tf 中获得机器人里程计的数据。

输出参数如下。

tf：主要输出 map_frame 和 odom_frame 之间的变换。

slam_gmapping/entropy：std_msgs/Float64 类型，反映了机器人位姿估计的分散程度。

map：slam_gmapping 建立的地图。

map_metadata：地图的相关信息。输出的 tf 里有一个很重要的信息，就是 map_frame 和 odom_frame 之间的变换，这其实就是对机器人的定位。通过连通 map_frame 和 odom_frame，这样 map_frame 与 base_frame 甚至与 laser_frame 都连通了。这样便实现了机器人在地图上的定位。同时，输出的主题里还有地图，前文介绍了地图的类型，在 SLAM 场景中，地图是作为 SLAM 的结果被不断地更新和发布。

10.2.3 里程计误差及修正

目前，ROS 中常用的里程计广义上包括车轮上的光电码盘、惯性导航元件（IMU）、视觉里程计，用户可以只用其中的一个作为 odom，也可以选择多个进行数据融合，融合结果作为 odom。通常，实际 ROS 项目中的里程计会发布两个主题。

（1）odom：类型为 nav_msgs/Odometry，反映里程计估测的机器人位置、方向、线速度、角速度信息。

（2）tf：主要是输出 odom_frame 和 base_frame 之间的 tf。这段 tf 反映了机器人的位置和方向变换，数值与 odom 中的相同。

由于以上 3 种里程计都是对机器人的位姿进行估计，存在着累计误差，因此当运动时间较长时，odom_frame 和 base_frame 之间变换的真实值与估计值的误差会越来越大。事实上 gmapping 不是这么做的，里程计估计的是多少，odom_frame 和 base_frame 的 tf 就显示多少，永远不会去修正这段 tf。gmapping 的做法是把里程计误差的修正发布到 map_frame 和 odom_frame 之间的 tf 上，也就是把误差补偿在了地图坐标系和里程计原点坐标系之间。通过这种方式来修正定位。这样 map_frame 和 base_frame，甚至和 laser_frame 之间就连通了，实现了机器人在地图上的定位。

10.2.4 服务

slam_gmapping 也提供了一个服务——dynamic_map，其 srv 类型为 nav_msgs/GetMap，用于获取当前的地图。该 srv 定义如下：

```
nav_msgs/GetMap.srv
#Get the map as a nav_msgs/OccupancyGrid
nav_msgs/OccupancyGrid map
```

可见该服务的请求为空，即不需要传入参数，它会直接反馈当前地图。

10.2.5 参数

重要参数含义如下。

(1) inverted_laser(string,default："false")。查看激光传感器是否左右翻转或者上下翻转。

(2) Throttle_scans(int,default：1)。默认值为 1，每次处理一个扫描数据，可以设置为更大的数以便跳过一些扫描数据。

(3) Base_frame(string,default："base_link")。附属在移动机器人基座上的坐标系。

(4) map_frame(string,default："map")。地图上的坐标系。

(5) odom_frame(string,default："odom")。里程计上的坐标系。

(6) map_update_interval(float,default：5.0)。更新地图的时间频率(默认为 5s)。

(7) maxUrange(float,default：80.0)。激光最大可测距离。

(8) sigma(float,default：0.05)。扫描匹配中的偏差。

(9) kernelSize(int,default：1)。查找对应所用的内核大小。

(10) lstep(float,default：0.05)。平移中的优化步长。

(11) astep(float,default：0.05)。旋转中的优化步长。

(12) iterations(int,default：5)。扫描匹配的迭代步数。

(13) lsigma(float,default：0.075)。扫描匹配中只考虑激光的标准偏差。

(14) ogain(float,default：3.0)。估计似然值时用于平滑重采样数据。

(15) lskip(int,default：0)。在每次扫描中跳过的扫描数据。

(16) srr(float,default：0.1)。平移时，作为平移的里程误差函数(rho/rho)。

(17) srt(float,default：0.2)。平移时，作为旋转的里程误差函数(rho/theta)。

(18) str(float,default：0.1)。旋转时，作为平移的里程误差函数(theta/rho)。

(19) stt(float,default：0.2)。旋转时，作为旋转的里程误差函数(theta/theta)。

(20) linearUpdate(float,default：1.0)。距离更新频率，每当机器人平移一定距离时处理一次扫描。

(21) angularUpdate(float,default：0.5)。每当机器人旋转一定角度时处理一次扫描。

(22) temporalUpdate(float,default：－1.0)。如果最新扫描处理得比更新慢时处理一次扫描。为负值时，将关闭基于时间的更新。

(23) resampleThreshold(float,default：0.5)。基于重采样阈值的 Neff。

(24) particles(int,default：30)。滤波中的粒子数。

(25) xmin(float,default：－100.0)。初始的地图尺寸参数。

(26) ymin(float,default：－100.0)。初始的地图尺寸参数。

(27) xmax(float,default：100.0)。初始的地图尺寸参数。

(28) ymax(float,default：100.0)。初始的地图尺寸参数。

(29) delta(float,default：0.05)。地图分辨率参数。

(30) llsamplerange(float,default：0.01)。用于似然计算的平移重采样距离。

(31) llsamplestep(float,default：0.01)。用于似然计算的平移重采样步长。

(32) lasamplerange(float,default：0.005)。用于似然计算的角度重采样距离。

(33) lasamplestep(float,default：0.005)。用于似然计算的角度重采样步长。

(34) transform_publish_period(float,default：0.05)。变换发布之间的时间间隔。

(35) occ_thresh(float,default：0.25)。栅格地图的栅格值。

(36) maxRange(float)。传感器极大距离范围。如果在传感器距离范围内没有障碍物,应该在地图上显示为自由空间。

下面是对仿真文件 smartcar_ws/src/racecar_gazebo/launch/gmapping.launch 下参数的列举：

```
<launch>
    <node pkg = "gmapping" type = "slam_gmapping" name = "slam_gmapping" output = "screen">
    <param name = "base_frame" value = "base_link"/> <!-- 机器人底盘坐标系基框架,>附带在移动底盘的框架,原点 -->
    <param name = "odom_frame" value = "odom"/> <!-- 里程计坐标系里程计框架,附带在里程计的框架 -->
    <param name = "map_frame" value = "map"/> <!-- 地图坐标系地图框架,附带在地图上的框架 -->
      <param name = "map_update_interval" value = "0.01"/><!-- 地图更新速度,秒 0.01 -->
     <param name = "maxUrange" value = "10.0"/><!-- 激光最大可用距离 -->
     <param name = "maxRange" value = "12.0"/><!-- zuida juli -->
     <param name = "sigma" value = "0.05"/>
     <param name = "kernelSize" value = "3"/><!-- moren:1 -->
     <param name = "lstep" value = "0.05"/>
     <param name = "astep" value = "0.05"/>
     <param name = "iterations" value = "5"/>
     <param name = "lsigma" value = "0.075"/>
     <param name = "ogain" value = "3.0"/>
     <param name = "lskip" value = "0"/>
     <param name = "srr" value = "0.1"/>
     <param name = "srt" value = "0.2"/>
     <param name = "str" value = "0.1"/>
     <param name = "stt" value = "0.2"/>
     <param name = "minimumScore" value = "0"/>
      <param name = "linearUpdate" value = "0.05"/><!-- 线速度角速度在地图的更新 -->
      <param name = "angularUpdate" value = "0.0436"/>
      <param name = "temporalUpdate" value = " - 1"/><!-- moren: - 1 -->
      <param name = "resampleThreshold" value = "0.5"/>
```

```
    <param name="particles" value="8"/><!-- moren:30 gaicheng:8 -->
    <param name="xmin" value="-50.0"/>
    <param name="ymin" value="-50.0"/>
    <param name="xmax" value="50.0"/>
    <param name="ymax" value="50.0"/>
    <param name="delta" value="0.05"/>
    <param name="llsamplerange" value="0.01"/>
    <param name="llsamplestep" value="0.01"/>
    <param name="lasamplerange" value="0.005"/>
    <param name="lasamplestep" value="0.005"/>
    <!-- param name="transform_publish_period" value="0.01"/ -->
  </node>
</launch>
```

10.3 仿真实例

10.3.1 利用 gmapping 构建环境地图

在驱动机器人动起来后，就可以考虑让机器人在实际环境中自主导航了。自主导航需要 SLAM 技术，本节主要利用机器人的传感器数据构建高质量的地图，主要包含 ROS 中的地图、创建地图、利用 rosbag 记录数据、启动地图服务器及查看地图。

ROS 的 map_server 包中地图存储在一对文件中，即一个 YAML 文件、一个 image 文件。

YAML 文件描述了地图元数据，并命名了图像文件，图像文件对占用数据进行编码。图像文件以对应像素的颜色描述环境中每个单元格的占用状态。在标准配置中，更白的像素是空闲的，被占用的空间具有更黑的像素，中间颜色的像素表示未知。接收彩色图像，但颜色值会被平均为灰度值。通过 SDL_Image 读入图像数据，支持的格式会有所不同，具体取决于 SDL_Image 在特定平台上提供的内容。一般而言，大多数流行的图像格式都会得到广泛支持。值得注意的是 OSX 不支持 PNG 格式。

YAML 文件：YAML 格式用下面一个简单、完整的例子解释：

```
image:testmap.png
resolution:0.1
origin:[0.0, 0.0, 0.0]
occupied_thresh:0.65
free_thresh:0.196
negate:0
```

必填字段解释如下。

- image：包含占用数据的图像文件的路径；可以是绝对的，也可以是相对于 YAML 文件的位置。
- resolution：地图的分辨率，单位为 m/像素。

origin：地图中左下角像素的二维姿态，为(x,y,yaw)，偏航为逆时针方向旋转(偏航=0 表示无旋转)。系统的许多部分目前忽略了偏航。

• occupied_thresh：大于此阈值的像素被视为完全占用。

• free_thresh：小于此阈值的像素被认为完全空闲。

• negate：是否应该反转、白/黑、空闲/占用(阈值的解释不受影响)。

可选参数 mode 可以选择 trinary、scale 或 raw 之一，其中 trinary 是默认值。

参数解释：如果像素的 COLOR 值 x 在[0,255]范围内，应该如何解释这个值？首先，将整数 x 转换为一个浮点数 p，转换公式具体取决于 yaml 中 negate 标志的定义。如果 negate 为 0，则 $p=(255-x)/255.0$。这意味着黑色(0)现在具有最高值(1.0)而白色(255)具有最低值(0.0)。如果 negate 为 1，则 $p=x/255.0$。这是图像的非标准解释。

trinary：标准解释是三元解释，即解释所有值，使输出最终成为 3 个值之一。如果 $p>$ occupied_thresh，则输出值 100 以指示单元格已被占用。如果 $p<$ free_thresh，则输出值 0 以指示单元格是空闲的；否则，输出 -1 a. k. a. 255(作为无符号字符)，以指示该单元格未知。

scale：这将调整上述解释，以允许更多的输出值。如前所述，如果 $p>$ occupied_thresh，则输出值 100，如果 $p<$ free_thresh，则输出值 0；否则，输出 99 *（$p-$ free_thresh)/(occupied_thresh-free_thresh)。这将允许您输出范围为[0,100]的完整渐变值。要输出 -1，只需使用 png 的 Alpha 通道，其中任何透明度都将被解释为未知。

raw：此模式将为每个像素输出 x，因此输出值为[0,255]。

10.3.2 创建地图

启动 Gazebo 仿真环境，仿真地图和小车障碍都载入的地图如图 10.2 和图 10.3 所示：

```
roslaunch racecar_gazebo racecar_runway.launch
```

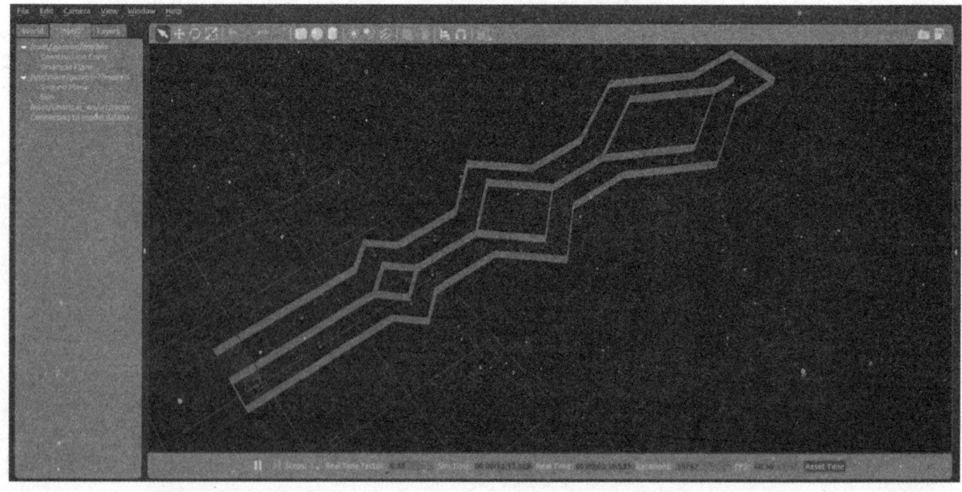

图 10.2 仿真地图

启动 RViz 环境，RViz 界面如图 10.4 所示：

```
roslaunch racecar_gazebo slam_gmapping.launch
```

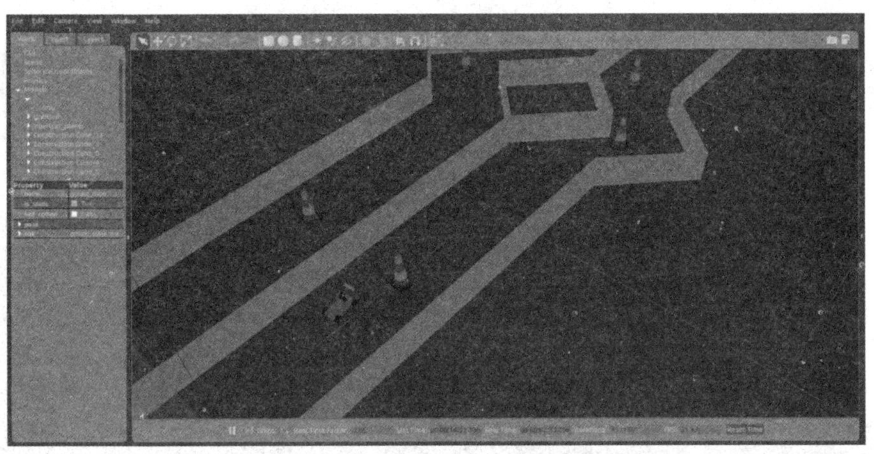

图 10.3 小车运行

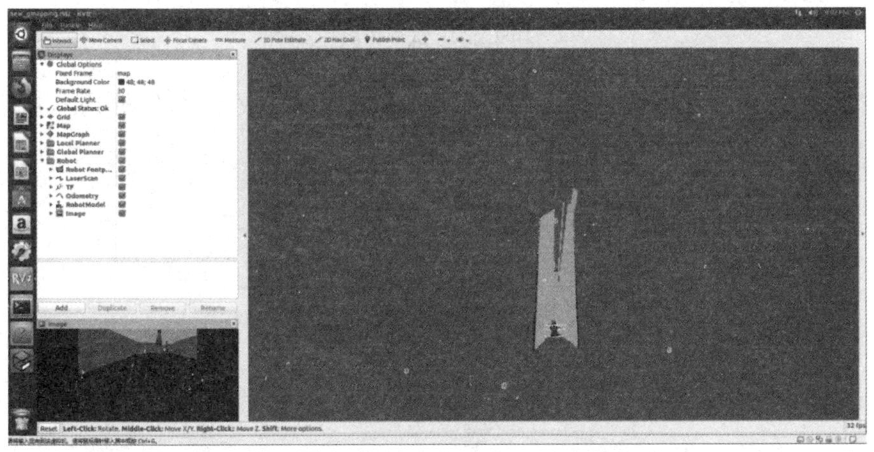

图 10.4 RViz 运行

控制小车单击 Ubuntu 桌面左侧的问号图标(图 10.5),打开控制窗口(图 10.6),WASD 控制小车前后左右运动,将小车从起点运动到终点就完成建图了(图 10.7)。建图完成之后需要执行以下指令来保存地图:

```
Rosrun map_server map_saver -f smartcar_ws/src/racecar_gazebo/map/map_runway
```

图 10.5 Ubuntu 桌面

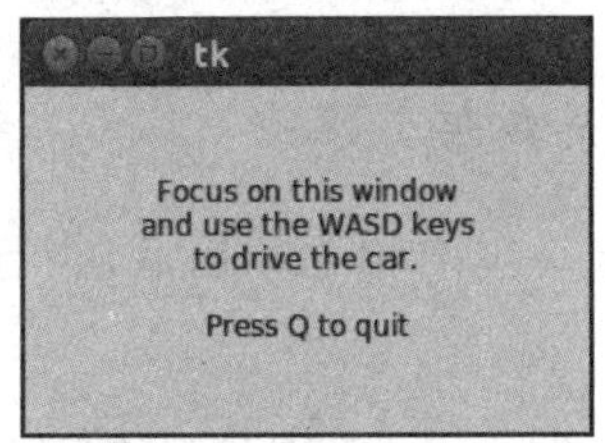

图 10.6 控制窗口

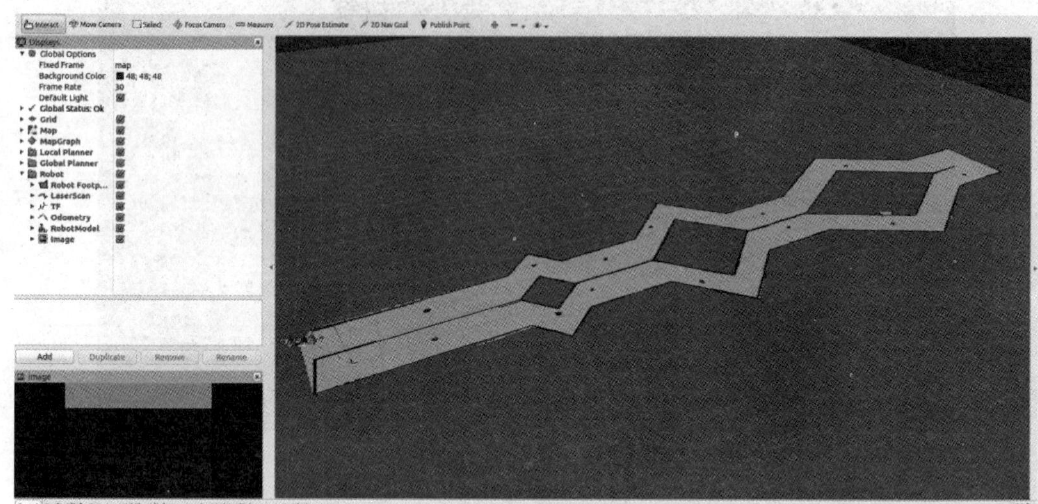

图 10.7　完整建图

执行命令 rosrun rqt_tf_tree rqt_tf_tree，可以查看节点关系图，如图 10.8 所示。

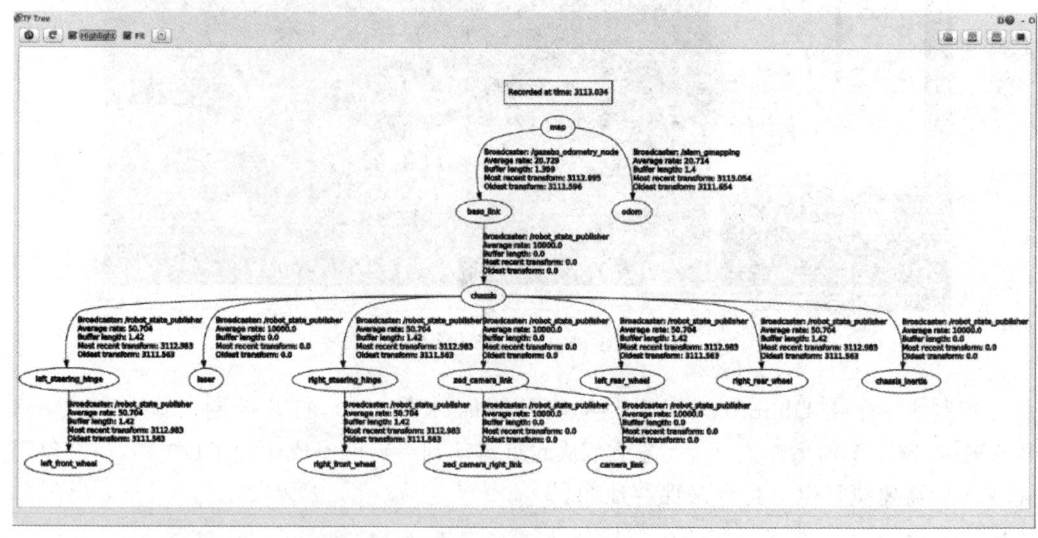

图 10.8　ROS 关系图

10.3.3　利用 rosbag 记录数据

1. 记录数据

启动上一步中相关环境后，执行以下命令记录 scan、tf、tf_static 主题上发布的所有消息：

```
rosbag record -o data.bag  /tf /scan /tf_static
```

比如：

```
rosbag record -a                        #记录所有主题
rosbag record -o foo scan tf            #文件名前加上 foo 前缀
rosbag record -O foo.bag scan tf        #指定文件名
```

2. 回放数据

使用 rosbag play 播放之前记录的包,--clock 标志表示需要 rosbag 发布时间信息：

```
rosbag play --clock data_20xx-xx-xx-xx-xx-xx.bag
```

使用 rosbag info foo.bag 显示包文件信息。

3. 利用回放数据建图

```
rosparam set use_sim_time true
rosrun gmapping slam_gmapping
```

10.4 拓展知识

本书用的是 gmapping 功能包,主流的激光 SLAM 算法有 hector、gmapping、karto、cartographer。

(1) hector 是一种结合了鲁棒性较好的扫描匹配方法(2D_SLAM 方法)和使用惯性传感系统的导航技术。对传感器的要求较高,需要高更新频率、小测量噪声的激光扫描仪,不需要里程计。使空中无人机与地面小车在不平坦区域运行存在运用的可能性。作者利用现代激光雷达的高更新率和低距离测量噪声,通过扫描匹配实时地对机器人运动进行估计。所以,当只有低更新率的激光传感器时,即便测距估计很精确,对该系统都会出现一定的问题。

(2) gmapping 是一种基于粒子滤波的激光 SLAM 算法,它已经集成在 ROS 中,是移动机器人中使用最多的 SLAM 算法。基于粒子滤波的算法用许多加权粒子表示路径的后验概率,每个粒子都给出一个重要性因子。但是,它们通常需要大量的粒子才能获得比较好的结果,从而增加该算法的计算复杂性。此外,与 PF 重采样过程相关的粒子退化耗尽问题也降低了算法的准确性。gmapping 是目前应用最广泛的 2D_SLAM 方法,利用 RBPF 方法需要了解粒子滤波算法。SCAN-MATCH 方法在于估计机器人位置(Pose),利用梯度下降的方法,在当前构建的地图,与当前的激光点,和机器人位置为初始估计值。粒子滤波的方法一般需要大量的粒子来获取好的结果,但这必会引入计算复杂度；粒子是一个依据过程的观测逐渐更新权重与收敛的过程,这种重采样的过程必然会引入粒子耗散问题(depletion problem),大权重粒子显著,小权重粒子会消失(正确的粒子模拟可能在中间阶段表现权重小而消失)。引入自适应重采样技术减少了粒子耗散问题,计算粒子分布时不仅依靠机器人的运动(里程计),同时将当前观测考虑进去,减少了机器人位置在粒子滤波步骤中的不确定性(FAST-SLAM 2.0 的思想可以适当减少粒子数)。缺点：依赖里程计,无法适用无人机及地面小车不平坦区域,且无回环。优点：在长廊及低特征场景中建图效果好。

(3) karto 是基于图优化的 SLAM 算法，用高度优化和非迭代 cholesky 矩阵进行稀疏系统解耦作为解。图优化方法利用图的均值表示地图，每个节点表示机器人轨迹的一个位置点和传感器测量数据集，箭头指向的连接表示连续机器人位置点的运动，每个新节点加入，地图就会依据空间中的节点箭头的约束进行计算更新。路标 landmark 越多，内存需求越大，然而图优化方式相比其他方法在大环境下制图优势更大。

(4) cartographer 是 Google 开发的实时室内 SLAM 项目，cartographer 的传感器可以生成分辨率为 5cm 的二维格网地图。获得的每一帧激光扫描数据，利用扫描匹配在最佳估计位置处插入子图(submap)中，且扫描匹配只跟当前 submap 有关。在生成一个 submap 后，会进行一次局部的回环，利用分支定位和预先计算的网格，所有 submap 完成后，会进行全局的回环。cartographer 采用基于 Google 开发的 ceres 非线性优化的方法，cartographer 的量点在于代码规范与工程化，非常适合于商业应用和再开发。并且 cartographer 基于 submap 构建全局地图的思想，能有效地避免建图环境中移动物体的干扰。并且 cartographer 支持多传感器数据(odometry、IMU、LaserScan 等)建图，支持 2D_SLAM 和 3D_SLAM 建图。

第11章 Navigation 算法

11.1 Navigation 介绍

11.1.1 Navigation Stack

Navigation Stack 是一个 ROS 的综合功能包，里面包含了 ROS 在路径规划、定位、地图、异常行为恢复等方面的包，其中运行的算法都堪称经典。Navigation Stack 的主要作用就是路径规划，通常是输入各传感器的数据，输出速度。一般 ROS 都预装了 Navigation。如果需要安装 ros-navigation 有两种方法：一是直接通过 apt-get 安装编译好的 ros-navigation 库到系统中；二是下载 ros-navigation 源代码手动编译安装。由于后续可能需要对 ros-navigation 中的算法做修改和改进，所以最好采用方法二进行安装。

Navigation Stack 的源代码位于 https://github.com/ros-planning/navigation，包括以下几个包。

（1）amcl：amcl 的作用是根据机器人自身的里程数值及地图特征，利用粒子滤波修正机器人在已知地图内的位置。

（2）base_local_planner：局部路径规划器。

（3）dwa_local_planner：也是局部路径规划器，使用动态窗口法。

（4）carrot_planner：很简单的全局路径规划器，生成的路径为目标点到机器人当前点的连线上的点。

（5）clear_costmap_recovery：无法规划路径的恢复算法。

（6）costmap_2d：代价地图实现。

（7）fake_localization：主要用来做定位仿真。

（8）global_planner：全局路径规划算法包。

（9）map_server：提供代价地图的管理服务。

（10）move_base：机器人移动导航框架（导航最主要的逻辑框架）。

（11）move_slow_and_clear：是一种恢复策略。

（12）nav_core：提供接口，能够实现插件更换算法的主要包。

（13）nav_fn：全局路径规划算法。

（14）robot_pose_ekf：综合里程计、GPS、imu 数据，通过拓展卡尔曼滤波进行位置估计。

（15）rotate_recovery：旋转恢复策略实现包。

（16）voxel_grid：三维代价地图。

这么多包，读者可能会觉得很乱，但不必担心，在使用中其实还是比较简单的，接下来对常用的主要功能进行介绍。

11.1.2 Navigation 框架介绍

从图 11.1 可以看到，整个 Navigation Stack 可以分为三部分。在导航中，move_base 为实现逻辑框架，而 nav_core 提供了全局路径规划器/局部路径规划器通过接口，通过这个接口可以实现按照插件形式来更换算法，另外还提供了两种（二维和三维）栅格地图；地图服务器主要是管理地图，用于读写地图并发布地图消息供其他功能包订阅。定位方面 fake_localization 提供了一个实现，robot_pose_ekf 主要是综合传感器信息修正机器人的里程值，而 amcl 主要是用于提供将机器人的里程计值和地图结合，估算出机器人在地图中的位置。

move_base 可以理解为一个强大的路径规划器，在实际的导航任务中，只需要启动这个节点，并且给它提供数据，就可以规划出路径和速度。move_base 之所以能做到路径规划，是因为它包含了很多的插件，像 global_planner、local_planner、global_costmap、local_costmap、recovery_behaviors，如图 11.1 所示。这些插件用于负责一些更细微的任务，如全局规划、局部规划、全局地图、局部地图、恢复行为。而每一个插件其实也都是一个包，放在 Navigation Stack 里。move_base 并不会去发布 TF，因为对于路径规划问题来说，假设地图和位置都是已知的，定位和建图是其他节点的事情。sensor_topics 一般输入是激光雷达数据，但也有输入点云的情况。图中 map_server 代表可选，并不表示 map 这个 topic 是可选，必须提供地图给 move_base。

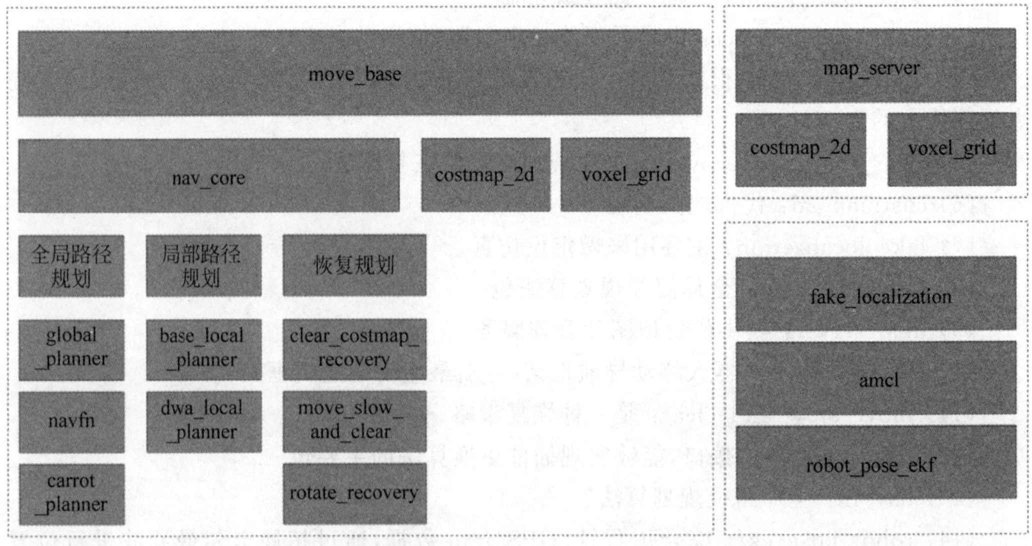

图 11.1　Navigation Stack 源代码包结构

11.2 move_base 结构

11.2.1 move_base

move_base 算得上是 Navigation 中的核心节点，之所以称之为核心，是因为它在导航任务中处于支配地位，其他一些包都是它的插件。

move_base 运行起来需要选择好插件，包括 3 种插件，即 base_local_planner、base_global_planner 和 recovery_behavior，这 3 种插件都要指定，如图 11.2 所示，否则系统会指定默认值。

Navigation 提供了不少候选插件，可以在配置 move_base 时选择。

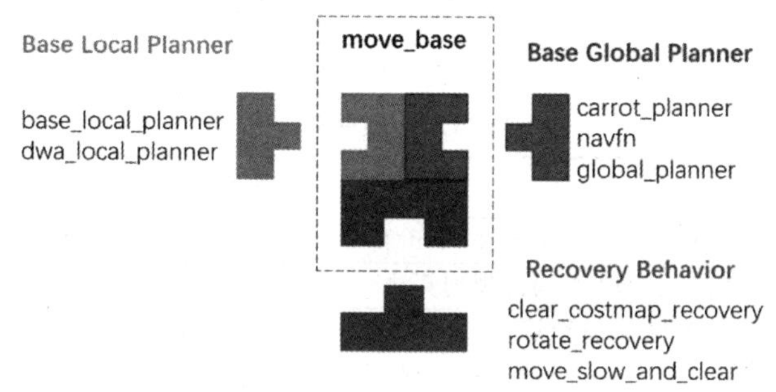

图 11.2 move_base 结构

(1) base_local_planner 插件。

① base_local_planner：实现了 Trajectory Rollout 和 DWA 两种局部规划算法。

② dwa_local_planner：实现了 DWA 局部规划算法，可以看作 base_local_planner 的改进版本。

(2) base_global_planner 插件。

① parrot_planner：实现了较简单的全局规划算法。

② navfn：实现了 Dijkstra 和 A＊全局规划算法。

③ global_planner：重新实现了 Dijkstra 和 A＊全局规划算法，可以看作 navfn 的改进版。

(3) recovery_behavior 插件。

① clear_costmap_recovery：实现了清除代价地图的恢复行为。

② rotate_recovery：实现了旋转的恢复行为。

③ move_slow_and_clear：实现了缓慢移动的恢复行为。

除了以上 3 个需要指定的插件外，还有一个 costmap 插件，该插件默认已经选择好，无法更改。以上所有插件都是继承于 nav_core 里的接口，nav_core 属于一个接口包，它只定义了 3 种插件规范，也可以说定义了 3 种接口类，然后分别由以上的插件来继承和实现这些接口。因此，如果要研究路径规划算法，不妨研究一下 nav_core 定义的路径规划工作流程，然后仿照 dwa_local_planner 或其他插件来实现。

11.2.2 插件文件的参数配置及修改

move_base 主要由两部分组成：规划器，包括全局规划、局部规划与行为恢复；代价地图，包括全局代价地图和局部代价地图。ROS 提供的 move_base 包在已建立好的地图中指定目标位置和方向后，move_base 根据机器人的传感器信息控制机器人到达目标位置。它的主要功能包括：结合机器人的里程计信息和定位信息，作出路径规划，输出前进速度和转向速度。目前在机器人 SLAM 及导航的使用中不可避免地需要使用 move_base 提供的安全可靠的机制。

move_base 是导航包 Navigation 的核心，它包含了很多的插件，这些插件用于负责一些更细微的任务，如全局规划、局部规划、全局地图、局部地图、恢复行为。move_base 在运行过程中调用这些插件，从而实现特定的功能。系统默认插件及实现功能如表 11.1 所示。

表 11.1 插件功能

插件文件	实现功能
base_local_planner	实现了 Trajectory Rollout 和 DWA 两种局部规划算法
dwa_local_planner	实现了 DWA 局部规划算法
global_planner	实现局部规划算法，可在参数中进行选择，默认存在 parrot_planner、navfn、global_planner 这 3 种规划算法可以选择
local_costmap	局部代价地图，与局部规划器配合使用
global_costmap	全局代价地图

注意：插件的参数是在 yaml 文件中进行配置，yaml 文件位于工程所运行的驱动文件包中，但插件是在 move_base. cpp 源代码中调用的，意味着 yaml 文件并不是必需的，用户可以编写自己的全局和局部规划算法，在生成节点名字后修改 move_base_params. yaml 文件的 base_local_planner 和 base_global_planner 对应的参数即可生效。关于 move_base 的其他参数大家需要根据规划器进行修改。

11.3 costmap

costmap 是 Navigation Stack 里的代价地图，它其实也是 move_base 插件，本质上是 C++的动态链接库，用过 catkin_make 之后生成. so 文件，然后 move_base 在启动时会通过动态加载的方式调用其中的函数。

机器人的位置是根据从编码器和惯性传感器(IMU 传感器)获得的测位来估计的。然后，通过安装在机器人上的距离传感器来计算机器人与障碍物之间的距离。导航系统将机器人位置、传感器姿态、障碍物信息和作为 SLAM 地图的结果而获得的占用网格地图调用到固定地图(Static Map)，用作占用区域(Occupied Area)、自由区域(Free Area)和未知区域(Unknown Area)。

在导航中，基于上述 4 种因素，计算障碍物区域、预计会和障碍物碰撞的区域以及机器人可移动区域,这称为成本地图(costmap)。根据导航类型,成本地图又可分成两部分。一个是 global_costmap,在全局移动路径规划中以整个区域为对象建立移动计划,其输出结果就是 global_costmap。而另一个称为 local_costmap,这是在局部移动路径规划中,在以机器人为中心的部分限定区域中规划移动路径时,或在躲避障碍物时用到的地图。然而,这两种成本图的表示方法是相同的,尽管它们的目的不同。

costmap 用 0～255 之间的值来表示。数值的含义如图 11.3 所示,简单地说,根据该值可以知道机器人是位于可移动区域还是位于可能与障碍物碰撞的区域。每个区域的计算取决于指定的 costmap 配置参数。

000：机器人可以自由移动的 free area(自由区域)。

001～127：碰撞概率低的区域。

128～252：碰撞概率高的区域。

253～254：碰撞区域。

255：机器人不能移动的占用区域。

其实际计算情况如图 11.3 所示。

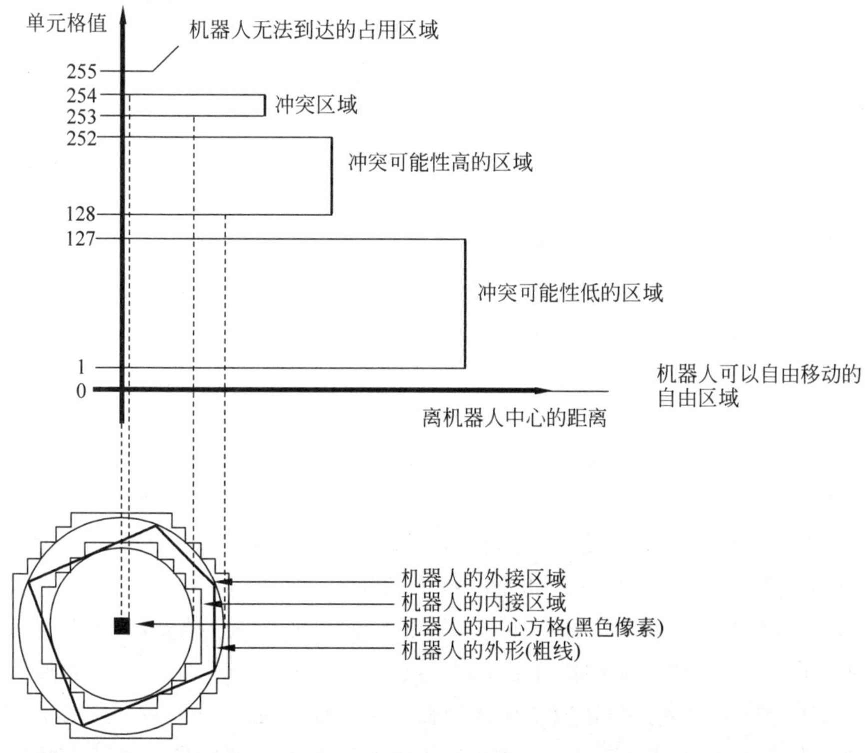

图 11.3　障碍距离与 costmap 值的关系

例如,实际的 costmap 如图 11.4 所示。具体的机器人模型位于中间,其周围的黑色边框对应于机器人的外表面。当这个轮廓线碰到实际的墙壁时,意味着机器人会发生碰撞。绿色表示从激光传感器获得的距离传感器值,灰度颜色越深的位置意味着碰撞的可能性越高,如图 11.4 所示。这同样适用于用颜色表示的其他情况,如粉红色区域是实际的障碍物，蓝色区域是机器人中心位置进入该区域则会发生碰撞的位置，且边框用粗红色像素绘制。这些颜色可以由用户在 RViz 中修改，因此可以说没有太大的意义。

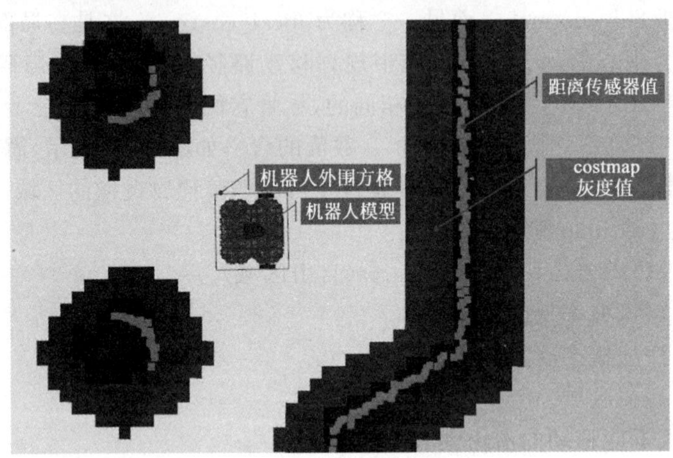

图 11.4 costmap 的表示方式(灰度)

11.4 AMCL

AMCL 的全称是自适应蒙特卡洛粒子滤波，这里通过讲解粒子滤波、重要性采样、机器人绑架、自适应蒙特卡洛等几个概念来说明机器人全局定位的原理。

(1) 粒子滤波是一种思想，比如要计算矩形里面一个不规则形状的面积，这个问题不易直接计算，但是可以拿一把豆子均匀撒到矩形中，统计落在不规则形状中豆子的占比就能算出其面积了。在机器人定位问题中，在地图的任意位置撒上许多粒子点，然后通过传感器观测数据按照一定的评价方法对每个粒子点进行打分，评分高的粒子点表示机器人有更大的可能在此位置；在下一轮撒点时，就在评分高的粒子点附近多撒一些点，这样通过不断的迭代，粒子点就会聚拢到一个地方。这个粒子点聚集的地方，就是机器人位置的最优估计点。

(2) 重要性采样。在粒子滤波的迭代过程中，评分高的粒子点会被下一轮迭代时更加看重，这样不断迭代，真实估计值附近的粒子点会越来越多。

(3) 机器人绑架。当机器人被突然从一个地方抱走到另一个地方，这个时候前一轮迭代得到的粒子点完全不能在新的位置上试用，这样继续迭代下去就会发生位置估计的错误。

(4) 自适应蒙特卡洛。自适应主要体现在两个方面。通过判断粒子点的平均分突变来识别机器人绑架问题，并在全局重新撒点来解决机器人绑架问题；通过判断粒子点的聚集程度来确定位置估计是否准确，在估计比较准确时降低需要维护的粒子点数目，这样来降低算法的计算开销。

蒙特卡洛定位(MCL)位置估计算法在位置估计领域中被广泛运用。AMCL(自适应蒙特卡洛定位)可以被看作蒙特卡洛位置估计的改进版本，它通过在蒙特卡洛位置估计算法中使用少量样本来减少执行时间，以此提高实时性能。那么，先来看看基本的蒙特卡洛位置估计(MCL)。

蒙特卡洛位置估计(MCL)的最终目的是确定机器人在特定环境中的位置。也就是说，必须在地图中得到 x、y 和 θ。为此，MCL 计算机器人所在位置的概率。首先，机器人在 t 时刻的位置和方向 (x, y, θ) 是 x_t，距离传感器到 t 时刻为止获得的距离信息记为 $z_{0\cdots t}=\{z_0, z_1, \cdots, z_t\}$，编码器到 t 时刻为止获得的机器人的运动信息记为 $u_{0\cdots t}=\{u_0, u_1, \cdots, u_t\}$，则可以计算 belief(使用贝叶斯更新公式的后验概率)，即

$$\text{bel}(x_1)=p(x_1 \mid z_{0\cdots t}, u_{0\cdots t})$$

由于机器人可能存在硬件误差，因此建立传感器模型和移动模型，并且执行贝叶斯滤波器(Bayes filter)的预测(Prediction)和更新(Update)如下。首先，在预测阶段，利用机器人的移动模型 $p(x_1 \mid x_{t-1}, u_{t-1})$、前一个位置上的概率 $\text{bel}(x_{t-1})$，和从编码器获得的移动信息 u，计算下一个时刻的机器人位置 $\text{bel}'(x_t)$，即

$$\text{bel}'(x_t)=\int p(x_t \mid x_{t-1}, u_{t-1})\,\text{bel}(x_{t-1})\,\mathrm{d}x_{t-1}$$

下面是校正步骤。此处利用传感器模型 $p(z_t \mid x_t)$、前面求得 $\text{bel}'(x_t)$ 和归一化常数 η_t，可以求得基于传感器信息提高准确度的当前位置的概率 $\text{bel}(x_t)$，即

$$\text{bel}(x_t)=\eta_t(z_t \mid x_t)\text{bel}'(x_t)$$

以下步骤通过上面得出的当前位置的概率 $\text{bel}(x_t)$，用粒子滤波器生成 N 个粒子来估计位置。具体请参考本节 SLAM 理论篇的粒子滤波器(Particle filter)的说明。在 MCL 中，使用“样品”这个术语来代替“粒子”。总的来说会经过 SIR(sampling importance weighting re-sampling)过程。首先，是抽样(Sampling)过程。这里使用前一个位置的概率 $\text{bel}(x_{t-1})$ 中的机器人的移动模型 $p(x_t \mid x_{t-1}, u_{t-1})$ 来提取新的样本集合 x'_t。利用该样品集合 x'_t 中的第 i 个样品 $x_t'^{(i)}$、由距离传感器获得的距离信息 z_t 和归一化常数 ηp 来计算权重值 $w_t^{(i)}$，即

$$w_t^{(i)}=\eta p(z_t \mid x_t'^{(i)})$$

最后，在重采样过程中，使用样本 x'_t 和权重 $\boldsymbol{w}_t^{(i)}$ 来创建 N 个新的样品(粒子)集合 $\boldsymbol{x}_t$，即

$$\boldsymbol{x}_t=\{x_t^{(j)} \mid j=1\cdots N\} \sim \{x_t'^{(i)}, w_t^{(i)}\}$$

以这种方式，在重复 SIR 过程的同时移动粒子，且提高机器人位置估计的准确度。例如，如图 11.5 所示，可以看到随着时间 t_1、t_2、t_3、t_4 变化的过程中，位置估计在逐渐收敛。以上过程参考了 Sebastian Thrun 教授的著作 *Probabilistic Robotics*，如有时间建议读者务必参阅。

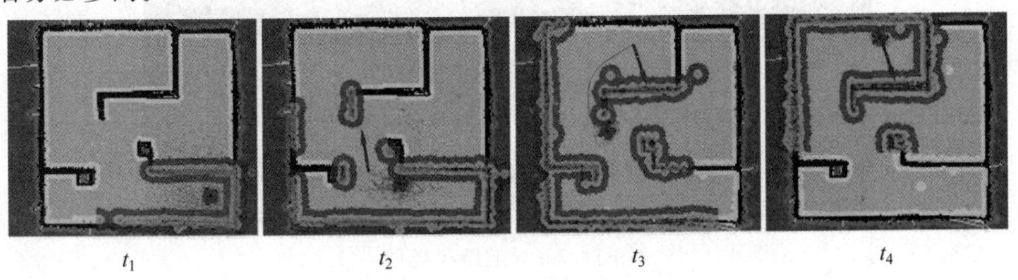

图 11.5 用于机器人位置估计的 AMCL 过程

11.5 仿真实例

(1) 启动导航和环境地图,如图 11.6 所示。

```
roslaunch racecar_gazebo racecar_runway_navigation.launch
```

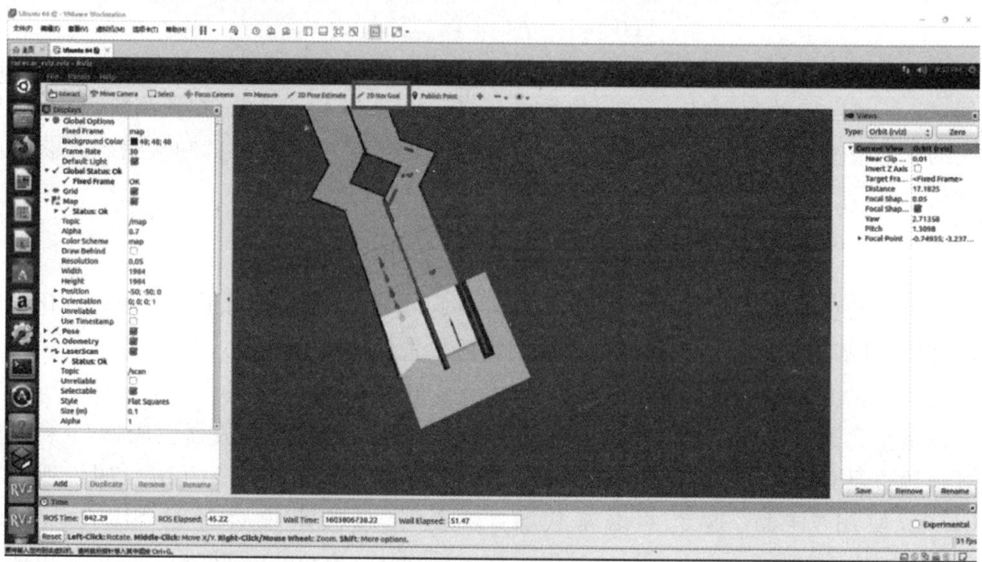

图 11.6 准备导航

(2) 启动 RViz,如图 11.7 所示。

```
roslaunch racecar_gazebo racecar_rviz.launch
```

(3) 用 2D Nav Goal 发布目标。

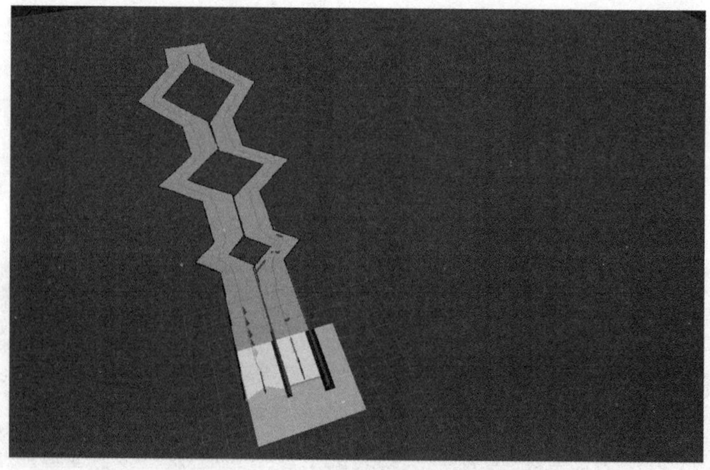

图 11.7 导航路径规划

(4) 启动导航脚本,如图 11.8 所示。

```
cd ~/racecar_ws/src/racecar_gazebo/scripts
python path_pursuit.py
```

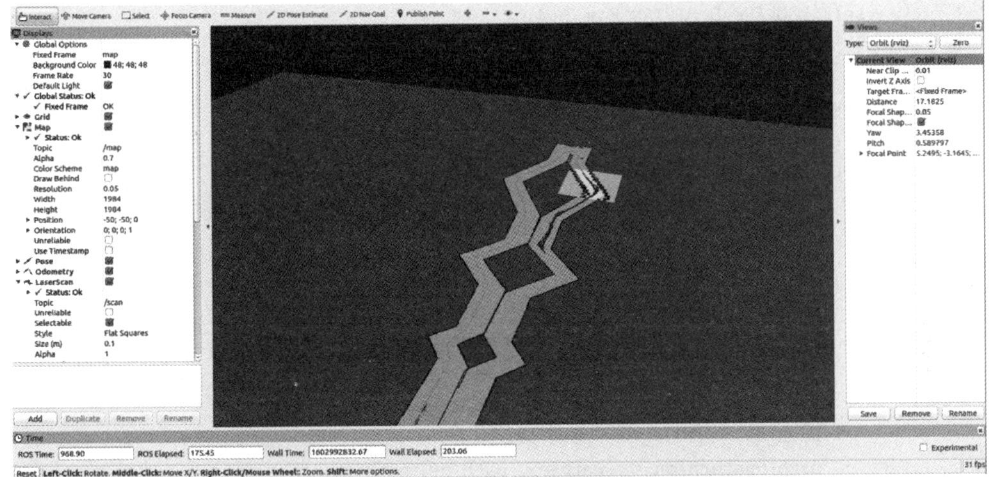

图 11.8 自主导航

导航脚本代码及注释如下:

```
#!/usr/bin/env python
import rospy
from nav_msgs.msg import Path, Odometry
from ackermann_msgs.msg import AckermannDriveStamped
from geometry_msgs.msg import PoseStamped, PoseArray
import math
import numpy as np
from numpy import linalg as LA
from tf.transformations import euler_from_quaternion, quaternion_from_euler
import csv
import os
class following_path:
    def __init__(self):
    self.current_pose = rospy.Subscriber('/pf/pose/odom', Odometry, self.callback_read_
    current_position, queue_size = 1)
        self.Pose = []
        self.path_pose = rospy.Subscriber('/move_base/TebLocalPlannerROS/global_plan', Path,
        self.callback_read_path, queue_size = 1)
        self.path_info = []
        self.Goal = []
        self.navigation_input
          rospy.Publisher('/vesc/low_level/ackermann_cmd_mux/input/navigation',
AckermannDriveStamped, queue_size = 1)
        self.reach_goal = False
        self.MAX_VELOCITY = 0.5
```

```
        self.MIN_VELOCITY = 0
        self.max_angle = 1
        self.steering_velocity = 1
        self.jerk = 0.0
        self.acceleration = 0.0
        self.LOOKAHEAD_DISTANCE = 0.4
        self.Low_Speed_Mode = False
    def callback_read_path(self, data):
        #确认姿态信息,只要求(x,y)和方向
        #读取实时姿态消息并将其加载到 path_info 中
        self.path_info = []
        path_array = data.poses
        for path_pose in path_array:
            path_x = path_pose.pose.position.x
            path_y = path_pose.pose.position.y
            path_qx = path_pose.pose.orientation.x
            path_qy = path_pose.pose.orientation.y
            path_qz = path_pose.pose.orientation.z
            path_qw = path_pose.pose.orientation.w
            path_quaternion = (path_qx, path_qy, path_qz, path_qw)
            path_euler = euler_from_quaternion(path_quaternion)
            path_yaw = path_euler[2]
            self.path_info.append([float(path_x), float(path_y), float(path_yaw)])
        self.Goal = list(self.path_info[-1])    #将全局路径的最后一个位姿设置为目标位置
    def callback_read_current_position(self, data):
        if self.reach_goal:                     #停止更新信息
            self.path_info = []
            self.Pose = []
            ackermann_control = AckermannDriveStamped()
            ackermann_control.drive.speed = 0.0
            ackermann_control.drive.steering_angle = 0.0
            ackermann_control.drive.steering_angle_velocity = 0.0
        if not len(self.path_info) == 0:        #将路径信息读取到路径点列表
            path_points_x = [float(point[0]) for point in self.path_info]
            path_points_y = [float(point[1]) for point in self.path_info]
            path_points_w = [float(point[2]) for point in self.path_info]
            #从粒子过滤器中读取小车的当前姿态
            x = data.pose.pose.position.x
            y = data.pose.pose.position.y
            qx = data.pose.pose.orientation.x
            qy = data.pose.pose.orientation.y
            qz = data.pose.pose.orientation.z
            qw = data.pose.pose.orientation.w
            #将四元数角转换为欧拉角
            quaternion = (qx,qy,qz,qw)
            euler = euler_from_quaternion(quaternion)
            yaw = euler[2]
            self.Pose = [float(x), float(y), float(yaw)]
            if self.dist(self.Goal, self.Pose) < 1.0:
```

```
                self.Low_Speed_Mode = True
                if self.dist(self.Goal, self.Pose) < 0.3:
                    self.reach_goal = True
                    print('Goal Reached!')
                else:
                    print('Low Speed Mode ON!')
            else:
                self.Low_Speed_Mode = False
            #找到最接近车辆的路径点,即大于或等于1时车辆当前位置的前置距离
            dist_array = np.zeros(len(path_points_x))
            for i in range(len(path_points_x)):
                dist_array[i] = self.dist((path_points_x[i], path_points_y[i]), (x,y))
            goal = np.argmin(dist_array)
            goal_array = np.where((dist_array < (self.LOOKAHEAD_DISTANCE + 0.3)) & (dist_
array > (self.LOOKAHEAD_DISTANCE - 0.3)))[0]
            for id in goal_array:
                v1 = [path_points_x[id] - x, path_points_y[id] - y]
                v2 = [math.cos(yaw), math.sin(yaw)]
                diff_angle = self.find_angle(v1,v2)
                if abs(diff_angle) < np.pi/4: L = dist_array[goal]
            #将目标点转换为车辆坐标
            glob_x = path_points_x[goal] - x
            glob_y = path_points_y[goal] - y
            goal_x_veh_coord = glob_x * np.cos(yaw) + glob_y * np.sin(yaw)
            goal_y_veh_coord = glob_y * np.cos(yaw) - glob_x * np.sin(yaw)
            #计算曲率 = 1/r = 2x/l^2
            #通过车载控制器将曲率转化为方向盘角度
            #提示:您可能需要翻转到负,因为对于VESC的一个右转向角度有一个负值
            diff_angle = path_points_w[goal] - yaw # Find the turning angle
            r = L/(2 * math.sin(diff_angle)) # Calculate the turning radius
            angle = 2 * math.atan(0.4/r) # Find the wheel turning radius
            angle = np.clip(angle, -self.max_angle, self.max_angle) # 0.4189 radians = 24
degrees because car can only turn 24 degrees max
            angle = (0 if abs(angle) < 0.1 else angle)
            VELOCITY = self.speed_control(angle, self.MIN_VELOCITY, self.MAX_VELOCITY)
            #把速度和角度数据写入阿克曼信息
            ackermann_control = AckermannDriveStamped()
            ackermann_control.drive.speed = VELOCITY
            ackermann_control.drive.steering_angle = angle
            ackermann_control.drive.steering_angle_velocity = self.steering_velocity
        else:
            ackermann_control = AckermannDriveStamped()
            ackermann_control.drive.speed = 0.0
            ackermann_control.drive.steering_angle = 0.0
            ackermann_control.drive.steering_angle_velocity = 0.0
            self.navigation_input.publish(ackermann_control)
    #计算两个2D点p1和p2之间的欧氏距离
    def dist(self, p1, p2):
        try:return np.sqrt((p1[0] - p2[0]) ** 2 + (p1[1] - p2[1]) ** 2)
```

```
            except:return 0.5
        #计算小车方向和目标方向之间的角度
        def find_angle(self, v1, v2):
            cos_ang = np.dot(v1, v2)
            sin_ang = LA.norm(np.cross(v1, v2))
            return np.arctan2(sin_ang, cos_ang)
        #把车速控制在限速之内
        def speed_control(self, angle, MIN_VELOCITY, MAX_VELOCITY):
            # Assume the speed change linearly with respect to yaw angle
            if self.Low_Speed_Mode:
                Velocity = 0.5
            else:
                k = (MIN_VELOCITY - MAX_VELOCITY)/self.max_angle + 0.5
                Velocity = k * abs(angle) + MAX_VELOCITY
            return Velocity
if __name__ == "__main__":
    rospy.init_node("pursuit_path")
    following_path()
    rospy.spin()
```

11.6 ROS 导航调整指南

11.6.1 准备阶段

在调整新机器人上的导航包时，遇到的大部分问题都在本地规划器调谐参数之外的区域。机器人的里程计、定位、传感器以及有效运行导航的其他先决条件常常会出错。所以，最重要的是确保机器人本身正在准备好导航。这包括 3 个组件检查，即距离传感器、里程计和定位。

1. 距离传感器

如果机器人没有从其距离传感器(如激光器)获取信息，那么导航将不起作用。首先确保可以在 RViz 中查看传感器信息，它看起来相对正确，并以预期的速度进入。

2. 里程计

通常会很难使机器人正确定位，它将不断迷失，所以必须花费大量的时间调试 AMCL 的参数，发现真正的罪魁祸首是机器人的测距。因此，需要运行完整的检查，以确保机器人的里程计不出错。

(1) 测试检查角速度是否合理。打开 RViz，将坐标系设置为 odom，显示机器人提供的激光扫描，将该主题的衰减时间设置为高(类似 20s)，并进行原地旋转。然后，扫描出来的边线在随后的旋转中如何相互匹配。理想情况下，每次扫描将刚好落在相互的顶端，会重叠在一起，但是有些旋转漂移是预期的，所以只要确保扫描之间误差不会超过 1°或 2°以上即可。

(2) 测试检查线速度是否合理。机器人放置在与距离墙壁几米远地方，然后用与上面相同的方式设置 RViz。接着驱动机器人向墙壁前进，从 RViz 中聚合的激光扫描结果看看扫描出的边线厚度。理想情况下，墙体应该看起来像一个扫描，但只能确保它的厚度不超过几厘米。如果显示的扫描边线分散在 0.5m 以上，很有可能是错误的测距。

3. 定位

假设里程计和激光扫描仪都能合理地执行，建图和调整 AMCL 通常不会太差。首先运行 gmapping 或 karto，并操纵机器人生成地图。然后，使用该地图与 AMCL，并确保机器人保持定位。如果运行的机器人的距离不是很好，就用 AMCL 的测距模型参数试一下。对整个系统的一个很好的测试是确保激光扫描和地图可以在 RViz 的"地图"坐标系中可视化，并且激光扫描与环境地图很好地匹配。

11.6.2 代价地图

一旦机器人满足导航的先决条件，应确保代价地图的设置和配置正确。

可用来调整代价地图的建议如下。

(1) 确保根据传感器实际发布的速率为每个观测源设置 expected_update_rate 参数。通常在这里给出相当的容忍度，把检查期限提高到期望的 2 倍，但是当传感器低于预期速率时，它很容易从导航中接收警告。

(2) 为系统适当设置 transform_tolerance 参数。查看使用 TF 从 base_link 坐标系到 map 坐标系转换的预期延迟。通常使用 tf_monitor 查看系统的延迟，并将参数保守地设置为关闭。另外，如果 tf_monitor 报告的延迟足够大，可能会随时看看导致延迟的原因。这有时会导致发现关于给定机器人的变换如何发布的问题。在缺乏处理能力的机器人上，可以考虑关闭 map_update_rate 参数。然而，这样做时必须考虑到这将导致传感器数据快速进入代价地图的延迟，这反过来会降低机器人对障碍物的反应速度。

(3) 该 publish_frequency 参数是在 RViz 可视化 costmap 有用。然而，特别是对于大型全局地图，该参数可能导致事件运行缓慢。在生产系统中，考虑降低成本图发布的速度，当需要可视化非常大的地图时，确定设置速度的确很低。

(4) 是否对代价地图使用 voxel_grid 或 costmap 模型的决定，在很大程度上取决于机器人具有的传感器套件。调整代价地图为基于 3D-based 代价地图，更多是涉及未知空间的考虑。如果正在使用的机器人只有一个平面激光，就使用 costmap 模型的地图。

(5) 有时它只能在里程坐标系中运行导航。要做到这一点，最容易做的事情就是复制 local_costmap_params. yaml 文件覆盖 global_costmap_params. yaml 文件，并更改地图宽度和高度，如 10m。如果需要独立的定位性能来调整导航，这是一个简单易行的方法。

倾向于根据机器人的尺寸和处理能力选择所使用地图的分辨率。在具有很多处理能力并需要适应狭窄空间的机器人，如 PR2，可以使用细粒度的地图。将分辨率设置为 0.025m。对于像 roomba，可能需要以高达 0.1m 的分辨率去降低计算量。

RViz 是验证代价地图正常工作的好方法。通常从代价地图中查看障碍物数据，并确保在操纵杆控制下驱动机器人时，它与地图和激光扫描相一致。这是对传感器数据以合理的方式进入代价地图的合理检查。如果决定用机器人跟踪未知的空间，主要是这些机器人正在使用 voxel_grid 模型的代价地图，一定要看未知空间的可视化，看未知空间被以合理的方式清除。是否正确地从代价地图中清除障碍物的一个很好的检查方法就是走在机器人的前面,看它是否成功地看到障碍物,并避开了障碍物。

当导航包仅运行costmap时,应检查系统负载。这意味着提高move_base节点,但不会发送目标点并查看负载。如果计算机在此时陷入僵局,想要运行规划器,需要做一些CPU参数调整。

11.6.3 局部规划器

如果通过代价地图的操作令人满意,可以继续调整局部规划器参数。在具有合理加速度限制的机器人上,通常使用dwa_local_planner。对于那些具有较低加速度限制的、可以从每个步骤考虑到加速限制的机器人,可以使用base_local_planner。dynamic_reconfigure功能包可以实时修改参数,调整dwa_local_planner比调整base_local_planner更容易,因为它的参数是动态可配置的。下面是一些参数修改建议。

对于给定的机器人,最重要的是正确设置了加速度限制参数。如果这些参数关闭,只能期望来自机器人的次优行为。如果不知道机器人的加速度极限是多少,需要花点时间写出一个脚本,让电机以最大平移和旋转速度命令运行一段时间,查看报告的里程计速度(假设里程会给出合理的估计),并从中得出加速度极限。合理设置这些参数可以节省很多时间。

如果使用的机器人的定位并不是很好,要确保将目标公差参数设置得比想象中的高些。如果机器人具有较高的最小旋转速度以避免在目标点的振荡,那么也要提高旋转公差。如果使用低分辨率的CPU,有时也需要提高sim_granularity参数,以节省一些周期。

实际上,很少出现在规划器上改变path_distance_bias和goal_distance_bias(对于base_local_planner这些参数被称为pdist_scale和gdist_scale)参数。当这样做时,通常是因为试图限制本地规划器自由,让计划的路径与除NavFn以外的全局规划器合作。将path_distance_bias参数增大,将使机器人更紧密地跟随路径,同时快速向目标移动。如果这个值设置得太高,机器人会拒绝移动,因为移动的代价大于停留在路径上的位置。简单来说,就是让实际移动更接近全局路径还是本地路径。

如果想以快捷的方式介绍代价函数,要确保将meter_scoring参数设置为true。这使得它在代理函数中的距离以米为单位而不是以单元格为单位,也意味着可以调整一个地图分辨率的代价函数,并且碰到其他物体时做出期望且合理的行为。此外,现在可以通过将publish_cost_grid参数设置为true来显示本地计划程序在RViz中生成的代价函数。考虑到以米为单位的代价函数,可以计算出移动1m的成本与目标平衡的成本的折中。

轨迹从其端点得分,这意味着将sim_time参数设置为不同的值可能对机器人的行为有很大的影响。通常将此参数设置为1～2s,其中设置高些可以导致稍微平滑的轨迹,确保乘以sim_period的最小速度小于目标的2倍;否则,机器人将倾向于在其目标位置的范围之外的位置旋转,而不是朝向目标移动。

精确的轨迹模拟取决于距离测距的合理速度估计,这来自于dwa_local_planner和base_local_planner参数都使用这种速度估计以及机器人的加速度限制,来确定规划周期的可行速度空间。虽然来自测距的速度估计不一定是完美的,但确保其至少接近最佳行为才是重要的。

第12章 TEB 轨迹规划算法

12.1 阿克曼角模型

12.1.1 阿克曼角概念

阿克曼角(Ackerman)是指车转向时两个转向轮之间形成的夹角,不是指转向角度;是由于转向系统形状的几何特性,使车辆转向时内侧轮比外侧轮转动更多的角度。内侧轮(相对弯心而言)通常比外侧轮要转得角度大些。加大转向角度时,这个夹角也会相应变大。通常设定阿克曼角是通过改变转向推杆在转向杯上的固定孔位进行的。转向推杆的角度较大时,将会产生更多的阿克曼角角度;反之类同。由于车辆转弯时内、外轮的行驶半径不同,阿克曼角可以帮助两个前轮分别指向正确的行驶方向,以获取更多的抓地力。阿克曼角示意图如图 12.1 所示。

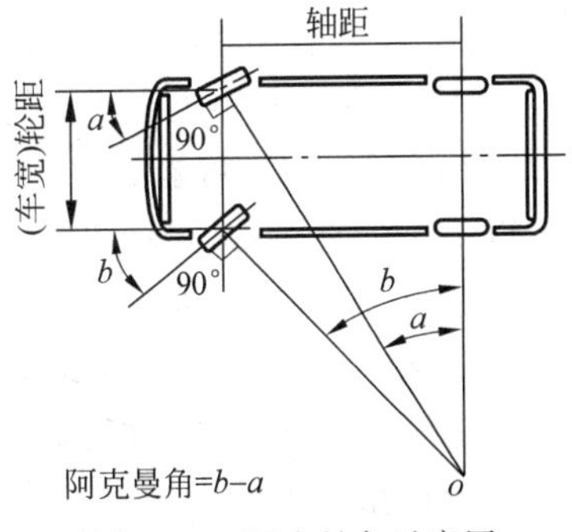

图 12.1 阿克曼角示意图

实际上,阿克曼角是为了使车辆在转弯时不发生侧滑而设计的,在设计转向机构时,将内侧轮(相对弯心)转弯的角度略大于外侧轮,使两个车轮的角度一大一小,形成一个夹角,这样就形成了阿克曼角。这样的设计可以让车辆在快速过弯时车身更加稳定,如很多赛车、跑车都采用阿克曼角设计,让车辆在快速过弯时不出现甩尾现象。

在抓地力低的情况下,建议调车时增加阿克曼角。竞速车需要有一定的阿克曼角,这样在转弯时才不会甩出去;而对漂移车来说,则需要阿克曼角接近于 0,因为越大的阿克曼角意味着越难甩出去。

12.1.2 ROS 中的阿克曼角模型应用

导航包规划和导航不适用于类似汽车的机器人。但是 teb_local_planner 通过提供适用于 ackermann 驱动器的局部规划来克服此限制。这是通过将非完整约束延伸到转弯半径 resp 上的最小界限来实现的,即满足 v/omega>r_min。

teb_local_planner 必须确实遵守导航包的规范,通过提供包含平移、角速度 v 和 omega 的 geometry_msgs/Twist 消息分别用于命令机器人而不是提供 ackermann_msgs/

AckermannDriveStamped 消息。

一款阿克曼转向结构的小车，在实现导航功能时接触 TEB 局部规划器(teb_local_planner)，在安装 ROS 的 kinetic 完全桌面版本时应该已经被安装包内嵌安装，如最终缺少，可执行指令 sudo apt-get install ros-kinetic-teb-local-planner 进行安装。

ROS 下的导航中 local planner 多数都针对两轮差速结构设计的，阿克曼转向结构由于结构的特点会有最小转向半径的限制，所以常见的 local planner 如 base_local_planner、dwa_local_planner 等在这里都不适用，这里使用的是 teb_local_planner。它提供了一种 car-like 的动力学模型(即有最小转向半径限制)，这样它所规划的路径也就符合了阿克曼结构的运动特点。在 ROS 中，如果对小车运动整体进行规划，需要使用 TEB 轨迹规划算法。

12.1.3　拓展知识——实际汽车中存在的“阿克曼角现象”

“阿克曼角现象”是指实际的车辆在小半径转弯时，车轮发出“噔噔噔”的响声，伴随着汽车的震动，仿佛是碾在石子路上一样。实际情况是轮胎拖滑、跳胎造成的异响和震动。这种现象是因为 positive caster(正主销正后倾距)及阿克曼角设计综合产生的。

在 12.1.1 小节中已经给出了阿克曼角的概念示意图，然而图中的内容只是对阿克曼角的一个定性图示，现实情况并不完全像图示的那样两个前轮和弯心连线所成的夹角(图中都是 90°)。轮胎之所以能够产生侧向力，是因为轮胎所指向的角度和轮胎前进的角度是有角度差的，也就是常说的 slip angle(滑移角)。滑移角角度越大，产生的侧向加速度越大，转向也会越快。如图 12.1 所示，因为转向时的内侧轮(b 轮)的转向半径要小于外侧轮(a 轮)，所以内侧轮比外侧轮需要更大的滑移角。例如，可能 b 轮的那个 90°实际上是 86°，而 a 轮的 90°可能是 87°。

以上是阿克曼角的设计原理。然而还有一种设计称为反阿克曼角设计，常看 F1 比赛的同学可能听说过，因为大部分 F1 赛车都是采用反阿克曼角设计的。那么什么是反阿克曼角呢？简单来说，就是转向时外侧轮胎的滑移角要大于内侧轮胎的滑移角，即和阿克曼角完全相反的设计。那为什么这种设计会存在呢？反阿克曼角的设计思路是基于充分利用滑移角产生的。

在车辆转弯时，因为重量转移的关系，外侧轮胎所受的垂直于地面的压力要大于内侧轮胎所受的压力。而轮胎的最大滑移角和所受的垂直压力呈正相关，即压力越大最大滑移角越大，就可以产生更大的侧向加速度。基于以上理论，就产生了反阿克曼角设计，充分利用外侧轮胎更大的滑移角来达到最大侧向加速度。

既然反阿克曼角设计可以产生更大的侧向加速度，为什么还会有阿克曼角设计呢？这就要提到另一个概念，即 tyre drag(轮胎阻力)。这个力也是因为滑移角产生的，方向是沿着车辆前进方向正向后，滑移角越大，这个力就越大。那么这个力对两种设计的影响是什么呢？先从反阿克曼角设计讲起。因为反阿克曼角设计，外侧轮胎的滑移角大于内侧轮胎的滑移角，所以外侧轮胎受到的向后阻力大于内侧轮胎受到的向后阻力。因此，这两个力会产生一种相反与车辆转向方向的力来影响车辆的转向。例如，图 12.1 中车辆左转，整辆车将会沿逆时针方向旋转，但是因为 a 轮受到的向右的阻力大于 b 轮，所以这两个力合起来会产生一个沿顺时针方向旋转的力，相当于有一个力在车辆右侧向后曳，不让它向左转。

而阿克曼角的设计完全相反。因为内侧轮胎的滑移角是要大于外侧轮的，所以内侧轮胎的轮胎阻力大于外侧轮胎，所以两个力合起来会产生一个和转弯方向相同的旋转力，帮助车辆转向。

以上就是对于阿克曼角设计以及反阿克曼角设计的解释。具体运用要具体情况具体分析，非常复杂。举例来说，因为 F1 赛道很宽，而且很少存在如摩纳哥的回头弯那种很大角度的弯角，所以 F1 赛车并不需要追求非常灵敏地入弯，而是需要追求最大侧向加速度，所以 F1 赛车在大部分的比赛中都会采用反阿克曼角的设计。如果是追求入弯的车，一般会采用阿克曼角设计。

接下来要介绍 positive caster(正主销正后倾距)。这个概念其实很好理解，最常见的例子就是超市的手推车。当你把手推车往前推的时候，就会发现手推车的前轮会自动返回到你前进的方向上，这就是 positive caster 的功劳。

图 12.2 所示为 positive caster，车辆前进方向为向左。因为轮胎与地面接触部分在悬挂延长线的后面，所以轮胎会倾向于回到前进方向，这也是方向盘反馈力的来源。

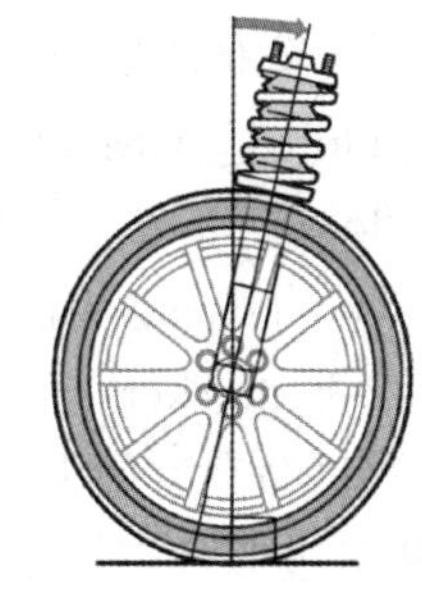

图 12.2 positive caster 示意图

说完这两个概念，就可以解释车企口中阿克曼角现象了。首先，所有车都会采用 positive caster 的设计，这是为了保证当你双手都不握着方向盘时，方向盘会有自我回中的特性，不会往左或者往右打死。但也由于这个原因，当你往一个方向打大角度方向时，就会发现轮胎不再是垂直于地面，而是会往转向的方向倾斜。结果就是，轮胎与地面的接触面积会减小。若再加上阿克曼角设计，内侧轮胎因为转的角度更大，所以与地面的接触面积会小于外侧轮胎，最大抓地力就会小于外侧轮胎，于是就出现了人们常说的阿克曼角异响，也就是内侧轮胎因为抓不住地而发生的弹跳。

所谓的"阿克曼角异响"常发生在前轮配备了宽扁夏季胎的车辆，发生时间一般是气温比较低，轮胎还没有热起来的时候。因为夏季胎在气温低的时候，其橡胶材质比较硬，形变率下降，所以大角度转弯时无法利用形变紧贴地面，造成了内侧轮胎抓不住地的弹跳现象。该情况在胎热起来后便会消失。冬季更换合适的冬季胎也会明显改善。

综上所述，所谓的阿克曼角并不是设计缺陷，而是车企为了更好的车身动态做的特殊设计。气温低时大角度转弯出现的跳胎现象，只能说是这个设计的附属产物。

12.2 teb_local_planner

TEB(timed-elastic-band)由 ROS 社区开发提供，为一套开源代码。

12.2.1 teb_local_planner 总览

该软件包作为 ROS 导航软件包的插件，实现了用于移动机器人导航和控制的在线最佳局部轨迹规划器。由全局规划程序生成的初始轨迹在运行时进行了优化，包括最小化轨迹执行时间（时间最优目标）、与障碍物的分离以及符合运动动力学约束（如满足最大速度和加速度）的要求。

当前的实现符合非完整机器人（差速驱动和类似汽车的机器人）的运动学。自 Kinetic 以来就包括完整的机器人支持。通过解决稀疏的标量化多目标优化问题，可以有效地获得最优轨迹。用户可以为优化问题提供权重，以便在目标冲突时指定行为。

如 TEB 之类的 local_planner，由于无法越过障碍物而经常陷入局部最优轨道，因此需要进行扩展，并行优化了不同拓扑的可允许轨迹的子集。局部规划器能够在候选集中切换到当前的全局最优轨迹。独特的拓扑是通过利用同源性/同构性类别的概念获得的。

12.2.2 节点 API

1. 主题

1）发布的主题

global_plan：local planner 当前正在尝试遵循的全局规划，主要用于可视化目的。

local_plan：teb_local_planner 优化并遵循的局部规划或轨迹，主要用于可视化目的。

teb_poses：当前局部规划的离散姿态列表（SE2），主要用于可视化目的。

teb_markers：teb_local_planner 通过具有不同名称空间的标记来提供规划场景的其他信息，命名空间 PointObstacles 和 PolyObstacles：可视化优化过程中当前考虑的所有点和多边形障碍。命名空间 TebContainer：可视化位于替代拓扑中的所有找到和优化的轨迹（仅在启用并行规划的情况下）。发布了更多信息，如优化足迹模型。

teb_feedback：反馈消息包含规划的轨迹，包括速度轮廓和时间信息以及障碍物列表。主要用于评估和调试，必须启用参数～< name >/publish_feedback。

2）被订阅的主题

odom：里程表信息可为局部规划者提供机器人的当前速度。通过重新映射或更改参数～< name >/odom_topic 来更改此主题。

obstacles：提供自定义障碍物，如点、线或多边形形状的障碍物（作为成本图障碍物的替代）。

via_points：提供自定义通孔（用户需要将～< name >/global_plan_viapoint_ sep 设置为零或负）。

2. 参数

teb_local_planner 软件包允许用户设置参数以自定义行为。这些参数分为机器人配置、目标公差、轨迹配置、障碍、优化、独特拓扑中的规划和其他参数。选择其中一些以符合 base_local_planner。可以在运行时使用 rqt_reconfigure 修改许多（但不是全部）参数。

1）机器人参数配置

acc_lim_x：机器人的最大平移加速度。

acc_lim_theta：机器人的最大角加速度。

max_vel_x：机器人的最大平移速度。

max_vel_x_backwards：向后行驶时机器人的最大绝对平移速度。

max_vel_theta：机器人的最大角速度。

以下参数仅与汽车机器人相关。

min_turning_radius：汽车机器人的最小转弯半径(差速驱动机器人设置为零)。

wheelbase：后桥和前桥之间的距离。对于后轮机器人，该值可能为负(仅当~<name>/cmd_angle_instead_rotvelis 设置为 true 时才需要)。

cmd_angle_instead_rotvel：用相应的转向角[-pi/2,pi/2]代替指令速度消息中的转速。注意，根据应用改变偏航率的语义不是可取的。在这里，它仅符合舞台模拟器所需的输入。ackermann_msgs 中的数据类型更合适，但 move_base 不支持。

max_vel_y：机器人的最大起步速度(对于非完整机器人应为零)。

acc_lim_y：机器人的最大起步加速度。

footprint_model/type：指定用于优化的机器人足迹模型类型。不同的类型是“点”“圆形”“线”“ 双曲线”和“多边形”。模型的类型会显著影响所需的计算时间。

footprint_model/radius：此参数仅与“圆形”类型相关。它包含圆的半径，圆心位于机器人的旋转轴上。

footprint_model/line_start：此参数仅与“线”类型相关。它包含线段的起始坐标。

footprint_model/line_end：此参数仅与“线”类型相关。它包含线段的终止坐标。

footprint_model/front_offset：该参数仅与类型“双曲线”相关。它描述了前圆的中心沿机器人的 X 轴偏移了多少，假定机器人的旋转轴位于[0,0]。

footprint_model/front_radius：该参数仅与类型“双曲线”相关，它包含前圆的半径。

footprint_model/rear_offset：该参数仅与类型“双曲线”相关，它描述了后圆心沿机器人的负 X 轴偏移了多少，假定机器人的旋转轴位于[0,0]。

footprint_model/rear_radius：该参数仅与类型“双曲线”相关，它包含后圆的半径。

footprint_model/vertices：此参数仅与类型“多边形”相关，它包含多边形顶点的列表(每个二维坐标)。多边形始终是封闭的：不要在末端重复第一个顶点。

is_footprint_dynamic：如果为 true，则在检查轨迹可行性之前更新覆盖区。

2）目标容忍参数

xy_goal_tolerance：到目标位置的最终欧几里得距离，以米为单位。

yaw_goal_tolerance：允许的最终方向误差(弧度)。

free_goal_vel：消除目标速度限制，使机器人可以最大速度到达目标。

3）轨迹配置参数

dt_ref：轨迹的所需时间分辨率。由于时间分辨率是优化的一部分，因此轨迹不固定为 dt_ref，但是如果违反 dt_ref ＋ －dt_hysteresis，则将在迭代之间调整轨迹的大小。

dt_hysteresis：用于根据当前时间分辨率自动调整大小的磁滞，通常建议使用 dt_ref 的 10%。

min_samples：最小样本数(应始终大于 2)。

global_plan_overwrite_orientation：覆盖全局规划者提供的局部子目标的方向(因为

它们通常仅提供二维路径)。

global_plan_viapoint_sep:如果为正,则从全局规划中引出通孔点(路径遵循模式)。该值确定参考路径的分辨率。如果为负值,则禁用全局规划中每两个连续通孔之间的最小距离。

max_global_plan_lookahead_dist:指定要考虑优化的全局规划子集的最大长度(累积欧几里得距离)。然后,实际长度由局部成本图大小和此最大界限的逻辑结合确定,设置为零或负数以停用此限制。

force_reinit_new_goal_dist:如果更新的先前目标的间隔大于以米为单位的指定值,则重新初始化轨迹(跳过热启动)。

feasibility_check_no_poses:指定在预计规划中的哪个姿势上应在每个采样间隔内检查可行性。

publish_feedback:发布包含完整轨迹和活动障碍物列表的规划者反馈(仅应启用评估或调试)。

shrink_horizon_backup:在自动检测到问题的情况下,允许规划人员临时缩小范围(50%)。

allow_init_with_backwards_motion:如果为 true,则在目标位于局部成本图中落后于起点的情况下,可以通过向后运动来初始化基础轨迹(仅在机器人配备了后部传感器的情况下才建议这样做)。

exact_arc_length:如果为 true,则规划程序在速度、加速度和转弯速率计算中使用精确的弧长(->增加的 cpu 时间);否则使用欧几里得近似。

shrink_horizon_min_duration:如果检测到不可行的轨迹,应为缩小的水平线指定最小持续时间(可参考参数 shrink_horizon_backup 以激活缩小的水平线模式)。

4)障碍参数

min_obstacle_dist:与障碍物的最小期望距离(以米为单位)。

include_costmap_obstacles:指定是否应考虑局部成本图的障碍。标记为障碍物的每个单元均视为点障碍物。因此,请勿选择成本图中非常小的分辨率,因为它会增加计算时间。在未来的版本中,将解决这一问题,并为动态障碍提供附加的 api。

costmap_obstacles_behind_robot_dist:限制在机器人后面进行规划时要考虑的已占用局部成本图障碍(以米为单位指定距离)。

obstacle_poses_affected:每个障碍物位置都附加到轨迹上最接近的姿势,以保持一定距离,也可以考虑其他情况。

inflation_dist:具有非零惩罚成本的障碍物周围的缓冲区(只有大于 min_obstacle_dist 才能生效)。

include_dynamic_obstacles:如果将此参数设置为 true,则将通过等速模型预测并考虑非零速度的障碍物的运动(通过用户在主题~/obstacles 上提供的障碍物或从 costmap_converter 获取)。

legacy_obstacle_association:修改了将轨迹姿态与障碍物联系起来以进行优化的策略。用户可以通过将此参数设置为 true 来切换到旧策略(旧策略:针对每个障碍物,找到

最近的 TEB 姿势；新策略：对于每个姿势，仅找到“相关”障碍）。

obstacle_association_force_inclusion_factor：非遗留障碍物关联策略尝试在优化过程中仅将相关障碍物与离散轨迹连接起来。但是，必须将指定距离内的所有障碍物都包括在内（作为 min_obstacle_dist 的倍数）。例如，选择 2.0，以便在 2.0 * min_obstacle_dist 的半径内强制考虑障碍（仅当参数 legacy_obstacle_association 为 false 时才使用此参数）。

obstacle_association_cutoff_factor：与上一个参数配合使用。

仅当需要 costmap_converter 插件时，以下参数才相关。

costmap_converter_plugin：定义插件名称以将成本图单元格转换为点/线/多边形。设置一个空字符串以禁用转换，以便将所有单元格都视为点障碍。

costmap_converter_spin_thread：如果设置为 true，costmap 转换器将在另一个线程中调用其回调队列。

costmap_converter_rate：费率，用于定义 costmap_converter 插件处理当前成本图的频率（该值不应比成本图更新率高很多）。

5）优化参数

no_inner_iterations：每次外部循环迭代中调用的实际求解器迭代次数。

no_outer_iterations：每次外部循环迭代都会根据所需的时间分辨率 dt_ref 自动调整轨迹的大小，并调用内部优化器（执行 no_inner_iterations）。因此，每个规划周期中求解程序迭代的总数是两个值的乘积。

penalty_epsilon：为惩罚函数增加一个小的安全余量，以实现硬约束近似。

weight_max_vel_x：满足最大允许平移速度的优化权重。

weight_max_vel_theta：满足最大允许角速度的优化权重。

weight_acc_lim_x：满足最大允许平移加速度的优化权重。

weight_acc_lim_theta：满足最大允许角加速度的优化权重。

weight_kinematics_nh：用于满足非完整运动学的优化权重（此参数必须很高，因为运动学方程构成了一个等式约束，即使值 1000 也不意味着与其他成本相比，较小的“原始”成本值而导致的矩阵条件不佳）。

weight_kinematics_forward_drive：优化权重，用于迫使机器人仅选择前进方向（正向速度）。较小的重量，如 1.0，仍然允许向后行驶，大约 1000 的值可以防止向后驱动。

weight_kinematics_turning_radius：优化重量，以实现最小转弯半径（仅适用于汽车机器人）。

weight_optimaltime：收缩轨迹的最佳权重，包括过渡/执行时间。

weight_obstacle：优化重量以保持与障碍物的最小距离。

weight_viapoint：优化权重，以最小化到通孔的距离（参考路径）。

weight_inflation：通胀惩罚的优化权重（应该设置得较小）。

weight_adapt_factor：在每个外部 TEB 迭代中，一些特殊权重（当前为 weight_obstacle）会以此因子重复缩放（weight_new = weight_old * factor）。迭代增加权重而不是设置较大的先验值会导致底层优化问题的更好数值条件。

6）特殊拓扑中的并行规划参数

enable_homotopy_class_planning：在独特的拓扑中激活并行规划（由于同时优化了多个轨迹，因此需要更多的 CPU 资源）。

enable_multithreading：激活多个线程以规划不同线程中的每个轨迹。

max_number_classes：指定要考虑的最大不同轨迹数（限制计算工作量）。

selection_cost_hysteresis：指定新轨迹必须有多少轨迹成本，先前选择的轨迹以便进行选择（如果 new_cost < old_cost * factor，则进行选择）。

selection_obst_cost_scale：仅选择"最佳"轨迹的障碍物成本项的额外缩放。

selection_viapoint_cost_scale：仅为了选择"最佳"轨迹而对通孔成本术语进行额外的缩放。

selection_alternative_time_cost：如果为 true，则将时间成本（时间差平方的总和）替换为总过渡时间（时间差之和）。

roadmap_graph_no_samples：指定为创建路线图而生成的样本数。

roadmap_graph_area_width：在起点和目标之间的矩形区域中采样随机关键点/航路点。以米为单位指定该区域的宽度。

h_signature_prescaler：标度内部参数（H 签名），用于区分同伦类。警告：仅当用户在局部成本图中发现障碍物过多的问题时，才减小此参数，请勿将其选择得太低；否则障碍物无法彼此区分（0.2＜value≤1）。

h_signature_threshold：如果实部和复杂部的差都在指定的阈值以下，则假定两个 H 签名相等。

obstacle_heading_threshold：在障碍物航向和目标航向之间指定标量乘积的值，以便将障碍物考虑在内进行探索。

visualize_hc_graph：可视化为探索独特轨迹而创建的图形（RViz 中的检查标记消息）。

viapoints_all_candidates：如果为 true，则将不同拓扑的所有轨迹附加到该组通孔点；否则，仅将与初始/全局规划共享相同拓扑的轨迹与它们相连（对 test_optim_node 无效）。

switching_blocking_period：指定允许切换到新的等效类之前需要终止的持续时间（以秒为单位）。

7）杂项参数

odom_topic：测距消息的主题名称，由机器人驱动程序或模拟器提供。

map_frame：全局规划框架（对于静态地图，通常必须将此参数更改为/map）。

12.2.3 TEB 算法避障和模型

1. Penalty terms 罚款条款

避障是作为整体轨迹优化的一部分实现的。显然，优化涉及找到指定成本函数（目标函数）的最小成本解（轨迹）。简单地说，离障碍物越近成本函数的成本值越大；反之越小。理想情况下，成本函数值必须是无穷大；否则优化程序可能会完全拒绝这些区域。但是，这需要优化器处理硬约束（分别解决非线性程序）。teb_local_planner 放弃了考虑硬约束的能力，以便更好地考虑效率。将硬约束转换为软约束，导致具有有限成本的二次惩罚项的组合。

图 12.3 显示了一个示例性惩罚术语（用于避障）。允许到障碍物的最小欧几里得距离（参数 min_obstacle_dist）设置为 0.2m。因此，低于 0.2m 的距离导致非零成本。现在想象一下，优化问题包含更多的成本条件。其中一些是冲突的，如时间最优性。因此，可能会发生这样的情况：优化程序会考虑一个小的违规（因此小额惩罚），以便最小化整体组合成本函数。

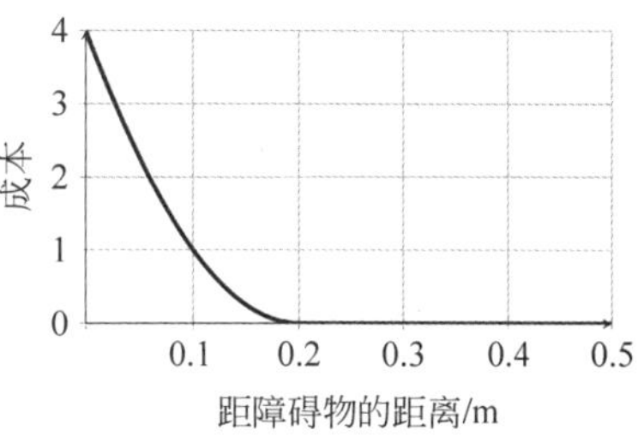

图 12.3　用于避障的惩罚示意图

在这里，用户有以下两个选项可以调整行为。

(1) 调整优化权重（单个成本的缩放，这里是参数 weight_obstacle）。但是如果选择了太高的值，优化问题会变得病态，导致不良的收敛行为。

(2) 通过添加"额外边距"来移动参数。通过向 min_obstacle_dist 参数添加一个小的额外边距，可以隐含地将成本值增加到 0.2m。可以使用单个参数 penalty_epsilon 立即移动所有惩罚项，但要小心，因为这样做会严重影响优化结果。

2. 局部最优解决方案

需注意，优化器本身只能找到局部最优解决方案。想象一下，机器人可能被两个障碍物横向阻碍。惩罚条件确实不为零，但优化器被卡住（达到这个局部最小值），因为横向移动相应的姿势朝向其中一个障碍将进一步增加总成本。可以使用 test_optim_node 进行尝试。

行为应该类似于图 12.4 所示。

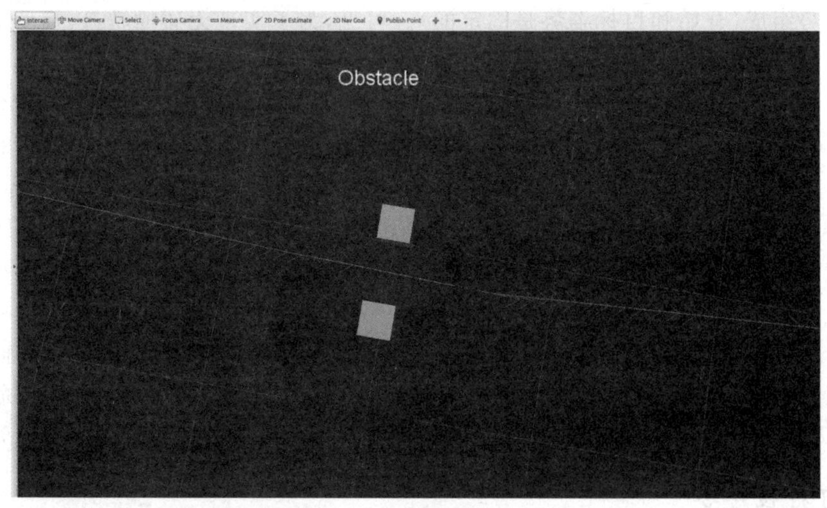

图 12.4　局部规划瓶颈示意图

轨迹不能越过障碍物，即使姿势本身也被推离障碍物之间的区域（红色箭头）。显然，在实践中应该避免这种情况。因此，并行规划算法寻求（拓扑学上）替代解决方案，并且可行性检查在实际命令机器人之前拒绝这样的解决方案。

3. 姿势与障碍之间的关联

图 12.5 描绘了常见规划方案的规划模式，其中图 12.5(a)所示为配置序列和时间差，图 12.5(b)所示为考虑路径点和障碍的大场景。

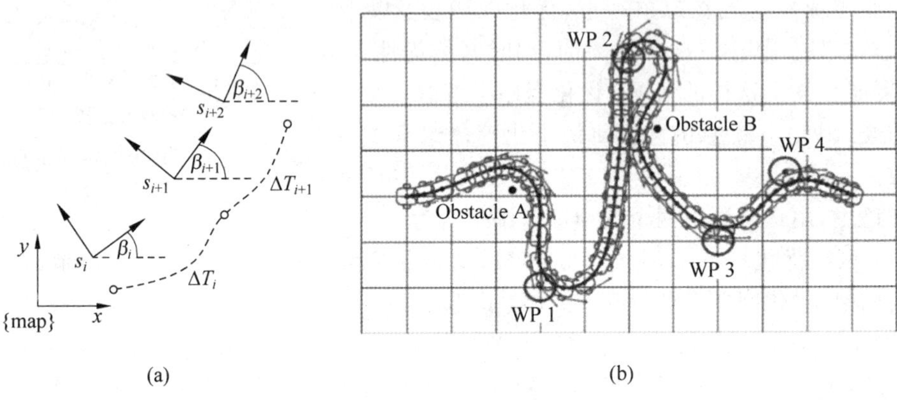

图 12.5　常见规划方案示意图

该场景包括移动机器人，其在前往当前目标的同时接近多边形障碍物。规划的(离散的)轨迹由多个机器人姿势组成。规划器旨在根据期望的时间分辨率(参数 dt_ref)来布置每两个连续的姿势。

注意：实际分辨率不是固定、冻结的，因为优化器需要调整转换时间以寻求时间最优性。

为避免障碍，规划姿势与障碍物之间的距离必须从下方开始。图中的示例轨迹由 8 个可变姿势组成(开始和目标姿势是固定的)。可见，为了实现无碰撞轨迹，需要进行许多距离计算(优化程序会多次调用成本函数值)。为了加速优化，实施专用关联策略。对于每个障碍物(点、占用的 costmap 单元格、线、多边形)，规划轨迹的最近姿势被定位。

根据参数 obstacle_poses_affected 的值，也考虑最近姿势的邻居。在随后的优化步骤中仅考虑该选定的姿势子集(这里是 3 个姿势，因此是 3 个惩罚项)。在 no_inner_iterations(参数)之后重复关联过程，在每个外部优化迭代中，obstacle_poses_affected 的值略微影响障碍物周围轨迹的平滑度。更大的障碍需要更多连接姿势以避免不允许的捷径。

用户还可以选择较高的值(大于轨迹长度)，以便将所有姿势与每个障碍物连接起来。

注意：机器人足迹模型被考虑用于距离计算，因此对于所需的计算资源是至关重要的。

4. 可行性检查

在优化器返回轨迹之后，并且在将速度命令发送到机器人之前进行可行性检查。此检查的目的是识别可能由优化器生成的无效的不可行轨迹(只记住软约束、局部最小值等)。目前，该算法从当前机器人姿势开始迭代前 n 个姿势(n = ～/sustainability_check_ no_poses)，并检查这些姿势是否是无碰撞的。

要检测是否发生碰撞，应使用 costmap 足迹。因此，此验证模型可能比用于优化的占用空间更复杂。～/sustainability_check_no_poses 值不应选择太高，因为优化器可能不会完全收敛。

形象地说，在后续路段的障碍物路径可以在机器人向目标移动时得到纠正。如果在狭窄的环境中驾驶，要确保正确配置避障行为（局部规划和全局规划）；否则，当地规划可能会拒绝不可行的轨迹（从它的角度来看）。但相比之下，全局规划可以进一步认为所选的全局规划是可行的，而机器人可能会被卡住。

12.2.4 TEB 全向车型路径规划

通常，全向机器人能够遵循对于非全向机器人也可行的任何轨迹。因此，teb_local_planner 导航设置可以直接应用，如前面的教程中所述。然而，在这种情况下，机器人不会考虑其在任何方向上移动能力的任何优势。

teb_local_planner 包提供了额外的参数，这些参数考虑了扩展机器人的灵活性。在继续扩展配置之前，假定工作导航设置与 teb_local_planner 结合使用。

(1) 在非全向机器人的情况下，移动速度 max_vel_y（速度是朝向 w.r.t 机器人基础坐标系的 y 方向）必须为零。选择一个正值以激活对全向机器人的支持。该值被考虑用于左侧和右侧的移动。

(2) 可以使用参数 acc_lim_y 设置所需的最大 y 加速度。注意，通过将相应的惩罚权重 weight_acc_lim_y 设置为零，可以放弃考虑加速度限制以获得更快的计算时间。

(3) 参数 weight_kinematics_nh 指定优化器满足非全向约束的权重，并且通常设置为非全向机器人的高值。降低值以减弱惩罚，从而允许机器人考虑非零 y 速度。实际的选择通常取决于应用和特定的机器人。通常建议保持至少一个较小的值（约为 1）。

12.2.5 TEB 参数调整经验

1. Robot 页的参数调试方法

(1) max_vel_x 和 acc_lim_x 是速度与加速度约束。注意加速度同样约束减速过程。若电机性能良好且速度不快可以立即刹车，可直接将 acc_lim_x 设置为 0，表示没有约束。若电机不能承受阶跃输入或者响应时间很长，则应当设置加速度限制。

(2) max_vel_x_backwards 是最大倒车速度。将此速度设置为 0 或者负数将导致错误。禁止倒车应在 penalty 部分将前向行驶的权重设置得极高。

(3) max_vel_y 和 acc_lim_y 是 y 轴方向即垂直于车辆正对方向的速度。对阿克曼底盘的车辆没有意义。

(4) wheelbase 和 cmd_angle_instead_rotvel 后者设置为 true 时，ROS 主题（rostopic）cmd_vel/angular/z 内的数据是舵机角度，其值满足'katex' is not defined，此时应设置 wheelbase 即前后轮距离。前后轮距离 d 与速度、角速度和舵机角度之间的关系是：'katex' is not defined（注：车辆运动学中心是后轮中点，速度除以角速度所得半径也是以这里为准的)。

(5) min_turning_radius 是最小转弯半径。为避免规划出不可能实现的移动路径,应动手测量实际车辆的转弯半径。此参数事实上约束了舵机的最大转角。有些车辆转向性能不佳,前轮实际转过角度小于舵机角度,则应当给指令转角乘上一增益后再控制舵机;否则车辆将总是不能实现设置的最小转弯半径。应注意此项应当与最大角速度配合设置。

(6) max_vel_theta 和 acc_lim_theta 是角速度和角加速度约束。正确配置下最小转弯半径应在低速时生效,而角速度限制应作用在车辆高速行驶时。角速度约束可以防止高重心转弯过快翻车,角加速度限制可以避免车轮打滑、车辆失控。对于低速平稳运行的车辆可以不约束此两项,将二者设为一个足够大的值即可。

(7) xy_goal_tolerance 和 yaw_goal_tolerance 是目标跟踪误差,根据车辆运行精度设置。例如,使用一台攀爬 RC 车构建导航系统,这种车辆转向间隙特性很大,则不应设置严格的航向限制。

(8) free_goal_vel 是自由目标速度。设为 False 时,车辆到达终点时的目标速度为 0。我们已经指出,TEB 是时间最优规划器,缺少目标速度约束将导致车辆"全速冲线",即使前方有一堵墙也是如此(因为撞墙的时刻不在规划器考虑范围内)。不过此选项在竞速比赛中比较有用。

(9) dt_ref 和 dt_hysteresis,前文指出,TEB 通过状态搜索树寻找最优路径,而 dt_ref 则是最优路径上的两个相邻姿态(即位置、速度、航向信息,可通过 TEB 可视化在 RViz 中看到)的默认距离。此距离不固定,规划器自动根据速度大小调整这一距离,速度越大,相邻距离自然越大(将 dt_ref 设置为车辆长度是可行的)。对于一般的模型车而言,不需要改变默认配置。当相邻姿态距离和 dt_ref 的差超过 ± dt_hysteresis 时,规划器将改变这一距离。

(10) global_plan_overwrite_orientation,根据官方文档,覆盖全局路径的方向是预留给三维路径规划使用的。对于车辆的二维规划,可以设置为 False,可实现对全局路径的更好跟踪。

(11) global_plan_viapoint_sep,从全局规划路径中提取的路点的相互距离。默认设置下为 Disable,即只沿全局规划向前寻找,找到的离开局部规划器规划范围前的最后一个点作为局部目标。若全局规划特殊,在无障碍空间仍不走直线(如工作中的扫地机器人),则需要将此值设置为一个小的正数。

(12) max_global_plan_lookahead_dist 是最大向前看距离。此距离:①应随车辆最大速度的增大而增大;②不应超过激光雷达等传感器的可靠测量范围;③不应超过局部耗费地图的大小,即不能要求 TEB 对局部耗费地图以外的部分进行规划。

(13) include_costmap_obstacles,必须设置为 true 后才能规避实时探测到的且建图时不存在的障碍物。

(14) min_obstacle_dist 是最小障碍物距离。若设置了车辆的轮廓,则不建议使用此参数。使用车辆轮廓配置 footprint_model 配合膨胀距离即可实现较好效果。障碍物惩罚权重很高,TEB 不会违背这一最小距离约束,因此会把可以通过的缝隙视作不能通过,并终止运行。应注意，此处设置的机器人轮廓必须与局部耗费地图中的一致。

(15) inflation_dist 障碍物膨胀距离。此膨胀只是降低通过这些区域的优先级，不应当用此距离迫使车辆远离障碍物。

2. 惩罚权重配置

在 TEB 规划器中，除了撞击障碍物不被允许外，其余的约束在没有可行方案时可被打破(如规划出事实上不可行的转弯半径)。对于权重配置，介绍以下几种策略。

(1) 提高 penalty_epsilon。此项为速度等约束提供类似膨胀层的缓冲效果。接近限速将产生一定的惩罚值。

(2) 大幅提高 weight_optimaltime(最优时间权重)。提高至 3～5 时，车辆在直道上快速加速，并靠近路径边缘沿切线过弯。

(3) 大幅降低 weight_optimaltime，设置较大的 inflation_dist，并稍微增加 weight_inflation。时间权重降低至 0.3 以下时，车辆速度明显平稳，不会向最高速度加速。膨胀距离大时将远离障碍物行驶。

(4) 大幅增加 weight_kinematics_forward_drive(大于 100)，禁止规划倒车。如果仍规划倒车，说明找不到可行的前向行驶路径。若路径确实存在，可以检查转弯半径、各种 footprint 是否正确及膨胀层是否合理。

3. TEB 中的恢复措施

恢复措施可以尝试将卡在杂物中的机器人或路径规划错误的机器人恢复至正常状态。TEB Local Planner 实现了由 move_base 规定的振荡恢复方法。但是，实测中若控制器发出高频率振荡速度指令(大于 10Hz)，设计人应当评估自己的电动机能否承受(可在 move_base 配置中关闭)。

TEB 提供路径规划不可行(plan not feasible)时的恢复措施，称为 shrink horizon backup。此时 TEB 将以更近的点作为规划目标，尝试重新规划出可行路径。调试时可关闭，以在可视化界面上观察原出错路径。

4. Costmap Converter

TEB 默认情况下不使用 Costmap Converter。事实上，此插件可以在复杂场景下极大提高运算效率，尤其是处理激光雷达分散的测量数据时。因为将障碍物视为系列孤立点效率极低。

5. Local Costmap 配置指导

(1) footprint 配置。配置车辆/机器人的多边形外形。此外形应与 TEB 中的外形一致，或者至少在大小上没有太大的差别。注意 costmap 中的 footprint 设置是有默认值的，因此必须手动设置此配置为合适的值。

(2) costmap layers。局部耗费地图需要有来自地图的静态层和来自传感器的动态层，缺一不可。如果配置时忽略了静态层，此时 TEB 将无视全局地图中的障碍。许多传感器，如二维激光雷达，不可能探测到实时障碍物（地图中没有的）背后的静态障碍物（地图中有的），TEB 规划器可能规划出绕过前方障碍物，并穿过当前没有见到的障碍物的错误路径。速度较快时可能来不及发现障碍物并及时改正。鉴于 TEB 已有障碍物膨胀功能，此处可以不再添加膨胀层。

局部耗费地图的更新频率应当不低于规划器和 costmap_conveter 的转换频率；否则是没有意义的。同时，局部耗费地图应当开启滑动窗口（rolling window）模式，窗口大小也不应大于传感器的探测距离。

6. 多路径并行规划

前文已经指出，此功能将严重影响规划器性能。当路径中存在大量不连续分布的障碍物（如锥桶）并产生大量可行路径时，此功能有良好的效果。相反，若在单一路径上运行，则没有必要使用此功能。

7. TEB 规划器的性能问题

下面总结一些可以提高 TEB 规划器性能的参数调整策略。

（1）关闭多路径并行规划（效果非常显著）。

（2）使用 Costmap Converter（非常显著）。

（3）降低迭代次数（no_inner/outer_iterations）（显著）。

（4）降低 max_lookahead_distance（一般）。

（5）减小局部耗费地图的大小（显著）。

（6）增大规划周期和控制周期（影响效果）。

（7）使用单点 footprint，配合最小障碍物距离约束（不太显著且影响效果）。

12.3 TEB 算法使用运行过程中出现的问题与相应的解决方法

12.3.1 机器人导航太靠近墙壁或切角

在 costmap 配置中定义增加通胀半径，参数 min_obstacle_dist 可能会增加，但这可能会导致在小走廊或门中出现不希望的导航行为。局部规划器“遵循”全局规划中一个移动的虚拟目标。因此，全局规划的中间位置显著影响局部规划的空间行为。

通过定义膨胀半径，全局规划更倾向于最低成本，因此规划与墙壁分离更高。注意，teb_local_planner 本身不考虑膨胀半径。由此产生的运动是时间最优的 w. r. t. 虚拟目标。如果希望更多地遵循全局路径，可参阅全局路径跟踪。如果机器人撞到墙壁，应该增加 min_obstacle_dist 或设置适当的足迹。

12.3.2 机器人不能正确地遵循全局规划

默认规划标准是时间最优性，但使用者可以轻松自定义它。默认情况下，遵循全局规划是通过定位从局部代价地图范围内的中间全局规划位置获取的移动虚拟目标来实现的(特别是具有长度 max_global_plan_lookahead_dist 的全局规划的子集,但绝不会超出局部代价地图的边界)。

当前机器人位置和虚拟目标之间的局部规划得到优化,如最小化过渡时间。如果机器人更愿意遵循全局规划而不是在最短时间内达到(虚拟)目标,那么第一个策略可能是显著减少 max_global_plan_lookahead_dist。但是不推荐这种方法,因为它减少了预测规划范围并削弱了避开障碍的能力(虚拟目标在当前版本中是固定的,因此不需要优化)。相反,为了考虑全局路径跟踪,teb_local_planner 能够沿全局规划注入吸引子(via-points)(吸引子之间的距离: global_plan_viapoint_sep,吸引力: weight_viapoint)。

12.3.3 机器人路径规划出现问题

机器人有时在局部路径规划过程中可能会出现图 12.6 所示的问题。

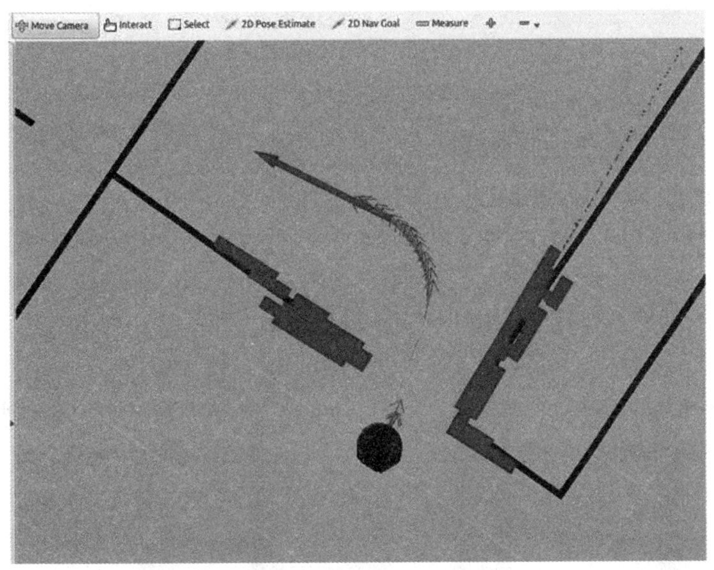

图 12.6 机器人局部路径规划产生问题

出现图 12.6 所示问题的原因可能是参数 min_obstacle_dist 选择太高。例如,参数 min_obstacle_dist 设置为 1m 的距离,机器人会尝试与门的每一侧保持至少 1m 距离。

但是如果门的宽度只有 1m,优化器仍将规划通过门的中心(局部最小值: 避障的结果是在中心相互抵消)。但是为了满足每个姿势的最小距离,优化器沿着轨迹移动规划的姿势(含间隙)。

目前,规划器未检测到此情况。但是,如果存在任何冲突,可行性检查可能会检测到这种情况。如果真的必须与障碍物保持很远的距离,小车就无法开过那扇门。

然后,必须正确配置全局规划(机器人足迹、膨胀半径等),以通过它进行全局规划;否则,减小最小距离,直到轨迹不包含任何大间隙。

12.3.4 当目标姿态出现在机器人当前位置时机器人需要切换方向

如果目标在局部地图里，它应该正常工作；否则，取决于全局规划者如何选择中间取向。

teb_local_planner 选择全局规划中的姿势作为中间目标，直至达到实际目标（全局规划的最后一个姿势）。但是，由于并非所有全局规划都指定有效方向而仅指定位置（如 navfn），因此 teb_local_planner 默认覆盖全局规划方向（参数 global_plan_overwrite_orientation）。

它实现了前向定向运动，使得姿势的方向始终指向连续姿势。这种前向模式足以满足许多应用。但是，在某些情况下，用户可能希望具有不同的行为。可参考图 12.7，其中机器人应沿着走廊后退。选择目标方向与开始方向类似。

在这种情况下改变方向是不合适的，可以设置 global_plan_overwrite_ orientation 为 false 来考虑全局规划中的取向。使用 global_planner 取代 navfn 的规划器提供了多种选择方向的策略。

在撰写时，实施以下策略。

(1) None 无（只有全局方向）。

(2) Forward 前进（方向指向路径上的下一个点）。

(3) Interpolate 插值（方向是开始和目标姿势的线性混合）。

(4) Forward Then Interpolate（向前方向直到最后一条直线，然后线性混合直到目标姿势）。

图 12.8 显示了在选择 Interpolate 模式下 teb_local_planner 在上一个场景中的行为。

图 12.7 目标姿态出现在机器人后时的路径规划图

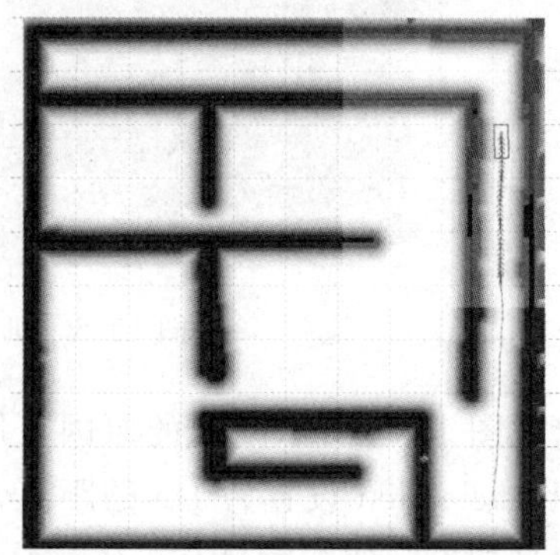

图 12.8 优化过后的目标姿态出现在机器人后时的路径规划图

Interpolate 模式在这里表现得很完美。但是，假设走廊包含曲线，在这种情况下，插值不是想要的，因为它只是评估开始和目标方向。向后是合适的（Forward＋pi）。但是，这还没有在 global_planner 包中实现（至少在这个 pull 请求被合并之前）。

在实际应用中，有时需要前进模式，有时需要后退模式，因此需要提出更智能的策略，如走廊检测(只有全局规划器可以使用全局地图执行此操作)。

注意：teb_local_planner 参数 allow_init_with_backwards_motion 需要设置为 true，以便开始和当前中间目标之间的轨迹(如从采样独特拓扑中获得)也用向后方向初始化方向(仅在目标落后于开头时具有相似性)。

这也允许机器人在局部代价地图中正确后退，即使除了最后的中间方向之外的所有方向都是向前的。

12.4　代码解析实例

下面对 ROS 小车运行的代码进行解析，代码及解析如下(代码使用 Python 语言进行编写，需要事先安装才可正常运行)：

```
#!/usr/bin/env python
#说明程序环境以及在系统内位置

import rospy, math
from geometry_msgs.msg import Twist
from ackermann_msgs.msg import AckermannDriveStamped
#导入模块供程序使用

def convert_trans_rot_vel_to_steering_angle(v, omega, wheelbase):
  if omega == 0 or v == 0:
    return 0
#定义函数计算与速度对应的转向角大小

  radius = v / omega
  return math.atan(wheelbase / radius)
#通过输入计算转向半径(过弯时转向中心与小车中心的距离)的大小，通过转向半径和小车模型
  车轮间距的比例计算阿克曼角大小

def cmd_callback(data):
  global wheelbase
  global ackermann_cmd_topic
  global frame_id
  global pub
#定义函数处理回传数据，并引用全局变量，其中 wheelbase 代表轴距，ackermann_cmd_topic 代表
  阿克曼主题类型，frame_id 代表关联坐标系，pub 代表发表信息
  v = data.linear.x
  steering = convert_trans_rot_vel_to_steering_angle(v, data.angular.z, wheelbase)
#steering = 2500.0 - data.angular.z * 2000.0 / 100.0
  msg = AckermannDriveStamped()
  msg.header.stamp = rospy.Time.now()
  msg.header.frame_id = frame_id
  msg.drive.steering_angle = steering
  msg.drive.speed = v
#进行数据传输，获取转向角、小车行进速度以及终端发布信息
```

```
    pub.publish(msg)
  #发布数据


  if __name__ == '__main__':
    try:

      rospy.init_node('cmd_vel_to_ackermann_drive')
  #初始化节点

      twist_cmd_topic = rospy.get_param('~twist_cmd_topic', '/car/cmd_vel')
      ackermann_cmd_topic = rospy.get_param('~ackermann_cmd_topic', '/ackermann_cmd')
      wheelbase = rospy.get_param('~wheelbase', 1.0)
      frame_id = rospy.get_param('~frame_id', 'odom')
  #获取坐标数据信息并将数据传输至对应变量

      rospy.Subscriber(twist_cmd_topic, Twist, cmd_callback, queue_size=1)
      pub = rospy.Publisher(ackermann_cmd_topic, AckermannDriveStamped, queue_size=1)
  #确定收听节点,此处设定为 twist_cmd_topic,Twist,cmd_callback,并设置消息队列大小为 1,然后发布消息

      rospy.loginfo("Node 'cmd_vel_to_ackermann_drive' started.\nListening to %s, publishing to %s. Frame id: %s, wheelbase: %f", "/car/cmd_vel", ackermann_cmd_topic, frame_id, wheelbase)
  #在终端上打印实时数据信息

      rospy.spin()
  #回调函数

    except rospy.ROSInterruptException:
      pass
```

12.5 3种常用局部路径规划方法对比

1. base_local_planner

base_local_planner::TrajectoryPlannerROS 对象是 base_local_planner::TrajectoryPlanner 对象的 ROS 封装,在初始化时指定的 ROS 命名空间使用,继承了 nav_core::BaseLocalPlanner 接口。它是 move_base 默认的局部规划包。该软件包提供了对平面上局部机器人导航的轨迹展开和动态窗口方法的实现。根据规划遵循和成本图,控制器生成速度命令已发送到移动基站。该软件包支持完整和非完整机器人,可以表示为凸多边形或圆形的任何机器人足迹,并将其配置公开为可在启动文件中设置的 ROS 参数。此包的 ROS 包装器遵循 nav_core 包中指定的 BaseLocalPlanner 接口。与 dwa_local_planner 思路接近。

DWA 与 TrajectoryPlanner 的唯一不同之处在于,如何对机器人的控制空间进行采

样。在给定机器人的加速度极限的情况下，TrajectoryPlanner 在整个前向模拟周期内从可实现的速度集合中进行采样，而 DWA 在给定机器人的加速度极限的情况下仅针对一个模拟步骤从可实现的速度集合中进行采样。在实践中发现，DWA 和轨迹展示在我们的所有测试中都具有相同的性能，并建议使用 DWA 来提高效率，因为其样本空间更少。

2. dwa_local_planner

DWA(dynamic window approach，动态窗口法)的原理主要是在速度空间(v,w)中采样多组速度，并模拟这些速度在一定时间内的运动轨迹，再通过一个评价函数对这些轨迹打分，最优的速度被选择出来发送给下位机。

动态窗口的意思是，根据移动机器人的加减速性能限定速度采样空间在一个可行的动态范围。

DWA 算法的基本思路如下。

(1) 在机器人控制空间进行速度离散采样(dx，dy，dtheta)。

(2) 对每一个采样速度执行前向模拟，观察使用该采样速度移动一小段时间后会发生什么。

(3) 评价前向模拟中每个轨迹，评价准则如靠近障碍物、靠近目标、贴近全局路径和速度、丢弃非法轨迹(如那些靠近障碍物的轨迹)。

(4) 挑出得分最高的轨迹，并发送相应速度给移动底座。

(5) 重复步骤(1)～(4)。

3. teb_local_planner

teb_local_planner 是二维导航堆栈 base_local_planner 的插件。它实现了一个在线优化的局部轨迹规划器，用于导航和控制移动机器人，作为 ROS 导航包的插件。全局规划器生成的初始轨迹在运行期间进行优化，最小化轨迹执行时间(时间最优目标)，与障碍物分离并符合动力学约束，如满足最大速度和加速度。当前的实施符合非完整机器人(差动驱动和类似汽车的机器人)的运动学。

通过求解稀疏的标量化多目标优化问题，可以有效地获得最优轨迹。用户可以为优化问题提供权重，以便在目标冲突的情况下指定行为。

4. 总结

本节介绍了 base_local_planner、dwa_local_planner 和 teb_local_ planner 这 3 种算法，在最后的效果中可以看到，base_local_planner 的效果相对而言不是很理想，一般后面两种算法使用更多。其中 dwa_local_planner 算法前瞻更短，小车基本会保持运行在全局路径左右，而 teb_local_planner 算法前瞻相对较长，在遇到障碍时，局部路径会自动规划避过障碍物，但是如果小车处在比较复杂的环境下，局部路径较容易出现混乱的现象。

参 考 文 献

[1] 张建伟，张立伟，胡颖，等. 开源机器人操作系统[M]. 北京：科学出版社，2012.

[2] 陈金宝，韩冬，聂宏，等. ROS 开源机器人控制基础[M]. 上海：上海交通大学出版社，2016.

[3] R. 帕特里克 · 戈贝尔. ROS 入门实例[M]. J. 罗哈斯，刘柯汕，刘振东，等译. 广州：中山大学出版社，2015.

[4] 恩里克. 费尔南德斯. ROS 机器人程序设计[M]. 刘品杰，译. 广州：中山大学出版社，2015.

[5] ROS. [2020-12-9]. https://www.ros.org/.

[6] Gazebo. [2020-12-9]. http://gazebosim.org/.